事業担当者のための 逆引き ビジネス法務ハンドブック

M&A 契約書式編

塩野 誠／経営共創基盤 宮下和昌

東洋経済新報社

はじめに

前著の『事業担当者のための逆引きビジネス法務ハンドブック』は幸いにも想定を超える反響を呼び、ビジネスの第一線で活躍する方々に受け入れられたことを実感できた。法律事務所の弁護士、企業の法務部スタッフのみならず、事業担当者がビジネスを遂行していくうえで法的リスクに強い関心を持っていることが明らかになったといえよう。

昨今、耳目を集めるAI（人工知能）とデータを用いたサービス、及びシェアリングエコノミーやプラットフォームビジネスの勃興など、新しい技術によって従来は想定されなかったようなビジネスが生まれている。企業の事業担当者はそうした新しい技術やサービスを自社に取り込む方法を模索しており、企業がオープンイノベーションを進めていく中で、外部との事業提携や資本提携を踏まえた事業創造が求められてきている。

企業における提携や出資の際には、他社とともに価値創造を行うために様々な条件を議論し、確定していく必要がある。そして議論された諸条件を文書に起こしたものが契約書となるわけだが、事業担当者がすぐに契約書の作成を行うことは実際には難しい面もあるだろう。ビジネスの現場では事業について議論した者と契約書の作成者が同一ではない場合も多く、両者のコミュニケーションの中で抜け漏れが生じることもある。契約書において「神は細部に宿る」と考えられ、事業担当者も契約内容について理解できていることが望ましい。本書は前著を踏まえて、契約書作成のニーズに応える形で、契約条項のサンプルをその意義と趣旨も含めて示している。前著とともに本書がビジネス・プロフェッショナルの方々の手許に置かれ、日々のビジネスの一助となれば幸いである。

経営共創基盤　取締役マネージングディレクター／パートナー
塩野 誠

本書の使い方

株式引受契約に関する交渉・ドラフト・レビューのポイント

各契約の交渉・ドラフト・レビューを効率よく進めることができるよう、Chapter冒頭にポイント集を配置。

1. 株式発行のために必要となる会社法上の機関決定		
総論	株式発行のために必要となる会社法上の機関決定は、①当該会社が公開会社か非公開会社か、②株主割当か第三者割当か、③特に有利な金額での発行かそうでないかにより、手続が異なる。	199頁
	会社法上、「公開会社」とは、その発行する全部又は一部の株式の内容として譲渡による当該株式の取得について株式会社の承認を要する旨の定款の定めを設けていない株式会社のことであり、それ以外の会社を一般に「非公開会社」と呼ぶ（譲渡制限のない株式が1株でも発行されていれば、当該会社は「公開会社」に分類される）。	199頁
公開会社の場合	公開会社が株式を発行する場合、株主割当・第三者割当のいずれのときも、原則として、取締役会決議で足りる。	201頁
	もっとも、有利発行の場合、株主割当のときは取締役会決議で足りるのに対し、第三者割当のときは、原則として、株主総会の特別決議が必要となる。	202頁
	公開会社による第三者割当の場合で、支配株主の異動が生ずる場合には、所定の手続（①株主への通知、②10%以上の株主が反対する場合の株主総会普通決議による承認の取得）を経ることが必要となる。	203頁
非公開会社の場合	非公開会社が株式を発行する場合、株主割当のときは、原則、株主総会の特別決議が必要となるが、定款の定めがある場合は、取締役会の決議で足りる。	199頁
	非公開会社が株式を発行する場合、第三者割当のときは、原則、株主総会の特別決議が必要であるが、株主総会の特別決議に基づく委任がある場合は、取締役会の決議で足りる。	199頁
2. 上場株式の発行・引受けの場合		
2-1. 金融商品取引法上の規制		
公開買付規制	新株の発行は、株式の譲渡とは異なり、原則として、公開買付けの手続は必要とはならない。	203頁
	もっとも、新株の発行が「急速な買付け」に該当し、公開買付けの手続が必要となる場合がある。	204頁
開示規制	上場会社が株式を発行する場合、有価証券届出書又は発行登録書の提出が必要となる。	204頁

各項目から本文の該当箇所へのクイック・アクセスを容易にするため、頁番号も併せて記載。

『事業担当者のための逆引きビジネス法務ハンドブック』とのシームレスな利用を可能にするため、同書の該当頁をきめ細かに紹介。

【見せ金】 会社設立段階において、発起人が払込取扱金融機関以外から出資に係る金銭の払込みに充てる金銭を借り入れ、会社の成立後取締役に就任した同人が直ちにそれを引き出し、自己の借入金の弁済に充てることを「**見せ金**」と呼ぶ（📖伊藤・会社法39頁、📖江頭・会社法82頁）。

この「見せ金」は会社設立後の株式発行段階でもあり得るが、募集株式の発行における「見せ金」のうち、**払込資金の出所が会社自身である形態**（例：株式発行会社が株式引受人に対して金銭を貸し付け、株式引受人が当該借り入れた金銭を用いて払込みを行うような場合）については、**無効**となると解されている（📖江頭・会社法767頁）。

本文中にも参考文献の該当頁を細かく記載し、本書を、定評のある法律実用書・法律専門書へのショートカット集（レファレンス・ブック）としても活用できるよう工夫。

3-5 種類株式に関する契約条項例

契約条項のサンプルは、Chapter冒頭で全文を紹介するとともに、本文の条項解説においても各条項を改めて紹介。

1 種類株式の発行

〔逆引法務384頁〕

契約条項例（参考：会社法199条1項1号・108条1項、📖MHM・M&A法大系444頁、📖伊藤・会社法80頁、📖江頭・会社法136頁、📖内藤・種類株式248頁）

契約条項を起案するうえで参考となる条文・文献を紹介。文献は、必ずしも法務を専門としないビジネスパーソンでも手に取りやすい法律入門書や法律実用書と、特定の論点を深く研究する際に手助けとなる定評のある法律専門書をバランスよく紹介。

> **第○条（A種優先株式の発行）**
> 本発行会社は、別紙○（A種優先株式発行要項）に従い、第三者割当の方法により募集株式（以下「A優先株式」という。）を発行（以下「本株式発行」という。）し、○○株を本投資家に割り当て（以下、本投資家に割り当てられるA種優先株式を「本割当株式」という。）、本投資家は当該本割当株式を引き受ける。

条項例の概要

【意義】 本条項例は、**種類株式**、すなわち、会社法108条1項各号に掲げる内容について異なる定めをした内容の異なる株式を発行するための規定である。種類株式には次のようなものがある。

登記

【登記事項】 払込み等が完了することにより、①資本金の額、及び、②発行済株式の総数が変更されることになるため、変更登記が必要となる（会社法909条、911条3項5号、9号）。また、③発行可能株式総数（同911条3項6号）、④発行する株式の内容（同7号）、⑤取締役（同13号）、⑥代表取締役（同14号）等についても変更となる場合には、これらの事項についても変更登記を行う必要がある。

【登録免許税】 増資に係る変更登記に要する登録免許税は、3万円又は増資額の1000分の7のいずれか高い方である（登録免許税法9条・別表第1-24-(1)-ニ）。

各種法的論点の検討において必要不可欠となる法令の条文を細かく引用。

ガンジャンピング

【概略】 ガンジャンピングの詳細については、Chapter 2・2-5・2「クロージング」の解説を参照されたい（▸▸▸91頁）。

クロス・レファレンスを多用し、本書の横断的理解が可能となるよう工夫。

Contents

Contents

Chapter 4
合弁契約

Chapter 5
一般条項

※　Chapter 2・3・4に掲げている各契約書サンプルのテキストを、下記よりダウンロードすることができます。
https://store.toyokeizai.net/books/9784492533987/　パスワード 5530

本書の内容を含む、事業担当者向け法務について音声他で詳しく解説するホームページを開設しました。
こちらもぜひご参考にしてください。
http://access-to-legal-world.mystrikingly.com/

Chapter 1

本書の構成

1-1 本書で扱う3つの契約

1 M&Aの契約

〔逆引法務347頁〕

【本書の目的】 本書は、**M&Aの契約について、各条項の趣旨・論点をワンセットで解説**するものである。M&Aでは、当事者間の複雑な条件交渉が行われ、合意された条件は買収契約や投資契約といったM&Aの最終契約の各条項として規定される。したがって、事業担当者が、M&Aに関する交渉を有利に進めるためには、当該条項で実現される具体的なM&Aのメカニズムや、当該条項が必要とされる理由、当該条項の背後にある法理論や法的論点を理解していなければならない。

【代表的な3つの契約】 M&Aには、以下のような様々な手法があり、それぞれの手法ごとに契約内容は異なる。

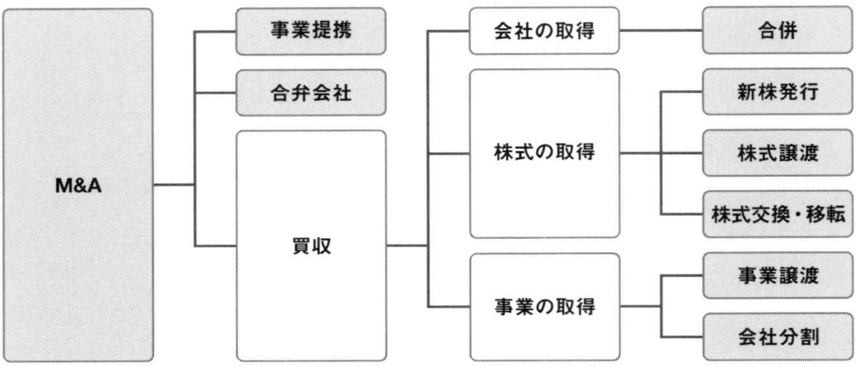

しかし、実務で最も多く用いられるのは、**対象となる会社の株式を取得し、当該会社の経営に参加するという資本業務提携のストラクチャー**である。したがって、本書では、このM&Aの基本形とも呼ぶべき資本業務提携のストラクチャーを理解するため、「**株式譲渡契約**」「**株式引受契約**」「**株主間契約／合弁契約**」の3つの契約を扱うこととする。

株式を取得するための契約	1 株式譲渡契約 2 株式引受契約
経営に参加するための契約	3 株主間契約／合弁契約

2 株式を取得するための契約

〔逆引法務378頁〕

【株式譲渡と株式引受】 まず、**対象会社の株式を取得するための契約**であるが、これは株式を「誰から」取得するかによって、次の2種類に分ける ことができる。

1 株式譲渡契約（SPA：Share Purchase Agreement）
2 株式引受契約（SSA：Share Subscription Agreement）

上記1は、**株式を「既存株主」から取得するための契約**、すなわち、既存株主が売主、投資家が買主となる、対象会社株式に係る売買契約（民法555条）であり、2は、**株式を「対象会社」から取得するための契約**、すなわち、対象会社に株式を発行させ（会社法199条以下）、これを投資家が引き受ける（同206条）ための契約である。1については、本書Chapter 2（▸▸▸15頁）で、2については本書Chapter 3（▸▸▸173頁）でそれぞれ解説を行う。

【相違点】 株式譲渡契約と株式引受契約とは、投資家が対象会社の株式を取得するという点で共通するが、前者が既存株主からの取得であるのに対し、後者が対象会社からの取得であるという大きな相違点がある。

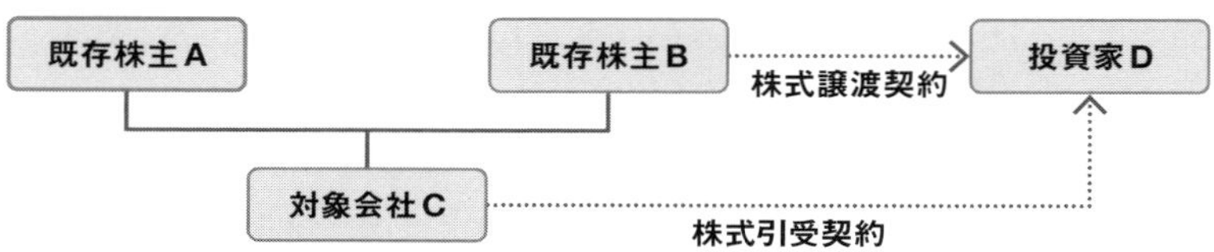

この違いは、**取引の当事者以外の利害関係者にも影響を与える**ことになる。単純なモデルとして、対象会社Cが発行する100株の株式を、株主Aが60株、株主Bが40株をそれぞれ保有しており、新たに投資家DがCの株式を取得しようとしているケースを考える。Cの株主価値（▸▸▸65頁）が1,000であるとすると、Cの株価は10（＝株主価値1,000÷発行済株式総数100）となり、Aは600（＝株価10×60株）

の経済価値を、Bは400（株価10×40）の経済価値をそれぞれ保有していることになる。この状況の下、Dが300を投資することで、30株（＝投資金額300÷株価10）を取得しようとしていると仮定する。

		取引前	1 株式譲渡取引後	2 株式引受取引後
既存株主	A	保有株式：60株	保有株式：60株	保有株式：60株
		保有割合：60.00%	保有割合：60.00%	**保有割合：46.15%**
		保有価値：600	保有価値：600	保有価値：600
	B	保有株式：40株	**保有株式：10株**	保有株式：40株
		保有割合：40.00%	**保有割合：10.00%**	**保有割合：30.77%**
		保有価値：400	**保有価値：100**	保有価値：400
投資家	D	保有株式：0株	**保有株式：30株**	**保有株式：30株**
		保有割合：0.00%	**保有割合：30.00%**	**保有割合：23.08%**
		保有価値：0	**保有価値：300**	**保有価値：300**
対象会社	C	株式総数：100	株式総数：100	**株式総数：130**
		株主価値：1,000	株主価値：1,000	**株主価値：1,300**

まず、Dの投資が**株式譲渡のスキーム**で行われた場合、Dの保有株式数が30株となり、Bの保有株式数は30株減少して10株となる。**株式譲渡スキームでは、対象会社の発行済株式数や株主価値に変化は生じない**から、Dの保有割合は30%、保有価値は300となり、Bの保有割合は10%、保有価値は100となる。**取引当事者ではない既存株主Aの保有株式・保有割合・保有価値に影響は生じないし、対象会社Cの発行済株式総数・株主価値にも影響は生じない。**

これに対し、Dの投資が**株式引受のスキーム**で行われた場合、Dが300を出資して30株を取得するのに合わせ、**対象会社Cの発行済株式総数は130株**（＝100＋30）、**株主価値は1,300**（＝1,000＋300）**にそれぞれ増加**する。したがって、Dの保有割合は約23%（＝30株÷130株）と**株式譲渡取引の場合に比べ小さくなる**が、保有する経済的価値はいずれも300（＝1,300×23.08%）と同じである。また、取引当事者ではない既存株主A及びBについてみると、保有株式に変化は生じないものの、保有割合は、発行済株式総数の増加に伴い、それぞれ約46%（＝60株÷130株）、約31%（＝40株÷130株）に**目減りする**ことになる。しかしながら、対象会社Cの株主価値それ自体が増加するから、A及びBが保有する経済価値は取引前後で変化しない。

3 経営に参加するための契約

〔逆引法務378頁〕

【株主間契約と合弁契約】 次に、会社経営に参加するための契約として、以下のものが用いられる。これら２つの契約は、後述するように、区別されて用いられることも多いが、対象会社の経営に参加するための仕組みを規定するものであるという点で共通する。

> [3] 株主間契約 (Shareholders' Agreement) 又は合弁契約 (Joint Venture Agreeement)

株式譲渡契約や株式引受契約が取引の当事者との間でのみ締結されるものであるのに対し、株主間契約や合弁契約は**対象会社の株主の全員**（又は大多数の株主）を当事者として締結されるものであるという点で異なっている。例えば、投資家Dが自己の意思を対象会社Cの取締役会に反映させるため、「DはCの取締役を１名指名することができる」という権利を確保しようとする場合には（▸▸▸345頁）、DとCとの間で上記を合意するだけでは不十分である。なぜなら、取締役の選任は株主総会決議事項であるため（会社法329条１項）、**他の株主であるAやBがこれに反対する可能性があるから**である。したがって、対象会社の経営に参加するために必要な事項については、[3]を全て（又は大多数）の株主との間で合意しておく必要がある。

【両者の違い】 合弁契約も株主間契約も、対象会社の経営に参加するための事項を規定するものという点で共通するが、一般に、「**合弁契約**」という用語は、**対象会社そのものを新たに設立する場面**で用いられ（したがって、会社の設立に関するルール等も盛り込まれることになる）、「**株主間契約**」という用語は、既存の会社の株式を取得することにより、**対象会社を“事後的に合弁化”する場面**で用いられることが多い。

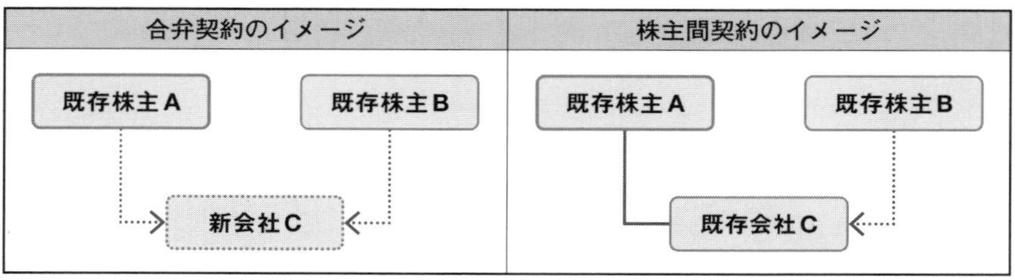

【種類株式】 また、**対象会社の経営に関する事項**を、契約で規定するのではなく、**株式の内容として定める方法**もある。**種類株式**を用いる方法がこれにあたる（…220頁）。**他の株主が株主間契約に違反し、投資家の権利を侵害するような行為を行っても、当該行為は会社法上当然には無効とはならない**（当該契約に違反した株主の損害賠償責任等の契約違反の効果が生ずるのみである）。例えば、株主間契約において、投資家Bが取締役を１名選任できると定めていたため、株主総会においてBがXを取締役と指名したにもかかわらず、他の株主Aがこれに反対し、結局Xとは別のYが取締役と選任された場合でも、**Yの選任は株主間契約に違反していることをもって当然には無効とはならない**のである。これに対し、「種類株式」を用いて投資家の権利を“株式の内容”としてしまえば、**種類株式の内容に反するような行為は会社法上も無効となる**ため、投資家の権利がより強化されることになる。

1-2 株式取得に関する基本論点

1 議決権と決議事項

〔逆引法務42・375頁〕

【契約相互の関係】　株式を取得するための契約（株式譲渡契約／株式引受契約）と経営に参加するための契約（株主間契約／合弁契約）との関係を正しく理解する必要がある。後者の契約が存在しない場合であっても、前者の契約により、投資家は、取得した株主権（例：議決権）を通じて対象会社の経営にある程度参加することはできる。つまり、**後者の契約は、前者の契約で取得する株主権を"補強"するもの**と位置付けることができる。前者の契約で対象会社の株式の過半数を取得するような場合には、後者の契約を締結することが、投資家にとってむしろ"足枷"となる場合すらある（▸▸▸312頁）。

そこで、株主間契約・合弁契約の存在意義を正しく理解するためには、株主が保有する議決権の法律上の原則についての正確な理解が不可欠となる。

【決議事項】　株主総会決議事項は、以下に大別される（📖伊藤・会社法160頁、📖江頭・会社法359頁）。

1. 普通決議事項（議決権を行使することができる株主の議決権の過半数を有する株主が出席し、出席した当該株主の議決権の過半数の賛成により成立するもの：会社法309条1項）
2. 特別決議事項（議決権を行使することができる株主の議決権の過半数を有する株主が出席し、出席した当該株主の議決権の３分の２以上に当たる賛成により成立するもの：同２項）
3. 特殊決議事項（議決権を行使することができる株主の半数〈頭数〉以上で、かつ議決権を行使することができる株主の議決権の３分の２以上の賛成により成立するもの：同３項）
4. 特別特殊決議事項（総株主の半数〈頭数〉以上で、総株主の議決権の４分の３以上に当たる多数の賛成により成立するもの：同４項）
5. 全株主の同意が必要とされる事項

次表は、これら決議事項の一部である（📖相澤・論点解説263頁より一部抜粋。なお表中「202Ⅲ④」とある場合、「会社法202条3項4号」を意味する)。

普　通	• 役員の報酬等（361・379・387） • 剰余金の配当（454、金銭分配請求権を与えない現物配当の決定は特別決議事項） • 自己株式の取得（156、特定の株主（160Ⅰ）からの取得は特別決議事項） • 取締役・会計参与・監査役の選任・解任（取締役のうち累積投票により選任された者、及び監査役の解任は特別決議事項）(329・339)
特　別	• 譲渡等承認請求に係る譲渡制限株式の買取り（140Ⅱ)、指定買取人の指定（140Ⅴ） • 全部取得条項付種類株式の取得（171Ⅰ） • 相続人等に対する売渡しの請求（175） • 株式の併合（180Ⅱ） • 募集株式の募集事項の決定(199Ⅱ)、募集事項の決定の取締役会への委任(200Ⅰ)、譲渡制限会社において取締役・取締役会への委任がない場合における株主に株式の割当てを受ける権利を与える決定（202Ⅲ④)、譲渡制限株式の割当て（204Ⅱ） • 募集新株予約権の募集事項の決定（238Ⅱ)、募集事項の決定の取締役会への委任(239Ⅰ)、譲渡制限会社において取締役・取締役会への委任がない場合における株主に新株予約権の割当てを受ける権利を与える決定（241Ⅲ④)、取締役会非設置会社における譲渡制限株式を目的とする新株予約権・譲渡制限新株予約権の割当て（243Ⅱ） • 資本金の額の減少（定時総会で欠損の額を超えないものは普通決議事項）(447Ⅰ) • 定款の変更（第6章)、事業の全部・重要な一部の譲渡、事業の全部の譲受け・賃貸・事後設立（第7章)、解散（第8章） • 組織変更、合併、会社分割、株式交換、株式移転（第5編）
特　殊	• その発行する全部の株式の内容として譲渡による当該株式の取得について当該株式会社の承認を要する旨の定款の定めを設ける定款の変更
特別特殊	• 譲渡制限会社における株主ごとに異なる取扱いを行う旨の定款の定め(109Ⅱ)についての定款の変更（当該定款の定めを廃止するものを除く）
全株主の同意	• 発起人、役員等、業務執行者等の責任の免除(55・120Ⅴ・424・462Ⅲ但・464Ⅱ・465Ⅱ) • 種類株式発行会社以外の会社が発行する全部の株式について取得条項（107Ⅰ③）を設定する定款の変更（110） • 株主総会の招集手続（300)・決議（319)・株主総会への報告（320）の省略（議決権を有する株主の全員の同意）

【議決権】 対象会社の株式（株主総会での議決権）を取得することにより、当該会社の事業に対して影響を与えることができるようになる。議決権割合と決議事項との関係については、次の表を参照いただきたい。

株式取得割合 （議決権ベース）	議決権ベースの支配権	対象会社との関係性
100%取得	• 支配権を完全に取得する	• 完全親子関係
75%取得 （75～99%）	• 特別特殊決議を可決することができる（309 Ⅳ） • 株主ごとに異なる取扱いを定める定款の変更を行うことができる（109 Ⅱ・105 Ⅰ）	• 90%以上で特別支配関係
67%取得 （67～74%）	• 特別決議を可決することができる（309 Ⅱ） ＊定款の変更、事業の譲渡、解散、組織再編契約の承認（309 Ⅱ⑪⑫）等	• 親子関係
51%取得 （51～66%）	• 普通決議を可決することができる（309 Ⅰ） ＊剰余金の配当（454）、取締役・監査役の選任（341）等	
50%取得	• 普通決議の成立を妨げることができる（普通決議に関する拒否権を持つ）	• 一定の要件を満たせば親子関係
34%取得 （34～49%）	• 特別決議の成立を妨げることができる（特別決議に関する拒否権を持つ）	• 20%以上で持分法適用関係
26%取得 （26～33%）	• 特別特殊決議の成立を妨げることができる（特別特殊決議に関する拒否権を持つ）	• 15%以上かつ一定の要件を満たせば持分法適用関係
25%取得	• 相互保有株式として議決権行使が制約される	

2　グループ会社

〔逆引法務375頁〕

【親会社と子会社】　議決権割合は、投資先が自己の子会社となるかどうかの基準ともなる。会社法において、**親会社**とは、ある株式会社の議決権総数の過半数を有する等、当該株式会社の経営を**支配**している法人として法務省令で定める他の会社をいい（会社法２条４号、会社規則３条２項・３項）、**子会社**とは、ある会社がその経営を**支配**している他の会社をいう（会社法２条３号、会社規則３条１項・３項）（📖伊藤・会社法24頁、📖江頭・会社法８頁）。

議決権の過半数を保有する場合には、投資先は子会社となるが、それを下回る場合であっても、次表のとおり、「緊密者等」との保有割合を合わせて判断したり、その他の要素（次表で「＋α」と記載したもの）と合わせて判断することで、子会社になる場合がある[1]（なお、次表において「規」とは「会社法施行規則」を指し、例えば「規３Ⅲ①」とある場合「会社法施行規則３条３項１号」を意味する）。

親単独	50%超	40%以上50%以下		40%未満	
緊密者等との合計	—	50%超	50%以下	50%超	50%以下
該当性	子会社 (規3Ⅲ①)	子会社 (規3Ⅲ②イ)	＋αのいずれかがあれば子会社 (規3Ⅲ②ロ〜ホ、③)		非子会社
備考	• 上記の「緊密者等」とは、自己と出資、人事、資金、技術、取引等において緊密な関係があることにより自己の意思と同一の内容の議決権を行使すると認められる者、及び、自己の意思と同一の内容の議決権を行使することに同意している者をいう(規3Ⅲ②イ(2)及び(3)参照)。 • 上記の「＋α」とは、以下のいずれかをいう。 ① 対象会社の役員の過半数が親会社から派遣されていること(規3Ⅲ②ロ) ② 親会社と対象会社の間に支配契約が締結されていること(規3Ⅲ②ハ) ③ 親会社が対象会社の調達資金の50%超を負担していること(規3Ⅲ②ニ) ④ 親会社による対象会社への支配が推測される事実が存在すること(規3Ⅲ②ホ)				

【相互保有株式】 会社間において**相互に株式を保有**する場合、**議決権の行使が制限**される。具体的には、X社がY社の議決権の**4分の1超**を有する場合、Y社はX社に対して議決権を行使することはできない(パターン①)。その応用として、X社がその子会社であるA社を通じて、Y社の議決権の4分の1超を有する場合も、Y社は議決権行使が制限される(パターン②、パターン③)(会社法308条1項)(📖伊藤・会社法152頁、📖江頭・会社法335頁)。

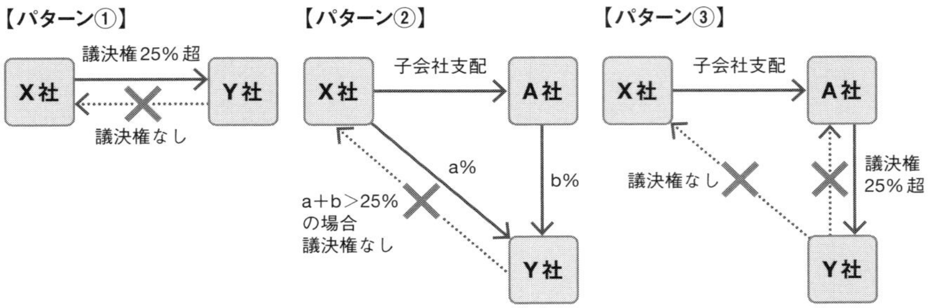

[1] 子会社該当性の判断については、企業会計基準委員会「企業会計基準適用指針第22号連結財務諸表における子会社及び関連会社の範囲の決定に関する適用指針」(平成20年5月13日、最終改正：平成21年3月27日)(https://www.asb.or.jp/asb/asb_j/documents/docs/ketsugou-2/ketsugou-2_13.pdf)が参考になる。

【連結子会社と持分法適用会社】 取得する議決権の割合によって**会計上の一体性**も異なってくる。すなわち、**連結子会社**となるか**関連会社**[2]となるかにより、適用される会計処理が異なってくる。

連結子会社	・会社法上の「子会社」と同じ。
関連会社	・対象会社の議決権株式の20%以上を実質的に所有している場合 ・対象会社の議決権株式の取得割合が20%未満であっても、一定の議決権（15%以上）を有しており、かつ、当該会社の財務・営業方針の決定に対して重要な影響を与えることが可能である場合

連結子会社の場合は「**全部連結**」（貸借対照表及び損益計算書を勘定科目ごとに合算すること）を行うのに対し、持分法適用会社（関連会社）の場合は「**一行連結**」（当該関連会社の最終損益のみを持分割合に応じて「投資有価証券／持分法投資損益」の仕訳で処理すること）により処理される。

その結果、例えば、営業利益マイナス（営業損失の状態）の企業を買収した場合、これを連結子会社化すると、連結営業利益に悪影響を生ずることになるが、持分法適用会社の場合は、連結営業利益に影響は生じないということになる。また、負債の大きい企業を買収した場合、連結子会社化すると連結負債が大きくなる（自己資本比率が悪化する）のに対し、持分法適用会社の場合には負債に影響はないということになる（自己資本比率に影響しない）。

［2］ 関連会社には、持分法が適用される。なお、関連会社のほか、非連結子会社にも持分法が適用されるが、会計処理は関連会社のそれと若干異なる。なお、非連結子会社とは、連結範囲に含めない子会社をいい、①支配が一時的であると認められる子会社、及び②連結することで利害関係者の判断を著しく誤らせるおそれがある子会社は連結範囲に含めてはならず、③重要性の乏しい子会社については連結範囲に含めないことができる。

1-3 主要な参考書籍の紹介

【会社法に関する参考書籍】 本書は、前著『逆引きビジネス法務ハンドブック』（東洋経済新報社、2015年）の“書式集”である。前著と本書を一体のものとしてシームレスにご利用いただくため、前著で引用した参考文献は、極力本書の中でも引用することとした。まず、会社法に関しては、伊藤靖史ほか『会社法』（第3版、有斐閣、2015年）及び江頭憲治郎『株式会社法』（第7版、有斐閣、2017年）を中心に引用している（江頭憲治郎『株式会社法』については前著上梓時第6版が最新版であったが、その後第7版が公表されたため、本書においては第7版の頁を掲げた）。

【金融商品取引法に関する参考書籍】 株式の譲渡や引受けの対象が上場株式である場合は、会社法に加え、金融商品取引法の知識が不可欠となる。本書では、同分野の入門書として極めて高い評価を受けている、宮下央『企業法務のための金融商品取引法』（中央経済社、2015年）及び基本書である山下友信・神田秀樹編『金融商品取引法概説』（第2版、有斐閣、2017年）を中心に紹介している。また、適宜、TOBに関する大系書である、長島・大野・常松法律事務所編『公開買付けの理論と実務』（第3版、商事法務、2016年）を補足的に引用している。

【M&Aに関する参考書籍】 M&Aに関する参考文献については、7年ぶりに改訂された“M&A分野のバイブル”、木俣貴光『企業買収の実務プロセス』（第2版、中央経済社、2017年）のほか、鈴木義行編著『M&A実務ハンドブック――会計・税務・企業評価と買収契約の進め方』（第7版、中央経済社、2014年）及び柴田義人ほか編『M&A実務の基礎』（商事法務、2015年）を主に引用している。加えて、前著上梓後に公表されたM&A分野の包括的解説書である森・濱田松本法律事務所編『M&A法大系』（有斐閣、2015年）も適宜引用した。

【株式譲渡契約に関する参考書籍】 株式譲渡契約を含むM&Aの契約条項のサンプルを紹介する書籍は多くなく、前著で紹介した藤原総一郎編著『M&Aの契約実務』（中央経済社、2010年）、淵邊善彦編著『シチュエーション別 提携契約の実務』（第2版、商事法務、2014年）、阿部・井窪・片山法律事務所編『契約書作成の実務と書式――企業実務家視点の雛形とその解説』（有斐閣、2014年）は、M&A契約の具体的な条項を起草するうえでの貴重な資料であり、これらは本書の各条項例の冒頭で紹介している。

なお、表明保証に関する説明部分では、長島・大野・常松法律事務所編『M&Aを成功に導く 法務デューデリジェンスの実務』（第3版、中央経済社、2014年）を多く引用した。デュー・デリジェンスによるリスクの発見と表明保証によるリスクの回避とは表裏をなすものであり、デュー・デリジェンスをよく知ることが表明保証の趣旨の深い理解につながるからである。

【株式引受契約に関する参考書籍】 株式引受契約の条項例を紹介する既存の書籍はさらに少ない。本書では、条項例を起草するうえで参考となる会社法の条文及び会社法に関する書籍を紹介している。また、種類株式に関する定款条項例の参考文献として、田村洋三監修『会社法定款事例集——定款の作成及び認証、定款変更の実務詳解』（第3版、日本加除出版、2015年）及び内藤卓編『商業登記全書 第3巻 株式・種類株式』（第2版、中央経済社、2015年）を紹介した。

【合弁契約に関する参考書籍】 合弁契約については、約10年ぶりに改訂された同分野の名著、金丸和弘ほか編著『ジョイント・ベンチャー契約の実務と理論』（新訂版、金融財政事情研究会、2017年）を中心に引用している。

【その他】 その他の参考文献については、巻末の参考文献（凡例）をご参照いただきたい。

Chapter 2

株式譲渡契約

株式譲渡契約に関する
交渉・ドラフト・レビューのポイント

株式譲渡契約書（サンプル）

株式譲渡契約に関する交渉・ドラフト・レビューのポイント

1. 上場株式の譲渡・取得の場合		
1-1. 総論		
—	譲渡・取得しようとする株式が上場株式である場合、金融商品取引法に基づく「公開買付規制」「開示規制」「大量保有報告規制」「インサイダー取引規制」について特に注意する必要がある。	49頁
1-2. 公開買付規制		
公開買付けの要件	上場株式を、証券取引所外で取得しようとする場合、公開買付けの手続が必要となる場合があるので、その要否及びこれが必要となる場合の手続についての検討が必要となる。	51頁
	公開買付けの要否は、原則として、買付け後の株券等所有割合（5%ルール又は3分の1ルール）が基準とされる。	52頁
	もっとも、買付け後の株券等所有割合が基準を超える場合であっても、グループ会社からの取得の場合等、一定の場合には公開買付けの手続が不要となる場合もある。	53頁
公開買付けの効果	公開買付けが必要とされる場合、情報開示、按分比例による買付義務、買付期間の限定、買付価格の均一性、条件設定の禁止、買付撤回の禁止等、取引の進め方についても制限を受けることになる。	54頁
公開買付けにおいて用いられる契約	当該公開買付けが対象会社（の取締役会）にとって友好的なものである場合、買付者と対象会社との間で「公開買付けが開始された場合には対象会社が賛同意見を表明しこれを維持すること」等を内容とする契約を締結することがある。	57頁
	対象会社の株主の中に大株主が含まれる場合、当該株主の応募の有無が公開買付けの成否に影響を与えるため、買付者と当該大株主との間で、「当該大株主が保有する一定数の株式について公開買付けに応募し、かつ応募を撤回しないこと」を内容とする契約を公開買付けの開始前に締結することがある。	58頁
1-3. 開示規制		
上場株式を譲渡する場合の一般的な開示規制	上場株式の譲渡が金融商品取引法上の「売出し」に該当する場合でも、上場株式は、開示が行われている有価証券に該当するため、有価証券届出書の提出義務はないが、有価証券通知書の提出義務を負う場合がある。	59頁

	上場株式の譲渡が金融商品取引法上の「売出し」に該当する場合、対象会社には目論見書の作成義務が、売主には目論見書の交付義務がそれぞれ発生する場合がある。	59頁
1-4. 大量保有報告規制		
—	上場株式の取得により、株券等保有割合が5%を超えた者（大量保有者）は、大量保有報告書を提出しなければならない。	60頁
	議決権付株式に転換され得るもの以外の無議決権株式や普通社債等は、大量保有報告制度の対象ではない。	60頁
1-5. インサイダー取引規制		
—	会社関係者が、未公表の重要事実を知りながら、当該上場会社等の発行する株式の売買等を行うことは、インサイダー取引として規制される。	60頁
	株式譲渡の当事者のいずれかが、クロージング前に、インサイダー取引規制の対象となる未公表の重要事実を取得した場合、①対象会社に当該事実を公表してもらうか、又は②相手方に対して当該事実を開示し、知る者同士の証券市場によらない取引（クロクロ取引）として、取引を行う必要がある。	60頁
2. 株式の譲渡及び対価の支払		
2-1. 株式の譲渡		
—	株式譲渡契約では、譲渡対象となる株式を適切に特定する必要がある。	61頁
2-2. 対価の支払		
譲渡価格の決定	譲渡価格が適正でない場合、取締役の善管注意義務違反の問題、減損リスクの問題、税務上の問題等が生ずるおそれがある。	63頁
	譲渡価格を決定するためのアプローチは、①マーケット・アプローチ（株式市場での市場価格をベースに評価する方法）、②インカム・アプローチ（評価対象会社の収益力をベースに評価する方法）、③コスト・アプローチ（評価対象会社の純資産をベースに評価する方法）の3種類に大別されるが、非上場株式の価格算定では、主に、②の中のDCF法が用いられる。	66頁
	上記に基づく算定結果に対し、プレミアム（価格の上乗せ）やディスカウント（価格の減額）を行う場合もあるが、上記のアプローチのいずれを採用するかによって、これらを行うべきか否かが異なる。	68頁

譲渡価格の調整	株式譲渡契約の締結からその実行（クロージング）までの間で、対象会社に一定の事項が生ずることによって株主価値が変動した場合、契約書に記載された価格が適正な株主価値を反映していないことになってしまう。このような場合に備えて、価格を調整するための条項を契約書の中に規定することがある。	72頁
	価格の調整メカニズム（例：調整のための計算式や手続）は事前に合意しておく必要がある。	74頁
アーン・アウト	売主・買主それぞれが主張する譲渡価格差が埋まらない場合、一定期間内に一定条件を満たした場合に譲渡代金を追加支払する「アーン・アウト」という方法が用いられることがある。	76頁
	追加支払が行われるための期間及び条件は契約上明確に定めておく必要がある。	78頁
	株式譲渡後も対象会社を売主が支配し続ける場合、売主にはアーン・アウトの条件を満たすように会社を経営するインセンティブが働く。その結果、例えば、「売上」が条件指標として規定されている場合には、アーン・アウト期間にコスト度外視の営業活動が行われる等、短期視点での会社経営が行われる可能性がある。	78頁
	株式譲渡後に対象会社を買主が支配する場合、買主にはアーン・アウトの条件を満たさないように会社を経営するインセンティブが働く。その結果、例えば、「利益」が条件指標として規定されている場合には、コスト度外視の営業活動が行われる等、短期視点での会社経営が行われる可能性がある。	78頁
3. 前提条件及びクロージング		
3-1. クロージングの前提条件		
—	取引の実行、すなわち、クロージングを行うための前提条件を、売主及び買主のそれぞれについて適切に定めておく必要がある。	81頁
	前提条件が充足されなかった場合でも、充足されたのと同様に取り扱うための、“条件の放棄”に関する規定を設けることもある。	82頁
	前提条件充足のためのタイムリミット、すなわち、Long Stop Date を適切に設定しておく必要がある。	86頁
3-2. クロージング		
クロージングの内容	株式譲渡契約の履行（クロージング）として、売主及び買主が具体的に何を行うかを明確に規定する必要がある。	87頁

	クロージングにおける売主の義務は、対象会社が株券発行会社か否かにより、その内容が異なる。	88頁
	クロージングにおける買主の義務は譲渡価格の支払であるが、海外送金が行われる場合、売主による金融機関への送金指示と買主による着金確認にタイムラグが生ずる可能性がある。	89頁
クロージングの準備	クロージングは、予め合意されたクロージング日に行われるが、その前日又は数日前に関係者間でクロージングの準備（プレ・クロージング）を行っておくことがある。	88頁
ガンジャンピング	クロージング前であるにもかかわらず、既に取引がクロージングされたかのような行動をとることが、独占禁止法又は金融商品取引法上のガンジャンピングとして違法となる場合がある。	91頁
4. 表明保証		
4-1. 表明保証の性質及びその対象事項		
表明保証の性質	日本法の下では、表明保証責任の法的性質は必ずしも明らかではないため、表明保証違反を理由とする補償責任のほか、民法・商法に基づく責任の追及が可能か否かについて規定しておく必要がある。	94頁
	表明保証の相手方（例：表明保証の当事者が売主であった場合の買主）の主観的態様が責任の有無及び範囲に影響を与えるか否かについて必ずしも明らかではないため、この点を明示しておくことがある。	95頁
	表明保証の主体として、契約の当事者（売主及び買主）のほか、対象会社を加えることがある。但し、100%買収の場合、対象会社は買主の100%子会社になってしまうため、買主の対象会社に対する補償請求の意義が乏しくなる。	96頁
	表明保証の“基準時”について明示しておく必要がある。	97頁
表明保証の対象事項	表明保証の対象事項は、①契約当事者に関する事項（例：売主／買主について倒産手続が開始されていないこと）と、②対象会社に関する事項（例：対象会社について倒産手続が開始されていないこと）とに大別される。	99頁
	株式譲渡契約では、買主については上記の①について表明保証が行われる。売主が対象会社の経営にコミットしているような場合（例：経営者兼株主であるような場合）、①のみならず②についても表明保証の対象とするよう、買主から求められることがある。	97頁

4-2. 表明保証の限定		
—	表明保証に関する責任を限定するための方法の1つとして、表明保証の対象から除外する一定の事項を契約書別紙（Disclosure Letter）に記載する方法がある。	98頁
	表明保証に関する責任を限定するための方法の1つとして、「重要なものについて保証する」というように、表明保証の対象を「重大性」「重要性」の文言により限定する方法もある。	98頁
	表明保証に関する責任を限定するための方法の1つとして、「売主が知る限り」「売主が知り得る限り」というように、表明保証を行う当事者の認識により限定する方法もある。	99頁
5. コベナンツ		
コベナンツ	株式の譲渡義務及び対価の支払義務という株式譲渡契約の主たる義務のほか、これに付随する義務を規定する場合があり、これはコベナンツ（誓約事項）と呼ばれる。	145頁
	コベナンツには、クロージング前の誓約事項である「プレ・クロージング」のものと、クロージング後の誓約事項である「ポスト・クロージング」のものがある。	145頁
プレ・クロージング・コベナンツ	プレ・クロージング・コベナンツとしては、①株式譲渡の承認手続の履践、②チェンジ・オブ・コントロールの対応、③許認可の取得・届出、④対象会社の役員の交代、⑤前提条件充足のための努力、⑥デュー・デリジェンスで発見された問題への対応、⑦対象会社の運営、⑧対象会社の情報へのアクセス、⑨表明保証違反等に関する通知等が規定される。	147頁
ポスト・クロージング・コベナンツ	ポスト・クロージング・コベナンツとしては、①競業避止義務、②売主による対象会社へのサービスの提供、③クロージング後の追加的行為、④対象会社の従業員の雇用の継続、⑤キーマン条項等が規定される。	156頁
6. 他の株主との取決め		
—	株式譲渡によって、買主と他の既存株主が、対象会社を共同経営することになる場合、対象会社の経営及び運営に関する株主間の取決めが規定されることがある。	162頁
	当該取決めは、株式譲渡契約の中で規定される場合もあるし、別途合弁契約や株主間契約が締結されることもある。	162頁

7. 補償及び解除等		
7-1. 補償		
補償等	当事者の一方が表明保証又は契約上の義務（例：コベナンツ）に違反した場合に、相手方に対する補償を義務付けるための条項が必要となる。	164頁
	補償の法的性質は、民法上の債務不履行に基づく損害賠償とは必ずしも同一ではないため、補償の要件（どのような場合に補償請求が可能か）及び効果（どこまでの損害・損失が補償の範囲か）を具体的に特定する必要がある。	165頁
補償責任の限定	補償責任は、各当事者、特に売主にとっての潜在債務となるため、その責任の範囲を「金額」及び「期間」の観点から限定することがある。	167頁
	補償の金額を限定する場合、その上限のみならず、下限についても規定することがある。	167頁
	補償の期間を限定する場合、対象会社の決算をきっかけに財務上の問題点が発覚することもあることから、対象会社の決算期をまたぐような補償期間が設定されることが多い。	168頁
7-2. 解除その他契約の終了		
—	取引実行の前提条件が満たされなければ取引の実行を行わないことは可能であるが、取引実行の可能性がなくなった場合にまで契約を存続させることは意味がないため、そのような場合に備え、契約の解除等に関する規定を設けておくのが通常である。	171頁
	クロージング後は、変更された株主構成の下で様々な利害関係が新たに形成されるため、契約の解除により元の状態に戻すのは困難であり、したがって、契約の解除はクロージング前に限定するのが通常である。	171頁
7-3. 救済方法の限定		
—	契約により解除権や補償請求権の行使条件等を制限することができても、民法に基づく解除や損害賠償請求等、他の法律構成により責任を追及されることになっては、契約による責任制限が骨抜きになってしまうため、救済方法は契約に規定するものに限られ、そのほかに法律上の権利を主張することができない旨合意されることがある。	172頁

株式譲渡契約書（サンプル）

［*当事者名を記載*］（以下「売主」という。）及び［*当事者名を記載*］（以下「買主」という。）は、売主が保有する株式会社［*対象会社の名称を記載*］（以下「対象会社」という。）の株式の売買に関する以下の事項に合意し、ここに契約（以下「本契約」という。）を締結する。なお、本契約の用語の定義は、別紙「用語の定義」に従う。

第1章　株式の譲渡及び対価の支払

第1.1条（株式の譲渡）［本書61頁］

売主は、本契約の規定に従い、クロージング日をもって、売主が有する対象会社の発行済普通株式のうち［*譲渡株式数を記載*］株（以下「本株式」という。）を、その譲渡価格の受領と引き換えに譲渡し、買主はこれを譲り受けるものとする（以下「本株式譲渡」という。）。

第1.2条（譲渡価格）［本書63頁］

本株式の譲渡価格は、第1.3条（譲渡価格の調整）及び第1.4条（アーン・アウト）を条件として、1株当たり［*1株当たり株価を記載*］円、総額［*総額を記載*］円（以下「クロージング日譲渡価格」という。）とする。

第1.3条（譲渡価格の調整）［本書72頁］

1　買主は、クロージング後速やかに、クロージング日を基準時とする対象会社に係る貸借対照表（以下本条において「本修正貸借対照表」という。）を作成し、クロージング日から［　　］日以内（以下本条において「本修正期間」という。）に、売主に対し、本修正貸借対照表及びこれに基づき算出した本株式の譲渡価格（以下本条において「本修正譲渡価格」という。）を書面（以下本条において「本修正通知」という。）により提示する。

2 売主は、本修正通知を受領してから［　　］日間（以下本条において「本検証期間」という。）、これらの正確性を検証するため、当該検証に必要かつ合理的な範囲及び方法にて、次に掲げる事項を買主に求めることができる。

⑴ 本修正貸借対照表又は本修正譲渡価格に関する説明

⑵ 対象会社の取締役、監査役及び従業員に対する質問

⑶ 対象会社の計算書類その他本修正貸借対照表又は本修正譲渡価格に合理的に関連する書類及び電磁的記録の開示

3 売主は、本検証期間最終日までに、買主に対し、本修正譲渡価格を承認するか否かを書面で通知する。売主がこれを承認する旨を書面で通知した場合、又は本検証期間内に次項に定める本不承認通知を行わない場合、本株式の譲渡価格は本修正譲渡価格で確定する。

4 売主は、本修正譲渡価格を承認しない場合、本検証期間最終日までに、買主に対し、これを承認しない旨を書面で通知（以下本条において「本不承認通知」という。）する。この場合、買主及び売主は、本株式の譲渡価格の合意を目指し、誠実に協議を行うものとする。

5 前項に定める協議にもかかわらず、買主が本不承認通知を受領してから［　　］日以内に当該協議が整わない場合、別紙1.3（価格の決定方法）に定める手続により、本株式の譲渡価格を確定するものとする。

6 当事者は、本条に基づき本株式の譲渡価格が確定した後［　　］日以内に、当該価格とクロージング日譲渡価格との差額を決済しなければならない。

第1.4条（アーン・アウト）［本書76頁］

1 買主は、売主に対し、クロージング後、本株式譲渡の対価として、クロージング日譲渡価格に加え、次項以下に規定する計算方法に従い算出される追加的対価（以下本条において「本追加対価」という。）を支払う。

2 本追加対価は、次項の規定に従い、対象会社の売上及び売上総利益率を用いて算出するものとする。買主は、［　　］年［　　］月中に、［　　］年［　　］月［　　］日から［　　］年［　　］月［　　］日までの1会計年度における対象会社の売上（以下本条において「本売上」という。）、及び、売上総利益率（売上総利益を売上で除したものをいい、以

下本条において「本利益率」という。）を確定する。

3 本追加対価の価額は、次の各号に掲げる区分に応じ、それぞれ当該各号に定めるとおりとする。

(1) 本売上が［　　］円を超え、かつ、本利益率が［　　］％を超えた場合

［*上記条件を満たした場合の追加的対価の金額を記載*］円

(2) 本売上が［　　］円を超え、かつ、本利益率が［　　］％を超えた場合

［*上記条件を満たした場合の追加的対価の金額を記載*］円

(3) ……

4 買主は、売主に対し、［　　］年［　　］月［　　］日（以下本条において「本期限日」という。）までに、前項に基づき算出した本追加対価を通知（以下本条において「本対価通知」という。）する。

5 売主は、本対価通知を受領してから［　　］日（以下本条において「本回答期限日」という。）以内に、買主に対し、本対価通知に記載された本追加対価の価額（以下本条において「本買主通知額」という。）を承認するか否かを書面で通知する。売主がこれを承認する旨を書面で通知した場合、又は本回答期限日までに次項に定める本不承認通知をしない場合、本追加対価は本買主通知額で確定する。

6 売主は、本買主通知額を承認しない場合、本回答期限日までに、買主に対し、これを承認しない旨を書面で通知（以下本条において「本不承認通知」という。）する。この場合、買主及び売主は、本追加対価の合意を目指し、誠実に協議を行うものとする。

7 前項に定める協議にもかかわらず、買主が本不承認通知を受領してから［　　］日以内に当該協議が整わない場合、別紙1.3（価格の決定方法）に定める手続により、本追加対価を確定するものとする。

8 買主は、売主に対し、本条に基づき本追加対価が確定した後［　　］日以内に、当該価格を支払わなければならない。

第２章　クロージング及びその前提条件

第2.1条（クロージングの前提条件）［本書80頁］

1　第2.2条（クロージング）に定める売主の義務の履行は、次に掲げる条件（以下本項において「本条件」という。）の全てが満たされていることを前提とする。但し、売主は、その任意の裁量により、本条件の未成就を主張する権利の全部又は一部を放棄することができる。

(1)　第3.1条（表明及び保証）第２項に規定する買主の表明及び保証が、本契約締結日及びクロージング日において、重要な点につき真実かつ正確であること

(2)　買主が、本契約に基づきクロージング日までに履行又は遵守すべき買主の重要な義務を全て履行又は遵守していること

(3)　買主が独占禁止法第10条第２項に基づく届出を行い、同条第８項に定める待機期間が満了したこと

(4)　売主が本条各号記載の条件の充足を確認するため合理的に要求する書面が、買主から売主に対して交付されていること

2　第2.2条（クロージング）に定める買主の義務の履行は、次に掲げる条件（以下本項において「本条件」という。）の全てが満たされていることを前提とする。但し、買主は、その任意の裁量により、本条件の未成就を主張する権利の全部又は一部を放棄することができる。

(1)　第3.1条（表明及び保証）第１項に規定する売主の表明及び保証が、本契約締結日及びクロージング日において、重要な点につき真実かつ正確であること

(2)　売主が、本契約に基づきクロージング日までに履行又は遵守すべき売主の重要な義務を全て履行又は遵守していること

(3)　対象会社の取締役会が、売主から買主への本株式の譲渡を承認していること

(4)　買主が独占禁止法第10条第２項に基づく届出を行い、同条第８項に定める待機期間が満了したこと

(5)　本契約締結日からクロージング日までの間に、対象会社の運営、資産又は財務状況に重大な悪影響を及ぼす事項が発生していないこと

(6) 買主が本条各号記載の条件の充足を確認するため合理的に要求する書面が、売主から買主に対して交付されていること

第2.2条（クロージング）［本書87頁］

本株式譲渡は、クロージング日の［*時間を指定する場合は時間を記載*］時に［*場所を指定する場合は場所を記載*］において、又は、売主及び買主が別途合意する日時に別途合意する場所において、次の各号に掲げる当事者が、それぞれ当該各号に定める事項を行うことにより実行（以下本株式譲渡の実行を「クロージング」といい、実際にクロージングが行われた日を「クロージング時」という。）されるものとする。

(1) 売主

会社法第133条第２項に基づく本株式譲渡に係る株主名簿名義書換の共同請求書（売主が必要事項の全てを記載し、かつ、売主が記名捺印したもの）を買主に交付する

(2) 買主

前号の書類の引渡しを受けることと引換えに、売主に対して、クロージング日譲渡価格の全額を、売主がクロージング日までに指定する日本の銀行口座に振込送金する方法により支払う。なお、送金手数料は、買主が負担する

第３章　表明及び保証

第3.1条（表明及び保証）［本書93頁］

1 売主は、買主に対し、本契約締結日及びクロージング時において（但し、別途時点が明示されている場合にはその時点において）、別紙3.1（表明保証事項）第１項記載の事項が真実かつ正確であることを、表明し、保証する。

2 買主は、売主に対し、本契約締結日及びクロージング時において（但し、別途時点が明示されている場合にはその時点において）、別紙3.1（表明保証事項）第２項記載の事項が真実かつ正確であることを、表明し、保

証する。

第3.2条（民法及び商法の不適用）［本書95頁］

第３章に係る補償責任には、民法第566条及び同法第570条並びに商法第526条は適用されない。

第3.3条（買主等の主観的態様）［本書96頁］

当事者は、第3.1条（表明及び保証）第１項に規定する売主の表明及び保証に関し違反があり、かつ、そのことを買主が知り又はこれを知り得べき場合であったとしても、このことは、当該表明及び保証の違反に関する売主の責任の成否及びその範囲に消長を来さないことを確認する。

第3.4条（表明保証の例外）［本書97頁］

第3.1条（表明及び保証）の規定にかかわらず、別紙3.4（表明保証の例外）記載の事項に関し、売主はこれらが真実かつ正確であることにつき、表明又は保証を行わない。

第４章　クロージング前の誓約事項

第4.1条（株式譲渡の承認手続の履践）［本書147頁］

売主は、クロージング日までに、対象会社の取締役会をして、本株式譲渡による本株式の買主による取得を承認させるものとする。

第4.2条（チェンジ・オブ・コントロールの対応）［本書147頁］

1　売主は、クロージング日までに、次に掲げる契約について、本株式譲渡の後も当該契約を解除せず、本契約締結日以前における条件と実質的に同じ条件で当該契約に基づく取引を継続することについて、買主が合理的に満足する内容の書面による同意を当該契約の相手方から取得するべく、対象会社をして合理的な努力をさせるものとする。

(1)　対象会社と［*契約の相手方を記載*］との間の［*締結日を記載*］日付

「［*契約名を記載*］契約」

(2) ……

2 売主は、クロージング日までに、次に掲げる契約について、対象会社をして、当該契約の相手方に対し、当該契約の定めに従って、本株式譲渡について必要となる通知を行わせるものとする。

(1) 対象会社と［*契約の相手方を記載*］との間の［*締結日を記載*］日付「［*契約名を記載*］契約」

(2) ……

第4.3条（許認可の取得・届出）［本書150頁］

1 買主は、本契約締結後遅滞なく、本株式譲渡のために必要な独占禁止法第10条第２項に基づく事前届出を行うものとする。

2 売主は、買主による独占禁止法第10条第２項に基づく事前届出の書類作成等に協力し、また、対象会社をして協力させるものとする。

第4.4条（対象会社の役員の交代）［本書151頁］

売主は、クロージング日までに、次に掲げる取締役及び監査役がクロージング日付で対象会社の取締役及び監査役を辞任する旨の辞任届を、買主に対して提出する。

(1) ［*取締役／監査役の氏名を記載*］氏

(2) ……

第4.5条（前提条件充足のための努力）［本書152頁］

1 クロージング日までの間、買主は第2.1条（クロージングの前提条件）第２項各号に定める条件を、売主は第2.1条（クロージングの前提条件）第１項各号に定める条件を、それぞれ充足させるように合理的な努力を尽くすものとする。

2 第2.1条（クロージングの前提条件）に定める条件のいずれかについて充足が不可能であることが明らかになった場合には、売主及び買主は本株式譲渡の遂行、本契約の修正、解約、その他の対応について誠実に協議するものとする。

第4.6条（特定事項の履践）［本書152頁］

売主は、クロージング日までに、対象会社をして、別紙4.6（要改善事項）記載の事項を履践・実施させるものとする。

第4.7条（対象会社の運営）［本書153頁］

1　売主は、本契約締結日以降クロージング時までの間、本契約において別途企図されているか又は買主が別途書面で同意する場合を除き、対象会社をして、善良なる管理者の注意をもって、かつ、過去の業務と矛盾しない通常の業務の範囲内において、その事業を運営させるものとする。

2　売主は、本契約締結日以降クロージング時までの間、本契約において別途企図されているか又は買主が別途書面で同意する場合を除き、対象会社をして、次の行為を行わせないものとする。

(1)　対象会社を当事者とする合併その他の組織再編行為

(2)　定款変更

(3)　株式、新株予約権、新株予約権付社債その他株式若しくは株式を取得できる権利の発行

(4)　［　　］円以上の借入若しくは担保設定その他対象会社の財産状態又は損益状況に大幅な変化をもたらすような行為

(5)　本株式譲渡の実行に重大な影響を及ぼしうる行為

第4.8条（対象会社の情報へのアクセス）［本書154頁］

売主は、本契約締結日以降クロージング時までの間、買主が合理的に要請する場合、対象会社をして、買主が通常の営業時間内に、対象会社の業務に影響を及ぼさない範囲で、対象会社の帳簿類、契約書、議事録、資料、コンピュータ・ファイル、事務所等の施設及び財産並びに役員及び従業員に対してアクセスできるようにさせるものとする。

第4.9条（表明保証違反等に関する通知）［本書155頁］

本契約当事者は、本契約締結日以降、クロージング時までの間に、次の事項が判明した場合、直ちに相手方に対し当該内容を、合理的な範囲で詳細な説明を付して、書面により通知する。

(1)　第3.1条（表明及び保証）に定める自己の表明及び保証が不正確で

あったこと又はクロージング日において不正確になるであろうこと

(2) 本契約の違反

(3) 第2.1条（クロージングの前提条件）に定める本契約当事者の義務の前提条件が充足しないこと

第5章　クロージング後の誓約事項

第5.1条（競業避止義務）［本書156頁］

1　売主は、クロージング時からクロージング後［　　］年間を経過するまでの間、［*競業避止義務の対象地域を記載*］において、対象会社が本契約締結日において行っている事業と競合する事業を直接又は間接に行ってはならない。

2　売主は、本契約締結日からクロージング後［　　］年間を経過するまでの間、自ら又はその関係者を通じて、対象会社の役員又は従業員を勧誘し、対象会社からの退職を促し、又はその他何らの働きかけも行ってはならない。

第5.2条（売主による対象会社へのサービスの提供）［本書157頁］

売主は、クロージング時からクロージング後［　　］年間を経過するまでの間、売主が本契約締結日に対象会社に対して提供している別紙5.2（サービス一覧）記載のサービスを、同別紙記載の条件で対象会社に対して提供する。

第5.3条（クロージング後の追加的行為）［本書158頁］

各当事者は、クロージング後も引き続き、本契約において企図されている取引を完全に実行し、これを有効ならしめるために合理的に必要であるか、適当であるか又は望ましい行為（書面の作成を含むがこれに限られない。）を行うものとする。

第5.4条（対象会社の従業員の雇用の継続）［本書159頁］

買主は、クロージング後当面の間、対象会社における従業員の雇用を維持し、現状の雇用条件を維持するものとする。

第5.5条（キーマン条項）［本書159頁］

1　［*キーマンの氏名を記載*］（以下「甲」という。）は、買主の事前の承諾を得ることなく、対象会社の取締役を任期満了前に辞任しないものとし、また、任期満了時に対象会社の取締役として再任されることを拒否しないものとする。

2　甲は、対象会社の経営及び業務に専念するものとし、買主の事前の承諾を得ることなく、次に掲げる事項を行ってはならない。

⑴　他の会社、団体又は組織の役員又は従業員の兼務又は兼職

⑵　他の会社、団体又は組織の発行する株式等の保有又は取得

3　甲は、対象会社の株主、取締役、監査役又は従業員としての地位にある間及び対象会社の株主、取締役、監査役又は従業員のいずれでもなくなった日から［　　］年間が経過するまでは次に掲げる事項を行ってはならない。

⑴　自ら又は第三者をして、対象会社が行い、また、将来行う予定のある事業と競合する事業

⑵　前号に規定する事業を行う他の会社への就職又は役員、執行役員、参与若しくは顧問等への就任、並びに、当該会社の株式等の持分の所有及び取得、及び、当該会社への融資その他の資金供与

4　甲は、対象会社の株主、取締役、監査役又は従業員としての地位にある間及び対象会社の株主、取締役、監査役又は従業員のいずれでもなくなった日から［　　］年間が経過するまでは、自ら又は第三者をして、対象会社の従業員、役員、執行役員、参与及び顧問等に対して、退職、退任、独立又は転職等の勧誘又は勧奨を行ってはならない。

第６章　株主間の取決め

株主間の取決めとして記載すべき事項については、合弁契約書のサンプルを参照されたい（▸▸▸284頁）。

第７章　補償及び解除

第7.1条（補償）［本書164頁］

1　売主は、次の各号のいずれかの事由に起因又は関連して買主が損害（これには、一切の直接損害、間接損害、損失、逸失利益、債務、クレーム、責任又は費用（合理的な範囲の弁護士報酬を含むがこれに限られない。）が含まれる。以下本条において同じ。）を被った場合、本契約に定める条件に従って、買主の損害を補償する。

⑴　第3.1条（表明及び保証）に定める売主の表明及び保証の違反

⑵　本契約上の売主の義務の違反

2　買主は、次の各号のいずれかの事由に起因又は関連して売主が損害を被った場合、本契約に定める条件に従って、売主の損害を補償する。

⑴　第3.1条（表明及び保証）に定める買主の表明及び保証の違反

⑵　本契約上の買主の義務の違反

第7.2条（補償に係る限定）［本書166頁］

1　第7.1条（補償）に基づく補償請求における補償額の総額は、いかなる場合であっても売主及び買主それぞれにつき［*補償の上限額を記載*］円を超えないものとする。

2　第7.1条（補償）に基づく補償請求については、それぞれ、１つの事由に基づく違反により生じた損害が［*補償の下限額を構成する個々の損害額を記載*］円を超過するものの合計額が［*補償の下限額を記載*］円を超過した場合にのみ（但し、発生した損害の全額について）補償義務が発生するものとする。

3　第7.1条（補償）に基づく補償請求については、補償を請求する当事者が、違反した行為者に対し、クロージング時から［　　］年が経過するまでに補償請求事由を具体的に記載した書面による通知を行った場合に限り認められる。

第7.3条（本契約の終了）［本書169頁］

1　次の各号のいずれかに該当する事由が生じた場合、当事者の一方は、クロージング時の前日までの間に限り、相手方当事者に対して書面で通知することにより、直ちに本契約を解除することができる。

⑴　第3.1条（表明及び保証）に定める当事者の表明及び保証のいずれかに重要な点において違反があること、又は、本契約に基づき当事者が遵守すべき義務のいずれかに重要な点において違反があることが判明し、相手方当事者より書面による催告を受けたにもかかわらず、［　　］営業日以内に当該違反を是正できなかった場合

⑵　対象会社について、法的倒産手続等の開始申立てがなされた場合

⑶　対象会社について、支払不能、支払停止又は銀行取引停止処分がなされた場合

⑷　第2.1条（クロージングの前提条件）に定める当事者の義務履行の前提条件がクロージング日において充足されないことが明らかとなった場合

2　前項に定める場合のほか、本契約は以下の各号のいずれかに該当する場合に終了する。

⑴　当事者全員が本契約を終了することに書面により合意した場合

⑵　［　　］年［　　］月［　　］日までに第2.1条（クロージングの前提条件）に定める当事者の義務履行の前提条件が充足されず、本株式譲渡が行われなかった場合

3　本契約の終了は将来に向かってのみその効力を生じ、本契約に別段の定めがある場合を除き、本契約終了前に本契約に基づき発生した権利及び義務は本契約終了による影響を受けない。

4　本契約が終了した場合でも、次に掲げる規定及び本条項の規定は、本契約終了後［　　］年間、引き続きその効力を有するものとする。

⑴　第［　　］条第［　　］項

(2) 第［　　］条第［　　］項

(3) ……

第7.4条（救済方法の限定）［本書171頁］

本契約のいずれかの当事者が本契約に基づく義務に違反した場合又は当該当事者の表明・保証に違反があった場合、本契約の他の当事者が有する権利は、第7.1条（補償）に定める補償の請求及び第7.3条（本契約の終了）に定める本契約の解除・終了に限られる。これらの権利を除き、本契約の各当事者は、債務不履行責任、瑕疵担保責任、不法行為その他法律構成の如何を問わず、本契約に関連して権利を行使することはできない。

第８章　一般条項

第8.1条（秘密保持）［本書376頁］

1　売主及び買主は、本契約に関する交渉の存在、経緯及び内容、本契約の存在及び内容、その他本契約の交渉、締結又は履行に関連して相手方当事者から開示を受けた本契約の当事者又は対象会社に関する情報（以下「秘密情報」という。）を本契約の目的にのみ用いるものとし、相手方当事者の事前の書面による同意なく第三者に開示又は漏洩しない。

2　前項の規定にかかわらず、次の各号のいずれかに該当する情報については秘密情報には含まれない。

(1) 情報受領時において既に公知となっている情報

(2) 情報を受領した後、自らの責めによらずに公知となった情報

(3) 自らが秘密保持義務を負うことなく第三者より適法に取得した情報

(4) 自らが相手方当事者から開示される以前から適法に所有していた情報

(5) 秘密情報とは無関係に自らが独自にかつ適法に取得した情報

3　次の各号のいずれかに該当する場合、第１項の規定は適用しない。

(1) 各当事者が適用法令又は規則に従い必要最小限度においてかかる情

報の開示を行う場合（監督官庁、裁判所、金融商品取引所等の公的機関に対して行う回答、報告、届出、申請等を含むがこれらに限られない。）。なお、かかる開示を行う場合には、当該当事者は当該開示前に（但し、事前開示が不可能な場合に限り、開示後速やかに）、相手方当事者に通知しなければならない

⑵ 売主及び買主が、各々、自己の責任において自己の取締役等若しくは従業員、ファイナンシャル・アドバイザー、弁護士、公認会計士その他の直接又は間接のアドバイザー若しくは代理人に対してかかる情報を開示する場合。但し、本条と同様の秘密保持義務を法律上又は契約上負うことを条件とする

第8.2条（公表）［本書380頁］

1 本契約の当事者は、事前にその内容、方法及び時期について双方合意した場合に限り、本契約締結の事実及び本契約の内容を公表することができる。

2 前項にかかわらず、本契約の当事者は、法令又は金融商品取引所の規則等に従い開示が要請される場合には、本契約締結の事実及び本契約の内容について、当該要請に基づいて必要とされる限度で公表することができる。但し、本項に基づいて公表を行う当事者は、その内容及び方法について実務上可能な限り相手方と事前に協議しなければならない。

第8.3条（準拠法）［本書382頁］

本契約の準拠法は日本法とし、日本法に従って解釈される。

第8.4条（裁判管轄）［本書384頁］

1 当事者は、本契約に定めのない事項又は本契約の解釈に関し何らかの疑義が生じた場合には、誠意をもって協議を行うものとする。

2 売主及び買主は、本契約に起因又は関連して生じた一切の紛争については、誠実に協議することによりその解決に当たるが、かかる協議が調わない場合には、東京地方裁判所を第一審の専属的合意管轄裁判所として裁判により最終的に解決する。

第8.5条（完全合意）［本書392頁］

本契約は、本契約の対象事項に関する当事者間の完全な合意及び了解を構成するものであり、書面によるか口頭によるかを問わず、かかる対象事項に関する当事者間の本契約締結前の全ての合意及び了解に取って代わる。

第8.6条（正本）［本書393頁］

1　本契約は、1個又は複数の正本で締結することができる。各々の正本は、原本とみなされるが、当該正本全ては、1個の、かつ同一の文書を構成する。

2　本契約は、各自が署名した文書を、PDFにして電子メールに添付することによって、又はファクシミリの送受信によっても締結することができる。

第8.7条（言語）［本書397頁］

本契約は、日本語を正文とする。本契約につき、参考のために日本語以外の言語による翻訳文が作成された場合でも、日本語の正文のみが契約としての効力を有するものとし、当該翻訳文はいかなる効力も有しないものとする。

第8.8条（分離可能性）［本書398頁］

本契約のいずれかの規定が、理由の如何にかかわらず、無効、違法又は強制不能と判断された場合においても、本契約の残りの規定の有効性、適法性及び強制可能性は、そのことにより一切影響を受けない。

第8.9条（見出し）［本書399頁］

本契約の見出しはもっぱら便宜上のものであり、本契約の解釈に影響を与えないものとする。

第8.10条（費用負担）［本書400頁］

本契約において別段の定めがある場合を除き、本契約の締結及び履行に係る費用（ファイナンシャル・アドバイザー、弁護士、公認会計士、税理士その他のアドバイザーに係る費用を含むがこれらに限られない。）は、各自がこれを負担する。

第8.11条（契約上の地位の移転の禁止）［本書401頁］

当事者は、他の当事者の書面による事前の承諾を得ない限り、本契約上の地位又は本契約に基づく権利義務につき、直接又は間接を問わず、第三者に譲渡、移転若しくは承継させ、又は担保権の設定その他一切の処分をしてはならない。

第8.12条（通知）［本書402頁］

本契約に関連してなされる全ての通知は、以下の連絡先に書面による手交、配達証明郵便、ファクシミリ（送信記録付き）又は電子メールによる送付により行うものとする。

売主	住所	○○県○○市○○…
	宛名	○○○○
	ファクシミリ	○○○○
	電子メール	○○○○
買主	住所	○○県○○市○○…
	宛名	○○○○
	ファクシミリ	○○○○
	電子メール	○○○○

第8.13条（修正及び放棄）［本書403頁］

1　本契約の規定の修正又は変更は、本契約の全ての当事者の書面による合意がなければ、その効力を生じない。

2　当事者のいずれか一方が相手方による本契約のいずれかの規定の履行を要求せず、又はその要求が遅れた場合であっても、そのことは、当該規定に悪影響を及ぼすものではない。当事者のいずれか一方が相手方による本契約の規定の違反に対する権利を放棄しても、その後の同じ規定の違反に対する権利を当該当事者が放棄したとはみなされない。

【別紙】

用語の定義

「株式等」	株式、社債及び新株予約権（会社法107条2項2号ホ参照）
「基準日」	別紙3.1（表明保証事項）第2-1の定義に従う
「許認可等」	免許、認可、許可、登録、届出等
「クレーム等」	クレーム、異議、不服及び苦情（法的なもののみならず、事実上のものも含む）
「クロージング」	第2.2条の定義に従う
「クロージング時」	第2.2条の定義に従う
「クロージング日」	［　］年［　］月［　］日
「クロージング日譲渡価格」	第1.2条の定義に従う
「契約等」	契約その他合意事項及び誓約その他片務的同意事項
「債務不履行事由等」	契約等の解除、解約、取消しその他終了の原因となる事由、期限の利益喪失事由、又は当該契約等の相手方による通知、時間の経過若しくはその双方によりこれらの事由に該当することとなる事由
「司法・行政機関等」	裁判所、仲裁人、仲裁機関、監督官庁その他の司法機関、行政機関及び自主規制機関
「司法・行政機関等の判断等」	司法・行政機関等の判決、決定、命令、許認可、行政指導、ガイドラインその他の判断
「訴訟等」	訴訟、仲裁、調停、仮差押、差押、保全処分、保全差押、滞納処分、強制執行、仮処分、その他裁判上又は行政上の手続
「当事者鑑定人」	別紙1.3（価格の決定方法）の定義に従う
「反社会的勢力等」	別紙3.1（表明保証事項）第7の定義に従う
「法令等」	法律、命令、条例、規則、条約、ガイドライン、行政指導その他の規制
「本売上」	第1.4条第2項の定義に従う
「本開示情報」	別紙3.1（表明保証事項）第7-1の定義に従う
「本回答期限日」	第1.4条第5項の定義に従う

「本買主通知額」	第1.4条第5項の定義に従う
「本価格」	別紙1.3（価格の決定方法）の定義に従う
「本株式」	第1.1条の定義に従う
「本株式譲渡」	第1.1条の定義に従う
「本鑑定人」	別紙1.3（価格の決定方法）の定義に従う
「本期限日」	第1.4条第4項の定義に従う
「本計算書類」	別紙3.1（表明保証事項）第2-1の定義に従う
「本検証期間」	第1.3条第2項の定義に従う
「本資産等」	別紙3.1（表明保証事項）第4-1の定義に従う
「本修正期間」	第1.3条第1項の定義に従う
「本修正譲渡価格」	第1.3条第1項の定義に従う
「本修正貸借対照表」	第1.3条第1項の定義に従う
「本修正通知」	第1.3条第1項の定義に従う
「本重要契約等」	別紙3.1（表明保証事項）第5-1の定義に従う
「本条件」	第2.1条第1項で用いられる場合は同項の定義に、同条第2項で用いられる場合は同項の定義に、それぞれ従う
「本対価通知」	第1.4条第2項の定義に従う
「本知的財産権」	別紙3.1（表明保証事項）第4-2の定義に従う
「本追加対価」	第1.4条第1項の定義に従う
「本不承認通知」	第1.3条で用いられる場合は同条第4項の定義に、第1.4条で用いられる場合は同条第6項の定義に、それぞれ従う
「本利益率」	第1.4条第2項の定義に従う

別紙1.3（価格の決定方法）

株式の譲渡価格（以下本別紙において「本価格」という。）は、次の方法に従い決定する。

1　買主及び売主それぞれが1名ずつ鑑定人（以下本別紙において「当事者鑑定人」という。）を選任し、各当事者鑑定人をして本価格をそれぞれ算定させる。

(1) 両当事者鑑定人の鑑定結果の差額が、いずれかの鑑定結果の10％以内に収まっている場合、当該鑑定結果の単純平均を本価格とする

(2) そうでない場合、両当事者鑑定人が協議の上、[　　] 日以内に第三の鑑定人（以下本別紙において「本鑑定人」という。）を選任し、本鑑定人をして [　　] 日以内に本価格を算定させ、当該算定価格をもって本価格とする。但し、当該鑑定結果は、必ず、両当事者鑑定人の鑑定結果の間に収まっていなければならないものとする

2 前項に規定する当事者鑑定人に要する費用は、当該当事者鑑定人を選任した当事者が負担するものとし、本鑑定人に要する費用は、両当事者で折半するものとする。

別紙3.1（表明保証事項）

1 売主の表明及び保証

〔省略〕

2 買主の表明及び保証

〔省略〕

別紙3.4（表明保証の例外）

〔省略〕

別紙4.6（要改善事項）

1 クロージング日までに、労働基準法第36条に基づく労使協定を管轄の労働基準監督署へ届出させること。

2 [*デュー・デリジェンスで発見された要改善事項を記載*]

別紙5.2（サービス一覧）

1 顧客管理システム「○△システム」を、1アカウントにつき月額△×円（税込）で提供すること

2 [*売主が対象会社に対して提供していたサービスのうち、クロージング後も必要となるものを記載*]

2-1 株式譲渡契約の概要

1 契約の構成

【概略】 **株式譲渡契約**は、ある会社（対象会社）の株主が、自己が保有する当該会社の株式を第三者に売却（譲渡）するための契約である。契約書サンプルでは、次の図のような当事者関係が想定されている。

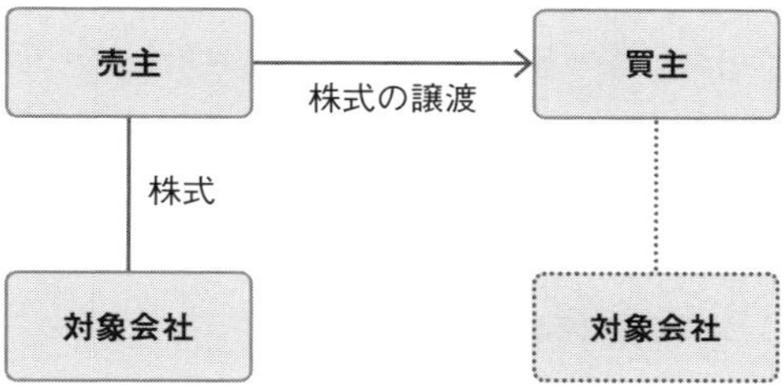

【契約の内容】 株式譲渡契約では、「**株式の譲渡及びその対価の支払**」という契約の要素に関する事項のほか、**取引の実行**（**履行**）（いわゆるクロージング）に関する事項（クロージングやその前提条件）、**取引に付随する表明や誓約**に関する事項（表明保証やコベナンツ）、**契約違反の場合の規律**（補償や契約の終了）、その他一般条項が規定される。

また、売主がその保有株式の全部ではなく一部を売却する場合、対象会社は売主と買主が共同所有する会社となる。この場合、**対象会社の経営や運営に関する事項**についての合意も必要となり、これらの事項につき合弁契約や株主間契約が別途締結されるか（▸▸▸277頁）、又は、これらの事項が株式譲渡契約の中で規定されることになる。

【サンプルの構成】 契約書サンプルは、次のような構成となっている。なお、上記のとおり、取引後の対象会社が、売主及び買主の共同所有となる場合、契約書サンプル第6章のような規定を設けるか、又は、合弁契約や株主間契約を別途締結することになる。

第1章　株式の譲渡及び対価の支払
第1.1条（株式の譲渡）、第1.2条（譲渡価格）、
第1.3条（譲渡価格の調整）、第1.4条（アーン・アウト）
第2章　クロージング及びその前提条件
第2.1条（クロージングの前提条件）、第2.2条（クロージング）
第3章　表明及び保証
第3.1条（表明及び保証）、第3.2条（民法及び商法の不適用）、
第3.3条（買主等の主観的態様）、第3.4条（表明保証の例外）
第4章　クロージング前の誓約事項
第4.1条（株式譲渡の承認手続の履践）、
第4.2条（チェンジ・オブ・コントロールの対応）、
第4.3条（許認可の取得・届出）、第4.4条（対象会社の役員の交代）、
第4.5条（前提条件充足のための努力）、第4.6条（特定事項の履践）、
第4.7条（対象会社の運営）、第4.8条（対象会社の情報へのアクセス）、
第4.9条（表明保証違反等に関する通知）
第5章　クロージング後の誓約事項
第5.1条（競業避止義務）、
第5.2条（売主による対象会社へのサービスの提供）、
第5.3条（クロージング後の追加的行為）、
第5.4条（対象会社の従業員の雇用の継続）、第5.5条（キーマン条項）
第6章　株主間の取決め
〔省略〕
第7章　補償及び解除
第7.1条（補償）、第7.2条（補償に係る限定）、第7.3条（本契約の終了）、
第7.4条（救済方法の限定）
第8章　一般条項

2 プロセス及びスケジュール

〔逆引法務315頁〕

【概略】　株式譲渡のプロセスは、概ね以下のとおりである。

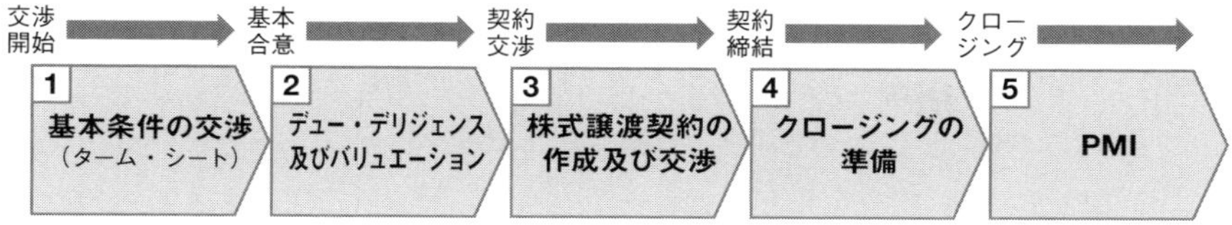

【基本条件の交渉】 株式譲渡を含むM&Aの交渉では、取引条件が複雑かつ多岐にわたるため、条件交渉も、条件の大枠を合意するための基本条件に関する交渉（上図1）と、合意された大枠に基づき条件を最終化するための詳細に関する交渉（上図3）とに分かれることがある。基本条件に関する交渉では、主要な取引条件を表形式や箇条書き形式で整理した「**ターム・シート**」が用いられることもある（‣‣‣45頁）。そして、合意された基本条件について「**基本合意書**」が作成される（‣‣‣44頁）。

【デュー・デリジェンス】 **デュー・デリジェンスと**は、M&Aの対象企業に対して行う**調査**のことである。デュー・デリジェンスは、「財務」「法務」「ビジネス」「人事」「IT」等様々な分野について行われる[1]。

【バリュエーション】 **バリュエーション**は、取得対象である**株式の価格算定作業**である。基本合意書の中に価格を規定するために、1の作業と同時並行で行われる場合もあるが、正確な価格算定のためにはデュー・デリジェンスで得られる情報が不可欠となるため、バリュエーションが1の作業と同時並行で行われる場合は、簡易的な試算となることが多い。バリュエーションの詳細については、Chapter 2・2-4「対価の支払」を参照されたい（‣‣‣63頁）。

【株式譲渡契約の作成及び交渉】 基本合意書やターム・シートに基づき株式譲渡契約のドラフティングが行われるが、これは、2のデュー・デリジェンスの結果及びバリュエーションがある程度固まってから作業が開始されることもあれば、これらと同時並行的に行われる場合もある。

【クロージングの準備】 株式譲渡取引を含むM&A取引では、契約の「締結」と「履行」の間にタイムラグが生じる場合がある。この期間に、契約の「履行」、すなわち、「**クロージング**」のために必要となる各種手続（例：取締役会決議等の内部手

[1] デュー・デリジェンスの概要については逆引法務318頁を、法務デュー・デリジェンスについては逆引法務322頁をそれぞれ参照されたい。

続や公正取引委員会への届出等の法令上の手続）が行われる（▸▸▸147頁）。

【PMI】 **PMI**（Post Merger Integration）とは、**M&Aが成立した後の統合プロセス**のことである。事業面では、取引前に実施されたビジネス・デュー・デリジェンスによって検証された買収企業と被買収企業の事業シナジーを実現するための計画策定や準備作業を行うことになる。また、管理面では、経営管理指標（KPI：Key Performance Indicator）の統一、経理基準の統一、給与・労働条件・人事評価の統合、組織・決裁権限・社内規程の統合等が行われる。

事業面の統合作業	売上関連	開発・製造型	•技術・ノウハウの提供（例：技術指導、人材交流） •余剰機能の活用（例：余剰生産ラインの活用）
		販売・提供型	•クロスセル（例：商流の相互提供、商品ラインナップの拡充） •ブランドの相互利用
		垂直統合型	•開発・製造機能及び販売・提供機能の垂直統合による相互補完
	費用関連		•集中購買による購入単価の引下げ交渉 •各種機能・設備の共有によるコスト削減（重複部門の削減、設備の共有、広告宣伝の共有）
管理面の統合作業	財務・経理		•経営管理指標・経理基準の統一化
	人事		•給与水準や人事評価方法の統一化作業
	総務		•組織・決裁権限・各種社内規程の統合

3 関連論点

(1) 基本合意書〔逆引法務320頁〕

【概略】 前述のとおり、株式譲渡を含むM&A取引では、最終契約（Definitive Agreement）の締結に先立ち、「**基本合意**」等と呼ばれる中間的な合意が行われることが多い（📖木俣・企業買収236頁、📖柴田・M&A実務64頁、📖鈴木・M&A実務24頁、📖藤原・M&A契約19頁）。この基本合意は、**LOI**（Letter of Intent）や**MOU**（Memorandum of Understanding）と呼ばれることも多い。

【内容】 基本合意書では、①取引条件の重要部分（例：株式譲渡取引では「譲渡株式数」や「対価」等がこれに当たる）、②その他最終契約に規定される投資条件の骨子、③投資後の共同事業の青写真、④秘密保持条項、⑤取引保護条項（例：独占交渉条項）、⑥デュー・デリジェンスへの協力義務、⑦その他の一般条項（例：準拠法、有効期間、費用負担、紛争解決手段等）等が規定される。

もっとも、基本合意を締結する段階では、デュー・デリジェンスも開始されておらず、上記①～③を確定させることができないことがほとんどであると思われる。そこで、記載された条件が“暫定的”なものであることを明示する趣旨で“ブラケット”をつけたり[2]、基本合意そのものを**法的拘束力のない形式**（non-binding）にしたりすることがある。

【法的拘束力】 基本合意を法的拘束力のないものとする場合、基本合意書の中にその旨を明記する必要がある。もっとも、その場合であっても、④秘密保持条項、⑤取引保護条項、⑥デュー・デリジェンスへの協力義務、⑦その他の一般条項（例：準拠法、有効期間、費用負担、紛争解決手段等）については、例外的に法的拘束力のある条項とすることが多い。

【開示義務との関係】 当事者が上場会社の場合、基本合意書の締結が金融商品取引所規則に基づく**適時開示義務**（上場規程402条参照）の対象にならないかを検討する必要がある（📖柴田・M&A実務204頁）。基本合意書を締結し、当該M&Aを事実上決定した場合は、その時点において適時開示が必要となる。もっとも、ⓐ基本合意書の締結が単なる準備行為に過ぎないものであるとき、ⓑ交渉を開始するに当たっての一定の合意でしかなく、その成立の見込みが立つものではないとき、ⓒ当該時点で公表するとその成立に至らないおそれが高いときには、開示は不要とされる（📖東証・適時開示52頁）。

(2) ターム・シート〔逆引法務320頁〕

【概略】 基本合意書は、最終契約に比べ、シンプルな内容・体裁のものとなるのが通常であるが、契約書である以上、契約文言の「てにをは」も含め、相手方との間で交渉を重ねることが必要となる。そこで、契約交渉をスムースに進めるためのツールとして、「ターム・シート」が用いられることがある。

ターム・シート（Term Sheet）とは、契約の主要条件を項目別にまとめた表である[3]。ターム・シートを用いて交渉を行うことにより、交渉事項が明確になるとともに、契約書ドラフトをやり取りする場合に生じる形式面での修正交渉（契約

---

[2] ブラケットとは括弧のことである。特に、[　　] の記号をブラケットと呼ぶ場合が多い。契約書ドラフトの中では、当該事項が未確定事項であることを強調する意味でブラケットが用いられることがある。詳細は、逆引法務78頁を参照されたい。

書のフォーマットや文言の「てにをは」に関する交渉）をショートカットでき、限られた時間を取引条件そのもののための交渉に集中して用いることができるというメリットがある。

なお、ターム・シート自体は契約書ではなく、契約交渉のためのツールであるが、場合によっては、ターム・シートの中に、独占交渉条項や守秘義務条項等の法的拘束力を生じさせたい条項を追加し、当事者双方がこれに署名することで、ターム・シートを基本合意書の代わりとして用いることもある。

<table>
<tr><th colspan="2">1. 当事者・スケジュール・取引の概要</th></tr>
<tr><td>(1) 当事者</td><td>• 売　　主：ABC株式会社
• 買　　主：DEF株式会社
• 対象会社：GHI株式会社（契約外）</td></tr>
<tr><td>(2) スケジュール</td><td>• デュー・デリジェンス　：2018年4月目処
• 最終契約の締結　　　　：2018年8月目処
• 最終契約のクロージング：2018年9月目処</td></tr>
<tr><td>(3) 取引の概要</td><td>• 売主は、自己が保有する対象会社株式100株のうち、40株を買主に対し譲渡する（以下「本取引」）
• 本取引前後の対象会社の株式保有割合は下表のとおり
<table>
<tr><th rowspan="2"></th><th colspan="2">取引前</th><th colspan="2">取引後</th></tr>
<tr><th>株式数</th><th>保有割合</th><th>株式数</th><th>保有割合</th></tr>
<tr><td>売　主</td><td>100株</td><td>100%</td><td>60株</td><td>60%</td></tr>
<tr><td>買　主</td><td>0株</td><td>0%</td><td>40株</td><td>40%</td></tr>
<tr><td>合　計</td><td>100株</td><td>100%</td><td>100株</td><td>100%</td></tr>
</table>
• 売主及び買主は、本取引後、対象会社を共同経営する</td></tr>
<tr><th colspan="2">2. 株式の譲渡及び対価の支払</th></tr>
<tr><th colspan="2">2-1. 株式の譲渡</th></tr>
<tr><td>(1) 譲渡株式の種類</td><td>• 対象会社の普通株式</td></tr>
<tr><td>(2) 譲渡株式の数</td><td>• 40株</td></tr>
</table>

[3]　英語版ではあるが、NVCA (National Venture Capital Association) が、ターム・シートのテンプレートをウェブ上で公開している（http://nvca.org/resources/model-legal-documents/）。

2-2 対価の支払	
(1) 株式の価格	• 株式価値：XXX円 • 1株当たりの価額：YYY円（＝XXX÷100株） • 対価の合計：ZZZ円（＝YYY円×40株）
(2) 価格調整	……
(3) ……	……
3. 対象会社の経営に関する取決め	
(1) ……	……
(2) ……	……

（ターム・シートのイメージ）

(3) 取引保護条項

【概略】 **取引保護条項**とは、株式譲渡等のM&A取引に際し、**第三者に当該取引を“横取り”されないよう当該取引を保護するための条項**である（MHM・M&A法大系288頁、柴田・M&A実務128頁、藤原・M&A契約23頁）。取引保護条項は、①基本合意書の中で規定される場合（最終契約前に出現する対抗提案から取引を保護するためのもの）のほか、②最終契約書の中で規定される場合（クロージング前に出現する対抗提案から取引を保護するためのもの）もある（MHM・M&A法大系289頁）。具体的には、以下のようなものが存在する。

条項の目的	条項の例
対抗提案の出現の阻止	• 勧誘禁止／接触禁止条項 • 追加提案権条項
買収者への補償	• ロックアップ条項
対象会社の株主の承認	• マンダトリー・レコメンデーション条項

【勧誘禁止／接触禁止条項】 まず、対抗提案の出現を阻止するものとして、**売主・対象会社が第三者からの対抗提案を勧誘するような行為を禁止する条項**である**ノー・ショップ条項**（No-Shop条項）や**売主・対象会社と第三者との対抗提案につながる協議・交渉を禁止する条項**である**ノー・トーク条項**（No-Talk条項）がある。

しかし、これらの条項は対象会社側（その株主や経営者）からすれば、より有利な取引機会を失うことを意味する[4]。そこで、**契約締結後一定期間**（ゴー・ショップ期間)、**対象会社が対抗提案を積極的に勧誘することを認める旨の条項**、いわゆる**ゴー・ショップ条項**（Go-Shop条項）が対象会社側から求められることもある（📖MHM・M&A法大系292頁、📖柴田・M&A実務130頁、📖藤原・M&A契約23頁）。

【追加提案権条項】 **追加提案権条項**（Matching Right条項）とは、対抗提案があった場合、当初の買収者が当該対抗提案と同等以上の再提案を行うことにより、取引を継続できるというものである（📖MHM・M&A法大系294頁、📖柴田・M&A実務130頁）。

【ロックアップ条項】 第三者による対抗提案の出現により、当初の買収者が当初企図した取引を行うことができなくなった場合、当初の買収者に対して**金銭等による補償**を行うための条項が合意されることもある。このような条項を**ロックアップ条項**（Lock-up条項）という。

補償として金銭を支払う場合を**ブレークアップ・フィー条項**（Break-up Fee条項）と呼ぶが[5]、補償を金銭で行う場合以外にも、所定の行使価額で行使することが可能となる対象会社のストック・オプションを付与する旨の条項（Stock Lock-up）や対象会社の重要な財産等を所定の価額で取得する権利を付与する旨の条項（Asset Lock-up）が合意されることもある（📖MHM・M&A法大系295頁、📖柴田・M&A実務131頁）。

【強制推薦条項】 **強制推薦条項**（Mandatory Recommendation条項）とは、M&A取引を実行する場合に対象会社の株主総会決議や取締役会決議等の内部承認が必要となる場合において、対象会社の取締役会にこれら内部承認を取得することを義務付ける条項である（例：当該取引を株主に対して推薦〈recommendation〉することを義務付ける）(📖MHM・M&A法大系296頁)。条件付きで義務が課される場合もあり、例えば、「第三者により有利な買収提案が行われない限り」との条件や、「取締役会から独立したファイナンシャル・アドバイザー及び独立取締役が承認する限り」との条件が付されることがある。

---

[4] 第三者による買収提案を一切考慮しないことが、売主側の取締役の善管注意義務や忠実義務の違反を構成する可能性があるとして、そのような場合に取引保護条項に基づく義務から離脱することを認める「ファイデュシアリー・アウト条項」(Fiduciary Out条項）が定められることがある（📖MHM・M&A法大系296頁、📖柴田・M&A実務131頁、📖藤原・M&A契約22頁）。

[5] ブレークアップ・フィーの水準については、対抗提案への乗り換えがゴー・ショップ期間内に生じた場合には低額（米国内では取引金額の１～２％程度）の、その後に生じた場合には高額（米国内では取引金額の２～４％程度）の解約金（二段階解約金）の定めが合意されることもある（📖MHM・M&A法大系292頁）。

2-2 上場株式の取得——公開買付け

1 総説——上場株式を取得する方法

(1) 概要——市場内取引と市場外取引

【概略】 非上場株式の取得が、売主及び買主の個別の交渉・合意を経て行われる「相対取引」に基づくのに対し、上場株式の取引は、まず、**市場内取引**（証券取引所内の取引）と**市場外取引**（証券取引所外の取引）とに大別される。

	市場内取引	市場外取引
内容	証券取引所を通じて行う上場株式の取引	証券取引所を使わずに行う上場株式の取引
長所	• 取引の相手方（売主にとっての買主、買主にとっての売主）を探す必要がなく、また、取引条件を個別交渉する必要がない。	• 取引条件を当事者が自由に決めることができる（取引条件に関する当事者間の交渉余地がある）。
短所	• 取引条件を当事者が自由に決めることができない（取引条件に関する当事者の交渉余地があまりない）。	• 取引の相手方（売主にとっての買主、買主にとっての売主）を探し、また、取引条件を個別交渉することが必要となる。

また、市場内取引は、さらに、**立会内取引**（時間内取引）と**立会外取引**（時間外取引）に分かれ[6]、市場外取引は、その取引方法により、**PTS**を用いた取引方法[7]、**公開買付け**による方法、**その他の相対取引**とに大別することができる。

---

[6] 立会外取引は、東京証券取引所の場合、ToSTNet（Tokyo Stock Exchange Trading NeTwork System）というシステムを用いて行われる。

[7] PTSとは、Proprietary Trading Systemの略称で、私設取引システムともいわれる。証券会社が開設・運営するコンピューターネットワーク上で有価証券の取引を行うシステムをいう。同時に多数の当事者が参加して買い注文と売り注文が合致することにより取引が成立するなど、証券取引所での取引に近い性質を有する部分があるものの、あくまでも民間の証券会社が開設・運営するものであるため、金商法上は市場外での取引として扱われる（Ⓜ宮下・金商法35頁、Ⓜ山下・金商法452頁）。

種別	内容	特徴
市場内取引		
立会内取引	立会時間内に行われる取引	• 基本的には誰もが参加できる競争売買の方法により行われる • 取引価格は瞬時公開される
立会外取引	立会時間外に行われる取引	• 大口取引顧客（機関投資家）が、他の一般投資家に影響を及ぼすことなく売買を成立させることができる
市場外取引		
PTS	証券会社が開設・運営する私設取引システムにより行われる取引	• 市場時間外にも取引が可能であるが、市場内取引に比べ流動性が少ない
公開買付け	法定の手続に従い行われる株式の取得手続	• 少数株主にも株式売却の機会を与えることで、その利益を保護することができる
その他の相対取引	売主と買主との個別交渉により行われる株式の売買	• 取引条件を、当事者の合意により自由に決定することができる

(2) 市場内取引のメカニズム

【概略】 金融商品取引所で行われる有価証券の売買取引は、その取引所の会員又は取引参加者に限って行うことができ、一般の投資者は直接売買に参加することはできない。投資者として上場株式の売買を行うには、取引参加者である第一種金融商品取引業者等（例：証券会社）に対して注文を出す必要がある。

【個別競争売買】 証券取引所の市場における売買は、**個別競争売買**により行われる（業務規程10条1項）。個別競争売買とは、原則として、**価格優先の原則**と**時間優先の原則**に従って、売呼値（売り注文で示される値段）間の競争と買呼値（買い注文で示される値段）間の競争を行い、最も優先する売呼値と最も優先する買呼値が値段的に合致したときに、その値段を約定値段として売買契約を締結させる方法である。

【価格優先の原則】 **価格優先の原則**とは、売呼値については、値段の低い呼値が値段の高い呼値に優先し、逆に、買呼値については、値段の高い呼値が値段の低い呼値に優先するという原則である（業務規程10条2項1号）。例えば、次頁の表において、売呼値の中で最も安い価格である100円を挙げるA及びBがCに優先することになる。

【時間優先の原則】 **時間優先の原則**とは、同じ値段の呼値については、呼値が行われた時間の先後によって、先に行われた呼値が後に行われた呼値に優先するという原則である（業務規程10条2項2号a）。表の例でいうと、価格優先の原則により、最も安い売呼値を挙げるA及びBと、最も高い買呼値を挙げるXとの間で売買が成立するようにも思われるが、AとBとの間では時間優先の原則によりAが優先するため、AとXの間で売買が成立することになる。

売り（安い方が優先）			値段	買い（高い方が優先）		
3番	2番	1番		1番	2番	3番
Ⓒ	Ⓑ	Ⓐ	102円			
Ⓒ	Ⓑ	Ⓐ	101円			
	Ⓑ	Ⓐ	100円	Ⓧ		
			99円	Ⓧ	Ⓨ	
			98円	Ⓧ	Ⓨ	Ⓩ

注）単純化のため、全て1株の売買注文であると仮定

2 公開買付けの概要

【意義】 **株式公開買付け**とは、**TOB**（Take-over bid）ともいい、ある株式会社の株式等の買付けを、「買付期間」「買取株数」「価格」を公告し、不特定多数の株主から株式市場外で株式等を買い集める制度をいう（📖宮下・金商法88頁、📖山下・金商法261頁）。

公開買付けは、相対契約とは異なり、一旦手続を開始すれば、買付価格を引き下げることが原則として認められない等、買付条件の変更が制限される。また、相対取引であれば、株式譲渡契約に前提条件を広範に規定することも可能であるが（▸▸▸80頁）、公開買付けの場合、撤回事由についても法定の制限がある（▸▸▸56頁）。

【趣旨】 一定の株式取得の場合に公開買付けが強制されるのは、継続開示義務がある会社において支配権に係るような取引を行うと、多くの投資家に影響があるため、投資家に対する情報開示と公平な売却機会の確保が必要だからである（📖宮下・金商法89頁、📖山下・金商法261頁）。

3 規制の要件

(1) 公開買付けが強制される場合

【5%ルールと3分の1ルール】 次のような態様で上場株式等を取得する場合には[8]、**公開買付けの手続が強制**される。公開買付けが強制されるケースは、買付け後の取得割合に応じて、①**5%ルール**（金商法27条の2第1項1号）と、②**3分の1ルール**（同項2号〜6号）とに大別される（📖宮下・金商法92頁、📖山下・金商法271頁）。

	概要	条文
① 5%ルール	• **61日間に10名超の者**からPTS以外の市場外取引・立会外取引で買付けを行い、買い付けた後の株券等所有割合が**5%超**となる場合	1号
② 3分の1ルール	• 市場外取引により買い付けた後の株券等所有割合が**3分の1超**となる場合	2号
	• **立会外取引**により買い付けた後の株券等所有割合が**3分の1超**となる場合	3号
	• ①**3か月間に10%超**の株券等の取得を行い、②そのうち**5%超が市場外又は立会外取引による買付け**である場合であって、③取得後における株券等所有割合が**3分の1超**となる場合	4号
	• 株券等所有割合が**3分の1超**である者が、**他者の公開買付期間中に5%超**の買付けを行う場合	5号
	• 実質基準の特別関係者の行為を含めて**上記4号ルール**に該当することとなる場合	6号

公開買付手続が強制されるか否かを判断する上で重要な点は、公開買付規制においては、**買い付けた後の株券等所有割合が基準とされている**という点である。例えば、3分の1ルールに関していうと、買付け前の割合が0%の投資家が新たに34%の株式を取得した場合だけでなく、買付け前の割合が34%の投資家が新たに1株だけ買い増した場合も規制の対象となるという点である（📖宮下・金商法94頁）。

---

[8] 公開買付規制の対象となるのは、株券等の「買付け等」を行う場合である（金商法27条の2第1項、金商法施行令6条3項、他社株府令2条の2）。新株発行を受けることは「買付け等」には該当しないため、公開買付規制は適用されないが、自己株式の処分を受けることは、「買付け等」に該当するため、公開買付規制が適用される（📖宮下・金商法98頁）。

【株券等所有割合】 公開買付手続の要否を判断する基準となる「**株券等所有割合**」は、以下の計算式で求められる。

$$\text{株券等所有割合} = \frac{\text{買付者（及び特別関係者）の所有株券等に係る議決権の数}}{\text{総株主等の議決権の数} + \text{買付者（及び特別関係者）が所有する潜在株式に係る議決権の数}}$$

株券等所有割合を計算する上で**買付者の株式等と特別関係者のそれとは合算**して扱われることになる。この「**特別関係者**」は、次のとおり、「**形式基準**」による特別関係者（金商法27条の2第7項）と「**実質基準**」による特別関係者（同項2号）とに分かれる。

形式基準	個人	• 親族（配偶者及び一親等内の血族・姻族） • その者と親族が合わせて議決権の20％以上を所有している法人等及びその役員
	法人	• その役員 • その者が他の法人等に対して20％以上（間接保有を含む）の議決権を所有する場合における当該他の法人等及びその役員 • その者の議決権を20％以上（間接保有を含む）保有する個人（親族を含む）、法人等及びその役員
実質基準		• 共同して株券等を取得することを合意している • 共同して株券等を譲渡することを合意している • 共同して議決権その他の権利を行使することを合意している • 買付け等の後に、株券等を相互に譲渡し、譲り受けることを合意している

(2) 公開買付規制の適用除外

【適用除外】 上記の５％ルール又は３分の１ルールに該当する場合であっても、次のような場合は、**例外的に公開買付けを行わなくてもよい**とされている（金商法27条の2第1項但書、金商法施行令6条の2第1項）（📖宮下・金商法99頁、📖山下・金商法278頁）。

1. 新株予約権の行使による買付け等
2. **形式基準による特別関係者**からの買付け等[9]
3. 株式の割当てを受ける権利の行使による買付け等

4 投資信託の受益証券を有する者が交換により行う買付け等
5 **50%超保有する状態から3分の2までの買増し**（但し、**特定買付け等**の場合）[9]
6 **兄弟会社**からの買付け等（但し、**特定買付け等**の場合）[9]
7 **関係法人等**からの買付け等（グループで3分の1超所有する場合）（但し、**特定買付け等**の場合）[9]
8 **買い付ける株券等の全所有者が25名未満で全員同意**ある場合の買付け等（但し、**特定買付け等**の場合）
9 担保権の実行による買付け等（但し、**特定買付け等**の場合）
10 事業の譲受け（但し、**特定買付け等**の場合）
11 売り出しに応じて行う買付け等
12 取得請求権付株式の行使による買付け等
13 取得条項付株式又は取得条項付新株予約権の取得事由の発動による買付け等
14 役員持株会・従業員持株会による買付け等
15 有価証券報告書提出会社以外の発行者が発行する有価証券の買付け等
16 金融商品取引清算機関の業務方法書に定めるところによる買付け等

なお、上記のうち5から10については当該買付けが特定買付け等に該当する場合にのみ、適用除外が認められる。ここに「**特定買付け等**」とは、**61日間**において市場外取引による買付け等の相手方の人数が**10名以下**である場合をいう（金商法施行令6条の2第3項）。

4 規制の効果

(1) 情報開示義務

【概略】 対象会社の株主を公平に扱うためには、全ての株主に対して十分な情報が提供されていることが前提となる。そこで、公開買付けの開始時及び終了時に、買付者及び対象会社が次表のような形式で、情報を開示することが義務付けられ

[9] これら一定の者との関係は、1年間その状態が継続している必要がある（他社株府令2条の3第1項、2条の4第2項、3条1項）。

る（📖NOT・公開買付97頁、📖宮下・金商法108頁、📖山下・金商法280頁）。

	買付者	対象会社
開始時	• 公開買付開始のプレス・リリース • 公開買付開始公告（金商法27条の3第1項） • 公開買付届出書（金商法27条の3第1項・2項） • 公開買付説明書（金商法27条の9第1項・2項）	• 意見表明のプレス・リリース • 意見表明報告書（金商法27条の10第1項、同法施行令13条の2）
終了時	• 公開買付結果のプレス・リリース • 公開買付報告書（金商法27条の13第1項・2項） • 公開買付結果通知書（金商法27条の2第5項、同法施行令8条5項1号）	—

(2) 按分比例による買付義務

【概略】 公開買付けでは、原則として、応募があった全ての株券等を買い付けなければならないが（金商法27条の13第4項）、公開買付開始公告及び公開買付届出書に記載することにより、買い付ける株式の数に上限を設けることができる。例えば、「発行済株式3,000株のうち、1,500株を上限として買い付ける」というような場合である。

このような上限を設けると、応募があった場合の一部のみを買い付けることになる（例：合計2,000株の応募があった場合、そのうちの1,500株についてのみ買い付けることになる）。このような場合、**特定の応募株主だけから買付けを行うのではなく、個々の応募株主が応募した株式数に応じて均等に買い付けなければならない**。これを**「按分比例による買付け」**という（金商法27条の13第5項、他社株府令32条）（📖宮下・金商法118頁、📖山下・金商法292頁）。

(3) 買付期間の限定

【最短期間】 公開買付けの期間は、**最短でも20営業日**であることが求められている（金商法27条の2第2項、同法施行令8条1項）。公開買付けに応募することができる期間が十分でなければ、物理的に公開買付けに応募するための機会がなかったり、公開買付けに応募するかどうかの適切な判断をすることができないからであ

る（📖宮下・金商法120頁、📖山下・金商法287頁）。

【最長期間】 公開買付けの期間は、**最長でも60営業日**でなくてはならない。あまり長期間公開買付けが継続すると、対象会社を不安定な状態に陥らせることになるからである（📖宮下・金商法120頁、📖山下・金商法287頁）。

(4) 買付価格の均一性

【概略】 **公開買付けの価格は、全ての応募株主に対して均一**でなければならない（金商法27条の3第3項、同法施行令8条2項・3項）。応募株主Aに対しては高い価格を提示し、別の応募株主Bに対しては低い価格を提示するといったことはできない。応募株主ごとに買付対価が異なるのであれば、公平な売却機会を確保したことにならないからである（📖宮下・金商法121頁、📖山下・金商法291頁）。

(5) 条件設定の禁止及び買付撤回の禁止

【条件設定の禁止】 原則として、**買付けを行うかどうかに条件を設定することはできない**（金商法27条の13第4項）。例えば、「主要な取引先の賛同が得られない限り、買付けは行わない」といった条件を買付けに付すことはできない。これは、公開買付けが多数の投資家を相手方として行われるものであるため、実際に買付けが行われるかどうかが不明確であると、取引の安全が害されるからである（📖宮下・金商法122頁、📖山下・金商法291頁）。

もっとも、例外的に、**買い付ける株券等の数について、上限・下限を設定することは認められる**[10]。例えば、「発行済株式3,000株のうち、1,500株を上限として買い付ける」という場合や、「応募株券等の数が50%に満たない場合には、一切買付けを行わない」という場合がこれに当たる。

【買付撤回の制限】 条件の設定が禁止されるのと同じ理由で、一定の例外を除き（金商法27条の11第1項、同法施行令14条）、**公開買付けを開始した後は、公開買付けを中止・撤回することはできない**。撤回を自由に認めたのでは、条件の設定を禁止する意味がなくなってしまうからである（📖宮下・金商法122頁、📖山下・金商法289頁）。

---

［10］ 但し、公開買付け終了後の株券等所有割合が3分の2以上となる場合には上限を設定することができない（金商法27条の13第3項、同法施行令14条の2の2）。

5 公開買付手続において用いられる契約

(1) 概要

【2種類の契約】 例えば、買付者Aが対象会社Bの株式をその大株主Cから取得しようとする場合、対象会社Bが非上場会社であり、大株主Cとの相対取引で株式を譲り受けるのであれば、AとCとの間で、Chapter 2・2-3「株式の譲渡」以降で詳述する、条件を規定した株式譲渡契約を締結するのが通常である。

これに対し、対象会社Bが上場会社であり、買付者Aが公開買付けの手続で対象会社Bの株式を取得しようとする場合は、以下で説明するような契約を、買付者Aと対象会社Bとの間で（図左側参照）、また、買付者Aと大株主Cとの間で（図右側参照）、それぞれ締結することがある。

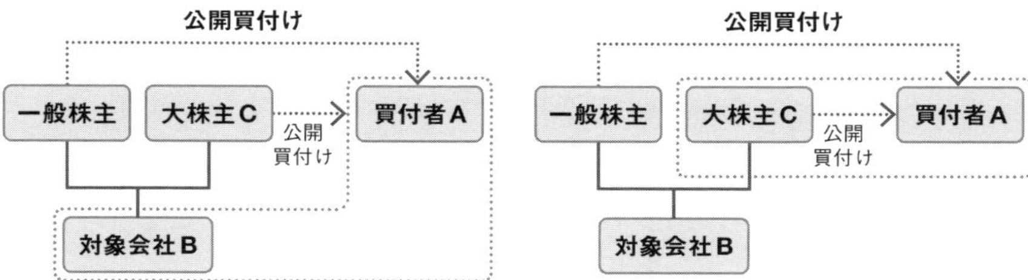

(2) 買付者と対象会社との間の契約

【契約の内容】 友好的な公開買付けにおいては、その開始に先立って、買付者と対象会社の間で当該公開買付けに関する契約が締結されることがある。当該契約には、①一定の**前提条件**が整ったことを前提に取引を実行すること[11][12]（▸▸▸80

[11] 契約の締結とクロージングに時間的間隔のある相対での株式譲渡取引とは異なり（▸▸▸43頁）、公開買付けの場合は、これら契約の締結の直後に公開買付けが実行され、また、買付けの撤回が金商法により制限を受けるため（▸▸▸56頁）、「前提条件」の位置付けが若干異なる。

[12] 前提条件の具体例としては、「インサイダー取引規制の対象となる重要事実の公表」が挙げられる。買付者が未公開の重要事実を取得した場合には、インサイダー取引規制への対応が必要となり、具体的には、公開買付けの開始に先立ち、対象会社により当該事実を公表してもらう必要がある。この対象会社による重要事実の公表を、公開買付けを開始するための前提条件という形で規定することがある（📖藤原・M&A契約29頁）。

頁)、そして、②公開買付けが開始された場合には対象会社が**賛同意見**を表明しこれを維持する義務を負うことが規定される(📖藤原・M&A契約32頁)。

【その他の条項】 これらの事項に加え、Chapter 2・2-3「株式の譲渡」以降で詳述するような株式譲渡契約の中で一般的に規定される条件、すなわち、「**コベナンツ**」(▸▸▸145頁)や「**表明保証**」(▸▸▸93頁)といった項目も規定されることがある。しかし、契約の締結と同時に契約そのものが公表されることになるため[13]、比較的簡易なものに留まる例が多い(📖藤原・M&A契約32頁)。

(3) 買付者と大株主との間の契約——応募契約

【概略】 買付者と対象会社の大株主(例:創業者)との間で契約が締結されることもある(📖NOT・公開買付284頁、📖藤原・M&A契約36頁)。その内容は、当該大株主が、公開買付けが実施された場合には、**自己が保有する一定数の株式について公開買付けに応募しかつ応募を撤回しないこと**を約束する契約である[14]。

【表明保証】 応募契約は、買付者が大株主から株式を取得するための契約であり、後述するように、対象会社の経営に関与する大株主は、自己に関する事項のみならず、対象会社に関する事項についても表明保証を求められるのが通常である(▸▸▸97頁)。よって、大株主が支配株式を保有している場合には、株式譲渡契約に含まれるような対象会社に関する表明保証等の条項が規定されることもある(📖藤原・M&A契約38頁)。

【開示義務】 応募契約の存在は、株主が公開買付けに応募するか否かを判断するに当たって重要な情報であるため、公開買付届出書の「買付け等の目的」の欄等で応募契約の存在及び内容が開示される。買付者及び対象会社の金融商品取引所

---

[13] 買付者と対象会社との契約は、「公開買付けによる株券等の買付け等、買付け後の重要な資産の譲渡等に関する合意の有無及びその内容」(他社株買付府令第二号様式記載上の注意(25))に該当するものとして、公開買付届出書の「公開買付者と対象会社又はその役員との間の合意の有無及び内容」の欄にその内容が記載される。金融商品取引所規則に基づく適時開示のためのプレス・リリースでも同様の開示がなされる(📖藤原・M&A契約36頁)。

[14] 金商法上、株主には撤回権が認められているが(同法27条の12第1項)、金融庁は、応募契約の有効性を認めている(金融庁「株券等の公開買付けに関するQ&A」問37)。なお、大株主が応募契約に反して応募を撤回しても、公開買付けの手続中で行われる応募の撤回の効力が失われるわけではなく、買付者に認められる救済は、応募契約の債務不履行に基づく損害賠償請求に限られることになる(📖藤原・M&A契約37頁)。

規則に基づく適時開示としてなされるプレス・リリースにおいても同様の開示が強制され又は任意になされる（📖藤原・M&A契約40頁）。

6 その他の上場株式の取得に関する規制

(1) 発行開示規制

【概略】 譲渡対象株式が上場株式である場合、公開買付規制のほか、「**発行開示規制**」「**大量保有報告規制**」「**インサイダー取引規制**」についても注意が必要となる。

【募集と売出し】 上場株式の譲渡が、金融商品取引法上の「募集」又は「売出し」に該当する場合、発行開示規制が課されることになる。「募集」とは、会社が有価証券を初めて発行する場合に対応する概念であり、「売出し」とは、一度発行された有価証券を譲渡する場合に対応する概念である（📖宮下・金商法20頁、📖山下・金商法85頁）。そこで、**株式の譲渡との関係では、発行開示規制のうち、「売出し」に関するものが問題**となる。

なお、株式の譲渡であっても、**証券取引所での譲渡**その他一定の例外条件を満たす譲渡は「売出し」には該当しない（金商法２条４項、同法施行令１条の７の３）（📖宮下・金商法32頁）。

【有価証券届出書／通知書】 上場株式の譲渡が「売出し」に該当する場合でも、上場株式は、「開示が行われている……有価証券」に該当するため、**有価証券届出書の提出義務はないが**（金商法４条１項３号）（📖宮下・金商法20頁、📖山下・金商法101頁）、**有価証券通知書の提出義務を負う場合がある**（金商法４条６項）（📖宮下・金商法40頁、📖山下・金商法104頁）。但し、①売出価額の総額が１億円未満のもの、②当該有価証券の発行者等（発行者、その子会社・主要株主・役員等）以外の者が行うものについては、有価証券通知書の提出義務もない（金商法４条６項、開示府令４条４項・５項）。

【目論見書】 また、上場株式の譲渡が「売出し」に該当する場合、原則として、**対象会社には目論見書の作成義務が**（金商法13条１項）、**売主には目論見書の交付義務**がそれぞれ発生する場合がある（同15条２項）（📖宮下・金商法56頁、📖山下・金商法120頁）。もっとも、①売出価額の総額が１億円未満のもの、②当該有価証券の発行者等（発行者、その子会社・主要株主・役員等）以外の者が行うものについては、これらの義務はない（同13条1項、開示府令11条の4）。

(2) 大量保有報告規制

【概略】 上場株式の取得により、株券等保有割合が5％を超えた者（大量保有者）は、**大量保有報告書**を提出しなければならない（金商法27条の23）。もっとも、議決権株式に転換され得るもの以外の無議決権株式や普通社債等は、大量保有報告制度の対象ではない（同2項）（📖宮下・金商法136頁、📖山下・金商法248頁）。

(3) インサイダー取引規制

【概略】 会社関係者が、「**未公表の重要事実**」を知りながら、当該上場会社等の発行する株式の売買等を行うことは、インサイダー取引として規制される（金商法166条1項）（📖宮下・金商法158頁、📖山下・金商法301頁）。したがって、上場株式を譲渡により取得する過程（例：デュー・デリジェンスの過程）で、対象会社の「未公表の重要事実」を知ってしまった場合、インサイダー取引の問題が生ずることになる。

【対応方法】 株式譲渡の当事者のいずれかが、クロージング前に、規制の対象となる「未公表の重要事実」を知ってしまった場合、以下のような対応が考えられる（📖宮下・金商法178頁、📖山下・金商法328頁）。

1. 対象会社に「未公表の重要事実」を“公表”してもらう
2. インサイダー取引の適用除外（金商法166条6項、取引規制府令59条）を検討する

上記2のうち、実務的に重要性が高いのが、いわゆる「**クロクロ取引**」である（金商法166条6項7号）。これは、**重要事実を知る者同士が、証券市場外で取引を行うこと**をいう。例えば、売主が「未公表の重要事実」を知ってしまった場合には、当該事実を買主にも開示し、クロクロ取引として取引を進める方法が考えられる。

2-3 株式の譲渡〔逆引法務341頁〕

契約条項例（参考：会社法127条、民法555条、🕮AIK・契約書作成220頁、🕮木俣・企業買収304頁、🕮藤原・M&A契約101頁、🕮淵邊・提携契約389頁）

> **第1.1条（株式の譲渡）**
> 売主は、本契約の規定に従い、クロージング日をもって、売主が有する対象会社の発行済普通株式のうち［*譲渡株式数を記載*］株（以下「本株式」という。）を、その譲渡価格の受領と引き換えに譲渡し、買主はこれを譲り受けるものとする（以下「本株式譲渡」という。）。

条項例の概要

【意義】 本条項例は、**株式の売買の合意**について定めるものである。

【趣旨】 売買契約の要素は、民法555条によれば、①譲渡対象財産権及び②代金額（又はその決定方法）の２点である。そこで、本条では、①として「売主が有する対象会社の発行済普通株式のうち○○株」を、契約条項の中に明示している。なお、②の詳細については、Chapter 2・2-4「対価の支払」の解説を参照されたい（▸▸▸63頁）。

譲渡対象となる株式

【特定方法】 譲渡対象となる株式の特定の仕方としては、次のような方法がある（🕮AIK・契約書作成232頁、🕮藤原・M&A契約101頁）。

- 1 対象会社の発行済株式総数のうち○○株という特定
- 2 対象会社の発行済株式総数のうち○○％に相当する株式という特定
- 3 株券番号によって株券を特定した上で、当該株券によって表章される株式○○株という特定（株券発行会社の場合）

上記のうち2については、表明保証上の「発行済株式総数」と実際のそれとが相違していた場合に問題が生ずる（▸▸▸117頁）。また、③については株券不発行会社ではこのような特定が不可能である[15]。**本条項例においては①の方法で譲渡対象財産権を特定している。**

【普通株式と種類株式】 普通株式と種類株式の違いについては、Chapter 3・3-5「種類株式に関する契約条項例」の解説を参照されたい（▸▸▸220頁）。

譲渡価格

【内容】 譲渡価格については、Chapter 2・2-4「対価の支払」の解説を参照されたい（▸▸▸63頁）。

クロージング

【内容】 本条項例は株式の売買の合意について定めるものであり、売買の履行（実行）については別の条項例（第2.2条「クロージング」）がこれを定めている。契約の履行（実行）のことを「クロージング」というが、この概念の詳細については、Chapter 2・2-5・②「クロージング」の解説を参照されたい（▸▸▸87頁）。

---

[15] 株式会社においては株券の不発行が原則であり、定款で株券を発行すると特に定めなければ発行する必要がない（会社法214条参照）。また、上場会社については、「社債、株式等の振替に関する法律」の施行に伴い株券が廃止され、上場株式の譲渡は、全て同法の下での振替制度により行われることになった（📖伊藤・会社法103頁、📖江頭・会社法173頁）。

2-4 対価の支払

1 譲渡価格

〔逆引法務299頁〕

契約条項例（参考：民法555条、📖AIK・契約書作成220頁、📖木俣・企業買収304頁、📖藤原・M&A契約104頁、📖淵邊・提携契約389頁）

> **第1.2条（譲渡価格）**
>
> 本株式の譲渡価格は、第1.3条（譲渡価格の調整）及び第1.4条（アーン・アウト）を条件として、1株当たり［*1株当たり株価を記載*］円、総額［*総額を記載*］円（以下「クロージング日譲渡価格」という。）とする。

条項例の概要

【意義】 本条項例は、株式の**譲渡価格**について規定するものである[16]。

【趣旨】 本条項例の趣旨については、Chapter 2・2-3「株式の譲渡」の解説を参照されたい（▸▸▸61頁）。

譲渡価格を適正に定める必要性

【問題の所在】 企業買収においても、通常の売買取引の場合と同様、価格は、最終的には、売手と買手の合意により決まることになるが、一方で、価格には、後述する企業価値評価を踏まえた“理論値”のようなものが存在する。そこで問題となるのが、実際の合意価格と当該“理論値”との間に大きな乖離があった場合、どのような法的問題が生ずるのかという点である。

【取締役の責任】 取締役は、会社の業務執行に関して**善管注意義務**を負っており（会社法330条、民法644条）、企業買収という“大きな買い物”における価格決定に

[16] 「価格」が金額（Price）を表す概念であるのに対し、「価額」は価値（Value）を表す概念である。本条項例は、支払われるべき対価の金額を定めるものであるため「価格」の語を用いている。

際しても、当然、善管注意義務が果たされていなければならない[17]。そこで、いかなる場合に取締役の善管注意義務が果たされたといえるかが問題となるが、M&Aの価格と取締役の善管注意義務の関係が争点となったアパマンショップHD事件（最判平成22年7月15日）において、最高裁は、いわゆる**「経営判断原則」**を適用し、**買収価格決定の①「過程」と②「内容」に著しく不合理な点がない限り、取締役としての善管注意義務に違反するものではない**とした[18]。

【税務】 また、取引目的物を過大評価（又は過小評価）したことにより生ずる問題の一つとして、**税法上の問題**が挙げられる[19]。例えば、買主が、対象会社の株式を保有する売主から、当該株式を時価よりも低い価格で購入した場合、両者の課税関係は次のようになる（📖東弁・税法〈会社法〉98頁）。

買手の課税関係	時価と売買価額との差額が受贈益として益金に算入され（法人税法22条2項）、法人税が課税される
売手の課税関係	時価で譲渡したものとして益金の額に算入されるとともに（法人税法22条2項）、時価と低額譲渡価額との差額は、寄附金として扱われる（同37条）

これに対し、対象会社の株式を時価よりも高い価格で購入した場合は、上表の買手と売手の課税関係が逆になる。

[17] 企業買収における価格決定に関する買収者側の取締役の責任が問題となったものとして、朝日新聞社株主代表訴訟事件（大阪高判平成12年9月28日）、ダスキン株主代表訴訟事件（大阪高判平成19年3月15日）、アパマンショップHD事件（最判平成22年7月15日）がある（なお、いずれの事件においても、取締役の責任は否定されている）。

[18] この事件は、A社がB社株を1株5万円で取得する株式交換を行ったことについて、A社株主が、その適正価格は1株8,448円であったとして、株主代表訴訟を提起したものである。
　最高裁は、①に関しては、本件価格決定が全般的な経営方針等を協議する機関である経営会議で検討されたこと、弁護士の意見も聴取されていることを理由に、不合理はないとした。
　また、②に関しても、A社がB社株式を任意の合意で買い取ることは、円滑に株式取得を進める方法として合理性があること、B社の設立から5年が経過しているに過ぎないことからすれば、払込金額である5万円を基準とすることは不合理といえないこと、B社株主にはA社加盟店が含まれており、買取を円滑に進めて加盟店との友好関係を維持することが事業遂行のために有益であったこと、B社は非上場会社であり、株式の評価額には幅があることを理由に、やはり不合理はないとした。

[19] 価格取引目的で行う株式評価と課税目的で行う株式評価では、その評価法が異なる点には注意が必要である（企業価値評価GL・5頁）。

なお、株式の譲渡は消費税の課税対象とならない（消費税法６条１項・別表第１第２号）。

【会計】 対象会社の株式を時価よりも高い価格で購入した場合の会計上のリスクとして、**減損の問題**が挙げられる。減損とは、ある資産の収益性が低下し投資額の回収が見込めなくなった場合に、当該資産の帳簿価額を減少させる会計処理である。減損が行われた場合には、減損前の当該資産の簿価と減損後の簿価との差額（すなわち減損相当額）を損失として計上しなければならないため、買主の経営成績に悪影響を及ぼすことになる。

株式の価格の決定方法

【株式の価格の定め方】 対象会社が**上場会社**であれば、株式の価格について「**市場価格**」が存在するため、これを基準として譲渡価格を決定することが可能である（市場株価法）[20]（企業価値評価GL・43頁）。

これに対し、一般的な市場価格が存在しない**非上場会社の株式の価格**を定めるにあたっては、**当該企業全体の価値**（企業価値）を算定し、そこから「**債権者価値**」を控除した「**株主価値**」を算出し、**これを発行済株式総数で割る**ことにより、一株当たりの価格を算出するというプロセスを経る。この「企業価値」と「株主価値」は明確に区別されなければならない[21]（企業価値評価GL・25頁）（📖木俣・企業買収90頁）。

企業価値は、企業が将来にわたって生み出すと期待されるキャッシュフローの現在価値合計額を意味し、**株主価値は、企業が生み出すキャッシュフローのうち、株主に帰属するキャッシュフローの現在価値合計額**を意味する。両者の間には、以下の等式が成り立つ。

---

［20］ もっとも、上場会社の株式であっても、市場株価法をあらゆる状況で優先的に採用するのではなく、株価の推移等から判断して、市場の完全性や株価の操作性の点を考慮して慎重に判断する必要があり、場合によっては、非上場会社同様「企業価値評価ガイドライン」を参照する必要があるとの指摘もある（企業価値評価GL・２頁）。

また、対象会社の支配権を獲得するような買収を行う場合には、市場価格に後述するコントロール・プレミアムを加味した金額が買収価格とされることが多い（▸▸▸68頁）（📖鈴木・M&A実務78頁）。

［21］ 「企業価値」「株主価値」という言葉のほかに「事業価値」という言葉が使われることがある。「事業価値」とは、対象会社の事業が将来にわたって生み出す価値の総和を表す概念である。「事業価値」に「非事業用資産と非事業用負債の価値」を加減算した価値が「企業価値」と定義される（📖KPMG・企業価値評価24頁）。

「企業価値」＝「株主価値」＋「債権者価値」

上式の**「債権者価値」とは、債権者**（主に金融機関）**に帰属するキャッシュフローの現在価値合計額**を指し、**純有利子負債**（Net Debt）の額がその目安となる。純有利子負債とは、**有利子負債残高**（短期借入金、社債、長期借入金）から**現金及び現金同等物**（預金、有価証券等）を差し引いたものだから、上記の等式は、次のように書き換えることができる。

「企業価値」＝「株主価値」＋「有利子負債残高」－「現金及び現金同等物」
or
「株主価値」＝「企業価値」－「有利子負債残高」＋「現金及び現金同等物」

株式譲渡等のM&A取引における株式の価値は「株主価値」を指す。したがって、上式は、株式の対価を算定する際にはもちろんのこと、株式を取得する契約の中に、対価の調整条項（･･･72頁）を規定するに当たっても必要な知識となる。

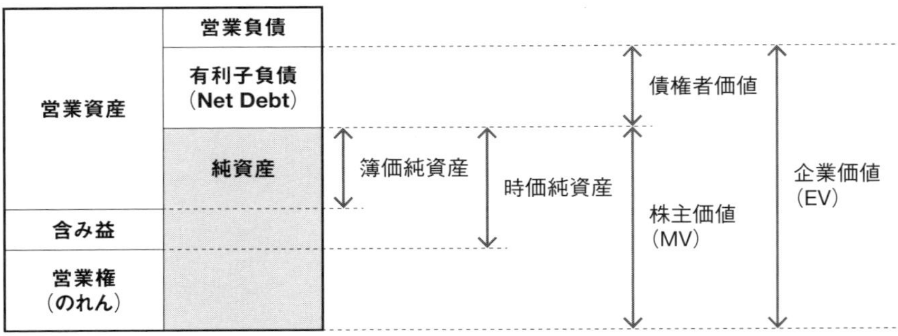

出典：木俣・企業買収91頁

【企業価値の評価法】 企業価値評価のためのアプローチは、①**マーケット・アプローチ**（株式市場での市場価格をベースに評価する方法）、②**インカム・アプローチ**（評価対象会社の収益力をベースに評価する方法）、③**コスト・アプローチ**（評価対象会社の純資産をベースに評価する方法）[22]の３種類に大別され、それぞれの評価アプローチにつき、次のような評価法がある（企業価値評価GL・27頁）（🕮木俣・企業買収94頁、🕮鈴木・M&A実務60頁）。

評価アプローチ／評価法		内 容
マーケット・アプローチ	市場株価平均法	上場企業の一定期間の平均株価より算定する方法
	類似会社比較法	類似上場企業の株価倍率をもとに算定する方法
	類似取引比較法	過去の類似したM&Aでの取引価格をもとに算定する方法
インカム・アプローチ	DCF法	将来獲得するキャッシュフローの現在価値に割り引いて算定する方法
	モンテカルロDCF法	モンテカルロシミュレーションを利用し、複数の変動要素の不確実性の影響を折り込んだDCF法
	APV法	割引率や資本構成の変化を折り込んだキャッシュフローの現在価値を利用して算定する方法
	配当割引モデル	将来の予想配当を資本還元して算定する方法
コスト・アプローチ	時価純資産法	会社の有する資産の時価より負債の時価を控除して出資持分の価値を評価する方法
	簿価純資産法	貸借対照表上の純資産に調整を加えずに評価する方法

出典：木俣・企業買収94頁以下

上記の各評価アプローチは、それぞれに一長一短があり、ケースにより、例えば、次頁の表に記載するような問題を生じることがあり得る。どの評価法を用いるかについては、評価目的、評価対象会社の状況、その他の状況を加味しながら決定することになる[23]（企業価値評価GL・27～29頁）。

これらのうち、実務で最も使われるのがインカム・アプローチの中の**DCF法**である。DCF法（Discounted Cash Flow法）は、事業によって生み出される将来フリー・キャッシュ・フローを、株主資本と負債の加重平均資本コスト（WACC：Weighted Average Cost of Capital）で現在価値に割り戻し、対象企業の事業価値を算出する手法である（📖KPMG・企業価値評価41頁、📖木俣・企業買収98頁、📖鈴木・M&A実務63頁）。

---

[22] 「コスト・アプローチ」に関しては、特に時価純資産法といった評価法とイメージが合致しにくいことから、これに代わり「ネットアセット・アプローチ」という表現がとられることもある（企業価値評価GL・6頁）。

[23] 複数の評価法を適用し、総合的に評価を行う方法もある。①一定の幅をもって算出されたそれぞれの評価結果の重複等を考慮しながら評価結果を導く方法（併用法）や、②それぞれの評価結果に一定の折衷割合を適用する方法（折衷法）がある（企業価値評価GL・30頁）。特に、②は近時の裁判例においてしばしば用いられる手法である（福岡高決平成21年5月15日等）。

なお、3つの評価アプローチによる算定結果は、一般に、「コスト・アプローチ＜マーケット・アプローチ＜インカム・アプローチ」の順序になる。したがって、価値算定作業後は、各アプローチによる評価結果がこの順序になっているかをチェックすることが重要である（📖木俣・企業買収97頁）。

マーケット・アプローチ	• 会社の継続性に疑義があるような場合は適しない • 評価対象会社が有する資産等の個別性や、将来成長性などを表すことが困難 • 類似会社が存在しない場合や類似取引事例がないような場合は適しない • 事業のコンセプトやビジネスモデルが全く異なる場合も適しない
インカム・アプローチ	• 会社の継続性に疑義があるような場合は適しない • 評価に恣意性が入る余地が小さくない
コスト・アプローチ	• 成長基調にある企業について、企業の持つ将来の収益獲得能力を適正に評価しきれず、過小評価につながるおそれがある • 逆に、衰退基調にある企業について、過大評価につながるおそれがある • 貸借対照表に計上されていない無形資産・知的財産等が価値の源泉の大半であるような企業の評価には向かない

DCF法による企業価値評価は、①「フリー・キャッシュ・フローの算定」、②「残存価値の算定」、③「割引率の算定及びこれに基づく①②の現在価値の算定」、④「非事業用資産価値の加算及び有利子負債等の減算」、⑤「対象企業の株主価値の算定」の順に行われる。企業価値評価を巡る交渉では、①に関して事業計画そのものが、②に関して残存価値の算定方法（特に永久成長率の水準）が、③に関して割引率（WACC）の水準が、④に関して、非事業用資産の範囲及びその評価が、それぞれ交渉の争点となることが多い。

なお、各評価法のうち、代表的な手法の詳細については、**日本公認会計士協会「企業価値評価ガイドライン」**31頁以下を参照されたい[24]。

プレミアム及びディスカウント

【概略】 株式の価格を決定するに当たっては、上述の手法により算出された株主価値に、一定額を“**上乗せ**”（プレミアム）したり、また逆に“**減額**”（ディスカウント）したりすることがある。

【コントロール・プレミアム】 上乗せの代表例が、「**コントロール・プレミアム**」である。証券取引所において成立する株価は、当該会社の支配権の移動を伴わない場合の価格である。これに対して、株式公開買付け（TOB）やM&Aにより**当**

[24] 企業価値評価の手法を紹介する文献は数多く存在するが、「企業価値評価ガイドライン」は、公認会計士が株式の価値を評価する場合の実務指針として公表されているものであり信頼性が高く、また、インターネット上で無料で入手することができる（http://www.hp.jicpa.or.jp/specialized_field/32.html）。

該会社の支配権の移動が生じる場合、株価はそれよりも高くなることがある。このような会社支配権の獲得を理由とする“価値の上乗せ”を「コントロール・プレミアム」という（企業価値評価GL・52頁）（📖木俣・企業買収96頁）。

企業価値を評価する方法によっては、当該評価額にコントロール・プレミアムが含まれていない場合もある。買収によって当該会社の支配権を獲得しようとするのであれば、当該評価額にコントロール・プレミアムを加味しなければならない[25]。

マーケット・アプローチ	• 市場で売買されている株価をベースに計算するものであるから、コントロール・プレミアムは含まれていない • もっとも、類似取引比較法において、支配株主価値を含めた過去のTOB価格やM&A価格を基礎に倍率を算出する場合は、既にコントロール・プレミアムが含まれている
インカム・アプローチ	• 収益還元法・DCF法は、事業戦略の決定等会社の意思決定を自由にできる立場にあることが前提となっているため、これらの計算結果には、コントロール・プレミアムが含まれている • これに対し、配当還元法は、会社から得られる果実が配当だけというような少数株主に適合するため、コントロール・プレミアムが含まれていない
コスト・アプローチ	• 純資産法は、基準時点における再調達価格・清算価格を計算するものであり、再調達・清算が可能なのは支配株主であるため、その算出結果にはコントロール・プレミアムが含まれている

なお、コントロール・プレミアムの計算方法に合意されたものはない[26]（企業価値評価GL・52頁）。もっとも、そのだいたいの目安は、過去の事例等から**約30%程度**と考えられている（📖木俣・企業買収97頁、📖鈴木・M&A実務82頁）。

【非流動性ディスカウント】 減額の代表例は「**非流動性ディスカウント**」である。**非上場会社の株式は、上場会社の株式のような流通市場が存在しないため、換金がしにくい**。したがって、非上場会社の株価は上場会社よりも低く評価されるこ

[25] 逆に、M&A実行後も少数株主に留まるのであれば、評価額にコントロール・プレミアムが既に含まれている場合に注意を要する。この場合には、プレミアム相当額を控除しなければならないことになる（マイノリティ・ディスカウント）。

[26] コントロール・プレミアムの水準は、公開企業を対象とする株式公開買付け案件における案件公表前の被買収企業の株価と買収企業によって実際に支払われた1株当たり買収価格とを比較することによって算定することが可能である（📖KPMG・企業価値評価83頁、📖鈴木・M&A実務88頁）。

となる。このように、当該株式の流動性が存在しない、又は小さいことを理由とする“割引”を「非流動性ディスカウント」という[27](企業価値評価GL・52頁)(📖木俣・企業買収96頁)。

なお、非流動性ディスカウントについても、その水準について合意されたものがあるわけではない(企業価値評価GL・52頁)。もっとも、そのだいたいの目安は、**約20〜30%程度**と考えられている(📖KPMG・企業価値評価97頁、📖鈴木・M&A実務82頁)。

【シナジー】 買収価格の決定に当たっては、“**シナジー**”を考慮した価格の上乗せが行われることがある。例えば、買収対象企業の株主価値は100であるが、買主が対象企業を買収することで、20のシナジー効果が生まれるという場合、買主は対象企業を120で買収するということも行われる(なお、シナジー効果を考慮しない買収対象企業単独の価値を「スタンドアロン・バリュー」という)。

例えば、買収者が販売機能を有する会社で、対象会社が製造機能を有する会社である場合、「対象会社が製造した製品を買収者が有する既存商流で販売する」といった垂直統合型のシナジーを描くことができる。また、当事者がいずれも製造機能を有する事業者である場合、技術・ノウハウの提供による生産技術の向上が見込めるか否か、また、当事者がいずれも販売機能を有する事業者である場合、クロスセルによる販売量の拡大が見込めるか否かといった点がポイントとなる。また、シナジーはコスト面でも発揮されるため、集中購買による単価の引下げに

---

[27] 非上場企業の株式価値評価であっても、経営を支配するに足る持分を評価対象とする場合は、非流動性ディスカウントを考慮しないことがある。支配権を有する持分については、対象企業の経営に関与することによって、株主は投資回収を自由にコントロールすることができ、対象会社の生むキャッシュフローへのアクセスが可能であるため、あえて非流動性割引を考慮する必要がないと考えることが可能だからである(📖KPMG・企業価値評価149頁)。

なお、近時、最高裁は、非上場会社である吸収合併消滅会社の株主から株式買取請求が行われ、裁判所が収益還元法を用いて株式の買取価格を決定する場合には、非流動性ディスカウントを行うことはできないとする決定を行っている(最決平成27年3月26日)。その理由として、①非流動性ディスカウントは、非上場会社の株式には市場性がなく、上場株式に比べて流動性が低いことを理由として減価をするものであるところ、収益還元法には、類似会社比準法等と異なり、市場における取引価格との比較という要素は含まれていないこと、及び、②株式買取請求権の趣旨が、会社からの退出を選択した株主に企業価値を適切に分配するものであることを念頭に置くと、収益還元法によって算定された株式の価格について、収益還元法に要素として含まれていない市場における取引価格との比較によりさらに減価を行うことは相当ではないことが挙げられている。

よるコスト削減が見込めるかどうかといった点も重要となる。

レベニュー面でのシナジー	製造機能	• 技術・ノウハウの提供（例：技術指導、人材交流） • 余剰機能の活用（例：余剰生産ラインの活用）
	販売機能	• クロスセル（例：商流の相互提供、商品ラインナップの拡充） • ブランドの相互利用 • 市場の独占化・寡占化による販売における価格交渉力の強化
	垂直統合	• 製造機能及び販売機能の垂直統合による相互補完
コスト面でのシナジー		• 集中購買による購入単価の引下げによるコスト削減 • 各種機能・設備の共有によるコスト削減（例：重複部門の削減、設備の共有、広告宣伝の共有） • 財務・税務面でのコスト削減（例：有利な調達金利の獲得、繰越欠損金の活用）

このシナジーを考慮するに当たり、シナジーは「考慮してもよい要素」なのか、それとも「考慮しなければならない要素」なのかという点が問題となることがある。この点、会社法改正前の株式買取請求権制度の下では、「ナカリセバ価格」、すなわち、「当該取引がされることがなければ当該株式が有したであろう価格」のみが保障の対象であった。この解釈の下では、シナジーは「考慮してもよい要素」であるに過ぎず、「考慮しなければならない要素」ではなかった。しかし、**現行会社法の下では、「ナカリセバ価格」のほか「シナジー反映」も保障の対象に含まれるものと解釈されている。**例えば、全部条項付種類株式の取得価格について、最高裁平成21年5月29日決定の補足意見では、①MBOが行われなかったならば株主が享受し得る価値と、②MBOの実施によって増大が期待される価値のうち株主が享受してしかるべき部分とを、合算して算定するとの枠組みが述べられており、その後、高裁レベルの裁判例でも同様の枠組みが維持されている（東京高裁平成25年11月8日決定等）（📖阿南・ハンドブック192頁）。

契約における譲渡価格の定め方

【内容】 株式譲渡契約における譲渡価格の定め方としては、以下のような方法が考えられる（📖MHM・M&A法大系221頁）。

1. **固定額**で規定する方法
2. クロージングまでに生じる事象に基づく**変数**（かつクロージングまでに数値が

確定している変数）を加味した算式で規定し、クロージング時点で価格を決定する方法

3 クロージング日時点の財務状況等に応じて、**クロージング後に譲渡価格の調整**を行う方法

上記1の場合は、「固定額」決定の基準時（例：参照した計算書類の作成時）からクロージングまでの間に対象会社の財務状況等に変動が生じる可能性がある。そこで、想定される変動要因を予め譲渡価格の算定式に折り込んでおく方法が上記2である[28]。

本条項例では、譲渡価格の定めとして1の形を用いつつ、後述する条項例第1.3条「譲渡価格の調整」において3のメカニズムを併せて定めている。

2 譲渡価格の調整

〔逆引法務307頁〕

契約条項例

（参考：📖AIK・契約書作成233頁、📖木俣・企業買収298頁、📖藤原・M&A契約108頁、📖淵邊・提携契約310頁）

第1.3条（譲渡価格の調整）

1 買主は、クロージング後速やかに、クロージング日を基準時とする対象会社に係る貸借対照表（以下本条において「本修正貸借対照表」という。）を作成し、クロージング日から［　　］日以内（以下本条において「本修正期間」という。）に、売主に対し、本修正貸借対照表及びこれに基づき算出した本株式の譲渡価格（以下本条において「本修正譲渡価格」という。）を書面（以下本条において「本修正通知」という。）により提示する。

2 売主は、本修正通知を受領してから［　　］日間（以下本条において「本検証期間」という。）、これらの正確性を検証するため、当該検証に

[28] 変動要因としては、「クロージングまでの間に支払われる剰余金の配当額」、「クロージング時点で退任する役員に対する退職慰労金の額」、「クロージングまでに売却される資産についての譲渡損益の額」等が挙げられる（📖MHM・M&A法大系221頁）。

必要かつ合理的な範囲及び方法にて、次に掲げる事項を買主に求めることができる。

⑴ 本修正貸借対照表又は本修正譲渡価格に関する説明

⑵ 対象会社の取締役、監査役及び従業員に対する質問

⑶ 対象会社の計算書類その他本修正貸借対照表又は本修正譲渡価格に合理的に関連する書類及び電磁的記録の開示

3 売主は、本検証期間最終日までに、買主に対し、本修正譲渡価格を承認するか否かを書面で通知する。売主がこれを承認する旨を書面で通知した場合、又は本検証期間内に次項に定める本不承認通知を行わない場合、本株式の譲渡価格は本修正譲渡価格で確定する。

4 売主は、本修正譲渡価格を承認しない場合、本検証期間最終日までに、買主に対し、これを承認しない旨を書面で通知（以下本条において「本不承認通知」という。）する。この場合、買主及び売主は、本株式の譲渡価格の合意を目指し、誠実に協議を行うものとする。

5 前項に定める協議にもかかわらず、買主が本不承認通知を受領してから［　　］日以内に当該協議が整わない場合、別紙1.3（価格の決定方法）に定める手続により、本株式の譲渡価格を確定するものとする。

6 当事者は、本条に基づき本株式の譲渡価格が確定した後［　　］日以内に、当該価格とクロージング日譲渡価格との差額を決済しなければならない。

別紙 1.3（価格の決定方法）

株式の譲渡価格（以下本別紙において「本価格」という。）は、次の方法に従い決定する。

1 買主及び売主それぞれが1名ずつ鑑定人（以下本別紙において「当事者鑑定人」という。）を選任し、各当事者鑑定人をして本価格をそれぞれ算定させる。

⑴ 両当事者鑑定人の鑑定結果の差額が、いずれかの鑑定結果の10％以内に収まっている場合、当該鑑定結果の単純平均を本価格とする

⑵ そうでない場合、両当事者鑑定人が協議の上、［　　］日以内に第三の鑑定人（以下本別紙において「本鑑定人」という。）を選任し、

本鑑定人をして［　　］日以内に本価格を算定させ、当該算定価格をもって本価格とする。但し、当該鑑定結果は、必ず、両当事者鑑定人の鑑定結果の間に収まっていなければならないものとする

2　前項に規定する当事者鑑定人に要する費用は、当該当事者鑑定人を選任した当事者が負担するものとし、本鑑定人に要する費用は、両当事者で折半するものとする。

条項例の概要

【意義】 本条項例は、株式譲渡における**価格調整条項**について規定するものである。契約の締結と契約の実行（クロージング）との間には**タイムラグ**があるのが通常である。**価格は契約書で規定されるため、契約の実行時、すなわち、価格の支払時の株主価値を正確に反映していない場合がある**。そのような場合に備えて、価格を調整するための条項を契約書の中に規定しておくことがある。

価格調整条項を用いた具体的な調整は、株式譲渡契約に規定した譲渡価格算定の前提となった対象会社の財務数値と、クロージング日を基準として作成された対象会社の財務数値を比較して行う（📖木俣・企業買収298頁、📖柴田・M&A実務97頁、📖藤原・M&A契約104頁）。

契約条項例の価格調整プロセスは、次の各手続から構成される。

1. 買主によるクロージング日における対象会社の計算書類（本条項例では貸借対照表）の作成、及び売主に対する当該計算書類と修正価格の提示（第1項）
2. 売主による当該計算書類の検証及び買主の提案に対する承認／不承認の通知（第2項〜第4項）
3. 売主が不承認を通知した場合の双方の協議（第4項）
4. 協議によって合意に至らない場合の第三者による鑑定手続（第5項及び別紙）

【趣旨】 株式の譲渡価格を固定額で合意した場合[29]、「固定額」決定の基準時（例：参照した計算書類の作成時）からクロージングまでの間に対象会社の財務状況等に変動が生じる可能性がある。しかし、当該基準時からクロージング日までの期間の対象会社の運営は売主が担うことから、当該期間における対象会社の価値変動リスクも売主に帰属させることが公平であるとも考えられる。そこで、想定さ

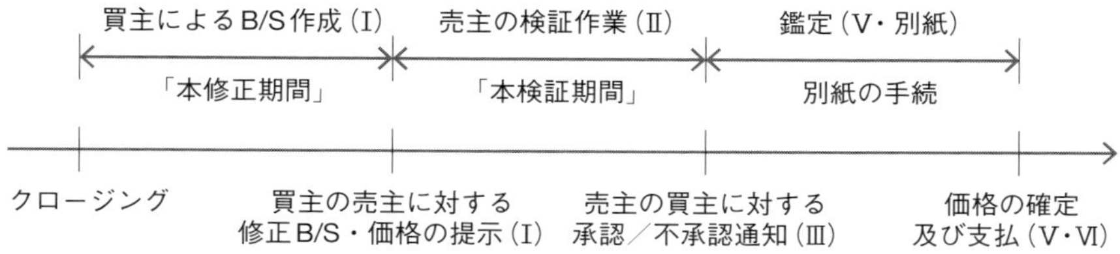

れる価値変動要因を特定し、これを予め譲渡価格の算定式に折り込んでおくという方法もあるが（▸▸▸71頁）、変動要因を特定せずに、対象会社の一定の計算書類（例：貸借対照表）を用いて事後的に価格を調整する方法として本条項例のような規定が設けられることもある（🕮MHM・M&A法大系222頁）。

価格調整の方法

【概略】 価格調整は、①対象会社の評価基準日の「**純資産**」とクロージング日の「**純資産**」の差額によって調整する方法、②対象会社の評価基準日の「**純負債**」とクロージング日の「**純負債**」の差額によって調整する方法等がある（🕮MHM・M&A法大系223頁、🕮木俣・企業買収298頁、🕮柴田・M&A実務99頁、🕮藤原・M&A契約106頁、🕮淵邊・提携契約309頁）。

【純資産方式による場合】 **純資産**の差額によって価格調整を行う方法として、評価基準日における対象会社の純資産額とクロージング時点での対象会社の純資産額との差額を発行済総株式数で割った、“一株当たり純資産減少額”を調整金額とする方法がある。

対象会社の企業価値をコスト・アプローチによって調整前の価格で合意した場合には（▸▸▸66頁）、純資産額による調整に馴染む面があるほか、企業価値の算定手法にかかわらず、純資産額による価格調整が選択されることもある（🕮MHM・M&A法大系223頁）。

---

［29］ 価格調整を行わない方式を「Locked Box方式」、これを行う方式を「Completion Adjustment方式」という。Locked Box方式を採用する場合、誓約条項において、株式譲渡契約締結日以降クロージング日までの対象会社の事業運営についての売主の善管注意義務その他の義務を負わせたり（▸▸▸153頁）、また、表明保証条項において、財務数値の基準日以降の重大な後発事象が発生していないことを保証させるなどの対応を行う（▸▸▸121頁）（🕮藤原・M&A契約105頁）。なお、米国では、約85％の取引において、Completion Adjustment方式が採用されている（🕮ABA・M&A報告書13頁）。

【純負債方式による場合】 **純負債方式**は、前述した次の式を根拠とするものである。

「企業価値」＝「株主価値」＋「有利子負債残高」－「現金及び現金同等物」
or
「株主価値」＝「企業価値」－「有利子負債残高」＋「現金及び現金同等物」

すなわち、DCF法（…67頁）によって算出した事業価値（上式の「企業価値」の一部）の額は固定した上で、基準時点とクロージング時点における純有利子負債の差額をもって株主価値の調整を行うという考え方である（📖MHM・M&A法大系223頁）。

例えば、重大な簿外債務が発見されたり、キャッシュ・アウトが必要となるような事由（例：配当金の支払）が新たに発見されたりした場合は、純有利子負債（＝有利子負債残高－現金及び現金同等物）が増加することになるため[30]、対価を減額する必要が生ずる。

3 アーン・アウト

〔逆引法務309頁〕

契約条項例（参考：📖AIK・契約書作成234頁、📖木俣・企業買収299頁、📖藤原・M&A契約111頁、📖淵邊・提携契約311頁）

第1.4条（アーン・アウト）

1　買主は、売主に対し、クロージング後、本株式譲渡の対価として、クロージング日譲渡価格に加え、次項以下に規定する計算方法に従い算出される追加的対価（以下本条において「本追加対価」という。）を支払う。

2　本追加対価は、次項の規定に従い、対象会社の売上及び売上総利益率を用いて算出するものとする。買主は、［　］年［　］月中に、［　］年［　］月［　］日から［　］年［　］月［　］日までの1

[30]「運転資本」を恣意的に調整することにより、見かけ上の純有利子負債を減少させることも可能であるため（例：買掛金を増やす、売掛金の回収を早める）、このような場合に備えて、対価を、「基準時点における株式価格＋（純有利子負債の減少額－運転資本の減少額）」のような形で調整することも必要となる。

会計年度における対象会社の売上（以下本条において「本売上」という。）、及び、売上総利益率（売上総利益を売上で除したものをいい、以下本条において「本利益率」という。）を確定する。

3 本追加対価の価額は、次の各号に掲げる区分に応じ、それぞれ当該各号に定めるとおりとする。

(1) 本売上が［　　］円を超え、かつ、本利益率が［　　］%を超えた場合

［*上記条件を満たした場合の追加的対価の金額を記載*］円

(2) 本売上が［　　］円を超え、かつ、本利益率が［　　］%を超えた場合

［*上記条件を満たした場合の追加的対価の金額を記載*］円

(3) ……

4 買主は、売主に対し、［　　］年［　　］月［　　］日（以下本条において「本期限日」という。）までに、前項に基づき算出した本追加対価を通知（以下本条において「本対価通知」という。）する。

5 売主は、本対価通知を受領してから［　　］日（以下本条において「本回答期限日」という。）以内に、買主に対し、本対価通知に記載された本追加対価の価額（以下本条において「本買主通知額」という。）を承認するか否かを書面で通知する。売主がこれを承認する旨を書面で通知した場合、又は本回答期限日までに次項に定める本不承認通知をしない場合、本追加対価は本買主通知額で確定する。

6 売主は、本買主通知額を承認しない場合、本回答期限日までに、買主に対し、これを承認しない旨を書面で通知（以下本条において「本不承認通知」という。）する。この場合、買主及び売主は、本追加対価の合意を目指し、誠実に協議を行うものとする。

7 前項に定める協議にもかかわらず、買主が本不承認通知を受領してから［　　］日以内に当該協議が整わない場合、別紙1.3（価格の決定方法）に定める手続により、本追加対価を確定するものとする。

8 買主は、売主に対し、本条に基づき本追加対価が確定した後［　　］日以内に、当該価格を支払わなければならない。

条項例の概要

【意義】 本条は、対価の追加支払、いわゆる「**アーン・アウト**」(earn-out) を規定するものである。アーン・アウトとは、クロージング日において一定の譲渡価格を支払うことに加えて、クロージング日以降一定期間における対象会社の売上や利益などの一定の財務指標を基準として、かかる財務指標の目標が達成された場合には、追加で譲渡価格の支払が行われる旨の規定をいう（📖MHM・M&A法大系311頁、📖柴田・M&A実務101頁、📖藤原・M&A契約111頁）。すなわち、アーン・アウトとは、**対価の“分割払い”を行う仕組み**のことである。

契約条項例の構成は以下のとおりである。

1. 買主が、売主に対し、一定条件の下で、追加的な対価を支払うこと（第1項）
2. 追加対価の算定指標（第2項）
3. 追加対価の算定方法（第3項）
4. 追加対価の確定手続（第4項～第8項）

【趣旨】 アーン・アウト条項の趣旨として、①譲渡価格を巡る売主・買主間の主張の乖離を埋めて取引を成立させやすくすること、②買主にとっては、将来の事業計画を達成できないことによるリスクを一部売主に転嫁できること、③当初買収時に必要な資金を軽減できること、④クロージング後も売主（個人）が対象会社の経営陣として残るような場合にはクロージング後の対象会社の経営陣にインセンティブを付与することができること[31]等を挙げることができる（📖藤原・M&A契約112頁）。

アーン・アウトの設計方法

【指標】 アーン・アウト条項において実務上使用されることが多い財務指標は、

[31] 売主側の懸念として、クロージング後に対象会社のコントロールを取得した買主がアーン・アウトの対象期間だけに着目して、アーン・アウトの財務指標となった数値を買主に有利に誘導するための事業運営を行う（例：設備投資のタイミングをずらす、仕入債務のサイトを変更する）インセンティブを持つ可能性がある。そこで、買主側のこのようなインセンティブを排除する設計を工夫したり、クロージング後の誓約事項においてクロージング後の事業運営について取決めを設けておく等の対応がとられることもある（📖藤原・M&A契約106頁）。

「純利益」「売上高」「営業利益」「金利・税金・償却前利益」(EBITDA)、「営業キャッシュフロー」、「フリーキャッシュフロー」等である(📖ABA・M&A報告書20頁、📖藤原・M&A契約112頁)。

【評価期間】 アーン・アウトの評価期間が長くなればなるほど、売買契約の交渉時点では予測していなかった事情が発生する可能性が高まるため、アーン・アウトの期間を合意しておく必要がある。なお、米国では、投資取引の約32%が「12か月」となっている(📖ABA・M&A報告書21頁)。

【アーン・アウトの終了】 買主は一定の対価を支払うことにより、売主のアーン・アウトに係る権利(追加対価を請求する権利)を消滅させることができる旨を規定することがある。例えば、買主においてクロージング後に対象事業を第三者に売却することを決定した場合、買主が法的倒産手続に入った場合、あるいは買主に支配権の移動が生じた場合などにおいて、買主から売主に対して一定の予め定められた額の支払を行うことにより、アーン・アウトを終了することができる旨を定めることがある(📖MHM・M&A法大系313頁)。

会計及び税務上の処理

【会計処理】 アーン・アウトに基づく追加対価が契約締結後の対象会社の将来の業績に依存する場合、当該追加対価の支払が確実となり、その時価が合理的に決定可能となった時点で、支払対価を取得原価として追加的に認識するとともに、のれん又は負ののれんを追加的に認識する(「企業結合に係る会計基準」〈企業会計基準委員会、最終改正平成25年9月13日〉第27項「条件付取得対価の会計処理」)。

【税務処理】 対価の追加的支払とは逆に対価の事後的払戻の事案(対象会社が所定の予想利益を達成すること等の条件が不成就であった場合に売買代金が減額される旨が合意された事案)において、当該払戻金額が、買主にとって税務上の益金と扱われるべきか、それとも売買代金の返還と扱われるべきかが争点となったケースにおいて、国税不服審判所が、そのような条件を付すことは、それが違法行為等となる場合を除き、当事者間で自由に決定されるものであり、当該金額は、売買契約に基づいて算出された売買代金の返還額であると判断したものがある(国税不服審判所平成18年9月8日裁決事例)。

2-5 前提条件／クロージング

1 前提条件

〔逆引法務333頁〕

契約条項例

（参考：民法127条1項、民法533条、📖AIK・契約書作成221頁、📖木俣・企業買収300頁、📖藤原・M&A契約133頁、📖淵邊・提携契約389頁）

第2.1条（クロージングの前提条件）

1　第2.2条（クロージング）に定める売主の義務の履行は、次に掲げる条件（以下本項において「本条件」という。）の全てが満たされていることを前提とする。但し、売主は、その任意の裁量により、本条件の未成就を主張する権利の全部又は一部を放棄することができる。

⑴　第3.1条（表明及び保証）第2項に規定する買主の表明及び保証が、本契約締結日及びクロージング日において、重要な点につき真実かつ正確であること

⑵　買主が、本契約に基づきクロージング日までに履行又は遵守すべき買主の重要な義務を全て履行又は遵守していること

⑶　買主が独占禁止法第10条第2項に基づく届出を行い、同条第8項に定める待機期間が満了したこと

⑷　売主が本条各号記載の条件の充足を確認するため合理的に要求する書面が、買主から売主に対して交付されていること

2　第2.2条（クロージング）に定める買主の義務の履行は、次に掲げる条件（以下本項において「本条件」という。）の全てが満たされていることを前提とする。但し、買主は、その任意の裁量により、本条件の未成就を主張する権利の全部又は一部を放棄することができる。

⑴　第3.1条（表明及び保証）第1項に規定する売主の表明及び保証が、本契約締結日及びクロージング日において、重要な点につき真実かつ正確であること

⑵　売主が、本契約に基づきクロージング日までに履行又は遵守すべき

売主の重要な義務を全て履行又は遵守していること
(3) 対象会社の取締役会が、売主から買主への本株式の譲渡を承認していること
(4) 買主が独占禁止法第10条第２項に基づく届出を行い、同条第８項に定める待機期間が満了したこと
(5) 本契約締結日からクロージング日までの間に、対象会社の運営、資産又は財務状況に重大な悪影響を及ぼす事項が発生していないこと
(6) 買主が本条各号記載の条件の充足を確認するため合理的に要求する書面が、売主から買主に対して交付されていること

条項例の概要

【意義】 本条項例は、取引実行（クロージング）の**前提条件**について規定するものである。前提条件とは、「当該事項が全て満たされて初めてクロージングが行われる」というクロージングのための条件のことである（📖木俣・企業買収300頁、📖柴田・M&A実務119頁、📖藤原・M&A契約131頁、📖淵邊・提携契約316頁）。当事者の一方が条件を充足させることができなかった場合、他方当事者は、取引の実行を遅らせたり、中止したりすることができる。

本条項例では、次の内容を前提条件として規定している。

売主の義務の前提条件（1項）	• 表明保証の正確性（1号） • プレ・クロージング・コベナンツの遵守（2号） • 独占禁止法上の待機期間の満了（3号） • 前提条件を充足した旨の誓約書の交付（4号）
買主の義務の前提条件（2項）	• 表明保証の正確性（1号） • プレ・クロージング・コベナンツの遵守（2号） • 対象会社による株式の譲渡承認（3号） • 独占禁止法上の待機期間の満了（4号） • MACの不存在（5号） • 前提条件を充足した旨の誓約書の交付（6号）

【趣旨】 株式の処分又は取得のために許認可の取得や官公庁への届出等が必要になるような場合等、一定の手続の完了等の条件が充足されなければ取引を実行で

きない事情がある場合が多いが、前提条件を定めることにより、これらの条件が充足されるまでは取引を実行しなくても済むようにするというのが、このような合意が行われる主な目的である[32][33](📖木俣・企業買収300頁、📖柴田・M&A実務119頁、📖藤原・M&A契約131頁、📖淵邊・提携契約316頁)。

前提条件の法的性質

【法的性質】 前提条件そのものが日本法上の法律概念ではないことから、その法的性質については争いがあり、これを民法上の**停止条件**（民法127条1項）と解する説[34](📖藤原・M&A契約132頁）と、**民法上の停止条件とは異なる性質の合意**（前提条件を満たさなければ株式譲渡の実行に必要な行為を行うことを義務付けられない旨の当事者間の合意）と解する説（📖MHM・M&A法大系241頁）が対立している。

前提条件の放棄

【放棄】 契約条項例のように、「但し、買主は、その任意の裁量により、本条件の未成就を主張する権利の全部又は一部を放棄することができる。」等と規定し、当事者がその任意の裁量によって放棄した条件については、仮に当該条件が充足されなかった場合であっても、充足されたのと同様に取り扱うことを可能にする

---

[32] 取引実行の前提条件を定めず、これらの条件が充足した段階で初めて契約を締結することによっても上記の目的は達成可能である。もっとも、これらの条件が充足しなかった場合に限らず、別の理由によっても（場合によっては、何の理由もなしに）各当事者は契約の締結を拒否することが可能になってしまうという問題がある（📖藤原・M&A契約131頁）。

[33] 売主の義務（例：株式の譲渡）と買主の義務（例：対価の支払）は同時履行が原則であるため（民法533条参照)、実際に取引が実行されるためには、売主の義務に係る前提条件と買主の義務に係るそれとの両方が充足される必要がある。したがって、前提条件は、各当事者の義務の前提条件ではなく、取引実行の前提条件であり、むしろ放棄することができる当事者（当該条件が充足されなかった場合に取引を実行するか取引から離脱するかを決定する当事者）がどちらかを明示することに真の意味があるとの指摘がある（📖藤原・M&A契約135頁）。

[34] 停止条件と捉えると、取引実行条件の一部が実際には成就していないにもかかわらず取引が実行され事後的にその事実が判明した場合に不当利得返還請求（民法703条）を認めることが不当であると批判し、前提条件の法的性質を“義務の履行条件”であると捉える説もある。

もっとも、上記のような問題は、停止条件説を前提としても、取引を実行した場合には以後停止条件の不成就は主張し得ないというのが当事者の意思であると解釈することにより、義務の履行条件という必ずしもその内容が明確でない概念を持ち出す必要はないとの指摘もある（📖藤原・M&A契約132頁)。

旨を定めることがある（📖藤原・M&A契約134頁）。

前提条件とすべき事項

【概要】 前提条件の具体例としては、①**プレ・クロージング・コベナンツ**の履行のほか、②表明保証の正確性、③競争法上の届出等、④重大な悪影響を及ぼす変化の不存在、⑤各種書類の提出等が挙げられる[35]（📖AIK・契約書作成237頁、📖木俣・企業買収301頁、📖藤原・M&A契約136頁、📖淵邊・提携契約316頁）。

【コベナンツの履行】 当然のことながら、**プレ・クロージング・コベナンツ**が履行されていることは、前提条件の1つとなる。プレ・クロージング・コベナンツとしてどのような事項が規定されるかについては、Chapter 2・2-9・2「プレ・クロージング・コベナンツ」を参照されたい（▸▸▸147頁）。

【表明保証の正確性】 前提条件の1つとして、通常、「**表明保証の正確性**」が規定される（▸▸▸93頁）。当事者は、表明保証が正確であることを前提に投資の意思決定を行っており、特に買主は、売主の表明保証が正確であることを前提に価格を決定しているのが通常だからである（📖MHM・M&A法大系242頁、📖木俣・企業買収300頁、📖柴田・M&A実務106頁、📖藤原・M&A契約136頁）。

もっとも、些細な点において表明保証が不正確であるからといって取引を実行しないというオプションを当事者に与えるのは必ずしも合理的ではないことから、**「重要な点」又は「重大な点」において正確であるという限定**が付されることも多い[36]（📖藤原・M&A契約136頁）。

【競争法上の届出等】 独占禁止法により、対象会社及び関係当事者が一定の売上規模要件を満たす限り原則としてクロージング日の30日前の届出が必要とされることから、契約締結前に届出を行う場合や届出要件を満たさない場合を除き、

[35] これらのほか、前提条件に含めることがある事項としては、M&A契約に付随して締結されるべき関連契約が締結されること、買収資金に係るファイナンスや対象会社の借入に係るリファイナンスの実行が確実となったこと、本取引に係る差止訴訟等が存在しないこと等がある（📖藤原・M&A契約143頁）。

[36] 表明保証条項において、既に「重要な点」又は「重大な点」という限定が付されている場合は（▸▸▸98頁）、重大性に関する重複限定（Double Materiality）が生ずる。そこで、「但し、これらの事項のうち、第○条各号において『重要な』『重大な』『重要な点において』等の重要性による限定が付されているものについては、かかる事項が真実かつ正確であること」等の規定を置くことにより、重複限定を避けることがある（📖藤原・M&A契約136頁）。

原則として**株式譲渡契約の締結日とクロージング日の間には30日以上の間隔をあけたうえで、待機期間が満了したこと**が前提条件とされる[37]。

独占禁止法の届出要件はM&Aのスキームごとに異なる[38]。株式譲渡を例にとると、以下の①に該当する買主が、②に該当する対象会社の株式を取得しようとする場合、③に該当することとなったとき、独占禁止法上の届出が必要となる(独占禁止法10条2項)。

① 買主及び買主の属する企業結合集団に属する買主以外の会社等(以下、両者併せて「買主グループ」という)の**国内売上高の合計額が200億円**を超える場合

- 上記の「企業結合集団」とは、「会社」及び「当該会社の子会社」並びに「当該会社の最終親会社」(親会社であって他の会社の子会社でないもの)及び「当該最終親会社の子会社」(当該会社及び当該会社の子会社を除く)から成る集団をいう。但し、当該会社に親会社がない場合には、当該会社が最終親会社となるので、当該会社とその子会社から成る集団が企業結合集団となる。
- 上記の「国内売上高」は最終事業年度におけるものを用いて計算する(独占禁止法10条2項)。その具体的な範囲については、「私的独占の禁止及び公正取引の確保に関する法律第9条から第16条までの規定による認可の申請、報告及び届出等に関する規則」を参照されたい。

② 対象会社及びその子会社の**国内売上高の合計額が50億円**を超える場合

③ 対象会社の株式を取得しようとする場合において、対象会社の総株主の議決権の数に占める買主グループが所有することとなる当該対象会社の株式に係る議決権の数の割合(議決権保有割合)が新たに**20%**又は**50%**を超えることとなる場合

---

[37] 本項目は、通常、買主の前提条件として規定される(本条項例第2項第4号参照)。もっとも、本条件が成就していないにもかかわらず買主がこれを放棄して取引を実行したということになれば売主にも一定のリスクが生ずることから、売主の義務の前提条件(売主が放棄し得る前提条件)としても規定する例が多い(本条項例第1項第3号参照)(㊀藤原・M&A契約140頁)。

[38] M&Aスキーム別の届出要件については、公正取引委員会のウェブページ(http://www.jftc.go.jp/dk/kiketsu/kigyoketsugo/todokede/index.html)を参照されたい。

届出義務者は、株式取得会社、すなわち、**買主**である（独占禁止法10条2項）。届出後に行われる公正取引委員会の企業結合審査の手続の流れは、下図のとおりである（📖菅久・独禁法312頁）。なお、届出対象となっている企業結合について[39]、届出をしなかった場合、また、虚偽の記載をした届出書を提出した場合は、200万円以下の罰金が科される（独占禁止法91条の2）。

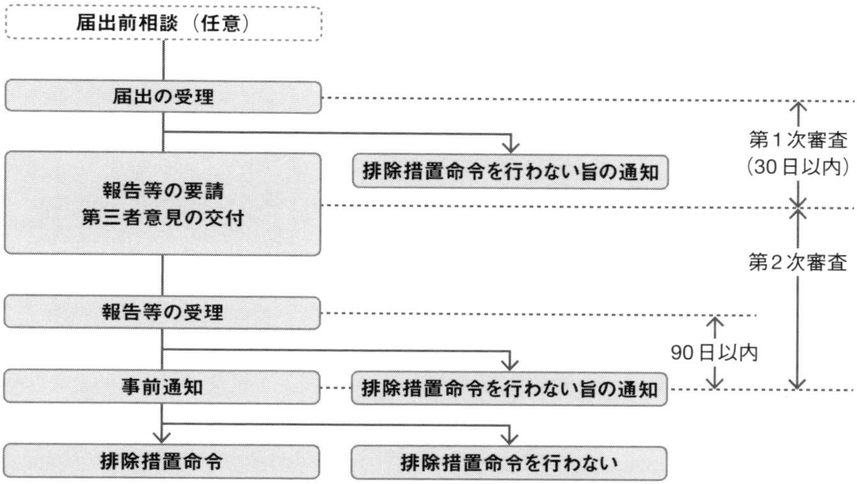

【重大な悪影響を及ぼす変化】 契約締結後クロージング日までの間に対象会社に**重大な悪影響が及ぶような変化**（MAC：Material Adverse Change）が生じた場合又は判明した場合には、買主としては、取引の前提が崩れてしまうことから、当該変化の不発生が前提条件の1つとして規定される（📖MHM・M&A法大系243頁、📖木俣・企業買収300頁、📖柴田・M&A実務123頁、📖藤原・M&A契約140頁）。

MACの定義は困難であり、抽象的な定義に加え、当事者が特に意識している

[39] 届出基準を満たさない企業結合に対する独占禁止法適用の有無につき、「株式取得等であっても届出基準を満たさない企業結合や、役員兼任等の届出を要しない類型の企業結合については、届出の必要はない。しかしながら、そのような企業結合であっても、特定の市場におけるシェアが高まるなど、競争への影響が懸念される場合があり得る。届出対象外の企業結合であっても、稀ではあるものの、それが一定の取引分野における競争を実質的に制限することとなるかどうかを審査する必要があると公正取引委員会が判断する場合がある。」との指摘がある（📖菅久・独禁法326頁）。

ような事象については例示列挙しておき、判断基準についてもあくまで例示列挙の形で定めておくといった対応が現実的に可能な最大限の対応であるとの指摘がある（□藤原・M&A契約141頁）。

【各種書類の提出】 クロージングの前提条件として、一定の書類の提出を要求することがある。その場合の書類には、次のようなものがある（□柴田・M&A実務123頁、□藤原・M&A契約141頁）。

1. クロージングと同時に辞任することが予定されている対象会社の取締役・監査役の辞任届（▸▸▸151頁）
2. チェンジ・オブ・コントロール条項が含まれる契約の相手方から取得した取引実行に関する同意書（▸▸▸147頁）
3. 自らの表明保証が正確であること、自らの果たすべき義務は全て履行していること、及び、自らの義務の前提条件が放棄したものを除き全て充足されていること等を証する証明書
4. 当事者に関する契約の有効性や締結のための内部手続の完了等に関する法律意見書
5. 当事者が相手方に対して合理的に要求する書面

前提条件充足の期限

【Long Stop Date】 売主が前提条件を満たさない以上、買主は対価を支払う義務を負わず、クロージングは行われない。しかし、このことは、**売主が前提条件を満たすまで、買主が当該取引に拘束されることを意味する**。例えば、クロージング予定日から数年が経過した段階で売主が漸く前提条件を満たした場合、その時点で買主に対価の支払義務が生ずることになる。これでは、買主の資金活用が著しく阻害されることになってしまう。

そこで、前提条件に“**タイムリミット**”を設け、クロージング期間を一定期間に限定するため、「一定の期限までに前提条件が充足されなかった場合、相手方が株式譲渡契約を解除できる」旨の規定が設けられる（▸▸▸169頁）。このような“タイムリミット”のことを**Long Stop Date**と呼ぶ。

2 クロージング 〔逆引法務330頁〕

契約条項例（参考：会社法127条〜133条、民法533条、📖AIK・契約書作成220頁、📖木俣・企業買収305頁、📖藤原・M&A契約118頁、📖淵邊・提携契約389頁）

第2.2条（クロージング）

本株式譲渡は、クロージング日の［*時間を指定する場合は時間を記載*］時に［*場所を指定する場合は場所を記載*］において、又は、売主及び買主が別途合意する日時に別途合意する場所において、次の各号に掲げる当事者が、それぞれ当該各号に定める事項を行うことにより実行（以下本株式譲渡の実行を「クロージング」といい、実際にクロージングが行われた日を「クロージング時」という。）されるものとする。

(1) 売主
会社法第133条第２項に基づく本株式譲渡に係る株主名簿名義書換の共同請求書（売主が必要事項の全てを記載し、かつ、売主が記名捺印したもの）を買主に交付する

(2) 買主
前号の書類の引渡しを受けることと引換えに、売主に対して、クロージング日譲渡価格の全額を、売主がクロージング日までに指定する日本の銀行口座に振込送金する方法により支払う。なお、送金手数料は、買主が負担する

条項例の概要

【意義】 本条項例は、株式譲渡取引に係る**取引の実行**（クロージング）について定めるものであり、具体的な内容として以下を規定している。

1 売主によるクロージング：株主名簿名義書換に係る共同請求書の交付（第１項）
2 買主によるクロージング：譲渡価格の支払（金融機関への振込送金）(第２項)

【趣旨】 株式譲渡取引のクロージングは、株式の売主である既存株主と買主であ

る投資家との間で行われる。

株式の売買の効力は、譲渡人及び譲受人両当事者の意思表示によって生ずる[40]（会社法128条1項参照)。もっとも、**株式の譲渡は、株主名簿へ記載しなければ、会社及び第三者へ対抗することができない**（同130条1項)。株式譲渡取引の場合、株主名簿への記載は、**会社に対して請求**して行わなければならず、また、当該請求は、原則として[41]、**譲渡人及び譲受人の共同**でこれを行わなければならない（同133条2項)。

そこで、株式譲渡取引においてクロージング日に当事者が行うべきこととして、①譲受人による対価の支払（本条項例第2号）と、②譲渡人による株主名簿名義書換共同請求書の交付（本条項例第1号）を同時履行として定める例が多い（MHM・M&A法大系226頁)。

プレ・クロージング／クロージング・チェックリスト

【概略】 クロージングがスムースに行われるよう、契約書で規定されたクロージング日の数日前に関係者が集まり、前提条件（▸▸▸80頁）の充足及びクロージング日に交付されるべき書類等が整っていることを確認することがある。この手続を「**プレ・クロージング**」という。プレ・クロージングにおいては、次のような**クロージング・チェックリスト**（クロージング時に確認すべき事項を列挙したもの）や**クロージング・メモランダム**（クロージングの際に行われる手続とそこで授受される書類等を時系列に沿って全て列記したもの）を予め作成したうえで、これに沿って確認が行われるのが一般である（柴田・M&A実務147頁、藤原・M&A契約125頁)。

売主によるクロージング：株主名簿名義書換共同請求書

【書式】 上記で述べたとおり、株券不発行会社における売主によるクロージングの内容として、「株主名簿名義書換共同請求書の交付」が規定されることが多い。

---

[40] 株券発行会社であれば、「株券の交付」が株式譲渡の効力発生要件となるため（会社法128条1項)、株券の交付がクロージングの内容となる。

なお、非公開会社（かつ取締役会設置会社）の株式を譲渡するには当該会社の取締役会の承認が必要となる（会社法139条)。しかし、株式譲渡取引は、「投資家」と「既存株主」との間の取引であるため、この取締役会の承認は、クロージングの内容ではなく、クロージングの前提条件と位置付けるのが一般である（▸▸▸81頁)。

[41] 共同請求が不要な場合については、会社法施行規則22条を参照されたい。

90頁は当該請求書の参考書式である。

番号	TODOの内容	参照条項	担当	状況
1. クロージングの準備のためのTODO				
1.1	株式譲渡対価支払のための買主側金融機関の確認	○契約○条	塩野	済
1.2	クロージング後における対象会社の取締役会の構成員の確認	○契約○条	塩野	済
⋮	⋮	⋮	⋮	⋮
2. 前提条件に関するTODO				
2.1	表明保証の正確性に関する確認。特に、次の事項について、その要件充足の有無を確認。 • ○年○月○日時点における計算書類の正確性 • …	○契約○条	宮下	未
2.2	プレ・クロージング・コベナンツの履行に関する確認。特に、次の事項について、その要件充足の有無を確認。 • 法務デュー・デリジェンスで指摘された労務問題の解消 • …	○契約○条	宮下	未
2.3	独占禁止法に関する公正取引委員会のクリアランスの取得	○契約○条	宮下	未
⋮	⋮	⋮	⋮	⋮

（クロージング・チェックリストの例）

買主によるクロージング：譲渡価格の支払

【海外送金】　クロスボーダー型の株式譲渡の場合、買主の売主に対する譲渡価格の支払が海外送金の方法で行われることが多い。この場合、買主国での送金指示と売主国での着金確認に時間差が生ずることがあり、国内取引の場合と比べ、クロージングを同時に実行することが困難となる。そこで、以下のような方法がとられることが多い。

1. 売主による**着金確認**と売主によるクロージング（例：必要書類の交付）を同時履行とする方法
2. 買主による**送金指示**と売主によるクロージング（例：必要書類の交付）を同時履行とする方法
3. 売主国での**金融機関**や**エスクローサービス**を利用することにより、売主国でクロージングを同時に実行する方法

売主の立場からすれば上記①が最も確実な方法であるが、買主としてはクロー

ジング日より前に送金指示を行わなければならず、買主側に「送金を指示してしまったにもかかわらず、必要書類が交付されない」との不安が生ずることになる。そこで、上記2という方法が考えられるが、今度は逆に売主側に「必要書類を交付してしまったにもかかわらず、着金がなされない可能性がある」との不安が生ずることになる。

そこで、3のように買主が売主国で予め金融機関口座を開設したり、売主国に

参考書式：株主名簿名義書換共同請求書

株主名簿名義書換共同請求書

［対象会社名］御中

〇〇年〇〇月〇〇日

名義書換請求総株式数：　〇〇株

上記の貴社株式につき、会社法第133条の規定に基づき、譲渡人及び譲受人共同で、名義書換を請求します。

譲渡人（株主）	郵便番号		電話番号	押印欄
	住所			
	フリガナ			
	名称			

譲受人（取得者）	郵便番号		電話番号	押印欄
	住所			
	フリガナ			
	名称			

おけるエスクローサービスを利用したりすることにより、売主国でクロージングを同時に実行するという方法がとられることもある。

クロージング「日」とクロージング「時」

【両者の区別】 取引の実行については“取引が実行されるべき日”と“実際に取引が実行された日”は区別する必要があり、契約書上も、前者を「クロージング日」、後者を「クロージング時」等と分けて定義する必要がある。例えば、株式譲渡契約の中で、「取引実行から一定の期間、売主が競業避止義務を負う」旨が合意された場合、その起算点として用いられるべきは、「クロージング日」ではなく「クロージング時」となる（📖藤原・M&A契約120頁）。

ガンジャンピング

【概略】 **ガンジャンピング**とは、“フライング”のことである。M&Aの文脈では、クロージングについて当局の承認等が必要とされているにもかかわらず、当該承認等を取得する前に企業結合を前提とした行動をとること、又は、企業結合が法的に実現していないにもかかわらず、企業結合を前提とした行動をとることを意味する。

このガンジャンピングは、**契約締結後・クロージング前の段階で問題となる**ことが多い。例えば、クロージング後に直ちに企業結合のシナジーを発揮するために、買収会社と被買収会社の事業部門の担当者間で、営業情報の交換を行ったり、管理部門の担当者間で、会計基準その他社内基準の統合に向けた情報交換を行ったりする例がある[42]。

このような行為は、独占禁止法や金融商品取引法上の問題を生ずる場合があるので注意が必要である。

【独占禁止法】 独占禁止法上のガンジャンピングには大きく2つの問題類型があ

---

［42］ 日本におけるガンジャンピング・リスクは諸外国のそれに比べ低いと指摘するものもある。その理由は、諸外国の競争法では、届出・待機期間規制の対象行為の定義に「control」「beneficial ownership」等の抽象的な文言が用いられており、クロージング行為そのものが行われる前でも、これらに該当すると評価される可能性が比較的高いのに対し、日本の独占禁止法では、当該対象行為を「株式の取得」等の文言で定義しているため、比較的形式的にその有無を判断することが可能だからである（📖井本・ガンジャンピング59頁）。

る。1つは、公正取引委員会から企業結合に関するクリアランスを取得する前に、企業結合を前提とした、上記のような行為をすることが、待機期間終了前の株式取得を禁止する独占禁止法10条8項に違反し得るという場合である（▸▸▸83頁）。もう1つは、企業結合後であれば、グループ内の行為として私的独占・カルテルに問われないような共同行為を、企業結合前に行ってしまうことにより、これらの行為を禁止する独占禁止法3条に違反するという場合である（📖逆引法務125頁・154頁）。

ガンジャンピングが生じないようにするためには、日々の営業活動や営業の意思決定に直接関与することがない者（例：バックオフィス業務に従事する者や外部アドバイザー等、競合事業に関与していない者）により「**クリーンチーム**」を組成し、競争に影響を与える可能性の高い情報（例：価格情報）は、クリーンチームによって扱うといった工夫が必要となる（📖MHM・M&A法大系958頁、📖井本・ガンジャンピング90頁、📖木俣・企業買収155頁、📖柴田・M&A実務332頁）。

【金融商品取引法】 対象会社が上場会社である場合は、金融商品取引法上のガンジャンピングも問題となる。有価証券届出書の提出前に有価証券の取得勧誘・売付け勧誘を行うことが禁止されているからである（金商法4条1項）。もっとも、一定の行為については取得勧誘・売付け勧誘に該当しない旨がガイドライン上明らかにされている（開示ガイドラインB2-12）（▸▸▸204頁）。

2-6 表明保証（総論）

1 表明保証

〔逆引法務310頁〕

契約条項例（参考：📖AIK・契約書作成222頁、📖木俣・企業買収304頁、📖藤原・M&A契約152頁、📖淵邊・提携契約331頁）

> **第3.1条（表明及び保証）**
>
> 1　売主は、買主に対し、本契約締結日及びクロージング日において（但し、別途時点が明示されている場合にはその時点において）、別紙3.1（表明保証事項）第1項記載の事項が真実かつ正確であることを、表明し、保証する。
>
> 2　買主は、売主に対し、本契約締結日及びクロージング日において（但し、別途時点が明示されている場合にはその時点において）、別紙3.1（表明保証事項）第2項記載の事項が真実かつ正確であることを、表明し、保証する。

条項例の概要

【意義】　本条は、**表明保証**（Representations and Warranties）について規定するものである。ここに、表明保証とは、契約当事者の一方が、他方当事者に対し、主として契約目的物などの内容に関連して、一定時点において一定の事項が真実かつ正確であることを表明し、その表明した内容を保証するものである（📖木俣・企業買収283頁、📖柴田・M&A実務103頁、📖藤原・M&A契約147頁、📖淵邊・提携契約331頁）。

【趣旨】　表明保証の機能には、①**価格調整機能**（企業価値評価の前提事項に変化が生じた場合、“補償”を通じて、支払済み対価の一部を取り戻すことにより、対価を調整〈減額〉する機能）、及び、②**情報開示促進機能**（表明保証内容を構成する各個別項目作成の過程において、売主が表明保証の対象からの除外を求める事項を開示することとなるため、これによって買主は対象会社に関する問題点を把握することができる）とがある（📖MHM・M&A法大系229頁、📖藤原・M&A契約150頁）。

表明保証の必要性

【デュー・デリジェンスとの関係】 投資交渉の実務において、売主から「十分なデュー・デリジェンスの機会を与えたのだから表明保証は不要ではないか」と主張されることや、また逆に、「表明保証を規定するのであるからデュー・デリジェンスは不要ではないか」と主張されることがある。結論からいえば、デュー・デリジェンスと表明保証は“どちらか一方だけ”という性質のものではない。前者の主張に関しては、デュー・デリジェンスで確認された事実がクロージング時点でも正しいとは限らないという問題があるし（例：デュー・デリジェンスで不動産の権原を登記によって確認できたとしても、当該登記はクロージング時点の権利関係を公証するものではない）、後者の主張に関しては、表明保証を規定しても、金銭的な補償では回復できないような損害が生ずることもあり得る（例：対象会社が贈収賄等の重大な法令違反を行っていたことがクロージング後に明らかになった場合）等の問題があるからである。

表明保証の法的性質

【概要】 表明保証は英米法の概念であり、これに相当する概念が日本には存在しないため、その法的性質が問題となることがある。表明保証の法的性質としては、次のような考え方がある（📖MHM・M&A法大系228頁、📖藤原・M&A契約154頁）。

1. 債務不履行責任
2. 瑕疵担保責任
3. 当事者の特別な合意としての「損害担保契約」に基づく責任

【1及び2について】 まず、1に対しては、表明保証違反に基づく責任は表明保証者の帰責性を問うことなく発生するべき性質のものであるとの批判、2に対しては、表明保証に含まれる事項の範囲は、売買対象物である株式そのものに関する事項のみならず、対象会社の企業価値に関する事項が多く含まれるほか、契約当事者に関する事項までを含むのが通常であるとの批判がそれぞれある（📖藤原・M&A契約154頁）。

仮に、2と解釈された場合、瑕疵担保責任に関する民法及び商法の規定（例：期間制限等）が適用される可能性がある。そのため、契約書においては、①表明保証が瑕疵担保責任とは別個の責任であることを明記すること、②買主側の主観を問わない旨を明記すること[43]、③弁護士費用や転売利益等も損害の項目として列挙すること[44]、④補償請求の期間を明記すること[45]、⑤商人間売買の特則の排除を明記すること等が必要となる。なお、①及び②に関する規定として次の契約条項例を参照されたい[46]。

契約条項例（参考：民法566条・570条、商法526条）

> **第3.2条（民法及び商法の不適用）**
> 第３章に係る補償責任には、民法第566条及び同法第570条並びに商法第526条は適用されない。

【3について】 これに対し、3は、表明保証を、「**損害担保契約**」、すなわち、「表明保証の対象である一定の事項が不正確であったという事実から相手方に生じる損害を塡補することを約束する契約」と捉えるものである（📖MHM・M&A法大系228頁、📖藤原・M&A契約155頁）。この考え方をとる場合、表明保証責任は、表明保証を行う当事者の故意又は過失を責任発生の要件としない**無過失責任**となる（📖MHM・M&A法大系228頁、📖藤原・M&A契約158頁）。

【相手方の主観的態様】 表明保証の相手方（例：表明保証の当事者が売主であった場合の買主）の主観的態様が責任に影響を与えるか否かについては考え方に対立があり[47]、①表明保証の相手方が悪意・重過失の場合には[48]、表明保証違反責任を免れるとの考え方がある（東京地判平成18年１月17日）。これに対して、②表明保証の相手

---

[43] 瑕疵担保責任を追及するためには、買主の善意無過失が要求される（通説）。

[44] 瑕疵担保責任に基づく賠償の範囲を信頼利益に限定した下級審裁判例がある（大阪高判昭和35年８月９日）。

[45] 仮に、表明保証及び補償について商法の規定が適用されると、補償期間はクロージングから最長６か月ということになろう（商法526条２項参照）。

[46] 2017年５月26日に成立した改正民法では、現行民法の瑕疵担保責任（現行民法570条）が廃止され、それに代えて、債務不履行責任の１つとして、目的物が契約内容に適合しないことに対する責任（改正民法566条）が新設される。なお、改正法の施行日は、2020年４月１日である。

[47] この論点は、表明保証違反の責任の法的性質論から結論が導かれる問題ではない（📖藤原・M&A契約159頁）。

[48] この「悪意」とは、ある事実を「知っている」状態を意味する。悪しき内心を意味するのではない（📖逆引法務17頁）。逆に、ある事実を「知らない」状態を「善意」という。そして、善意であっても、ある事実を知らないことに不注意がある場合には「過失」という評価がなされ、悪意と同視できる重大な不注意を「重過失」という（📖逆引法務85頁）。

方の主観的態様は、表明保証違反責任の有無に影響を与えないという考え方もある[49]（📖藤原・M&A契約159頁）。

表明保証違反の責任の成否について相手方の主観は影響を与えない旨の確認条項の記載例は、次の条項例のとおりである。

契約条項例（参考：藤原・M&A契約161頁）

> **第3.3条（買主等の主観的態様）**
> 当事者は、第3.1条（表明及び保証）第1項に規定する売主の表明及び保証に関し違反があり、かつ、そのことを買主が知り又はこれを知り得べき場合であったとしても、このことは、当該表明及び保証の違反に関する売主の責任の成否及びその範囲に消長を来さないことを確認する。

表明保証違反の効果

【効果】 表明保証違反の効果は以下のとおりである（📖MHM・M&A法大系227頁）。

> 1 取引実行前に違反が判明した場合：取引の中止
> 2 取引実行後に違反が判明した場合：補償の請求

まず、1表明保証違反が取引実行前に判明した場合、通常、取引実行の前提条件が不充足となるため（▸▸▸80頁）、相手方当事者は取引を中止することができる。次に、2表明保証違反が取引実行後に判明した場合、相手方当事者は、表明保証の違反を理由として、補償の請求を行うことが可能である（▸▸▸164頁）。

表明保証に関する当事者

【売主／買主】 株式譲渡における表明保証の主体は**売主**及び**買主**であり、それぞ

[49] その理由としては、(i) 表明保証違反事実を発見したとしても、当該事項による損害発生の有無や損害額が不確定であるため譲渡価格に反映することが不可能である場合があること、(ii) 当該事実に関する法律上の解釈が一義的でないために表明保証違反に該当するか否か自体の判断が困難であるような場合があること、(iii) 発見時期が契約締結の直前であるなどの時間的制約があるため、そのまま表明保証事項とし、損害発生時には補償により調整を行うことが当事者双方の利益に資する場合があること等が挙げられる（📖藤原・M&A契約159頁）。

れ自身に関する事項について保証を行う。加えて、売主が対象会社の経営に深く関与している場合は対象会社に関する事項についても保証を求められる（🕮藤原・M&A契約161頁）。

【対象会社】 対象会社が自ら表明保証を行う例は少ない。対象会社が表明保証を行うとすれば、それは買主に対するものであると考えられるが、例えば、100%買収であれば、取引実行後は買主の100%子会社になってしまうため、買主としては自らの100%子会社に対して補償請求しても意味がないことは明白であるからである（🕮藤原・M&A契約162頁）。

表明保証の基準時

【基準時】 表明保証の基準時は、原則として、「**契約締結日**」及び「**クロージング日**」である（🕮柴田・M&A実務104頁、🕮藤原・M&A契約162頁）。

もっとも、表明保証対象となっている事項の中には、契約締結日若しくはクロージング日のいずれか一方、又はそれ以外の特定の日を当該一定時点と定めるのが適切である事項が存在するため（例：株式に担保権が設定されており、同担保権の解除を取引実行条件とするような場合には、株式に担保権等の負担がないことを契約締結日時点で表明保証することはできないが、クロージング日においては表明保証対象とするべき）、「別途時点が明示されている場合にはその時点において」等の文言を定めておくのが通常である（🕮藤原・M&A契約163頁）。

2 表明保証の限定

〔逆引法務311頁〕

契約条項例（参考：🕮AIK・契約書作成240頁、🕮木俣・企業買収304頁、🕮藤原・M&A契約165頁、🕮淵邊・提携契約339頁）

> **第3.4条（表明保証の例外）**
> 第3.1条（表明及び保証）の規定にかかわらず、別紙3.4（表明保証の例外）記載の事項に関し、売主はこれらが真実かつ正確であることにつき、表明又は保証を行わない。

条項例の概要

【意義】 本条項例は、「別紙」に記載する事項を当事者（本条項例では「売主」）の表明保証の対象から除外するものである。

【趣旨】 表明保証について限定文言（qualifier）又は修正文言（modifier）を規定することにより、責任の範囲を限定することがある。責任の範囲の具体的な限定方法としては以下のような方法がある（📖MHM・M&A法大系232頁、📖伊藤・米国M&A実務144頁、📖柴田・M&A実務107頁、📖藤原・M&A契約165頁、📖淵邊・提携契約339頁）。

1. 別紙による限定
2. 重要性による限定
3. 当事者の認識による限定

本条項例は、上記1について定めるものである。表明保証を行う当事者が、個別の表明保証事項について、そのまま表明保証したのでは表明保証違反に該当することとなる事実を**別紙**（「Disclosure Schedule」又は「Disclosure Letter」等と呼ばれる）に記載し、当該別紙において開示した事項については表明保証の対象から除外することがある。

本条項例では、別紙3.1記載の事項について表明保証しつつ、別紙3.4をDisclosure Scheduleとし、当該Disclosure Schedule記載事項については表明保証の対象とはしない旨を規定している。

その他の限定方法

【重要性による限定】 表明保証項目を、**「重大性」「重要性」の文言により限定**することがある（materiality qualifiers）。これには、①表明保証対象事項に形容詞的に付する方法（例：「紛争は存在しない」を「重要な紛争は存在しない」と限定する方法）、②表明保証対象事項について真実又は正確ではないことが許容される範囲を定めることによる限定[50]（例：「対象会社の財政状態及び経営成績の結果を正確かつ適正に表示している」を「対象会社の財政状態及び経営成績の結果を重要な点において正確かつ適正に表示している」と限

---

[50] ②に類似する方法として、「対象会社の事業経営や財務状況に対する悪影響」を使用する方法（例：「係属中の訴訟は存在しない」を「対象会社の事業経営や財務状況に重大な悪影響を及ぼすような係属中の訴訟は存在しない」と限定する方法）がある（📖藤原・M&A契約167頁）。

定する方法）とがある。

【当事者の認識による限定】 表明保証の対象を、「**知る限り**」又は「**知り得る限り**」という用語を用いて、**表明保証を行う当事者の認識により限定**することがある（knowledge qualifiers）。

この場合、当事者が法人の場合、具体的に誰の認識を基準とするかが問題となる。代表取締役の認識を基準とできることに争いはないが、その他の個人の認識をもって法人が「知る」又は「知り得る」と言えるかどうか曖昧であるため、氏名や役職等で具体的な人物を特定した上で、当該人物の認識をもって法人の認識とみなすことを明示することもある（📖MHM・M&A法大系234頁、📖藤原・M&A契約168頁）。

3 表明保証の対象事項

〔逆引法務312頁〕

【対象事項】 表明保証の対象事項は、①**契約当事者に関する事項**（例：売主について倒産手続が開始されていないか）と、②**対象会社に関する事項**（例：対象会社について倒産手続が開始されていないか）とに大別される。①についてはChapter 2・2-7「表明保証（契約当事者に関する事項）」において、②についてはChapter 2・2-8「表明保証（対象会社に関する事項）」において、それぞれ条項例を紹介する。

<table>
<tr><td>契約当事者に関する事項</td><td colspan="2">• 契約の締結及び履行権限（▸▸▸101頁）
• 契約の有効性及び執行可能性（▸▸▸102頁）
• 倒産手続の不存在（▸▸▸103頁）
• 契約締結等による法令等の違反の不存在（▸▸▸105頁）
• 官公庁への届出等（▸▸▸108頁）
• 株式の所有（▸▸▸109頁）
• 反社会的勢力等の不関与（▸▸▸111頁）</td></tr>
<tr><td>対象会社に関する事項</td><td>設立・存続・株式</td><td>• 設立及び法的に有効な存続等（▸▸▸113頁）
• 違反又は不履行の不存在（▸▸▸113頁）
• 官公庁への届出等（▸▸▸116頁）
• 倒産手続の不存在（▸▸▸116頁）
• 対象会社の株式等（▸▸▸117頁）</td></tr>
</table>

対象会社に関する事項	財務・会計・税務	• 計算書類の正確性（▸▸▸118頁） • 簿外債務等の不存在（▸▸▸120頁） • 重大な悪影響を及ぼす事象の不存在（▸▸▸121頁） • 税務問題の不存在（▸▸▸122頁）
	人事・労務	• 潜在債務の不存在（▸▸▸123頁） • 労働組合の不存在（▸▸▸124頁） • 労使間の紛争の不存在（▸▸▸126頁） • 労務コンプライアンス（▸▸▸127頁）
	資産	• 資産（▸▸▸128頁） • 知的財産権（▸▸▸129頁） • 保険（▸▸▸132頁） • 対象会社が保有する株式（▸▸▸133頁）
	契約	• 契約の存在及び有効性（▸▸▸134頁）
	許認可 コンプライアンス 紛争	• 許認可等（▸▸▸136頁） • 法令の遵守（▸▸▸138頁） • 反社会的勢力等の不関与（▸▸▸139頁） • 環境問題の不存在（▸▸▸139頁） • 紛争の不存在（▸▸▸140頁）
	その他	• 開示情報の正確性（▸▸▸141頁） • グループ間取引（▸▸▸142頁） • 手数料（▸▸▸143頁）

2-7 表明保証（契約当事者に関する事項）

1 契約の締結及び履行権限

契約条項例（参考：📖AIK・契約書作成226頁、📖木俣・企業買収313頁、📖藤原・M&A契約79頁）

> **第1（契約の締結及び履行権限）**
> 売主は、日本法の下で適法に設立され、有効に存続する株式会社であり、本契約を締結し、履行するために必要な権限及び権能を有しており、そのために必要な法令等、定款その他社内規則上必要とされる一切の手続を履践していること。

条項例の概要

【意義】 本条項例は、売主自身に以下が備わっていることを確認するものである。

1. 適法に設立され、有効に存続する株式会社であること
2. 契約を締結・履行するための権限・権能を有していること
3. 契約を締結するための必要な手続を履践していること

【趣旨】 実際に取引実行後に本条項例に記載する表明保証違反があったことにより取引の効力に影響が生じる場合には、**そもそも契約自体が有効に成立しておらず、契約に基づく請求**（**例：補償請求**）**自体が認められない可能性が高い**。したがって、本条は、取引実行前の段階で違反が判明したときに、クロージングの前提条件が成就していないとして（‣‣‣80頁）、**相手方当事者に取引から離脱する機会を付与すること**に重要性がある（📖藤原・M&A契約173頁）。

契約を締結・履行するための能力・権限

【当事者が法人の場合】 法人である売主が契約締結・履行に必要な能力を有して

いるということは、契約の締結・履行が、**当該法人の定款上の事業の目的**（会社法27条1号）**の範囲内にある**ということを意味する[51]（民法34条類推適用、最大判昭和45年6月24日）（📖藤原・M&A契約79頁）。

【当事者が自然人の場合】 これに対し、当事者が自然人である場合、契約の締結・履行権限との関係では、自然人である売主が**権利能力**[52]及び**行為能力**[53]を有していることが表明保証の対象となる。

【当事者が組合の場合】 組合である売主（例：ファンド）が契約締結・履行に必要な能力を有しているということは、**組合の業務執行組合員が有効に組合を代表する権限**を有しており、当該業務執行組合員が**組合内部の手続にしたがって有効に契約締結・履行を行っている**こと、また、契約締結・履行が全て**組合契約の定める目的の範囲内**にあることを意味する（📖藤原・M&A契約80頁）。

【当事者が海外の法人等の場合】 当該当事者が所在する国における当該当事者側の法律事務所に、契約の締結権限・履行権限に係る表明保証でカバーしているのと実質的に同じ内容を述べた法律意見書を出すことを求めて、かかる法律意見書をクロージング書類に含める例も見られる（▸▸▸86頁）（📖藤原・M&A契約173頁）。

2 契約の有効性及び執行可能性

契約条項例（参考：📖AIK・契約書作成227頁、📖藤原・M&A契約173頁）

> **第2（契約の有効性及び執行可能性）**
> 1　本契約は、売主により適法かつ有効に締結されており、かつ、買主によ

---

[51] 目的の範囲内の行為とは、定款に明示された目的自体に限局されるのではなく、その目的を遂行する上に直接又は間接に必要な行為も包含され、それに必要な行為かどうかは、目的遂行上現実に必要であったかどうかではなく、行為の客観的性質に即し、抽象的に判断されなければならない（最大判昭和45年6月24日）。

[52] 権利能力とは、私法上の権利義務の帰属主体となることができる資格をいい、権利能力を欠く場合は、当該主体に対して権利義務が帰属しない。全ての自然人は生まれながらにして権利能力を有する（民法3条参照）。

[53] 行為能力とは、法律行為を自ら単独で有効に行うことができる法律上の資格をいい、行為能力を欠く場合、当該法律行為は一応有効だが取り消すことができる（民法5条、9条、13条、17条）。

り適法かつ有効に締結された場合には、その条項に従い、売主の適法、有効かつ法的拘束力のある義務を構成する。
2 本契約は、その各条項に従い売主に対して執行が可能である。

条項例の概要

【意義】 本条は、売主により締結された契約について、①有効性・法的拘束力（第１項)、及び、②執行可能性（第２項）を定めるものである。

【趣旨】 本条項例の趣旨については、Chapter 2・2-7・[1]「契約の締結及び履行権限」を参照されたい（▸▸▸101頁）。

3 倒産手続の不存在

契約条項例（参考：破産法160条１項等、📖木俣・企業買収317頁、📖藤原・M&A契約175頁）

第３（倒産手続の不存在）

売主は、支払不能、支払停止又は債務超過ではなく、法的倒産手続等は開始されておらず、法的倒産手続等の申立てを受け、又は自ら申立てをしておらず、またその開始の原因となる事実は存在しない。

条項例の概要

【意義】 本条項例は、売主に係る**倒産手続等の不存在**について表明保証するものである。

【趣旨】 倒産手続の不存在について表明保証を求めるのは、当事者（特に売主）について倒産手続が開始された場合、株式譲渡実行後であっても、管財人等により、**株式譲渡取引が否認されるリスク**があるからである[54]（📖藤原・M&A契約175頁)。

もっとも、倒産手続の不存在に関する表明保証違反を理由とする補償請求は、倒産手続に服することとなり、奏功しない場合が多いと思われるため、倒産手続の不存在に関する表明保証は、クロージング前にその違反が判明したときに、クロージングの前提条件が成就していないとして（▸▸▸80頁）、相手方当事者に取引から離脱する機会を付与することに重要性がある（📖藤原・M&A契約176頁)。

	民事再生手続	会社更生手続
適用対象	限定なし	株式会社のみ
事業経営	【原則】経営者が引き続き経営にあたる 【例外】裁判所の判断により、管財人を選任	裁判所が選任した管財人（経営責任のない経営者は管財人として選任可能）
権利変更（減免等）の対象	手続開始前の原因に基づいて生じた財産上の請求権で無担保かつ優先権のないもの（再生債権）	①手続開始前の原因に基づいて生じた財産上の請求権（更生債権） ②担保権付の請求権（更生担保権） ③株主の権利
担保権の取扱い	別除権（減免の対象にならず、担保権実行も制約されない）として行使できるが、競売手続の中止命令制度及び担保権消滅制度あり	更生担保権（減免の対象になり、担保権実行も全面的に制約される）として扱われる
計画の成立要件	①再生債権者の決議による再生計画案の可決 ②裁判所の認可	①更生債権者、更生担保権者、株主の決議による更生計画案の可決 ②裁判所の認可
可決要件	出席した再生債権者等の過半数で、債権総額の2分の1以上の同意	①更生債権者の組では債権総額の2分の1以上の同意 ②更生担保権者の組では債権総額の4分の3以上の同意
計画の履行確保	①監督委員が選任されている場合は3年間履行を監督する ②管財人が選任されている場合は管財人が再生計画を遂行する	管財人が更生計画を遂行する
特徴	①手続に拘束される関係者の範囲を限定した簡易迅速な手続 ②経営者の経営手腕等の活用が可能 ③決議要件が緩和されているため、計画の成立が容易	①全ての利害関係人を手続に取り込み、会社の役員、資本構成、組織変更まで含んだ抜本的な再建計画の策定が可能な手続 ②担保権者の権利行使を全面的に制限 ③手続が複雑かつ厳格であるため、手続及び費用の負担大

---

［54］ 株式譲渡の価格が相当な価格であると評価できる限り、詐害行為否認（破産法160条1項、民事再生法127条1項、会社更生法86条1項）の要件は満たさないと考えられる（🕮藤原・M&A契約177頁）。

但し、相当の対価を支払った場合でも、①不動産の金銭への換価等、財産の種類の変更によって倒産者が隠匿、無償の供与その他の債権者を害する処分をするおそれを現に生じさせるものであること、②倒産者が行為の当時、隠匿等の処分をする意思を有していたこと、③相手方が行為の当時、かかる倒産者の隠匿等の処分をする意思について悪意であったことという要件を満たす場合には否認が認められる（破産法161条、民事再生法127条の2、会社更生法86条の2）。そこで、売主に、①及び②がないことについて表明保証をさせることがある（🕮藤原・M&A契約178頁）。

法的倒産手続

【概略】 倒産手続のうち、法律上のものとしては、「破産」「民事再生」「会社更生」がある。

【破産】 **破産**とは、事業を廃止し、企業を清算するための手続である。債務者の財産を換金し、債権者に公平に弁済することが予定されている。

【民事再生】 **民事再生**とは、個人・会社の事業・経済生活の再生を図るための手続である。会社更生とは異なり、原則として、現経営者が主導して再建手続を進める点に特色がある。

【会社更生】 **会社更生**とは、会社の事業の維持更生を図るための手続である。民事再生とは異なり、原則として、裁判所により選任される更生管財人が手続を主導する点に特色がある。また、会社更生手続は、債権者数が多く、その債権額も大きい大規模な倒産手続が想定されており、①対象が株式会社に限られること、②会社の経営権は管財人に引き継がれ、旧経営陣は会社の経営から離脱すること、③担保権は全て再建手続内に取り込まれて処理され手続外で行使することはできないこと等、民事再生手続に比べその手続が複雑・厳格であるといえる。

私的整理手続

【概略】 倒産手続のうち、裁判所の関与しない、私的な整理手続の１つとして、事業再生実務家協会が行う「事業再生ADR」手続がある。これは、企業の早期事業再生を支援するため、中立な専門家が、金融機関等の債権者と債務者との間の調整を実施するものである。

4 契約締結等による法令等の違反の不存在

契約条項例（参考：📖AIK・契約書作成227頁、📖木俣・企業買収313頁、📖藤原・M&A契約179頁）

第４（契約締結等による法令等の違反の不存在）

売主による本契約の締結及び履行は、次の各号のいずれにも該当しないこと。

(1) 法令等及び司法・行政機関等の判断等の違反

(2) 売主の定款その他の内部規則の違反
(3) 売主が当事者となっている契約等の債務不履行事由等

条項例の概要

【意義】 本条項例は、売主による株式譲渡契約の締結が、以下のいずれにも違反しない旨を定めるものである。

1 法令等（第1号）
2 内部規則等（第2号）
3 契約等（第3号）

【趣旨】 本条項例記載の事項が表明保証事項として必要となるのは、株式譲渡契約の締結が、上記のいずれかに違反する場合、株式譲渡契約の効力に疑義が生じ、また、事実上紛争に巻き込まれるリスクがあるからである（📖藤原・M&A契約179頁）。

法令等の違反の不存在

【法令等の違反】 株式譲渡契約の締結・履行が、「法令等」すなわち「法律、政令、通達、規則、命令、条例、ガイドライン、行政指導その他の規制」に違反する可能性がある場合としては、次のような場合が考えられる（📖藤原・M&A契約180頁）。

1 株式譲渡の実行により生ずる企業結合が事業支配力の過度な集中をもたらすため株式譲渡の実行が独占禁止法9条2項により禁止される場合
2 対象会社が有価証券報告書の提出義務を負っているため、金融商品取引法27条の2第1項により公開買付けが必要であるにもかかわらずこれによらず株式を取得する場合

【司法・行政機関等の判断等の違反】 契約条項例において、「司法・行政機関等」は「裁判所、仲裁人、仲裁機関、監督官庁その他の司法機関・行政機関及び自主規制機関」を指し、これによる「判決、決定、命令、許認可、行政指導、ガイド

ラインその他の判断」を「司法・行政機関等の判断等」と定義している。

株式譲渡契約の締結・履行により司法・行政機関等の判断等に違反する可能性がある場合としては、次のような場合が考えられる（📖藤原・M&A契約180頁）。

1. 売主が保有している株式が第三者に差し押さえられている場合
2. 売主が保有している株式について占有移転禁止の仮処分がなされている場合

内部規則の違反の不存在

【内部規則の違反】 株式譲渡契約の締結・履行により当事者の内部規則に違反する可能性がある場合としては、例えば、「保有株式の譲渡について取締役会の決議が必要とされていたにもかかわらず、これを経ずに代表取締役が株式譲渡を行ったような場合」である[55]（📖藤原・M&A契約180頁）。

また、2014年の会社法改正により、**自己の子会社の株式の譲渡については、事業譲渡と同様の規制**が設けられた。すなわち、親会社が子会社の株式の全部又は一部の譲渡をするに当たり、以下の２つの要件に該当する場合、原則として、株主総会の特別決議が必要となる（会社法467条１項２号の２、309条２項11号）（📖伊藤・会社法437頁、📖江頭・会社法961頁）。

1. 当該譲渡により譲り渡す株式等の帳簿価額が親会社の総資産額の５分の１を超えるとき
2. 親会社が、効力発生日において当該子会社の議決権の総数の過半数の議決権を有しないとき

但し、株式譲渡が、いわゆる略式事業譲渡等に該当する場合、すなわち、株式の譲渡人（売主）が譲受人（買主）の総株主の議決権の90%以上を有する場合、株主総会決議による承認は不要となる（会社法468条１項）。

[55] 判例によれば、株式会社の代表取締役の取締役会決議を欠いた業務執行は原則として有効となるものの、取引の相手方が決議を経ていないことを知り、又は知り得べかりしときは無効になる（最判昭和40年９月22日）。

契約等の債務不履行事由等の不存在

【契約等の債務不履行事由等】 契約条項例において、「契約等」は「契約その他合意事項及び誓約その他片務的同意事項」を意味する用語として定義され、「債務不履行事由等」は「契約等の解除、解約、取消しその他終了の原因となる事由、期限の利益喪失事由、又は当該契約等の相手方による通知、時間の経過若しくはその双方によりこれらの事由に該当することとなる事由」を意味する用語として定義されている。

株式譲渡契約の締結・履行により当事者について契約等の債務不履行事由等が生ずる可能性がある場合としては、次のような場合が考えられる（🕮藤原・M&A契約181頁）。

1. 売主が金融機関から借入を行うに際して、子会社株式の譲渡を禁止されている場合
2. 売主が他の株主との間で株主間契約を締結し、対象会社株式の処分の禁止その他の処分を制限する合意をしている場合

5 官公庁への届出等

契約条項例（参考：🕮AIK・契約書作成227頁、🕮NOT・法務DD実務446頁、🕮藤原・M&A契約182頁）

第5（官公庁への届出等）

売主は、本契約の締結及び履行のために必要とされる司法・行政機関等からの許認可・承認等の取得、司法・行政機関等に対する報告・届出等その他法令等上の手続を、全て法令等の規定に従い、適法かつ適正に履践している。

条項例の概要

【意義】 本条項例は、売主が株式譲渡契約の締結・履行のために必要となる許認可・届出等の手続を正しく履践していることを定めるものである。

【趣旨】 本条項例が要求されるのは、株式譲渡契約が締結され、これが実行され

ても、官公庁への届出等、必要とされる手続が履践されていなかった場合、当該契約が取り消されたり、有効性に疑義が生じたりするリスクがあるからである。

具体例

【許認可・承認等の取得】 対象会社が銀行や保険会社である場合、これらに関しては主要株主規制があり、一定以上の議決権割合を取得するためには事前に内閣総理大臣の認可が必要となる（銀行法52条の9、保険業法271条の10）。

【報告・届出等】 株式譲渡契約の締結・履行のために必要とされる司法・行政機関等に対する報告・届出等が必要となる場合としては、次のような場合が考えられる。

1 外為法に基づく対内直接投資についての届出[56]
2 金商法に基づく大量保有報告書の提出
3 独占禁止法の届出[57]
4 外国における競争法・外資規制法に係るファイリングやクリアランスの取得

6 株式の所有

契約条項例（参考：AIK・契約書作成227頁、NOT・法務DD実務139頁、藤原・M&A契約183頁）

第6（株式の所有）

1 売主は、本件株式を適法かつ有効に所有しており、本件株式全てにつき実質上かつ株主名簿上の株主である。

2 本件株式には、第三者の所有権、担保権、請求権、オプション、担保類似の権利、対抗要件の不備、第三者からのクレーム等、差押え、仮差押

[56] 1については、Chapter 2・2-8・1(2)「違反又は不履行の不存在」の該当箇所を参照されたい（▸▸▸114頁）。
[57] 3については、Chapter 2・2-5・1「前提条件」の該当箇所を参照されたい（▸▸▸83頁）。

え、仮処分若しくは滞納処分により生じる制約、その他のいかなる負担も存在しない。
3 売主と第三者との間で、対象会社の株主としての権利に関する契約等は一切存在しない。
〔株券発行会社の場合〕
4 本件株式に係る株券は、全て適法かつ有効に発行されており、売主はかかる株券を全て適法かつ有効に保有している。

条項例の概要

【意義】 本条項例は、以下について定めるものである。

1. 売主が譲渡対象株式を所有していること（第1号）
2. 譲渡対象株式には担保権等の負担が付いていないこと（第2号）
3. 売主と第三者との間で対象会社の株主権に関する契約が存在しないこと（第3号）
4. 売主が株券を有していること（第4号：株券発行会社の場合）

【趣旨】 売主が所有する株式を買主が取得するためには、①売主が株式を所有していること、及び、②売主が当該株式について処分権限を有していることが必要である。そこで、①について上記1を、②について上記2から4をそれぞれ規定している。

対象会社が株券発行会社である場合の留意点

【株券の交付のない株式譲渡】 株券発行会社の株式の譲渡は、株券の交付がなければ無効となる（会社法128条1項）。したがって、株券発行会社の買収であるにもかかわらず、株式が売主に移転するまでのいずれかの過程において、株券の交付が行われていないことが判明した場合、次のような対応が必要となる（📖NOT・法務DD実務153頁）。

1. **改めて株券を発行**し、株式譲渡をやり直す
2. **判例理論**（最判昭和47年11月8日民集26巻9号1489頁）適用の有無の検討

3　株式の**時効取得**の可否に関する検討

1は、もっとも根本的な解決方法であるが、株式譲渡の無効を遡及的に治癒するわけではない点には注意が必要である（例：過去の株主総会における決議の有効性に疑義が残る）。

2は、会社が株券の発行を不当に遅滞し、信義則に照らしても株式譲渡の効力を否定するのを相当としない状況に立ち至った場合には、株主は意思表示のみによって有効に株式を譲渡でき、会社は株券発行前であることを理由としてその効力を否定できず、譲受人を株主として遇しなければならないとする判例（最判昭和47年11月8日）の適用可能性を検討するものである[58]。

3は、民法163条に基づく株式の時効取得の可能性を検討するものである[59]（善意の場合10年、悪意の場合20年）。

7 反社会的勢力等の不関与

契約条項例（参考：各都道府県の暴力団排除条例、上場規程214条）

第7（反社会的勢力等の不関与）

売主又はその役員は、反社会的勢力又はこれに準ずるもの（以下「反社会的勢力等」という。）ではなく、反社会的勢力等に資金提供若しくはそれに準ずる行為を通じて、反社会的勢力等の維持、運営に協力又は関与しておらず、反社会的勢力等と交流をもっていない。

条項例の概要

【意義】　本条項例は、売主又はその役員が反社会的勢力等と関係を有していないことを定めるものである。

---

[58]　2については、どの程度の期間経過すれば“不当に遅滞”したことになるのかが不明であるとの問題点がある。

[59]　3については、そもそもその可否について争いがあり、これを否定する裁判例（大阪地判平成13年3月29日）と肯定する裁判例（東京地判平成15年12月1日）とが対立している。

【趣旨】 ①2011年10月に全都道府県で施行された暴力団排除条例では、契約の相手方が暴力団関係者ではないかどうかの確認に係る努力義務（東京都暴力団排除条例18条1項参照）、及び、暴力団排除に関する特約条項を規定する努力義務（同2項参照）が定められていることを受け、本条のような表明保証が求められる。また、②上場審査では、反社会的勢力の排除及びそのための社内体制の整備が求められているため（上場規程214条、上場審査等に関するガイドライン〈東京証券取引所〉Ⅲ-6-(4))、特にベンチャー企業等を買収する際には、本条の意義はさらに大きい。

反社会的勢力の定義

【定義】 反社会的勢力の定義については、次のいずれかが用いられることが多い。

1 平成16年10月25日付警察庁次長通達「組織犯罪対策要綱」における「暴力団・暴力団関係企業・暴力団員等」の定義
2 法務省「企業が反社会的勢力による被害を防止するための指針」（平成19年6月19日）における「反社会的勢力」の定義
3 日本証券業協会「定款の施行に関する規則」における「反社会的勢力」の定義（同規則15条）

2-8 表明保証（対象会社に関する事項）

1 設立・存続・株式に関する事項

(1) 設立及び法的に有効な存続等

契約条項例（参考：📖AIK・契約書作成227頁、📖NOT・法務DD実務128頁、📖木俣・企業買収313頁、📖藤原・M&A契約185頁）

> **第1–1（設立及び法的に有効な存続等）**
> 対象会社は、日本法に基づき適法かつ有効に設立され、適法かつ有効に存続している株式会社であり、現在行っている事業を行うために必要な権限及び権能を有する。

条項例の概要

【意義】 Chapter 2・2-7・1「契約の締結及び履行権限」と同様の規定であるが（▸▸▸101頁）、同規定が**売主**に関する定めであるのに対し、本条項例は**対象会社**が法主体として有効に存在し、株式譲渡契約を締結し、また、履行する法律上の能力・権限等を有しているという取引の大前提を確認するためのものである。

(2) 違反又は不履行の不存在

契約条項例（参考：📖AIK・契約書作成228頁、📖NOT・法務DD実務128頁、📖木俣・企業買収313頁、📖藤原・M&A契約188頁）

> **第1–2（違反又は不履行の不存在）**
> 売主による本契約の締結及び履行は、次の各号のいずれにも該当しない。
> (1) 対象会社に係る法令等及び対象会社に対する司法・行政機関等の判断等への違反
> (2) 対象会社の定款その他の内部規則への違反
> (3) 対象会社が当事者となっている契約等についての債務不履行事由等

条項例の概要

【意義】 Chapter 2・2-7・4「契約締結等による法令等の違反の不存在」と同様の規定であるが（▸▸▸105頁）、同規定が**売主**に関する定めであるのに対し、本条項例は**対象会社**に関して適用される「法令等」「内部規則等」「契約等」についての規定である。

法令等の違反の不存在

【概要】 対象会社に対する投資が法令等に違反する例としては、①事業法により外国人の株式保有が制限される場合、及び②外為法により外国人の株式保有が制限される場合が挙げられる。

1 事業法により外国人の株式保有が制限される場合
2 外為法により外国人の株式保有が制限される場合

【事業法による外資規制】 事業法による外資規制としては、対象会社が銀行法、電波法、NTT法、放送法、航空法等の特定の事業に関する法律に基づいて許認可を有するために外資規制が適用される場合が挙げられる。

【外為法による外資規制】 外為法に基づく対内直接投資に関する規制が適用される場合、外国人の株式保有が制限されることがある。外為法は、以下の1が、2を行うに当たり、3の場合に、これを規制（事前届出、中止勧告／命令）の対象とするものである。

1 外国投資家（26条1項）
2 対内直接投資等（同2項）
3 国の安全等に係るもの（同27条3項）

まず、1「**外国投資家**」とは、①非居住者である個人、②外国の法令に基づいて設立された法人等、③上記①又は②が直接保有する議決権の数と、他の会社（①又は②による出資比率が100分の50以上を占める会社）を通じて間接に保有される議決権の数との合計が100分の50以上を占める会社、④上記①が役員又は代表権限を有する役員のいずれかの過半数を占める法人等、をいう[60]。

次に、2「**対内直接投資等**」は、上場企業と非上場企業の場合とで要件が異なるが、非上場企業の株式の取得については、①その取得比率にかかわらず、また、②その議決権の有無にかかわらず、「対内直接投資等」に該当する。

さらに、③「**国の安全等**」については、対内直接投資等のうち、「国の安全を損ない、公の秩序の維持を妨げ、又は公衆の安全の保護に支障を来すおそれのある」ものが規制の対象となる。このうち、「国の安全」に係るものとしては、武器、航空機、原子力、宇宙開発に関連する製造業、軍事転用の蓋然性が高い汎用品の製造業、等がこれに該当する。

【許認可等への違反】 対象会社に対する投資が許認可等に違反する例としては、例えば、対象会社が海外プロジェクトを担っている合弁会社であるような場合に、株主構成の変更がないことを政府から条件とされているような場合が考えられる（📖藤原・M&A契約189頁）。

内部規則の違反の不存在

【内部規則の違反】 対象会社に対する投資が対象会社の内部規則に違反する例としては、株式引受に係る取引では、株式の発行につき株主総会の決議を経ていないような場合（会社法199条２項参照）、株式譲渡に係る取引では、譲渡対象株式が譲渡制限株式であるにもかかわらず、株式譲渡に際して対象会社の承認（同139条）を取得していないような場合が挙げられる。

契約等の債務不履行事由等の不存在

【債務不履行事由等】 対象会社に対する投資が、対象会社が当事者である契約の債務不履行、解除事由、早期償還事由又は期限の利益喪失事由を構成する例としては、当該契約に**チェンジ・オブ・コントロール条項**が規定されている場合が挙げられる[61]（📖藤原・M&A契約213頁）。

---

［60］ このほか、外国投資家以外の者が、外国投資家のために当該外国投資家の名義によらないで行う対内直接投資等に相当するものも包括的に規制の対象とされるため（外為法27条13項）、注意を要する。

［61］ 買主側の対応としては、チェンジ・オブ・コントロール条項が含まれている契約が存在しない点を表明保証により担保し、かかる条項を含む契約が存在する場合、当該契約を別紙に列挙した上で、これらについては表明保証の対象からは除外しつつ、コベナンツとして必要な措置を定めることになる（📖藤原・M&A契約213頁）。

(3) 官公庁への届出等

契約条項例（参考：📖AIK・契約書作成228頁、📖木俣・企業買収316頁、📖藤原・M&A契約189頁）

> **第1−3（官公庁への届出等）**
> 対象会社は、本契約の締結及び履行のために必要とされる司法・行政機関等からの許認可・承認等の取得、司法・行政機関等に対する報告・届出等その他法令等上の手続を、全て法令等の規定に従い、適法かつ適正に履践している。

条項例の概要

【意義】 Chapter 2・2-7・5「官公庁への届出等」と同様の規定であるが（▸▸▸108頁）、同規定が**売主**に関する定めであるのに対し、本条項例は**対象会社**が株式譲渡契約の締結・履行のために必要となる許認可・届出等の手続を正しく履践していることについての表明保証事項を規定するものである。

対象会社に対する投資につき、当局の許認可・届出等が必要となる例としては、海外を含めた独占禁止法・競争法上の届出・報告（ファイリング）の手続及び外為法・外資規制法上の届出手続、並びにそれらに伴う当局の承認（クリアランス）等が挙げられる（📖藤原・M&A契約189頁）。

(4) 倒産手続の不存在

契約条項例（参考：破産法160条1項等、📖木俣・企業買収317頁）

> **第1−4（倒産手続の不存在）**
> 対象会社は支払不能、支払停止又は債務超過ではなく、法的倒産手続等は開始されておらず、法的倒産手続等の申立てを受け、又は自ら申立てをしておらず、またその開始の原因となる事実は存在しない。

条項例の概要

【意義】 Chapter 2・2-7・3「倒産手続の不存在」と同様の規定であるが（▸▸▸103

頁)、同規定が**売主**に関する定めであるのに対し、本条項例は**対象会社**に係る倒産手続の不存在について規定するものである。

(5) 対象会社の株式等

契約条項例 (参考：🕮AIK・契約書作成228頁、🕮NOT・法務DD実務139頁、🕮木俣・企業買収313頁、🕮藤原・M&A契約187頁)

第1-5（対象会社の株式等）

1　対象会社の発行可能株式総数は○○株、発行済株式総数は○○株であり、その全てが適法かつ有効に発行され、全額払込済みである。

2　対象会社の発行済みの新株予約権は別紙○（新株予約権明細）記載のとおりであり、全てが適法かつ有効に発行されている。

3　対象会社の各株主及びその持株数並びに各新株予約権者及びその保有する新株予約権の数は、別紙○（株主等明細）記載のとおりであり、当該各株主及び各新株予約権者は、かかる株式又は新株予約権を全て適法かつ有効に取得し、所有しており、かかる新株又は新株予約権につき、実質的かつ株主名簿上の株主又は実質的かつ新株予約権原簿上の新株予約権者である。

4　本契約の締結日において、かかる株式及び新株予約権を除き、対象会社の株式、新株引受権、新株予約権、新株予約権付社債、転換社債その他の潜在株式は存在せず、また、対象会社は、何人に対しても、株式、新株予約権、新株引受権、新株予約権付社債その他対象会社株式を取得する権利を与えておらず、対象会社の株式又は潜在株式を発行する又は自己株式を処分する旨の対象会社による契約等若しくは対象会社の取締役会又は株主総会の決議は存在しない。

〔株券発行会社の場合〕

5　本件株式を表章する株券は対象会社により適法かつ有効に発行された株券であり、これ以外に発行された対象会社の本件株式に係る株券は存在しない。

条項例の概要

【意義】 本条項例は、株式及び潜在株式（新株予約権等）に関する次の事項についての表明保証事項を規定するものである。

1 対象会社が発行している株式及び発行可能な株式の種類と数（第1項）
2 発行済みの新株予約権の内容及び数（第2項）
3 既存株主・潜在株主の存在（第3項）
4 2及び3以外に株式・潜在株式が存在しないこと（第4項）
5 適法・有効な株券の存在（第5項：株券発行会社の場合）

【趣旨】 まず、売買の対象となっている株式が有効に存在することを裏付けるため1が必要となり、また、投資家の持分が意図せず希薄化してしまうことを避けるため2が必要となる。投資家にとって対象会社の他の株主が誰でどの程度の持分を有しているかは重要な関心事であるため3が必要となる。4は、2及び3を裏付けるものとして必要となる。

さらに、対象会社が株券発行会社である場合には、その存在を裏付けるものとして5も必要となる（▸▸▸110頁）。

2 財務・会計・税務に関する事項

(1) 計算書類の正確性

契約条項例（参考：会社法435条等、📖AIK・契約書作成228頁、📖木俣・企業買収314頁、📖藤原・M&A契約190頁）

第2-1（計算書類の正確性）

売主が買主に提出した対象会社の○○年○○月○○日（以下本別紙において「基準日」という。）現在の貸借対照表、損益計算書、株主資本等変動計算書及び注記表、並びにこれらの附属明細書（以下本別紙において「本計算書類等」と総称する。）は、対象会社の本計算書類等の完全かつ正確な写しであって、日本において一般に公正妥当と認められる企業会計の基準に従って作成されており、基準日又は該当期間における対象会社の財政状態及び経営成績を正確かつ適正に示しており、会社法に基づいて必要とされる適正な監査を経てその旨が証明されたものである。

条項例の概要

【意義】 本条項例は、売主が買主に対して提出した貸借対照表等の計算書類の正確性を確認するためのものである。具体的内容として、次の事項を規定している。

1. 計算書類の完全かつ正確な写しが提出されていること
2. 適切な会計原則に従って作成されていること
3. 内容が対象会社の財政状態及び経営成績の結果を正確に表示していること
4. 適正な監査を経ていること

【趣旨】 計算書類の正確性は、企業価値を算出するための大前提となるため（‣‣‣65頁）、本規定が必要となる。

計算書類の完全かつ正確な写しが提出されていること

【計算書類と財務諸表】 「**計算書類**」は、会社法に従った名称であり、貸借対照表、損益計算書、株主資本等変動計算書、個別注記表の４つの計算書から構成される（会社法435条２項、計算規則59条）。これに対し、「**財務諸表**」は、金融商品取引法に従った名称であり、貸借対照表、損益計算書、キャッシュ・フロー計算書、株主資本等変動計算書、及び、附属明細表の５つの計算書から構成される（財務諸表等規則１条１項）。

以上のとおり、「財務諸表」が金融商品取引法に基づく監査を経た財務関係書類を意味するため、対象会社が有価証券報告書を提出していない非上場会社である場合は「計算書類」の文言を用いるのが正確である（📖藤原・M&A契約190頁）。

適正な監査を経ていること

【計算書類の作成】 株式会社は、毎事業年度の終了後、計算書類及び事業報告並びにこれらの附属明細書を作成しなければならない（会社法435条２項）。これらの書類を作成するのは代表取締役である（📖伊藤・会社法257頁、📖江頭・会社法609頁）。

【計算書類の監査】 監査役を置く会社においては、計算関係書類及び事業報告、その附属明細書は、監査役の監査を受けなければならない（会社法436条1項、441条2項、444条4項）。会計監査人設置会社（同2条11号）であれば、計算関係書類は、会計監査人の監査も受けなければならない（同436条2項1号、441条2項、444条4項）。

【財務諸表の監査】 財務諸表については、金融商品取引法193条の2に基づき、「特別の利害関係のない公認会計士又は監査法人」による監査が求められる。

⑵ 簿外債務等の不存在

契約条項例 （参考：📖AIK・契約書作成228頁、📖木俣・企業買収315頁、📖藤原・M&A契約192頁）

第2-2（簿外債務等の不存在）

本計算書類等において正確かつ適正に表示されている債務及び基準日以降に対象会社の本契約締結日までの業務と同様の通常業務の過程において発生した債務以外には、対象会社の債務、義務、負債その他責任（簿外債務、偶発的又は潜在的なものを含む。）は存在せず、また、かかる債務を生じさせるおそれのある事由も存在しない。

条項例の概要

【意義】 本規定は、対象会社についていわゆる「**潜在債務**」**等が存在しないこと**を確認するためのものである。具体的内容として、次の事項を規定している。

1. 計算書類上の債務以外の債務が存在しないこと
2. 基準日以降に発生した債務のうち通常業務の過程において発生したもの以外の債務が存在しないこと

【趣旨】 対象会社の負債の大小は株式価値の算定に影響を与えることになるため（▸▸▸66頁）、投資家が把握した以上の債務が存在しないことについての表明保証が必要となる。

計算書類上の債務以外の債務が存在しないこと

【具体例】 潜在的な債務の例としては、「保証」「損害賠償責任」「未払賃金」「税金未納」「法令違反による罰金等の支払」等が挙げられる[62]（📖藤原・M&A契約192頁）。

【対応方法】 簿外債務の存在が明らかになり、その発生可能性が高い場合には、買収金額の調整（例：減額）や買収ストラクチャーの変更（例：会社全体の買収から、特定の事業・資産のみの譲受けスキームに変更する）によって対応することになる。

(3) 重大な悪影響を及ぼす事象の不存在

契約条項例（参考：📖木俣・企業買収317頁、📖藤原・M&A契約193頁）

> **第2-3（重大な悪影響を及ぼす事象の不存在）**
>
> 1 対象会社は、○○年○○月○○日以降、対象会社の従前行っていた業務と実質的に同一の方法により、対象会社の本契約締結日までの業務と同様の通常業務の範囲内で事業を遂行している。
>
> 2 同日以降、通常の業務に伴い発生した債務以外に、対象会社の資産、負債、事業又は経営成績に重大な悪影響を及ぼす事象は生じておらず、また、かかる事象が生じるおそれもない。

条項例の概要

【意義】 本条項例は、①基準日以降、通常業務の範囲内で事業を行っていること、②対象会社の資産等に重大な悪影響を及ぼす事象が発生していないことについて表明保証するものである。なお、この「重大な悪影響」のことを「**MAC**」(Material Adverse Change) 又は「**MAE**」(Material Adverse Effect) という。

【趣旨】 契約締結後クロージング日までの間に対象会社に重大な悪影響が及ぶような変化が生じた場合又は判明した場合には、買主としては、取引の前提条件が崩れてしまうことから、本条が必要となる（📖藤原・M&A契約140頁）（▸▸▸85頁）。

---

[62] 保証債務が存在したとしても、その内容が財務諸表又は計算書類に注記されていれば、「本計算書類等において正確かつ適正に表示されている債務」に該当するため、本規定に違反することにならない。

(4) 税務問題の不存在

契約条項例 (参考：📖AIK・契約書作成228頁、📖木俣・企業買収315頁、📖藤原・M&A契約193頁、📖淵邊・提携契約343頁)

第2-4（税務問題の不存在）

1 対象会社は、国又は地方公共団体に対して負担すべき法人税、住民税、事業税、固定資産税その他適用ある法令等に基づき支払うべき一切の公租公課の適法かつ適正な申告を行っており、また、必要な支払を全て支払期限までに行っており、一切滞納はない。

2 対象会社は、提出すべき確定申告書及びその他の公租公課に関する申告書、報告書その他必要書類を適時にかつ適式に提出している。

3 対象会社が源泉徴収する義務を負う公租公課は、その全てが適法かつ適時に源泉徴収されており、管轄税務当局に支払期限までに支払われている。

4 対象会社と税務当局の間で前三項に関する指摘・調査を含む何らかの係争又は見解の相違は生じておらず、そのおそれもない。

条項例の概要

【意義】 本規定は、税務関連事項に関する表明保証を規定するものである。具体的内容として、次の事項を規定している。

1 公租公課（保険料含む）の支払が行われていること（第１項）
2 税務当局との間で係争等が生じていないこと（第２項）
3 手続が適正に行われていること（第３項）
4 源泉徴収が適法に行われていること（第４項）

【趣旨】 税金の支払が適切に行われていないことが判明すると、本来支払が必要であった本税の他、加算税・延滞税の支払を余儀なくされ、対象会社の企業価値が毀損し、また、課税を巡る当局との紛争を通じ、対象会社のレピュテーションも毀損される。かかるリスクを回避するために、本条のような規定が設けられる。

なお、税金の支払に関する表明保証違反を巡る紛争事例として、①デュー・デリジェンスでの売主による資料開示は、対象会社の資産価値に影響を及ぼす事情の存在を直ちに理解するに十分な程度の開示であったこと、②専門家であれば、売主の説明を受けて、当該資料を一読すれば、事後のリスクの可能性を認識しえたこと、を理由として、**専門家によるデュー・デリジェンスが適切に行われた場合には、売主が負担すべき責任を回避する余地がある**旨を明らかにしたものがある（大阪地判平成23年7月25日）。

3 人事に関する事項

(1) 潜在債務の不存在

契約条項例（参考：📖AIK・契約書作成228頁、📖木俣・企業買収316頁、📖藤原・M&A契約193頁）

第3-1（潜在債務の不存在）

1 対象会社は、従業員及び役員に対する報酬、給与、賞与、退職金その他の諸手当（時間外、休日又は深夜の割増賃金を含む。）について、法令等に基づき支払うべき金銭の支払義務を全て履践している。

2 対象会社は、従業員及び役員に対して特別な利益の提供を行っておらず、通常の雇用条件以外に、報酬、給与等の経済的利益を提供する義務を負っていない。

3 対象会社の従業員に対して支払われる報酬に関連して徴収することが要求されている全ての社会保険料は適法かつ適正な方法で徴収されており、司法・行政機関等に適時に支払われている。

条項例の概要

【意義】 本条項例は、人事労務に関する潜在債務の不存在（▸▸▸120頁）、具体的には、次の事項についての表明保証を規定するものである。

1 従業員・役員に対する給与・報酬等が支払われていること（第1項）
2 従業員・役員に対して、給与・報酬等以外の経済的利益を提供する義務を負っていないこと（第2項）
3 社会保険料が適切に徴収されていること（第3項）

【趣旨】 本条項例は、「簿外債務等の不存在」と重複する部分があるが（▸▸▸120頁）、表明保証の「情報開示促進機能」の観点から、簿外債務に関する問題のうち、人事労務に関する問題のみを特に取り上げて規定する場合がある。

給与・報酬等が支払われていること

【未払債務／損害賠償債務】 給与・報酬の未払いとしては、例えば、「時間外、深夜又は休日労働に対する基本賃金、割増賃金についての未払債務の不存在」、「不当解雇に起因する未払賃金債務、損害賠償債務等の不存在」、「労災に関する損害賠償債務の不存在」等が考えられる[63]（📖NOT・法務DD実務409頁、📖藤原・M&A契約196頁）。

給与・報酬等以外の経済的利益を提供する義務を負っていないこと

【給与等以外の経済的利益】 給与・報酬等以外の経済的利益としては、例えば、対象会社と役員との間で、「特殊なインセンティブプラン」や「ゴールデン・パラシュート」（経営権の変更等に伴い退職する役員等に対して多額の割増退職慰労金等の経済的給付を行う旨の取決め）がある。従業員に対しても同様の特殊な報酬等が支払われる約束がないか確認する必要がある（📖藤原・M&A契約195頁）。

(2) 労働組合の不存在

契約条項例（参考：📖藤原・M&A契約197頁）

> **第3-2（労働組合の不存在）**
> 対象会社において、労働組合は存在せず、対象会社の知る限り、労働組合に属している従業員もいない。

条項例の概要

【意義】 本条項例は、**労働組合の不存在**及び（特に社外の）**労働組合に加入している従業員の不存在**についての表明保証事項を規定するものである。

[63] その他、労務に関する隠れた債務の具体例については、📖NOT・法務DD実務400頁以下を参照されたい。

【趣旨】 対象会社に労働組合が存在する場合、対象会社と労働組合との間には、主として労働条件や労使協議手続に関して様々な合意（労働協約や労使協定）が存在することが多いため[64]、労働組合が存在しない旨がデュー・デリジェンスの過程で開示されているのであれば、その旨を表明保証させる必要がある（📖藤原・M&A契約197頁）。

また、労働組合には、従業員が所属している企業を問わず、個人単位で加盟できる「ユニオン」「合同労組」と呼ばれる組織も存在する。このような組織への加入の有無を会社は必ずしも把握できないため、「知る限り」という限定を設けている（▸▸▸99頁）。

労働組合

【労働組合】 **労働組合**とは、労働者が主体となって自主的に労働条件の維持改善その他経済的地位の向上を図ることを主たる目的として組織する団体又はその連合団体をいう（労働組合法２条）。労働組合は、一企業及びそのグループ企業の従業員だけで職種の区別なく構成する「企業別組合」を結成し、その上で、企業別組合は産業別の連合体である「単産」を結成している。一方、所属企業や職種、職業のいかんを問わず個人単位でも加入できる労働組合を「ユニオン」等と呼ぶ。

【労働協約】 組合による団体交渉や労使協議により労使双方が労働条件その他に関する事項について書面で合意した場合、この合意には就業規則や個々の労働契約に優越する効力が認められる（労働組合法14条～18条）。

【労働者の代表】 １つの労働組合がその事業場の労働者の過半数を組織している場合、その組合には労働者の代表として次の権限等が認められ、その効力は他の組合員や組合員でない者に対しても及ぶ。すなわち、①労使協定の締結、②就業規則の作成・変更に対する意見陳述（労働基準法90条）、③労使委員会の委員の半数の指名（同38条の４第２項）、④安全衛生委員会の委員の半数の推薦（労働安全衛生法17条～ 19条）、⑤安全衛生改善計画の作成に対する意見陳述（同78条）、⑥会社分割に当たり、その雇用する労働者の理解と協力を得るための協議（労働契約承継法７条）、⑦１年を超える労働者派遣を継続して受ける場合に、その期間についての

[64] 労働協約等において、対象会社が企図されている取引を実行するに当たり、労働組合から事前の同意を得る義務や事前に労働組合に説明する義務が定められている場合がある（📖NOT・法務DD実務395頁）。

意見陳述（労働者派遣法40条の2第4項）、⑧高年齢離職予定者に共通して講じようとする再就職援助措置の内容についての意見陳述（高年齢者等の雇用の安定等に関する法律施行規則6条の3）等に関する権限が与えられている。

(3) 労使間の紛争の不存在

契約条項例（参考：📖AIK・契約書作成230頁、📖木俣・企業買収316頁、📖藤原・M&A契約198頁、📖淵邊・提携契約343頁）

第3-3（労使間の紛争の不存在）

1 対象会社の従業員又は役員に関して、いかなるストライキ、ピケッティング、その他の労働争議を含む労働紛争（法的な手続に基づくものか否かは問わない。）も存在せず、そのおそれもない。

2 対象会社において、不当解雇、更新拒絶、整理解雇、雇用差別その他これらに類する労働問題も存在したことはなく、そのおそれもない。

3 買主に対して開示された就業規則、雇用契約書その他の労働条件に関する資料とは異なる労働慣行で、対象会社の業務、社会的評価、信用、財政状態又は経営成績に悪影響を及ぼすようなものは存在しない。

条項例の概要

【意義】 本条項例は、労使間紛争の不存在に関する次の事項についての表明保証を規定するものである。

1. 労働紛争の不存在（第1項）
2. 労働問題の不存在（1の前提となる事実の不存在：第2項）
3. 労働契約が開示された資料以外の慣行等を根拠に行われていないこと（2を担保するための確認事項：第3項）

【趣旨】 労働者は対象会社の事業の担い手であるから、労使間の紛争は、対象会社の円滑な業務遂行を著しく阻害し、対象会社の企業価値を毀損するおそれがある。そこで、買主の立場からは、かかる労使紛争が現に存在しないことに加え（上記1）、そういった紛争の原因となり得る事実（上記2）や慣行自体（上記3）の不存在を確認する必要がある。

労働紛争の例

【ストライキ】 ストライキとは、労働者による争議行為の一種で、労働法の争議権の行使として雇用側（使用者）の行動などに反対して被雇用側（労働者、あるいは労働組合）が労働を行わないで抗議することをいう。「同盟罷業」ともいう。争議行為が正当である場合、その行為についての刑事責任（労働組合法1条）及び民事責任（同8条）が免責される。

【ピケッティング】 ピケッティングとは、ストライキが行われている事業所等に労働者の見張りを置き、スト破りの就労阻止、他の労働者へのストライキ参加の促進、一般人へのストライキのアピール等をする行為をいう。

(4) 労務コンプライアンス

契約条項例（参考：🕮AIK・契約書作成230頁、🕮NOT・法務DD実務417頁、🕮藤原・M&A契約199頁、🕮淵邊・提携契約343頁）

> **第3-4（労務コンプライアンス）**
> 1　対象会社は、労働関連の法令等に基づき要求される一切の手続を適法かつ有効に行っている。
> 2　対象会社は、労働関連の法令等を遵守しており、その違反を理由とする司法・行政機関等の判断等は行われていない。

条項例の概要

【意義】 本条項例は、労務に関する法令遵守に係る次の事項についての表明保証を規定するものである。

> ① 労働法上要求される一切の手続を履践していること（第1項）
> ② 労務当局からの指摘等が行われていないこと（第2項）

①として、例えば、就業規則の作成及び届出（労働基準法89条）が義務付けられているほか、“三六協定”（同36条1項）に代表される労使協定についても、その締

結及び届出が必要となる場合がある。

【趣旨】 法令遵守一般に関する表明保証が置かれる場合であっても、①労働法分野には多様な法令が含まれるため、当該分野が表明保証の対象となることを明示し、事後的な紛争を防止するとともに、②ディスクロージャー・スケジュール等による開示を促すため、労務コンプライアンスを特に規定する場合がある[65]。

4 資産に関する事項

(1) 資産

契約条項例（参考：📖AIK・契約書作成230頁、📖木俣・企業買収314頁、📖藤原・M&A契約202頁、📖淵邊・提携契約343頁）

> **第4-1（資産）**
>
> 1 対象会社は、その事業を行うために必要かつ十分な資産（以下「本資産等」という。）を全て適法かつ有効に所有し、又は第三者から適法かつ有効に使用する完全な権利又は権限を付与されており、その所有又は使用について第三者対抗要件を具備しており、かかる権利又は権限には何らの瑕疵もない。
>
> 2 本資産等は、通常の業務過程において支障なく稼動し得る状態であり、その支障となり得る事由（これには、担保権の設定、利用権の設定、瑕疵の存在、訴訟等の存在、司法・行政機関等の判断等の存在が含まれるが、これらに限られない。）は一切生じておらず、そのおそれもない。

条項例の概要

【意義】 本条項例は、対象会社の事業のために必要な資産に関する次の事項についての表明保証を規定するものである。

---

[65] 労務コンプライアンス事項の具体例については、📖NOT・法務DD実務417頁以下を参照されたい。

1 必要な資産について所有権・使用権を有しており、かつ、第三者対抗要件を備えていること（第1項）
2 当該資産が支障なく稼動できる状態にあること（第2項）

【趣旨】 本条項例の趣旨は、株式譲渡実行後も、対象会社が従前と同様にその使用・保有している資産によって事業を継続できることを確認する点にある。

必要な資産に係る所有権・使用権

【対象資産】 表明保証の対象となる資産については、網羅的に対象会社が保有又は使用する一切の有形資産又は無形資産とすることも考えられるが、実務上は、「対象会社が事業の遂行のために使用又は保有している有形又は無形資産」等のように対象を限定することが多い（📖藤原・M&A契約202頁）。

【不動産】 対象会社が不動産を保有している場合には、不動産は資産全体の中でも一般に資産価値が高いことが通常であるため、リスト化等の方法により個別に詳細な表明保証を求めることが多い（📖藤原・M&A契約204頁）。

資産の使用の支障となり得る事由

【法定担保物権】 資産の使用の支障となり得る事由としては、担保権の設定や利用権の設定等が挙げられるが、法定担保物権についてはこれを個別に列挙することが現実的に不可能である場合もあるから（例：動産先取特権は商品の取引のたびに成立することになる）、「支障となり得る事由」の中から法定担保物権を除外しておくこともある（📖藤原・M&A契約203頁）。

(2) 知的財産権〔逆引法務204頁〕

契約条項例（参考：📖AIK・契約書作成230頁、📖藤原・M&A契約205頁、📖淵邊・提携契約343頁）

第4-2（知的財産権）

1 対象会社は、その事業にとって必要な全ての知的財産権（以下「本知的財産権」という。）を適法かつ有効に保有し、又は、適法に使用する権利を有しており、本知的財産権又はその使用権を第三者に対抗するために対抗要件の具備が必要なものについては、適法な対抗要件を具備している。

2 本知的財産権（自己所有のものに限る。本号において以下同じ。）について、第三者に対する譲渡、担保権の設定は行われておらず、対象会社による現行の態様での本知的財産権の使用に悪影響を及ぼす可能性のある態様での実施権の設定は行われておらず、また、訴訟等、司法・行政機関等の判断等は存在しない。

3 本知的財産権（自己所有していないものに限る。本号において以下同じ。）について、ライセンスを受けている契約に係る対象会社における債務不履行事由等、訴訟等、司法・行政機関等の判断等その他当該対象会社による現行の態様での本知的財産権の使用に悪影響を及ぼす可能性のある事由は存在しない。

4 対象会社は第三者の知的財産権を侵害しておらず、また、対象会社が第三者の知的財産権を侵害している旨の通知、通告、警告その他の連絡を受領していない。

5 対象会社は、本知的財産権を適切に確保し維持しており、役職員並びに取引先との間の契約において、対象会社がその業務に必要な知的財産権を確保できるように適切な定めを置いている。

条項例の概要

【意義】 本条項例は、資産のうち知的財産権に関して、次の事項についての表明保証を規定するものである。

1 必要な知的財産権を保有し、又は、使用する権限を有し、かつ、第三者対抗要件を備えていること（第1項）

2 その負担となる事由等が生じていないこと（第2項、第3項）

3 対象会社が第三者の知的財産権を侵害していないこと（第4項）

4 知的財産権の帰属に関する適切な合意を行っていること（第5項）

【趣旨】 本条項例の趣旨は、株式譲渡実行後も、対象会社が従前と同様にその使用・保有している知的財産権によって事業を継続できることを確認する点にある。

必要な知的財産権の保有・使用権限

【知的財産権の範囲】 特許・意匠・実用新案・商標・著作権等の法令上の権利に限らず、これらに加えて「ドメイン・ネーム」「技術」「ノウハウ」「コンピュータ・プログラム」等の事業において使用する財産的価値のある情報を広く対象とすることもある（📖藤原・M&A契約205頁）。

知的財産権の帰属――職務発明及び職務著作

【概略】 事業のために必要な知的財産権が対象会社に帰属しているかを巡って問題となりやすいのが、**対象会社と従業員間の権利帰属の問題**である。従業員の創作活動により生じた知的財産権が、当該従業員が所属する会社に帰属するか否かについて、**特許法**及び**著作権法**でルールが異なっている。

	特許法（職務発明）	著作権法（職務著作）
権利の対象	発明	著作物
権利が会社に帰属する場合	• ①発明が性質上当該会社の業務範囲に属するもので、かつ、②発明が会社の職務に属するものである場合、③契約等で会社に権利を取得させることを定めたときは、当該権利は会社等に帰属する。	• ①著作物が会社の発意に基づき、②会社の職務上作成されるもので、③その会社が自己の著作の名義の下に公表するものについては、契約等の別段の定めがない限り、会社が著作者となる。
権利が従業員に帰属する場合	• 原則として、権利は発明者である従業員に帰属する。	• 原則として、権利は創作者である従業員に帰属する。
備考	• 従業者等は、相当の金銭その他の経済上の利益を受ける権利を有する。	—

【特許法】 特許法の対象である発明に係る権利については、原則として、権利は発明者である従業員に帰属する。もっとも、①発明が性質上当該会社の業務範囲に属するもので、かつ、②発明が会社の職務に属するものである場合、③契約等で会社に権利を取得させることを定めたときは、当該権利は会社等に帰属する（特許法35条3項）。この場合、従業員は、相当の金銭・利益を受ける権利を有する（同4項）。

【著作権法】 著作権法の対象である著作権については、原則として、権利は創作者である従業員に帰属する。もっとも、①著作物が会社の発意に基づき、②会社の職務上作成されるもので、③その会社が自己の著作の名義の下に公表するものについては、契約等の別段の定めがない限り、会社が著作者となる（著作権法15条1項）。

(3) 保険

契約条項例 (参考：📖NOT・法務DD実務252頁、📖藤原・M&A契約207頁)

第4-3（保険）

1 対象会社は、現在行う事業を遂行する上で合理的に予測される危険を担保する上で十分な保険契約を有効かつ適法に締結している。

2 当該保険契約について、支払時期の到来した保険料は全て支払済みであり、債務不履行事由等又は免責事由は存在しない。

3 当該保険契約によって十分に補償されない事故、障害、又はその他の事件及びこれらに関連して現在係属している重大な請求はなく、そのおそれもない。

条項例の概要

【意義】 本条項例は、保険に関する次の事項についての表明保証を規定するものである。

1 必要な保険契約を締結しており、有効かつ執行可能であること（第1項）
2 当該保険契約につき債務不履行事由等がないこと（第2項）

【趣旨】 将来発生し得る未確定の事業リスクは保険によってカバーすることが必要となる。例えば、災害による事業資産の毀損や事業機会の消失、事業に関連する事故によって取引先や顧客に損害・損失が生じた場合の賠償・補償等といった、将来生じ得るリスクへの対応が必要となる。このような将来リスクに対応するための保険の加入の有無やその範囲に関する規定が必要となる（📖藤原・M&A契約141頁）。

必要な保険契約

【種類】 会社が加入する保険としては、次頁のようなものがある。なお、その具体的特定が困難であることから、「対象会社が購入している保険契約は、一般的な業界慣行や対象会社の過去の事故履歴等に照らして、対象会社の事業・資産を火災その他の危険から保護するために合理的に必要とされるものである」との表

企業財産	事業活動包括保険、企業総合保険、企業財産包括保険、地震危険担保特約・地震危険補償特約、機械保険等
賠償責任	施設賠償責任保険、請負業者賠償責任保険、生産物賠償責任保険、自動車管理者賠償責任保険、IT業務賠償責任保険、個人情報漏えい保険、会社役員賠償責任保険等
工　事	建設工事保険、組立保険、土木工事保険等
従業員	労働災害総合保険、一般傷害保険等

明保証を規定することもある（◻藤原・M&A契約208頁）。

【売主との関係】 対象会社が売主の“アンブレラ保険”（保険金上限額が設定されている既存保険に“上乗せ”して設定される保険で、当該既存保険でカバーされない超過損失分を補償するために設定される）に加入しているような場合、取引実行に伴い当該アンブレラ保険から脱退せざるを得なくなる点に注意が必要である（◻NOT・法務DD実務253頁）。

⑷ 対象会社が保有する株式

契約条項例（参考：◻藤原・M&A契約209頁）

第4-4（対象会社が保有する株式）

1　対象会社は、次の各号に掲げる会社（以下、本条において「子会社等」という。）の、それぞれ当該各号に定める数の株式を全て適法に所有しており、これらの株式全てにつき、実質上かつ株主名簿上の株主である。

⑴　株式会社○○　発行済株式の全てである株式○○株

⑵　株式会社○○　発行済株式の○○％である株式○○株

2　対象会社が所有する子会社等の株式に関して、いかなる第三者の所有権、担保権、請求権、オプション、担保類似の権利、対抗要件の不備、第三者からのクレーム、差押え、仮差押え、仮処分若しくは滞納処分により生じる制約、その他のいかなる負担も存在しない。

3　対象会社と第三者との間で、子会社等の株主としての権利（議決権の行使を含むが、それに限られない。）に関する契約等は一切存在しない。

〔株券発行会社の場合〕

4　かかる株式に係る株券は、全て適法かつ有効に発行されており、対象会社はかかる株券を全て適法かつ有効に保有しており、これ以外に発行された当該株式に係る株券は存在しない。

条項例の概要

【意義】 本条項例は、対象会社が保有する子会社・関連会社等の株式に関する次の事項についての表明保証を規定するものである。

1 対象会社が子会社等の株式を所有し、株主名簿上の株主であること（第1項）
2 当該保有株式について、何らの負担も存在しないこと（第2項）
3 株主としての権利を制限する契約等が存在しないこと（第3項）
4 株券が有効に発行され、対象会社が適法に保有していること（第4項：株券発行会社の場合）

【趣旨】 Chapter 2・2-7・6「株式の所有」と類似の規定であるが（▸▸▸109頁）、同規定が、**売主が保有する対象会社の株式**に関する規定であるのに対し、本規定は、**対象会社が保有するその子会社・投資先の株式**に関する規定である点が異なる。本規定も、対象会社が保有する資産に関する表明保証の一種である。

5 契約に関する事項

契約条項例（参考：📖AIK・契約書作成229頁、📖NOT・法務DD実務342頁、📖藤原・M&A契約211頁）

第5-1（契約）

1 対象会社がその事業を遂行するために必要かつ重要な契約等（以下「本重要契約等」という。）は、全て適法かつ有効に締結されており、その規定に従って相手方当事者に対して、法的拘束力のあるものであり、執行可能である。

2 本重要契約等について、債務不履行事由等、訴訟等、クレーム等、司法・行政機関等の判断等は生じておらず、かつそのおそれもない。

3 本契約の締結及び本株式譲渡の実行は、本重要契約等の債務不履行事由等を構成しない。

4 対象会社は、次に掲げる契約等その他対象会社の事業活動を拘束する条件を含む契約等を締結していない。

⑴ 第三者との間の合弁事業に関するもの
⑵ 第三者に対し独占権を付与するもの
⑶ 第三者に対し競業避止義務を負うもの
⑷ 第三者に対し最恵待遇を付与するもの
⑸ コベナンツ条項その他誓約条項を含むもの

条項例の概要

【意義】 本条項例は、対象会社の事業遂行に必要な契約の存在等についての表明保証を規定するものであり、具体的には、次の事項について定めている。

1 重要契約が全て締結され、法的拘束力を有しており、執行可能であること（第１項）
2 重要契約について債務不履行事由等が生じていないこと（第２項）
3 本契約の締結及び履行により重要契約の債務不履行事由等が生じないこと（第３項）
4 会社の事業活動を拘束するような条項が含まれる契約が存在しないこと（第４項）

【趣旨】 本条項例の趣旨は、投資に係る取引の実行後も、対象会社の事業が、取引実行前と同様に継続できることを確認する点にある。そのため、事業の継続に必要となる重要な契約が有効に存在しこれが消滅しないことを確認するとともに（上記1～3）、対象会社が締結する契約の中に事業活動を拘束するような条項が含まれていないことを確認している（上記4）。

重要な契約の特定

【対象の特定】 表明保証の対象とする「重要な契約」か否かは、①事業継続にとっての必要性、②代替性、③取引金額等によって判断するのが通常である[66]（📖藤原・M&A契約211頁）。

債務不履行事由等

【限定】 債務不履行事由等のうち、対象会社ではなく相手方に生じている事由については、売主及び対象会社としては把握することが不可能又は困難であることから、「知る限り」の限定の対象となることを求められることが多い（▸▸▸99頁）（📖藤原・M&A契約212頁）。

【チェンジ・オブ・コントロール条項】 株式譲渡に伴い債務不履行事由等を生じる例としては、対象会社と第三者との契約の中に「チェンジ・オブ・コントロール条項」が含まれている場合が挙げられる。チェンジ・オブ・コントロール条項の意義及びこれが規定されている場合の対応方法については、Chapter 2・2-9・[2](2)「チェンジ・オブ・コントロールの対応」を参照されたい（▸▸▸147頁）。

6 許認可・コンプライアンス・紛争に関する事項

(1) 許認可等〔逆引法務202頁〕

契約条項例（参考：📖AIK・契約書作成229頁、📖NOT・法務DD実務449頁、📖木俣・企業買収316頁、📖藤原・M&A契約215頁）

> **第6-1（許認可等）**
>
> 1 対象会社は、現在行っている事業を遂行するために必要な全ての許認可等を適法かつ有効に取得し維持しており、かかる許認可等の要件を遵守して、その業務を行っている。
>
> 2 許認可等が取消し、無効となる事由又は更新することができない事由は存在せず、そのおそれもない。
>
> 3 本契約の締結又は本株式譲渡の実行により許認可等が取消し、無効、更新拒絶、その他の制限を受けることはない。

---

［66］ 契約の種類ごとに一定の基準、例えば、金額基準や年間取引高上位10位までの取引先といった基準を設定して詳細な定義を設けることもある。また、株式譲渡契約の別紙として、重要契約の全部又は一部を個別具体的にリストアップすることにより特定するという方法をとる場合もある（📖藤原・M&A契約212頁）。

条項例の概要

【意義】 本条項例は、対象会社の事業遂行に必要な**許認可等の存在等**についての表明保証を規定するものである。具体的には、次の事項について表明保証を規定している。

1 必要な許認可等が取得されており、その要件を遵守して業務が行われていること（第1項）
2 許認可等が消滅するおそれがないこと（第2項）
3 本契約の締結及び履行により、許認可等が消滅するおそれがないこと（第3項）

【趣旨】 まず、1については、各種法令により対象会社の事業につき許認可等が要求されている場合（例：対象会社の事業が事業法により規律されている場合）、必要な許認可等が取得されていないと、業務停止命令等により事業を継続することができなくなったり、刑事罰・行政罰等の制裁を受けたり、社会的批判を受けたり、また、許認可等の取得等に多額の費用・時間がかかったりと大きな損失を生ずることになるため、必要となる許認可等の取得について表明保証が必要となる。

また、2については、許認可には許可の条件や取消事由が付されている場合があるため、一旦取得された許認可等が消滅するおそれがないことについても表明保証が必要となる。

さらに、3については許認可等の中には、株主構成が変わらないこと等、予定している株式譲渡契約の締結やそれに基づく株式譲渡の実行が許可の取消事由となるようなものが含まれていることも考えられるため、M&A契約の締結・履行により、許認可等が消滅しないことについても表明保証が必要となる。

許認可

【許認可等】 事業分野によっては、当該事業又は特定の行為を行うためには、法令に基づき、行政機関から「許可」「認可」等を取得し、また、行政機関に対して「登録」「届出」等を行うことが必要とされている場合がある。

これら許認可の違いを、電気通信分野を例にとって説明すると次のようになる。まず、「許可」とは、法令・行政行為によって課されている一般的禁止を特定の場合に解除する行為のことであり、「電気通信事業の登録」（電気通信事業法9条）がこれに相当する（📖田中・行政法〈上〉127頁）。これに対し、「認可」とは、私人間の法律行為を補充してその法律上の効果を完成させる行為のことであり、「接続約款の認可」（同33条）がこれに近い。

これらの中で最も緩やかな手続が「届出」である。行政庁への届出は、記載事項等に不備がない場合には、届出書が行政機関の事務所に到着したときに、届出義務が履行されたものとするとされる（行手法37条）。行政庁の受理行為を要せず、到着という事実をもって直ちに届出の効果が生ずるとされた（📖原田・行政法159頁）。そして、「登録」は、届出制と許可制の中間に位置するものであり、これは一定の資格要件さえ一応証明できれば業務開始を認めてよい場合にとられるシステムである（📖原田・行政法175頁）。

⑵ 法令の遵守

契約条項例（参考：📖AIK・契約書作成229頁、📖木俣・企業買収316頁、📖藤原・M&A契約216頁）

第6-2（法令の遵守）

対象会社は、法令等及び司法・行政機関等の判断等を遵守してその事業を行っている。

条項例の概要

【意義】 本条項例は、対象会社が法令等を遵守し事業を行っていることについての表明保証を規定するものである。

【趣旨】 労務コンプライアンス（▸▸▸127頁）、環境コンプライアンス（▸▸▸139頁）、許認可の遵守等（▸▸▸136頁）、個々の表明保証条項と重複する部分もあるが、法令遵守に関する“キャッチ・オール規定”として本条のような規定が設けられることもある。

⑶ 反社会的勢力等の不関与

契約条項例（参考：📖藤原・M&A契約217頁）

> **第6-3（反社会的勢力等の不関与）**
>
> 対象会社は、反社会的勢力等ではなく、反社会的勢力等に資金提供若しくはそれに準ずる行為を通じて、反社会的勢力等の維持、運営に協力又は関与しておらず、反社会的勢力等と交流を持っていない。対象会社において、反社会的勢力等に属する者及び反社会的勢力等との交流を持っている者が役員に選任されておらず、また、従業員等として雇用されている事実はなく、今後も選任又は雇用される予定がない。

条項例の概要

【意義】 Chapter 2・2-7・7「反社会的勢力等の不関与」と同様の規定であるが（▸▸▸111頁）、同規定が**売主**に関する定めであるのに対し、本条項例は**対象会社**が反社会的勢力等に関与していないことを定めるものである。

⑷ 環境問題の不存在

契約条項例（参考：📖NOT・法務DD実務450頁、📖木俣・企業買収316頁、📖藤原・M&A契約217頁）

> **第6-4（環境問題の不存在）**
>
> 1　対象会社は環境関連法令を遵守しており、対象会社が所有若しくは使用している施設又は対象会社において土壌汚染、大気汚染、水質汚濁その他の環境汚染・環境問題は生じていない。
>
> 2　前項に規定する環境汚染・環境問題に関し、第三者からクレーム等、指導、通知、勧告、訴訟等その他のいかなる主張も受けたことはなく、また、そのおそれもない。

条項例の概要

【意義】 本条項例は、**環境関連に関する法令遵守**についての表明保証を規定するものであり、具体的には、次の事項を確認している。

1 対象会社が環境関連法令を遵守していること（第1項）
2 環境問題に関する指摘を受けたことがないこと（第2項）

【趣旨】 対象会社の環境問題は、環境デュー・デリジェンスによって確認するのが基本であるが、これには多額の費用と時間を要するため、実際には行われないことも多い。しかし、そのリスクは小さくなく、例えば、土壌汚染の存在が発覚した場合、その確認調査、除去、再発防止策の導入等に多額の費用や予想外の投資が必要となる。そのため、買主としては、一般的な法令の遵守に関する表明保証に加えて、環境問題に関する表明保証を求めることが多い。

(5) 紛争の不存在

契約条項例（参考：📖AIK・契約書作成230頁、📖NOT・法務DD実務432頁、📖木俣・企業買収279頁、📖藤原・M&A契約219頁）

第6-5（紛争の不存在）
1 対象会社に対し、訴訟等は一切係属しておらず、また、訴訟等が提起されるおそれもない。
2 対象会社は、通常の業務過程において発生するクレーム等を除き、第三者よりクレーム等を受けておらず、そのおそれもない。
3 対象会社に対する司法・行政機関等の判断等で、その事業に重大な影響を与えるものは存在しない。

条項例の概要

【意義】 本条項例は、紛争等の不存在についての表明保証を規定するものであり、具体的には、次の事項を確認している。

1 訴訟等の不存在（第1項）
2 クレームの不存在（第2項）
3 対象会社に悪影響を与える司法・行政機関等の判断等の不存在（第3項）

【趣旨】 本条項例の趣旨については、Chapter 2・2-8・[2](2)「簿外債務等の不存在」の解説を参照されたい（▸▸▸120頁）。規定の趣旨は重複するが、表明保証の「情報開示促進機能」の観点から（▸▸▸93頁）、簿外債務に関する問題のうち、紛争等に関する問題のみを特に取り上げて規定する場合がある。

7 その他

(1) 開示情報の正確性

契約条項例（参考：藤原・M&A契約219頁）

第7-1（開示情報の正確性）

1　売主又は対象会社が、本契約又は本株式譲渡に関連して、買主に開示した一切の情報（以下「本開示情報」という。）は、真実かつ正確であり、虚偽又は事実の誤記は含まれておらず、また、記載すべき事項又は誤解を生じさせないために必要な事実の記載を欠いていない。

2　本開示情報以外に、対象会社の事業に悪影響を及ぼす若しくは及ぼすことが合理的に予想される事実は存在しない。

3　本開示情報以外に、本契約の締結及び履行に関して買主の判断に影響を及ぼす若しくは及ぼすことが合理的に予想される事実は存在しない。

条項例の概要

【意義】 本条項例は、デュー・デリジェンス等を通じて**開示された情報の正確性**についての表明保証を規定するものであり、具体的には、次の事項を確認している。

[1]　売主が買主に対して開示した情報が真実かつ正確であること（第1項）

[2]　開示した情報以外に対象会社に悪影響を及ぼす事実が存在しないこと（第2項）

[3]　開示した情報以外に買主の投資判断に影響を及ぼす事実が存在しないこと（第3項）

【趣旨】 買主は、デュー・デリジェンスの結果に基づき、買収価格を含む取引条件を決定する。したがって、デュー・デリジェンスによって開示された情報が正確であり、開示された情報以外に買収判断に影響を与える事実が存在しないことについて表明保証を求めることがある。

しかし、売主にとっても、デュー・デリジェンスは限定された環境の下で行われることがほとんどであるから、このような情報の網羅性を保証することには抵抗が大きく、このような表明保証の削除を求めたり、対象会社に関する情報について、意図的に隠匿していないことや、意図的に虚偽の情報を開示していないことに限定するよう求めることもある（📖藤原・M&A契約221頁）。

⑵ グループ間取引

契約条項例（参考：📖NOT・法務DD実務175頁、📖藤原・M&A契約221頁）

> **第7-2（グループ間取引）**
>
> 対象会社を一方当事者とし、売主、売主の子会社、関係会社又はそれらの役職員を他方当事者とする契約等は、買主に対して既に開示されたものが全てであり、その取引条件は、独立した当事者間の通常の取引条件と同水準のものである。

条項例の概要

【意義】 本条項例は、**対象会社と売主のグループ会社等との間の契約**についての表明保証を規定するものであり、具体的には、次の事項を確認している。

> [1] 対象会社と売主グループとの間の契約は開示されたものが全てであること
>
> [2] 当該契約条件が独立当事者間のそれと同水準のものであること（arm's length な条件であること）

【趣旨】 グループ間の契約は、当該当事者間の“グループ”という特殊な関係を背景に、通常の独立した当事者間の取引条件（arm's length）に比べ、緩やかに条件が設定されることがある。対象会社にとって不利な取引条件が設定されている場合はそれを是正する必要があり、また、有利な取引条件が設定されている場合はこれを維持するか、又は、当該有利な取引が終了した場合のインパクトを把握しておく必要がある。

⑶ 手数料

契約条項例（参考：㊐藤原・M&A契約223頁）

> **第7-3（手数料）**
>
> 1　売主が委託する本株式譲渡に係るアドバイザー（これには、弁護士、公認会計士、税理士、ファイナンシャル・アドバイザー、案件仲介者等が含まれるが、これらに限られない。以下本条において同じ。）に対して支払うべき費用のうち、対象会社が支払義務その他債務を負うもの、及び、将来支払義務その他債務を負うこととなるものはいずれも存在しない。
>
> 2　対象会社が委託する本株式譲渡に係るアドバイザーは、次の各号に掲げる者が全てであり、これらの者以外に、対象会社が支払義務その他債務を負うアドバイザーは存在しない。
>
> ⑴　……
>
> ⑵　……

条項例の概要

【意義】　本条項例は、**対象会社が取引実行に伴いアドバイザーに対するフィーの支払義務を負わないこと**を表明保証するものである。具体的には、次の事項について表明保証を規定している。

> ①　対象会社が、売主のアドバイザーの費用を負担しないこと（第１項）
>
> ②　対象会社が委託するアドバイザーは、開示されたものが全てであること（第２項）

【趣旨】　当事者が委託するアドバイザーに係る費用については、当該各当事者がそれぞれこれを負担するのが原則である。ところが、**売主が自己のアドバイザーの費用を対象会社に負担させるような場合がある**ため、本件でこのようなアレンジがとられていないことを確認するため、1のような規定を設けることがある。

また、対象会社自身が委託するアドバイザーが存在する場合、当該費用は対象会社が負担すべきは当然であるが、**アドバイザーの数が多すぎる場合には、アドバイザー費用が高額になり、買収後の対象会社の価値が想定を下回る**ことになってしまう。支払費用が高額になりすぎることのないよう、2のような規定を設けることがある。

2-9 コベナンツ

1 総説

〔逆引法務330頁〕

【概略】 M&A契約では、当事者に対して、一定の事項を行うこと（作為）や、一定の事項を行わないこと（不作為）を約束させることがある。このような約束事項のことを**コベナンツ**（Covenants）という（📖木俣・企業買収301頁、📖柴田・M&A実務112頁、📖藤原・M&A契約224頁、📖淵邊・提携契約316頁）。クロージングよりも前に課されるコベナンツを、**プレ・クロージング・コベナンツ**（Pre-Closing Covenants）、それより後に課されるコベナンツを、**ポスト・クロージング・コベナンツ**（Post-Closing Covenants）等と呼ぶ。

【プレ・クロージング・コベナンツ】 株式譲渡等のM&Aにおいては、契約の締結からその履行であるクロージングまで一定の期間を設けることが通常である（▸▸▸43頁）。デュー・デリジェンスにおいて発見された問題点をクロージングまでの間に解消したり、買収を実行するために必要となる各種手続を行ったりするために、一定の期間を要するのが通常だからである[67]。もっとも、期間が空くことによって、契約締結時には想定していなかった新事情がクロージングまでの間に発生してしまう可能性がある。そうすると、契約締結時に定めたM&Aの条件（例：買収価格）が、クロージング時の対象会社の現状を正しく反映したものになっていないということにもなりかねない（例：期間中に親会社に対する配当を実行し、株主価値算出の前提となる現預金残高が大きく目減りしたような場合）。そのような事態を防ぐためには、クロージングまでの間、売主や対象会社に対して、一定の行為（例：配当）を行うことを禁止しておく必要がある。

このように、M&Aの当事者に対し、クロージングまでの間に、発見された問

---

[67] 発見された問題点の解消や、必要な手続の履践が全て完了した後で契約を締結することができる場合には、契約締結とクロージングとを同時に行うことも可能である。この場合には、プレ・クロージング・コベナンツを規定する必要はなく、また、前提条件（▸▸▸80頁）を規定する必要もない。

題点の解消や手続の履践を義務付け、同時に、その間に買収条件の前提が変わってしまうような行為が行われることを禁止するために、一定の義務をプレ・クロージング・コベナンツとして規定する。

誓約の内容	義務を負う者	
	売　主	買　主
株式譲渡の承認手続の履践	●	—
チェンジ・オブ・コントロールの対応	●	—
許認可の取得・届出	●	●
対象会社の役員の交代	●	—
前提条件充足のための努力	●	●
デュー・デリジェンスで発見された問題の対応	●	—
対象会社の運営	●	—
対象会社の情報へのアクセス	●	—
表明保証違反等に関する通知	●	●

【ポスト・クロージング・コベナンツ】 また、コベナンツの中には、取引実行後に課されるものもある。例えば、株式譲渡契約の売主が、新株主となる買主に対して「対象会社の従業員の雇用を継続すること」を、買主のポスト・クロージング・コベナンツとして要求する場合等である。

誓約の内容	義務を負う者	
	売　主	買　主
競業避止義務	●	—
売主によるサービスの提供	●	—
クロージング後の追加的行為	●	●
対象会社の従業員の雇用の継続	—	●
キーマン条項	●	—

【法的性質】 コベナンツはもともと英米法上の概念であり、日本法上の法的性質は、株式譲渡契約上の主たる義務以外の付随的な義務と解されている（🕮MHM・M&A法大系234頁、🕮藤原・M&A契約224頁）。

【債務不履行に基づく解除の可否】 コベナンツの法的性質を付随義務と解しても、その違反の効果として解除が可能であることを当事者の合意により定めることは可能である（📖MHM・M&A法大系236頁、📖藤原・M&A契約226頁）。

2 プレ・クロージング・コベナンツ

(1) 株式譲渡の承認手続の履践

契約条項例（参考：会社法107条1項1号、108条1項4号、📖AIK・契約書作成222頁、📖木俣・企業買収306頁、📖藤原・M&A契約230頁）

> **第4.1条（株式譲渡の承認手続の履践）**
> 売主は、クロージング日までに、対象会社の取締役会をして、本株式譲渡による本株式の買主による取得を承認させるものとする。

条項例の概要

【意義】 本条項例は、売主のプレ・クロージング・コベナンツとして、**株式譲渡の承認の取得**に係る義務を規定するものである。

【趣旨】 本条は、取引を実行するために必要な手続を履践させるためのプレ・クロージング・コベナンツとして位置付けられる。対象会社が譲渡制限会社である場合、買主による株式の取得を対象会社に対抗するためには、当該株式の取得について対象会社による承認を得る必要があることから（会社法134条1号・2号参照）、かかるコベナンツが規定される。

譲渡制限株式に係る譲渡承認機関・承認手続

【参照】 譲渡制限株式に係る譲渡承認機関・承認手続については、Chapter 3・3-6・5「株式の譲渡制限」の解説を参照されたい（▸▸▸238頁）。

(2) チェンジ・オブ・コントロールの対応〔逆引法務90、332頁〕

契約条項例（参考：📖NOT・法務DD実務360頁、📖藤原・M&A契約231頁、📖淵邊・提携契約390頁）

> **第4.2条（チェンジ・オブ・コントロールの対応）**
> 1 売主は、クロージング日までに、次に掲げる契約について、本株式譲渡

の後も当該契約を解除せず、本契約締結日以前における条件と実質的に同じ条件で当該契約に基づく取引を継続することについて、買主が合理的に満足する内容の書面による同意を当該契約の相手方から取得するべく、対象会社をして合理的な努力をさせるものとする。

(1) 対象会社と［*契約の相手方を記載*］との間の［*締結日を記載*］日付「［*契約名を記載*］契約」

(2) ……

2 売主は、クロージング日までに、次に掲げる契約について、対象会社をして、当該契約の相手方に対し、当該契約の定めに従って、本株式譲渡について必要となる通知を行わせるものとする。

(1) 対象会社と［*契約の相手方を記載*］との間の［*締結日を記載*］日付「［*契約名を記載*］契約」

(2) ……

条項例の概要

【意義】 本条項例は、売主のプレ・クロージング・コベナンツとして、**チェンジ・オブ・コントロール条項が含まれる契約について必要な対応を行うべき旨**を規定するものである。

【趣旨】 対象会社が当事者となっている契約の中に、対象会社の株主の変動や対象会社における経営体制の重大な変更が解除事由や期限の利益喪失事由にされているもの（チェンジ・オブ・コントロール条項）が含まれている場合がある。この場合、株式譲渡が行われると当該契約が解消され、当該契約に基づく取引を継続することができず、これにより事業継続が困難となるおそれがある。そこで、かかるチェンジ・オブ・コントロール条項が付された契約が存在する場合、契約相手方の同意を取得する必要がある[68]。

［68］ 同意取得の可否は、相手方当事者の意向次第であるため、契約条項例のように「努力義務」に留める場合もある。もっとも、努力義務に留める場合は、誓約とは別に、「同意の取得」を取引実行の前提条件とすることが多い（📖藤原・M&A契約225頁）。

チェンジ・オブ・コントロール

【要件】 Change of Control、すなわち、「支配権の移動」の定義としては、①会社法における子会社の概念（同法２条３号）を参考にして、総株主の議決権の過半数の保有をもって「支配権」と定義するもの、②上場会社等株主が多数いる場合には20％超の議決権を有する株主の変動をもって「支配権の移動」と定義するもの、③契約当事者の支配権を直接的に有する者のみならず、当該支配権を有する者について支配権を有する者（孫会社に対する親会社）の変動も含めるもの等のバリエーションがある（📖NOT・法務DD実務360頁）。

【効果】 支配権移動が生じた場合の効果として、①解除、②通知義務、③支払金額、支払条件、支払期限等の契約条件の変更等のバリエーションがある。

対応方法

【効果として解除や契約条件の変更が定められている場合】 上記の①又は③のように、チェンジ・オブ・コントロールが発生した場合の効果として、契約の解除・変更が定められている場合、取引相手からの同意が必要となる[69]。全ての契約について同意を取得することが現実的でない場合は、重要な契約（例：契約の相手方に代替性がない場合、対象会社がライセンスを受ける契約、売上上位の取引先との契約）に限って同意を取得する場合もある（📖NOT・法務DD実務366頁、📖藤原・M&A契約232頁）。

【効果として通知義務が課せられている場合】 これに対して、上記②のように、チェンジ・オブ・コントロールの効果として、契約の相手方に対する通知義務が課せられる場合には、取引実行について対象会社から取引先に対して通知する内容の書面を作って一斉送付することで足り、通常、手続的負担も大きくはないと考えられる（📖NOT・法務DD実務366頁）。

---

[69] 契約の相手方当事者に対して投資の実行についての“通知”を行い、その中で、当該投資実行に異議がある場合には一定の期間内に異議の申立てをするように督促し、当該期間内に異議の申立てがなければ同意があったものとみなす旨を規定する場合がある。当該期間内に異議の申立てがなかったことのみをもって同意があったと考えることは難しいが、このような通知を受けたうえで、当該相手方において債務の履行がなされたような場合には、当該行為をもって黙示の同意があったとみなすことができる場合もある（📖NOT・法務DD実務368頁）。

(3) 許認可の取得・届出

契約条項例 (参考：独占禁止法10条2項、📖藤原・M&A契約233頁)

第4.3条（許認可の取得・届出）

1 買主は、本契約締結後遅滞なく、本株式譲渡のために必要な独占禁止法第10条第2項に基づく事前届出を行うものとする。

2 売主は、買主による独占禁止法第10条第2項に基づく事前届出の書類作成等に協力し、また、対象会社をして協力させるものとする。

条項例の概要

【意義】 本条項例は、当事者に株式譲渡のために必要となる許認可の取得等を義務付けるものであり、本契約条項例では、①買主に独占禁止法10条2項に係る届出義務を課し、②売主にその協力義務を課している。

【趣旨】 独占禁止法10条2項に基づく届出は株式取得者たる買主の義務とされており、これを怠った場合には罰金が科されることとなるため①が誓約事項として要求される。また、届出書の記載内容は対象会社の事業等の詳細な情報を含むことから、対象会社の協力が不可欠であり、そのため②が買主側から要求される。

なお、独占禁止法以外に要求される許認可等の例については、Chapter 2・2-7・5「官公庁への届出等」の解説を参照されたい（▸▸▸108頁）。

独占禁止法10条2項に基づく届出

【参照】 独占禁止法10条2項に基づく届出については、Chapter 2・2-5・1「前提条件」の解説を参照されたい（▸▸▸83頁）。

他の条項との関係

【参照】 独占禁止法10条2項に基づく届出は、**前提条件**（▸▸▸80頁）や**表明保証**（▸▸▸108頁）の中でも規定される。

(4) 対象会社の役員の交代

契約条項例（参考：📖藤原・M&A契約234頁）

第4.4条（対象会社の役員の交代）

売主は、クロージング日までに、次に掲げる取締役及び監査役がクロージング日付で対象会社の取締役及び監査役を辞任する旨の辞任届を、買主に対して提出する。

(1) ［*取締役／監査役の氏名を記載*］氏

(2) ……

条項例の概要

【意義】 本条項例は、売主に対し、対象会社の役員から辞任届を取得することを義務付けるものである。

【趣旨】 株式譲渡契約の買主は、その取引実行後、対象会社の経営に参加するために、取締役等を派遣することがある。その関係で、取引実行前の対象会社の役員を辞任させる必要がある場合には、これらの者から辞任届を取得する義務を売主に課すことになる[70]。

他の条項との関係

【参照】 本条項例と同趣旨の規定は、**前提条件**（‣‣‣80頁）の中でも定められる。

［70］ 投資家（買主）が対象会社の株式の過半数を有する場合には取締役解任権を有し、さらに、3分の2以上を有する場合には監査役解任権を有するため、当該権利を行使して役員を入れ替えることも不可能ではない。しかし、このような方法による場合、①登記簿上に解任の事実が記載されること、②解任時に役員から損害賠償請求（会社法339条2項）を受ける可能性があることから、上記のような誓約事項が課される（📖藤原・M&A契約235頁）。

(5) 前提条件充足のための努力

契約条項例 (参考：📖AIK・契約書作成222頁、📖木俣・企業買収306頁、📖藤原・M&A契約238頁)

第4.5条（前提条件充足のための努力）

1　クロージング日までの間、買主は第2.1条（クロージングの前提条件）第２項各号に定める条件を、売主は第2.1条（クロージングの前提条件）第１項各号に定める条件を、それぞれ充足させるように合理的な努力を尽くすものとする。

2　第2.1条（クロージングの前提条件）に定める条件のいずれかについて充足が不可能であることが明らかになった場合には、売主及び買主は本株式譲渡の遂行、本契約の修正、解約、その他の対応について誠実に協議するものとする。

条項例の概要

【意義】 本条項例は、①買主及び売主それぞれに対して取引実行の前提条件を満足させるよう努力する義務を課し、②条件の充足が不可能となった場合に協議を行うべき旨を規定するものである。

【趣旨】 取引実行の前提条件については、充足されなかった場合には取引が実行されないことになるものの（‣‣‣81頁）、取引の実行こそが当事者の本来的目的であるから、取引の実行に向け双方が努力する旨が規定される。

(6) デュー・デリジェンスで発見された問題への対応

契約条項例 (参考：📖藤原・M&A契約237頁)

第4.6条（特定事項の履践）

売主は、クロージング日までに、対象会社をして、別紙4.6（要改善事項）記載の事項を履践・実施させるものとする。

条項例の概要

【**意義**】 本条項例は、売主に対して、取引の実行前に改善すべき問題点の解消（本条項例では、労働基準法36条に基づく労使協定の届出）を義務付けるものである。

【**趣旨**】 デュー・デリジェンスを通して対象会社の問題点が明らかになった場合、例えば、契約条項例が想定するように、労働基準法上要求される労使協定の締結及びその届出の手続が行われていないことが判明した場合、売主に対して、取引の実行までにこれらの問題点を解消することを義務付けることがある。

他の条項との関係

【**参照**】 本条項例と同趣旨の規定は、**前提条件**（‣‣‣80頁）及び**表明保証**（‣‣‣93頁）の中でも定められる。

(7) 対象会社の運営

契約条項例（参考：📖AIK・契約書作成222頁、📖木俣・企業買収306頁、📖藤原・M&A契約238頁）

第4.7条（対象会社の運営）

1　売主は、本契約締結日以降クロージング時までの間、本契約において別途企図されているか又は買主が別途書面で同意する場合を除き、対象会社をして、善良なる管理者の注意をもって、かつ、過去の業務と矛盾しない通常の業務の範囲内において、その事業を運営させるものとする。

2　売主は、本契約締結日以降クロージング時までの間、本契約において別途企図されているか又は買主が別途書面で同意する場合を除き、対象会社をして、次の行為を行わせないものとする。

(1)　対象会社を当事者とする合併その他の組織再編行為

(2)　定款変更

(3)　株式、新株予約権、新株予約権付社債その他株式若しくは株式を取得できる権利の発行

(4)　[　　] 円以上の借入若しくは担保設定その他対象会社の財産状態又は損益状況に大幅な変化をもたらすような行為

(5)　本株式譲渡の実行に重大な影響を及ぼしうる行為

条項例の概要

【意義】 本条項例は、売主に対して、以下を義務付けるものである。

> 1 対象会社に、善管注意義務をもって、通常の業務の範囲内において事業運営を行わせること
> 2 対象会社に、組織再編行為等の対象会社の財産状態等に大幅な変化をもたらすような行為を行わせないこと

【趣旨】 本条項例の趣旨については、Chapter 2・2-8・2(3)「重大な悪影響を及ぼす事象の不存在」の解説を参照されたい（▸▸▸121頁）。

他の条項との関係

【参照】 本条項例と同趣旨の規定は、**前提条件**（▸▸▸85頁）及び**表明保証**（▸▸▸121頁）の中でも定められる。

(8) 対象会社の情報へのアクセス

契約条項例 （参考：📖藤原・M&A契約241頁）

> **第4.8条（対象会社の情報へのアクセス）**
> 売主は、本契約締結日以降クロージング時までの間、買主が合理的に要請する場合、対象会社をして、買主が通常の営業時間内に、対象会社の業務に影響を及ぼさない範囲で、対象会社の帳簿類、契約書、議事録、資料、コンピュータ・ファイル、事務所等の施設及び財産並びに役員及び従業員に対してアクセスできるようにさせるものとする。

条項例の概要

【意義】 本条項例は、売主に対して、対象会社の情報のうち買主が必要とするものにアクセスできるようにする旨の義務を課すものである。

【趣旨】 本条は、①PMI（Post Merger Integration：買収後の事業統合）の準備を行うため、②契約締結時からクロージングまでの間の対象会社の財務状態をチェックするため、③契約締結後もクロージングまでデュー・デリジェンスを継続する場合

は当該調査を行うために必要となる（🕮藤原・M&A契約241頁）。

(9) 表明保証違反等に関する通知

契約条項例（参考：🕮木俣・企業買収307頁、🕮藤原・M&A契約242頁）

第4.9条（表明保証違反等に関する通知）

本契約当事者は、本契約締結日以降、クロージング時までの間に、次の事項が判明した場合、直ちに相手方に対し当該内容を、合理的な範囲で詳細な説明を付して、書面により通知する。

(1) 第3.1条（表明及び保証）に定める自己の表明及び保証が不正確であったこと又はクロージング日において不正確になるであろうこと
(2) 本契約の違反
(3) 第2.1条（クロージングの前提条件）に定める本契約当事者の義務の前提条件が充足しないこと

条項例の概要

【意義】 本条項例は、契約当事者に対して、表明保証の違反が判明した場合や前提条件の不充足が判明した場合に、相手方に対してその旨を通知することを義務付けるものである。

【趣旨】 一方当事者について表明保証の違反や前提条件の不充足が判明した場合、他方当事者は取引をそのまま進めるか、取りやめるか、又は条件を変更して実行するか等を判断することが必要となり、そのためには違反等の事実を速やかに知る必要がある。ところが、表明保証の不正確や前提条件の不充足は、通常、相手方に知られたくない事実であるため、隠蔽のインセンティブが働く。そこで、本条のような義務を契約の中で謳うことで情報開示を促す必要がある。

3 ポスト・クロージング・コベナンツ

(1) 競業避止義務〔逆引法務157頁〕

契約条項例（参考：📖AIK・契約書作成223頁、📖木俣・企業買収308頁、📖藤原・M&A契約244頁、📖淵邊・提携契約390頁）

> **第5.1条（競業避止義務）**
> 1 売主は、クロージング時からクロージング後［　　］年間を経過するまでの間、［*競業避止義務の対象地域を記載*］において、対象会社が本契約締結日において行っている事業と競合する事業を直接又は間接に行ってはならない。
> 2 売主は、本契約締結日からクロージング後［　　］年間を経過するまでの間、自ら又はその関係者を通じて、対象会社の役員又は従業員を勧誘し、対象会社からの退職を促し、又はその他何らの働きかけも行ってはならない。

条項例の概要

【意義】 本条項例は、売主に対して、以下を義務付けるものである。

> 1 対象会社と競合する事業を行わないこと
> 2 対象会社の役員・従業員に対する引抜きを行わないこと

【趣旨】 売主は、対象会社の経営を通じて、対象会社のノウハウを取得している可能性がある。買主が対象会社を買収した後も、売主が当該ノウハウを利用して対象会社の事業と競合する事業を新たに開始する場合には、買主にとって投資の意義が失われかねない。そのため、1のような義務を課すことがある。

また、売主が対象会社の経営を通じて、対象会社の人材について精通している可能性もある。かかる情報を用いて対象会社の人材を引き抜くこと等を防止するために、2の義務が課せられる。

競業避止義務

【意義】 **競業避止義務**とは、ある者が行う事業と**競争的な性質の事業活動を行うことを禁止**するものである。義務の強弱は、通常、①制限対象事業の範囲、②義務の時間的な範囲、③義務の地理的な範囲によって決定される。

【対象事業の範囲】 例えば、X社がY社に対して競業避止義務を課そうとする場合、次のような規定の仕方が考えられる。

> [1] Xの事業と同一の事業を行ってはならない
> [2] Xの事業と類似の事業を行ってはならない
> [3] Xの事業と競合する事業を行ってはならない

[1]の表現が最も狭い点に異論はないと思われる。[2]と[3]の比較であるが、[3]の表現の方が、広く義務を解釈されるおそれがある点に注意が必要である（例：レストランとコンビニエンスストアとは飲食サービスを提供する点で競合し得る）。

【時間及び場所的範囲】 また、競業避止義務は、その義務の時間的範囲（例：クロージングから1年間の義務なのか、3年間の義務なのか）、及び地理的範囲（例：対象会社と同じ県での競業が禁止されるのか、同じ国での競業が禁止されるのか、それとも全世界なのか）によって、その義務の強弱が異なってくる。

(2) 売主による対象会社へのサービスの提供

契約条項例（参考：📖NOT・法務DD実務115頁、📖藤原・M&A契約245頁）

> **第5.2条（売主による対象会社へのサービスの提供）**
> 売主は、クロージング時からクロージング後［　　］年間を経過するまでの間、売主が本契約締結日に対象会社に対して提供している別紙5.2（サービス一覧）記載のサービスを、同別紙記載の条件で対象会社に対して提供する。

条項例の概要

【意義】 本条項例は、売主に対して、クロージング後も一定のサービスを対象会社に対して提供し続けることを義務付けるものである。

【趣旨】 本条は、**スタンド・アロン問題**（Stand Alone Issue）に対応するためのものである。スタンド・アロン問題とは、株式譲渡の実行により売主の対象会社に対する支配が失われ、これによって当該支配関係があることを前提として提供されていた売主から対象会社に対するサービスの提供が中止され、その結果、対象会社の事業運営に悪影響が生ずるという問題である。

売主は、対象会社が自己のグループ会社であることを前提として、一定のサービス（例：対象会社に有利な条件での商品の供給）を提供している場合がある。株式譲渡実行後にこのようなサービスが中止されないようにするため、対象会社の事業活動に必要な一定のサービスについては、同条件で、株式譲渡後も引き続き提供されるよう、売主に提供義務を課す場合がある。

(3) クロージング後の追加的行為

契約条項例（参考：📖藤原・M&A契約246頁）

第5.3条（クロージング後の追加的行為）

各当事者は、クロージング後も引き続き、本契約において企図されている取引を完全に実行し、これを有効ならしめるために合理的に必要であるか、適当であるか又は望ましい行為（書面の作成を含むがこれに限られない。）を行うものとする。

条項例の概要

【意義】 本条項例は、当事者に対し、クロージング後も取引を完成させるために必要となる行為を行うべきこと（further assuarance）を義務付けるものである。

【趣旨】 株式譲渡契約作成時には想定されなかった取引完成のための必要な手続等が、クロージング後に明らかになることがある。そのような予期せぬ状況に備えた“キャッチ・オール”的な規定として、本条が規定されることがある。

(4) 対象会社の従業員の雇用の継続

契約条項例 (参考：📖AIK・契約書作成223頁、📖木俣・企業買収308頁、📖藤原・M&A契約247頁、📖淵邊・提携契約390頁)

第5.4条（対象会社の従業員の雇用の継続）

買主は、クロージング後当面の間、対象会社における従業員の雇用を維持し、現状の雇用条件を維持するものとする。

条項例の概要

【意義】 本条項例は、買主に対し、クロージング後も、対象会社の従業員の雇用を維持する旨を義務付けるものである。

【趣旨】 株式譲渡により売主が対象会社を一切保有しなくなる場合、対象会社の従業員の雇用について、売主は法的な利害関係を有さない。しかし、対象会社の従業員に対する道義的責任の観点から、このような規定が売主から買主に対して求められることがある。また、買主にとっても、このような条項が存在することによって、買収に関する対象会社の従業員の理解を求めやすくなり、PMIをスムースに進めることにもつながる(▸▸▸44頁)。

(5) キーマン条項

契約条項例 (参考：📖淵邊・提携契約228頁)

第5.5条（キーマン条項）

1 ［*キーマンの氏名を記載*］(以下「甲」という。) は、買主の事前の承諾を得ることなく、対象会社の取締役を任期満了前に辞任しないものとし、また、任期満了時に対象会社の取締役として再任されることを拒否しないものとする。

2 甲は、対象会社の経営及び業務に専念するものとし、買主の事前の承諾を得ることなく、次に掲げる事項を行ってはならない。

(1) 他の会社、団体又は組織の役員又は従業員の兼務又は兼職

(2) 他の会社、団体又は組織の発行する株式等の保有又は取得

3 甲は、対象会社の株主、取締役、監査役又は従業員としての地位にある間及び対象会社の株主、取締役、監査役又は従業員のいずれでもなくな

った日から［　　］年間が経過するまでは次に掲げる事項を行ってはならない。

(1) 自ら又は第三者をして、対象会社が行い、また、将来行う予定のある事業と競合する事業

(2) 前号に規定する事業を行う他の会社への就職又は役員、執行役員、参与若しくは顧問等への就任、並びに、当該会社の株式等の持分の所有及び取得、及び、当該会社への融資その他の資金供与

4 甲は、対象会社の株主、取締役、監査役又は従業員としての地位にある間及び対象会社の株主、取締役、監査役又は従業員のいずれでもなくなった日から［　　］年間が経過するまでは、自ら又は第三者をして、対象会社の従業員、役員、執行役員、参与及び顧問等に対して、退職、退任、独立又は転職等の勧誘又は勧奨を行ってはならない。

条項例の概要

【意義】 本条項例は、対象会社の一定の個人（例：創業者兼経営者）に対し、買主が指定する一定の職位（例：代表取締役）に就き、その職を継続する旨を義務付けるものであり、具体的には、次の事項を規定するものである。

1. キーマン（○○氏）が、対象会社の取締役を辞任等しないこと
2. キーマン（○○氏）が、他の会社等の株主・役員・従業員にならないこと
3. キーマン（○○氏）が、在職中及び退職後一定期間、競業避止義務を負うこと
4. キーマン（○○氏）が、在職中及び退職後一定期間、対象会社の役職員に対する引抜行為を行わないこと

なお、本条は、当該特定の個人（契約条項例の「○○氏」）が契約の当事者となることを念頭に置いたものであり、**当該個人がM&A契約の当事者とならない場合は、本条の義務を誓約する旨の書面等を当該個人から取得することを対象会社や売主の義務とする**ことになる。

【趣旨】 本条は、「**キーマン条項**」と呼ばれる規定である。対象会社の事業が、特定の役員（例：創業者兼経営者）や特定の従業員（例：優れたエンジニア）に依存して

いることがある。買収先企業の経営の安定化の観点からは、そのような“キーマン”に経営から離脱されないよう、契約で手当てをしておくことが必要となる。

キーマン条項の有効性

【有効性】 キーマン条項の有効性について、これを無効とした裁判例もある[71][72]（大阪地判昭和63年11月30日）（🕮淵邊・提携契約229頁）。

[71] 法的に無効であっても、事実上の抑止力とはなり得る（🕮淵邊・提携契約229頁）。

[72] キーマンが対象会社の不利な時期に役員を辞任した場合、当該キーマンは辞任により生じた対象会社の損害を賠償する義務を負う（民法651条2項）。

2-10 他の株主との取決め

1 総説

【概略】 買主が売主から対象会社の発行済株式の100%を取得する場合は、対象会社は買主のみが支配する会社となるので、対象会社の経営・運営に関し、他の株主との取決めを設ける必要はない。これに対し、例えば、対象会社の発行済株式の全てを保有する売主が、買主に対してその一部のみを譲渡するような場合、対象会社は売主と買主の“**合弁形態**”となる。そこで、このような場合、対象会社の経営・運営に関する株主間の取決めが必要となる。

なお、このような取決めを株式譲渡契約に含めるのではなく、**別途合弁契約を締結**する場合もある（…41頁）。

2 条項の概要

【条項一覧】 このような場合に必要となる条項としては、次のようなものが挙げられる。各条項の詳細については、Chapter 4「合弁契約」以下で詳述する（…277頁）。

株主間の取決めに関する条項			頁数
経済条件に関するもの	剰余金の配当等	• 剰余金の配当に関する条項	325頁
		• 残余財産の分配に関する条項	326頁
	株式の譲渡益	• 株式譲渡の制限に関する条項	328頁
		• 先買権条項	331頁
		• プット・オプション条項	332頁
		• コール・オプション条項	332頁
		• 共同売却権条項	335頁
		• 強制売却権条項	337頁
		• 株式の上場に関する条項	339頁

組織運営に関するもの	株主総会	•株主総会の運営に関する条項	342頁
		•株式の優先引受権に関する条項	343頁
	取締役会	•取締役等の指名権に関する条項	345頁
		•取締役会の運営に関する条項	348頁
	事前同意事項等	•事前同意事項に関する条項	349頁
		•事前通知事項に関する条項	350頁
		•デッドロックの解消方法に関する条項	351頁
合弁事業に関するもの	合弁当事者の役割	•関連取引・関連契約に関する条項	356頁
		•労働力の提供に関する条項	359頁
		•製品・サービス・権利等の提供に関する条項	362頁
		•資金提供義務に関する条項	364頁
	合弁事業からの撤退	•撤退に関する条項	366頁

2-11 補償及び解除等

1 補償等

(1) 補償〔逆引法務312頁〕

契約条項例（参考：📖AIK・契約書作成224頁、📖木俣・企業買収307頁、📖藤原・M&A契約249頁・253頁、📖淵邉・提携契約391頁）

第7.1条（補償）

1　売主は、次の各号のいずれかの事由に起因又は関連して買主が損害（これには、一切の直接損害、間接損害、損失、逸失利益、債務、クレーム、責任又は費用（合理的な範囲の弁護士報酬を含むがこれに限られない。）が含まれる。以下本条において同じ。）を被った場合、本契約に定める条件に従って、買主の損害を補償する。

(1)　第3.1条（表明及び保証）に定める売主の表明及び保証の違反

(2)　本契約上の売主の義務の違反

2　買主は、次の各号のいずれかの事由に起因又は関連して売主が損害を被った場合、本契約に定める条件に従って、売主の損害を補償する。

(1)　第3.1条（表明及び保証）に定める買主の表明及び保証の違反

(2)　本契約上の買主の義務の違反

条項例の概要

【意義】　本条項例は、**補償**について規定するものである。補償とは、表明保証や契約違反があった場合に、これにより相手方が被る損害を金銭により塡補するものである。

本条項例では、次の２点について規定している。

① 売主の表明保証・契約違反に係る補償義務（第1項）
② 買主の表明保証・契約違反に係る補償義務（第2項）

【趣旨】 補償は、表明保証を含むM&A契約上の義務の違反に起因して生じた相手方の損失を補填するものである。民法上の債務不履行に基づく損害賠償（民法415条）とその趣旨は共通しているが、補償は英米法上のIndemnificationの概念に由来するものであり、後述するように、その要件及び効果の点で、民法上の債務不履行とは異なる性質も有している。

なお、表明保証違反を理由とする補償は、買収価格の算定の前提事実が誤っていたことが判明した場合の“対価の事後的な調整”としても機能する（‣‣‣93頁）。

補償請求の要件及び効果

【法的性質】 表明保証の法的性質は「損害担保契約」、すなわち、「表明保証の対象である一定の事項が不正確であったという事実から相手方に生じる損害を塡補することを約束する契約」であると解されているため（‣‣‣95頁）、表明保証違反に基づく補償の法的性質は、**損害担保契約の履行**であると解される。

これに対し、義務違反に基づく補償責任の法的性質は、**民法上の債務不履行責任**であり、その要件・効果（例：因果関係、損害の範囲）が当事者の合意により修正されたものである（📖柴田・M&A実務109頁、📖藤原・M&A契約155頁・250頁）。

【帰責性】 表明保証違反に基づく補償については、相手方の帰責性は不要である一方、契約上の義務違反に基づく補償については、相手方の帰責性が必要であると解される（📖柴田・M&A実務109頁、📖藤原・M&A契約251頁）。

【因果関係】 補償条項では、英米法系の契約で用いられる「**起因又は関連して**」(arising out of or related to) の文言を用いる場合が多く、これは相当因果関係よりも広い意味であると解するのが当事者の合理的意思である（📖MHM・M&A法大系246頁、📖藤原・M&A契約253頁）。

【損害の範囲】 表明保証違反に基づく補償の範囲は、「信頼利益」の範囲に限定されるとは一般には解されていない。補償の具体的範囲は当事者の意思によることになり、契約上、「一切の直接損害、間接損害、損失、逸失利益、債務、クレーム、責任又は費用（合理的な範囲の弁護士報酬を含むがこれに限られない。）」と広く定義されることがある。これに対し、義務違反に基づく補償の範囲も、当事者の合意で広げることは可能である（📖藤原・M&A契約253頁）。

本条項例のように、「売主が買主に生じた損失を補償する」と規定していた場合において、“対象会社に生じた損失”が「買主に生じた損失」に含まれるか否かという問題がある。この点に関し、対象会社に生じた損害（新たに認識された資産減少・負債増加等）を、そのまま買主の損害として認定した裁判例がある（東京地裁平成18年1月17日判決）。しかし、本裁判例は、譲渡価格が簿価純資産を基準に算定されていたとの事実関係の下での判断であり、これと異なる事実関係の下で同様の判断が得られるとは限らないことから、契約の中において、「対象会社に生じた損害も買主に生じた損害とみなす」旨が明記されることもある（📖MHM・M&A法大系247頁）。

特別補償

【意義】 **特別補償**とは、通常の補償条項とは別に、特定の事項について特別の補償を定める条項である（📖AIK・契約書作成243頁、📖MHM・M&A法体系253頁、📖木俣・企業買収309頁、📖柴田・M&A実務112頁、📖藤原・M&A契約262頁）。例えば、デュー・デリジェンスの過程で、対象会社について敗訴するおそれのある訴訟が係属している事実が発見された場合、**当該事実はデュー・デリジェンスによって買主に明らかになっているので、仮に敗訴が確定して対象会社に損失が発生しても、売主に対して表明保証違反の責任を問えない可能性がある**（…95頁）。このような場合に備え、特定の事項については、通常の補償条項とは別に、特別の補償条項が規定される。

⑵ 補償責任の限定〔逆引法務313頁〕

契約条項例（参考：📖AIK・契約書作成243頁、📖木俣・企業買収285頁、📖藤原・M&A契約255頁、📖淵邊・提携契約391頁）

第7.2条（補償に係る限定）

1　第7.1条（補償）に基づく補償請求における補償額の総額は、いかなる場合であっても売主及び買主それぞれにつき［*補償の上限額を記載*］円を超えないものとする。

2　第7.1条（補償）に基づく補償請求については、それぞれ、1つの事由に基づく違反により生じた損害が［*補償の下限額を構成する個々の損害*

額を記載］円を超過するものの合計額が［*補償の下限額を記載*］円を超過した場合にのみ（但し、発生した損害の全額について）補償義務が発生するものとする。

3　第7.1条（補償）に基づく補償請求については、補償を請求する当事者が、違反した行為者に対し、クロージング時から［　　］年が経過するまでに補償請求事由を具体的に記載した書面による通知を行った場合に限り認められる。

条項例の概要

【意義】 本条項例は、**補償責任の範囲を「金額」及び「時間」で限定**するものである。

1　金額による補償責任の**上限**の設定（第1項）
2　金額による補償責任の**下限**の設定（第2項）
3　補償責任の**時間的限定**（第3項）

【趣旨】 売主は、買主に対して対象会社の株式を譲渡することにより、投資事業から撤退し、当該事業に係るリスクから解放されることを希望している。にもかかわらず、表明保証・誓約・補償等の規定を通じて、売主が責任を負い続けるということになると、株式売却による投資リスクからの解放という売主の目的が達成されないことになる。そこで、売主の立場からは、補償責任を限定するべく、本条のような規定を要求されることがある。

金額上限による限定

【補償責任の上限】 金額は、「○億円」と具体的な金額を規定する場合と、「株式譲渡代金の○％」と割合を用いて規定する場合とがある（📖藤原・M&A契約255頁）。上限の具体的金額について、買収金額の10％から30％の範囲内で設定される場合が比較的多いとの指摘もある（📖伊藤・米国M&A実務164頁）。

【例外】 もっとも、補償責任のうち、「租税」、「詐欺又は不実開示」、「環境」、「資本構成」、「誓約事項」、「知的財産」に関する表明保証等、違反による損害が大きいものとなる可能性が高い事項については、上限の対象から除外することがある（📖柴田・M&A実務112頁、📖伊藤・米国M&A実務164頁）。

また、違反が意図的（willful）なものである場合や詐欺的（fraud）なものである場合には、補償の上限は適用されない旨が規定されることもある（📖MHM・M&A法大系249頁）。

金額下限による限定

【補償責任の下限】 補償の金額的制限としては、補償額の下限を定めることも多い[73]。下限の定め方としては、個別事由に関する下限（de minimis）と損害の類型額に関する下限（basket又はfloor）とがある（📖MHM・M&A法大系248頁、📖柴田・M&A実務111頁、📖藤原・M&A契約255頁）。本条項例では「生じた損害が○円を超過するものの合計額が○円を超過した場合にのみ」と規定しているが、「生じた損害が○円を超過するもの」との限定が前者に関するものであり、「(その）合計額が○円を超過した場合にのみ」との限定が後者に関するものである。下限の具体的金額について、小規模案件では買収価額の１％から２％の間、大規模案件では買収価額の0.5％から１％で設定されることが多いとの指摘もある[74]（📖伊藤・米国M&A実務163頁）。

【例外】 補償責任のうち、「租税」、「詐欺又は不実開示」、「開示済の訴訟」、「非承継債務」、「誓約事項」、「資本構成」、「ブローカーに対する報酬」に関する表明保証違反に関連して生じた請求に係るものについては、下限の対象から除外することがある（📖伊藤・米国M&A実務163頁）。

時間による限定

【時間的限定】 補償請求権の行使可能期間としては、１年から５年程度の期間が

---

[73] 下限を設定する場合には、その対象となる表明保証違反や義務違反について重大性による限定（Materiality Qualification）を付さないことも多い（📖藤原・M&A契約257頁）。表明保証について重大性による限定を設け、補償責任に下限を設ける場合、次のような点に注意が必要である。例えば、売主の表明保証において「重要な係争中の訴訟はない。なお、重要とは300万円を超える損害賠償義務を生じ得る場合をいう」と規定されており、表明保証違反があれば、買主は売主に対して補償請求を行うことができると規定されている場合を想定する。この場合において、200万円相当の損害賠償義務が生じ得る訴訟があったときは、表明保証違反には該当しないものの、下限との関係で合算できるかが問題となる（📖伊藤・米国M&A実務163頁）。

[74] 但し、この水準は、米国における取引実務に関するものである。

定められることが多い[75]。１年以下の期間を設定する場合であっても、対象会社の決算をきっかけに財務上の問題点が発覚することもあることから、対象会社の決算期をまたぐような補償期間が設定されることが多い（📖柴田・M&A実務111頁、📖藤原・M&A契約259頁）。

【例外】 もっとも、「環境法関連の問題」「税務上の問題」については、有効期間を定めず無期限とする例も多い（📖NA・M&A法大全528頁）。

2 解除その他契約の終了

〔逆引法務90頁〕

契約条項例（参考：民法541条・543条、📖AIK・契約書作成223頁、📖木俣・企業買収308頁、📖藤原・M&A契約264頁、📖淵邊・提携契約392頁）

第7.3条（本契約の終了）

1　次の各号のいずれかに該当する事由が生じた場合、当事者の一方は、クロージング時の前日までの間に限り、相手方当事者に対して書面で通知することにより、直ちに本契約を解除することができる。

(1) 第3.1条（表明及び保証）に定める当事者の表明及び保証のいずれかに重要な点において違反があること、又は、本契約に基づき当事者が遵守すべき義務のいずれかに重要な点において違反があることが判明し、相手方当事者より書面による催告を受けたにもかかわらず、[　　] 営業日以内に当該違反を是正できなかった場合

(2) 対象会社について、法的倒産手続等の開始申立てがなされた場合

(3) 対象会社について、支払不能、支払停止又は銀行取引停止処分がなされた場合

---

[75] 補償請求権の行使可能期間を定めなかった場合、商事消滅時効の規定（商法522条）により、その期間は５年間、その起算点については損害発生が判明した時点と考えるべきとの指摘がある（📖藤原・M&A契約259頁）。

これに対し、補償の法的性質を損害担保契約と考えると、補償請求権は損害担保契約に基づく損害の塡補の履行請求権であり、損害が発生して（又は損害が判明して）初めて履行請求を行うことが可能となるから、損害が発生した時点（又は損害発生が判明した時点）から時効が進行すると考えることになる（📖藤原・M&A契約260頁）。

(4) 第2.1条（クロージングの前提条件）に定める当事者の義務履行の前提条件がクロージング日において充足されないことが明らかとなった場合

2 前項に定める場合のほか、本契約は以下の各号のいずれかに該当する場合に終了する。

(1) 当事者全員が本契約を終了することに書面により合意した場合

(2) [　　] 年 [　　] 月 [　　] 日までに第2.1条（クロージングの前提条件）に定める当事者の義務履行の前提条件が充足されず、本株式譲渡が行われなかった場合

3 本契約の終了は将来に向かってのみその効力を生じ、本契約に別段の定めがある場合を除き、本契約終了前に本契約に基づき発生した権利及び義務は本契約終了による影響を受けない。

4 本契約が終了した場合でも、次に掲げる規定及び本条項の規定は、本契約終了後 [　　] 年間、引き続きその効力を有するものとする。

(1) 第 [　　] 条第 [　　] 項

(2) 第 [　　] 条第 [　　] 項

(3) ……

条項例の概要

【意義】 本条項例は、契約の終了に関連し、以下を規定するものである。

1 次の場合に契約を解除できること（第1項）
①表明保証・その他義務違反があった場合、②倒産手続が開始された場合、③支払不能等が生じた場合、④前提条件が充足されないことが明らかになった場合

2 次の場合に契約が終了すること（第2項）
①当事者が同意した場合、②一定の期限までに前提条件が充足されなかった場合

3 契約の終了は将来に向かってのみ効力を生じること（第3項）

4 一定の条項については、契約終了後も効力を有すること（第4項）

【趣旨】 取引実行の前提条件が満たされなければそれを理由に取引を行わないとすることは可能である。しかし、その場合でも契約そのものは存続することになるが、取引実行の可能性がなくなった場合にまで契約を存続させることには意味がない。本条は、そのような場合に契約を終了させることができるよう、解除（契約当事者の意思表示を必要とするもの）と終了（契約当事者の意思表示を必要としないもの）とを分けて規定している。

株式譲渡契約では、**クロージング後は解除を行うことができない**と定めることが通常である。株式譲渡実行後は対象会社の役員構成も変わり、会社の事業計画や顧客戦略等も変わる場合が多く、契約を解除して対象会社の株式を買主が売主に返したとしても、その株式の実質的内容、すなわち、対象会社の中身は大きく変わっており、これを契約時の状態に復帰させることは不可能だからである（📖MHM・M&A法大系253頁、📖NA・M&A法大全540頁、📖藤原・M&A契約265頁）。

なお、契約条項例第２項第２号は、いわゆる「Long Stop Date」を定めるものである（▸▸▸86頁）。

3 救済方法の限定

契約条項例（参考：📖AIK・契約書作成225頁、📖藤原・M&A契約274頁）

> **第7.4条（救済方法の限定）**
>
> 本契約のいずれかの当事者が本契約に基づく義務に違反した場合又は当該当事者の表明・保証に違反があった場合、本契約の他の当事者が有する権利は、第7.1条（補償）に定める補償の請求及び第7.3条（本契約の終了）に定める本契約の解除・終了に限られる。これらの権利を除き、本契約の各当事者は、債務不履行責任、瑕疵担保責任、不法行為その他法律構成の如何を問わず、本契約に関連して権利を行使することはできない。

条項例の概要

【意義】 本条項例は、契約違反の場合の損害回復措置を、①本契約に定める補償、及び、②本契約に定める解除に限定する規定である。

【趣旨】 契約により解除権や補償請求権の行使条件等を制限することができても、債務不履行に基づく解除や損害賠償請求等の他の法律構成により責任を追及されることになっては、契約による上記の制限が骨抜きになってしまうため、本条のような規定が設けられることがある[76]。

---

[76] もっとも、本条の有効性について疑義があるとの指摘もあり（藤原・M&A契約275頁）、不法行為（民法709条）が成立する場合には売主についての免責条項が適用されないとした裁判例もある（東京地判平成15年1月17日）。

Chapter 3

株式引受契約

株式引受契約に関する
交渉・ドラフト・レビューのポイント

株式引受契約書（サンプル）

株式引受契約に関する交渉・ドラフト・レビューのポイント

1. 株式発行のために必要となる会社法上の機関決定		
総論	株式発行のために必要となる会社法上の機関決定は、①当該会社が公開会社か非公開会社か、②株主割当か第三者割当か、③特に有利な金額での発行かそうでないかにより、手続が異なる。	199頁
	会社法上、「公開会社」とは、その発行する全部又は一部の株式の内容として譲渡による当該株式の取得について株式会社の承認を要する旨の定款の定めを設けていない株式会社のことであり、それ以外の会社を一般に「非公開会社」と呼ぶ（譲渡制限のない株式が1株でも発行されていれば、当該会社は「公開会社」に分類される）。	199頁
公開会社の場合	公開会社が株式を発行する場合、株主割当・第三者割当のいずれのときも、原則として、取締役会決議で足りる。	201頁
	もっとも、有利発行の場合、株主割当のときは取締役会決議で足りるのに対し、第三者割当のときは、原則として、株主総会の特別決議が必要となる。	202頁
	公開会社による第三者割当の場合で、支配株主の異動が生ずる場合には、所定の手続（①株主への通知、②10%以上の株主が反対する場合の株主総会普通決議による承認の取得）を経ることが必要となる。	203頁
非公開会社の場合	非公開会社が株式を発行する場合、株主割当のときは、原則、株主総会の特別決議が必要となるが、定款の定めがある場合は、取締役会の決議で足りる。	199頁
	非公開会社が株式を発行する場合、第三者割当のときは、原則、株主総会の特別決議が必要であるが、株主総会の特別決議に基づく委任がある場合は、取締役会の決議で足りる。	199頁
2. 上場株式の発行・引受けの場合		
2-1. 金融商品取引法上の規制		
公開買付規制	新株の発行は、株式の譲渡とは異なり、原則として、公開買付けの手続は必要とはならない。	203頁
	もっとも、新株の発行が「急速な買付け」に該当し、公開買付けの手続が必要となる場合がある。	204頁
開示規制	上場会社が株式を発行する場合、有価証券届出書又は発行登録書の提出が必要となる。	204頁

	有価証券届出書又は発行登録書を提出するまでは募集株式に係る「勧誘」を行うことができないこととなっているが、投資家との事前の接触・協議がこの届出前勧誘に該当しないかという問題がある。	204頁
大量保有報告制度	上場株式の取得により、株券等保有割合が5%を超えた者（大量保有者）は、大量保有報告書を管轄財務局長等に提出しなければならない。	60頁
	議決権株式に転換され得るもの以外の無議決権株式や普通社債等は、大量保有報告制度の対象ではない。	60頁
インサイダー取引規制	新株の発行は、株式の譲渡とは異なり、原則として、インサイダー取引規制の適用は受けない。	205頁
2-2. 証券取引所のルール		
—	上場会社が第三者割当を行う場合、証券取引所のルールにより、一定の例外を除き、払込金額が割当先に特に有利でないことに係る適法性に関する監査役又は監査委員会の意見等を得たうえで、これを適時開示において開示する必要がある。	205頁
	上場会社が行う第三者割当が「希薄化率25%以上となる場合」や「支配株主が異動することとなる場合」には、①経営者から一定程度独立した者による当該割当の必要性及び相当性に関する意見の入手、又は、②当該割当に係る株主総会の決議等による株主の意思確認が必要となる。	205頁
3. 株式発行		
3-1. 募集株式の発行		
募集事項	募集株式を発行するためには、所定の募集事項を決定しなければならない。	207頁
現物出資	出資は、金銭以外の財産で行うことも可能であり、これを「現物出資」という。	208頁
	現物出資の場合、一定の例外を除き、検査役の調査が必要となる。	208頁
資本金	資本金の多寡によって、会社法・税法その他法律に基づく規律や扱いが異なる。	210頁
3-2. 総数引受契約		
—	総数引受契約を締結することにより、募集株式の申込み及び募集株式の割当ての手続を省略することが可能となる。	211頁

	総数引受契約を締結するためには、取締役会設置会社では取締役会の決議が必要である。	213頁
4. 前提条件及びクロージング		
4-1. クロージングの前提条件		
—	取引の実行、すなわち、クロージングを行うための前提条件を、発行会社及び株式引受人のそれぞれについて適切に定めておく必要がある。	215頁
	前提条件が充足されなかった場合でも、充足されたのと同様に取り扱うための、“条件の放棄”に関する規定を設けることもある。	82頁
	前提条件充足のためのタイムリミット、すなわち、Long Stop Date を適切に設定しておく必要がある。	86頁
4-2. クロージング		
クロージングの内容	株式引受契約の履行（クロージング）として、発行会社及び株式引受人が具体的に何を行うかを明確に規定する必要がある。	216頁
	株式引受人によるクロージングは払込金額の払込みであるが、これに関して、仮想の払込みである「見せ金」に該当しないか否かに注意が必要となる。	218頁
	発行会社によるクロージングは、株主名簿の記載及び交付（その準備）である。	218頁
クロージングの準備	クロージングは、予め合意されたクロージング日に行われるが、その前日又は数日前に関係者間でクロージングの準備（プレ・クロージング）を行っておくことがある。	218頁
ガンジャンピング	クロージング前であるにもかかわらず、既に取引がクロージングされたかのような行動をとることが、独占禁止法又は金融商品取引法上のガンジャンピングとして違法となる場合がある。	219頁
5. 種類株式		
5-1. 総論		
概略	株式会社は、種類株式、すなわち、会社法108条1項各号に掲げる内容について異なる定めをした内容の異なる株式を発行することができる。	220頁
	権利内容（特にその経済的な内容）が普通株式よりも優先する種類株式を「優先株式」といい、普通株式よりも劣後するものを「劣後株式」という。	221頁
	種類株式を発行するためには、所定の事項を定款に定めなければならない。	222頁

価格	普通株式と種類株式とは、その株価について価格差が生ずる場合がある。	224頁
5-2. 種類		
種類株式の種類	剰余金の配当に関する種類株式	227頁
	残余財産の分配に関する種類株式	231頁
	議決権に関する種類株式	235頁
	株式の譲渡制限に関する種類株式	238頁
	取得請求権付種類株式	241頁
	取得条項付種類株式	252頁
	全部取得条項付種類株式	255頁
	拒否権付種類株式	261頁
	役員選任権付種類株式	264頁
その他	一定の事項に関しては、種類株主で構成される種類株主総会の決議が必要となるが、その一部の事項については、当該決議を不要とすることも可能である。	266頁
	特定の株主については1株2議決権を付与する等、株主ごとの異なる定めを定款で規定することもできる。	268頁
6. 表明保証		
6-1. 表明保証の性質及びその対象事項		
表明保証の性質	日本法の下では、表明保証責任の法的性質は必ずしも明らかではないため、表明保証違反を理由とする補償責任のほか、民法・商法に基づく責任の追及が可能か否かについて規定しておく必要がある。	94頁
	表明保証の相手方（例：表明保証の当事者が発行会社であった場合の株式引受人）の主観的態様が責任の有無及び範囲に影響を与えるか否かについて必ずしも明らかではないため、この点を明示しておくことがある。	95頁
	表明保証の“基準時”について明示しておく必要がある。	97頁
表明保証の主体及び対象事項	株式引受契約の当事者は、原則として、発行会社と株式引受人である。もっとも、発行会社に表明保証違反があった場合の株式引受人の発行会社に対する補償責任追及は、自己の投資先に対する請求（自己の経済的一部に対する請求）となる点に留意する必要がある。	270頁
	株式引受契約の当事者に発行会社のほか、その主要株主を加える場合、主要株主は、自己に関する事項についての表明保証のほか、発行会社に関する事項についても表明保証を求められることがある。	271頁

6-2. 表明保証の限定		
—	表明保証に関する責任を限定するための方法の1つとして、表明保証の対象から除外する一定の事項を契約書別紙（Disclosure Letter）に記載する方法がある。	98頁
	表明保証に関する責任を限定するための方法の1つとして、「重要なものについて保証する」というように、表明保証の対象を「重大性」「重要性」の文言により限定する方法もある。	98頁
	表明保証に関する責任を限定するための方法の1つとして、「知る限り」「知り得る限り」というように、表明保証を行う当事者の認識により限定する方法もある。	99頁
7. コベナンツ		
コベナンツ	株式の発行及び出資の払込みという株式引受契約の主たる義務のほか、これに付随する義務を規定する場合があり、これはコベナンツ（誓約事項）と呼ばれる。	272頁
	コベナンツには、クロージング前の誓約事項である「プレ・クロージング」のものと、クロージング後の誓約事項である「ポスト・クロージング」のものがある。	145頁
プレ・クロージング・コベナンツ	プレ・クロージング・コベナンツとしては、①株式引受けの承認手続の履践、②チェンジ・オブ・コントロールの対応、③許認可の取得・届出、④発行会社の役員の交代、⑤前提条件充足のための努力、⑥デュー・デリジェンスで発見された問題への対応、⑦発行会社の運営、⑧発行会社の情報へのアクセス、⑨表明保証違反等に関する通知等が規定される。	147頁
ポスト・クロージング・コベナンツ	ポスト・クロージング・コベナンツとしては、①経営者株主の競業避止義務、②経営者株主による発行会社へのサービスの提供、③クロージング後の追加的行為、④発行会社の従業員の雇用の継続、⑤キーマン条項等が規定される。	156頁
8. 他の株主との取決め		
—	株式引受けによって、株式引受人と他の既存株主が、発行会社を共同経営することになる場合、発行会社の経営及び運営に関する株主間の取決めが規定されることがある。	273頁
	当該取決めは、株式引受契約の中で規定される場合もあるし、別途合弁契約や株主間契約が締結されることもある。	273頁

9. 補償及び解除等		
9-1. 補償		
補償等	当事者の一方が表明保証又は契約上の義務（例：コベナンツ）に違反した場合に、相手方に対する補償を義務付けるための条項が必要となる。	164頁
補償等	補償の法的性質は、民法上の債務不履行に基づく損害賠償とは必ずしも同一ではないため、補償の要件（どのような場合に補償請求が可能か）及び効果（どこまでの損害・損失が補償の範囲か）を具体的に特定する必要がある。	165頁
補償責任の限定	補償責任は、各当事者にとっての潜在債務となるため、その責任の範囲を「金額」及び「期間」の観点から限定することがある。	167頁
補償責任の限定	補償の金額を限定する場合、その上限のみならず、下限についても規定することがある。	168頁
補償責任の限定	補償の期間を限定する場合、対象会社の決算をきっかけに財務上の問題点が発覚することもあることから、対象会社の決算期をまたぐような補償期間が設定されることが多い。	168頁
9-2. 解除その他契約の終了		
—	取引実行の前提条件が満たされなければ取引の実行を行わないことは可能であるが、取引実行の可能性がなくなった場合にまで契約を存続させることは意味がないため、そのような場合に備え、契約の解除等に関する規定を設けておくのが通常である。	171頁
—	クロージング後は、変更された株主構成の下で様々な利害関係が新たに形成されるため、契約の解除により元の状態に戻すのは困難であり、したがって、契約の解除はクロージング前に限定するのが通常である。	171頁
9-3. 救済方法の限定		
—	契約により解除権や補償請求権の行使条件等を制限することができても、民法に基づく解除や損害賠償請求等、他の法律構成により責任を追及されることになっては、契約による責任制限が骨抜きになってしまうため、救済方法は契約に規定するものに限られ、そのほかに法律上の権利を主張することができない旨合意されることがある。	172頁
—	もっとも、このような条項の有効性を制限する裁判例も存在する。	172頁

株式引受契約書（サンプル）

［*株式発行会社の名称を記載*］（以下「本発行会社」という。）及び［*本発行会社の経営者かつ大株主である者の名称を記載*］（以下「経営者株主」という。）並びに［*株式引受人の名称を記載*］(以下「本投資家」という。）は、本発行会社が発行する株式の本投資家による引受けに関する以下の事項に合意し、ここに契約（以下「本契約」という。）を締結する。なお、本契約の用語の定義は、別紙「用語の定義」に従う。

第１章　募集株式の発行及び引受け

第1.1条（募集株式の発行及び引受け）［本書207頁］

本発行会社は、次に掲げる募集事項に基づき、第三者割当の方法により、募集株式（以下「本発行株式」という。）を発行（以下「本株式発行」という。）し、［　　］株を本投資家に割り当て（以下、本投資家に割り当てられる本発行株式を「本割当株式」という。)、本投資家は当該本割当株式を引き受ける。

⑴　募集株式の数

普通株式［　　］株

⑵　募集株式の払込金額

１株につき［　　］円（以下「本払込金額」という。）

⑶　払込期日

［　　］年［　　］月［　　］日又は当事者が別途合意する日（以下「クロージング日」という。）

⑷　増加する資本金及び資本準備金の額

増加する資本金の額［　　］円

増加する資本準備金の額［　　］円

第1.2条（総数引受契約）［本書211頁］

本発行会社及び本投資家は、本投資家が本割当株式の総数の引受けを行ったことを証するため、［　　］年［　　］月［　　］日又は両者が別途合意する日までに、別紙1.2（総数引受契約）の様式及び内容の会社法第205条に定める総数引受契約を締結する。

第２章　クロージング及びその前提条件

第2.1条（クロージングの前提条件）［本書214頁］

1　第2.2条（クロージング）に定める本発行会社の義務の履行は、次に掲げる条件（以下本項において「本条件」という。）の全てが満たされていることを前提とする。但し、本発行会社は、その任意の裁量により、本条件の未成就を主張する権利の全部又は一部を放棄することができる。

(1)　第3.2条（本投資家による表明保証）に規定する本投資家の表明及び保証が、本契約締結日及びクロージング日において、重要な点につき真実かつ正確であること

(2)　本投資家が、本契約に基づきクロージング日までに履行又は遵守すべき本投資家の重要な義務を全て履行又は遵守していること

(3)　本投資家が独占禁止法第10条第２項に基づく届出を行い、同条第８項に定める待機期間が満了したこと

(4)　本発行会社が本条各号記載の条件の充足を確認するため合理的に要求する書面が、本投資家から本発行会社に対して交付されていること

2　第2.2条（クロージング）に定める本投資家の義務の履行は、次に掲げる条件（以下本項において「本条件」という。）の全てが満たされていることを前提とする。但し、本投資家は、その任意の裁量により、本条件の未成就を主張する権利の全部又は一部を放棄することができる。

(1)　第3.1条（本発行会社等による表明保証）に規定する本発行会社（経営者株主を含む。第２号及び第５号において同じ。）の表明及び保証が、本契約締結日及びクロージング日において、重要な点にお

いて真実かつ正確であること

(2) 本発行会社が、本契約に基づきクロージング日までに履行又は遵守すべき本発行会社の重要な義務を全て履行又は遵守していること

(3) 本投資家が独占禁止法第10条第２項に基づく届出を行い、同条第８項に定める待機期間が満了したこと

(4) 本契約締結日からクロージング日までの間に、本発行会社の運営、資産又は財務状況に重大な悪影響を及ぼす事項が発生していないこと

(5) 本投資家が本条各号記載の条件の充足を確認するため合理的に要求する書面が、本発行会社から本投資家に対して交付されていること

第2.2条（クロージング）［本書216頁］

1 本投資家は、本契約の規定に従い、本発行会社に対して、クロージング日に、本払込金額に本割当株式の数を乗じた金額（具体的金額は第１号に規定するとおり。以下「本払込金額総額」という。）を、第２号に規定する金融機関口座に振込送金する方法により払い込む（以下、当該払込みを「本払込」という。）。

(1) 本払込金額総額 ［　　　　］円

(2) 金融機関口座

金融機関名　：［　　　　］

店名　：［　　　　］

口座種別　：［　　　　］

口座番号　：［　　　　］

口座名義人　：［　　　　］

2 本発行会社は、本契約の規定に従い、クロージング日に、本払込と引換えに、次に掲げる事項を行う。

(1) 本投資家を、本割当株式の株主として、株主名簿に記載又は記録すること

(2) 前号に従い記載又は記録した株主名簿を、本投資家に対し、交付すること

第３章　表明及び保証

第3.1条（本発行会社等による表明保証）［本書270頁］

1　本発行会社は、本投資家に対し、本契約締結日及びクロージング日において（但し、別途時点が明示されている場合にはその時点において）、別紙3.1（本発行会社等による表明保証事項）第１項記載の事項が真実かつ正確であることを、表明し、保証する。

2　経営者株主は、本投資家に対し、本契約締結日及びクロージング日において（但し、別途時点が明示されている場合にはその時点において）、別紙3.1（本発行会社等による表明保証事項）第２項記載の事項が真実かつ正確であることを、表明し、保証する。

第3.2条（本投資家による表明保証）

本投資家は、本発行会社及び経営者株主に対し、本契約締結日及びクロージング日において（但し、別途時点が明示されている場合にはその時点において）、別紙3.2（本投資家による表明保証事項）記載の事項が真実かつ正確であることを、表明し、保証する。

第４章　クロージング前の誓約事項

第4.1条（内部手続の履践）［本書147頁］

本発行会社は、クロージング日までに、株主総会決議その他本株式発行を実施するために必要となる一切の内部手続を履践するものとする。

第4.2条（チェンジ・オブ・コントロールの対応）［本書147頁］

1　本発行会社は、クロージング日までに、次に掲げる契約について、本払込の後も当該契約を解除せず、本契約締結日以前における条件と実質的に同じ条件で当該契約に基づく取引を継続することについて、本投資家が合理的に満足する内容の書面による同意を当該契約の相手方から取得するべく、合理的な努力を行うものとする。

(1) ［*契約の相手方を記載*］との間の［*締結日を記載*］日付「［*契約名を記載*］契約」

(2) ……［*チェンジ・オブ・コントロール条項が含まれる契約を記載*］

2 本発行会社は、クロージング日までに、次に掲げる契約について、当該契約の相手方に対し、当該契約の定めに従って、本株式発行について必要となる通知を行わせるものとする。

(1) ［*契約の相手方を記載*］との間の［*締結日を記載*］日付「［*契約名を記載*］契約」

(2) ……［*チェンジ・オブ・コントロール条項が含まれる契約を記載*］

第4.3条（許認可の取得・届出）［本書150頁］

1 本投資家は、本契約締結後遅滞なく、本株式発行のために必要な独占禁止法第10条第2項に基づく事前届出を行うものとする。

2 本発行会社は、本投資家による独占禁止法第10条第2項に基づく事前届出の書類作成等に協力するものとする。

第4.4条（本発行会社の役員の交代）［本書151頁］

本発行会社は、クロージング日までに、次に掲げる取締役及び監査役がクロージング日付で本発行会社の取締役及び監査役を辞任する旨の辞任届を、本投資家に対して提出する。

(1) ［*取締役／監査役の氏名を記載*］氏

(2) ……

第4.5条（前提条件充足のための努力）［本書152頁］

1 クロージング日までの間、本発行会社は第2.1条（クロージングの前提条件）第1項各号に定める条件を、本投資家は第2.1条（クロージングの前提条件）第2項各号に定める条件を、それぞれ充足させるように合理的な努力を尽くすものとする。

2 第2.1条（クロージングの前提条件）に定める条件のいずれかについて充足が不可能であることが明らかになった場合には、本発行会社及び本投資家は本株式発行の遂行、本契約の修正、解約、その他の対応について誠実に協議するものとする。

第4.6条（特定事項の履践）［本書152頁］

本発行会社は、クロージング日までに、別紙4.6（要改善事項）記載の事項を履践・実施するものとする。

第4.7条（本発行会社の運営）［本書153頁］

1　本発行会社は、本契約締結日以降クロージング日までの間、本契約において別途企図されているか又は本投資家が別途書面で同意する場合を除き、善良なる管理者の注意をもって、かつ、過去の業務と矛盾しない通常の業務の範囲内において、その事業を運営するものとする。

2　本発行会社は、本契約締結日以降クロージング日までの間、本契約において別途企図されているか又は本投資家が別途書面で同意する場合を除き、次の行為を行わないものとする。

⑴　合併その他の組織再編行為

⑵　定款変更

⑶　株式、新株予約権、新株予約権付社債その他株式若しくは株式を取得できる権利の発行

⑷　［　　］円以上の借入若しくは担保設定その他本発行会社の財産状態又は損益状況に大幅な変化をもたらすような行為

⑸　本株式発行の実行に重大な影響を及ぼしうる行為

第4.8条（本発行会社の情報へのアクセス）［本書154頁］

本発行会社は、本契約締結日以降クロージング日までの間、本投資家が合理的に要請する場合、本投資家が通常の営業時間内に、本発行会社の業務に影響を及ぼさない範囲で、本発行会社の帳簿類、契約書、議事録、資料、コンピュータ・ファイル、事務所等の施設及び財産並びに役員及び従業員に対してアクセスできるようにするものとする。

第4.9条（表明保証違反等に関する通知）［本書155頁］

本契約当事者は、本契約締結日以降、クロージング日までの間に、次の事項が判明した場合、直ちに相手方に対し当該内容を、合理的な範囲で

詳細な説明を付して、書面により通知する。

(1) 第3.1条（本発行会社等による表明保証）及び第3.2条（本投資家による表明保証）に定める自己の表明及び保証が不正確であったこと又はクロージング日において不正確になるであろうこと

(2) 本契約の違反

(3) 第2.1条（クロージングの前提条件）に定める本契約当事者の義務の前提条件が充足しないこと

第4.10条（経営者株主の義務）

経営者株主は、本発行会社をして、本章（クロージング前の誓約事項）及び次章（クロージング後の誓約事項）に規定する本発行会社の義務を遵守させる義務を負うものとし、本発行会社が当該義務のいずれかに違反した場合、経営者株主は、本発行会社が本投資家に対して負うのと同等の責任を負担するものとする。

第5章　クロージング後の誓約事項

第5.1条（競業避止義務）［本書156頁］

1 経営者株主は、クロージング日からクロージング後［　　］年間を経過するまでの間、［*競業避止義務の対象地域を記載*］において、本発行会社が本契約締結日において行っている事業と競合する事業を直接又は間接に行ってはならない。

2 経営者株主は、本契約締結日からクロージング後［　　］年間を経過するまでの間、自ら又はその関係者を通じて、本発行会社の役員又は従業員を勧誘し、本発行会社からの退職を促し、又はその他何らの働きかけも行ってはならない。

第5.2条（経営者株主によるサービスの提供）［本書157頁］

経営者株主は、クロージング日からクロージング後［　　］年間を経過するまでの間、売主が本契約締結日に本発行会社に対して提供している別紙5.2（サービス一覧）記載のサービスを、同別紙記載の条件で本発行会社に対して提供する。

第5.3条（クロージング後の追加的行為）［本書158頁］

各当事者は、クロージング後も引き続き、本契約において企図されている取引を完全に実行し、これを有効ならしめるために合理的に必要であるか、適当であるか又は望ましい行為（書面の作成を含むがこれに限られない。）を行うものとする。

第5.4条（本発行会社の従業員の雇用の継続）［本書159頁］

本投資家は、クロージング後当面の間、本発行会社における従業員の雇用を維持し、現状の雇用条件を維持するものとする。

第5.5条（キーマン条項）［本書159頁］

1　本発行会社は、［*キーマンの氏名を記載*］（以下「甲」という。）をして、本投資家の事前の承諾を得ることなく、本発行会社の取締役を任期満了前に辞任しないようにさせるものとし、また、任期満了時に本発行会社の取締役として再任されることを拒否しないようにさせるものとする。

2　本発行会社は、甲をして、本発行会社の経営及び業務に専念させるものとし、本投資家の事前の承諾を得ることなく、次に掲げる事項を行ってはならない。

(1)　他の会社、団体又は組織の役員又は従業員の兼務又は兼職

(2)　他の会社、団体又は組織の発行する株式等の保有又は取得

3　本発行会社は、甲をして、本発行会社の株主、取締役、監査役又は従業員としての地位にある間及び本発行会社の株主、取締役、監査役又は従業員のいずれでもなくなった日から［　　］年間が経過するまでは次に掲げる事項を行わせないものとする。

(1)　自ら又は第三者をして、本発行会社が行い、また、将来行う予定のある事業と競合する事業

(2)　前号に規定する事業を行う他の会社への就職又は役員、執行役員、参与若しくは顧問等への就任、並びに、当該会社の株式等の持分の所有及び取得、及び、当該会社への融資その他の資金供与

4　本発行会社は、甲をして、本発行会社の株主、取締役、監査役又は従業員としての地位にある間及び本発行会社の株主、取締役、監査役又は従業員のいずれでもなくなった日から［　　］年間が経過するまでは、自ら又は第三者をして、本発行会社の従業員、役員、執行役員、参与及び顧問等に対して、退職、退任、独立又は転職等の勧誘又は勧奨を行わせないものとする。

第６章　株主間の取決め

株主間の取決めとして記載すべき事項については、合弁契約書のサンプルを参照されたい（▸▸▸284頁）。

第７章　補償及び解除

第7.1条（補償）［本書164頁］

1　経営者株主及び本発行会社は、次の各号のいずれかの事由に起因又は関連して本投資家が損害（これには、一切の直接損害、間接損害、損失、逸失利益、債務、クレーム、責任又は費用（合理的な範囲の弁護士報酬を含むがこれに限られない。）が含まれる。以下本条において同じ。）を被った場合、本契約に定める条件に従って、連帯して、本投資家の損害を補償する。

⑴　第3.1条（本発行会社等による表明保証）に定める表明及び保証の違反

⑵　本契約上の経営者株主又は本発行会社の義務の違反

2　本投資家は、次の各号のいずれかの事由に起因又は関連して経営者株主又は本発行会社が損害を被った場合、本契約に定める条件に従って、当該損害を補償する。

⑴　第3.2条（本投資家による表明保証）に定める表明及び保証の違反

⑵　本契約上の本投資家の義務の違反

第7.2条（補償に係る限定）［本書166頁］

1　第7.1条（補償）に基づく補償請求における補償額の総額は、いかなる場合であってもそれぞれ［*補償の上限額を記載*］円を超えないものとする。

2　第7.1条（補償）に基づく補償請求については、それぞれ、1つの事由に基づく違反により生じた損害が［*補償の下限額を構成する個々の損害額を記載*］円を超過するものの合計額が［*補償の下限額を記載*］円を超過した場合にのみ（但し、発生した損害の全額について）補償義務が発生するものとする。

3　第7.1条（補償）に基づく補償請求については、補償を請求する当事者が、違反した行為者に対し、クロージング日から［　　］年が経過するまでに補償請求事由を具体的に記載した書面による通知を行った場合に限り認められる。

第7.3条（本契約の終了）［本書169頁］

1　次の各号のいずれかに該当する事由が生じた場合、当事者の一方は、クロージング日の前日までの間に限り、相手方当事者に対して書面で通知することにより、直ちに本契約を解除することができる。

⑴　第3.1条（本発行会社等による表明保証）及び第3.2条（本投資家による表明保証）に定める当事者の表明及び保証のいずれかに重要な点において違反があること、又は、本契約に基づき当事者が遵守すべき義務のいずれかに重要な点において違反があることが判明し、相手方当事者より書面による催告を受けたにもかかわらず、［　　］営業日以内に当該違反を是正できなかった場合

⑵　本発行会社について、法的倒産手続等の開始申立てがなされた場合

⑶　本発行会社について、支払不能、支払停止又は銀行取引停止処分がなされた場合

⑷　第2.1条（クロージングの前提条件）に定める当事者の義務履行の前提条件がクロージング日において充足されないことが明らかとなった場合

2　前項に定める場合のほか、本契約は以下の各号のいずれかに該当する場合に終了する。

(1)　当事者全員が本契約を終了することに書面により合意した場合

(2)　[　　] 年 [　　] 月 [　　] 日までに第2.1条（クロージングの前提条件）に定める当事者の義務履行の前提条件が充足されず、本払込が行われなかった場合

3　本契約の終了は将来に向かってのみその効力を生じ、本契約に別段の定めがある場合を除き、本契約終了前に本契約に基づき発生した権利及び義務は本契約終了による影響を受けない。

4　本契約が終了した場合でも、次に掲げる規定及び本条項の規定は、本契約終了後 [　　] 年間、引き続きその効力を有するものとする。

(1)　第 [　　] 条第 [　　] 項

(2)　第 [　　] 条第 [　　] 項

(3)　……

第7.4条（救済方法の限定）［本書171頁］

本契約のいずれかの当事者が本契約に基づく義務に違反した場合又は当該当事者の表明・保証に違反があった場合、本契約の他の当事者が有する権利は、第7.1条（補償）に定める補償の請求及び第7.3条（本契約の終了）に定める本契約の解除・終了に限られる。これらの権利を除き、本契約の各当事者は、債務不履行責任、瑕疵担保責任、不法行為その他法律構成の如何を問わず、本契約に関連して権利を行使することはできない。

第8章　一般条項

第8.1条（秘密保持）［本書376頁］

1　本契約の当事者は、本契約に関する交渉の存在、経緯及び内容、本契約の存在及び内容、その他本契約の交渉、締結又は履行に関連して他の当事者から開示を受けた情報（以下「秘密情報」という。）を本契約の目

的にのみ用いるものとし、当該他の当事者の事前の書面による同意なく第三者に開示又は漏洩しない。

2 前項の規定にかかわらず、次の各号のいずれかに該当する情報については秘密情報には含まれない。

(1) 情報受領時において既に公知となっている情報

(2) 情報を受領した後、自らの責めによらずに公知となった情報

(3) 自らが秘密保持義務を負うことなく第三者より適法に取得した情報

(4) 自らが相手方当事者から開示される以前から適法に所有していた情報

(5) 秘密情報とは無関係に自らが独自にかつ適法に取得した情報

3 次の各号のいずれかに該当する場合、第1項の規定は適用しない。

(1) 各当事者が適用法令又は規則に従い必要最小限度においてかかる情報の開示を行う場合（監督官庁、裁判所、金融商品取引所等の公的機関に対して行う回答、報告、届出、申請等を含むがこれらに限られない。）。なお、かかる開示を行う場合には、当該当事者は当該開示前に（但し、事前開示が不可能な場合に限り、開示後速やかに）、相手方当事者に通知しなければならない

(2) 当事者が、各々、自己の責任において自己の取締役等若しくは従業員、ファイナンシャル・アドバイザー、弁護士、公認会計士その他の直接又は間接のアドバイザー若しくは代理人に対してかかる情報を開示する場合。但し、本条と同様の秘密保持義務を法律上又は契約上負うことを条件とする

第8.2条（公表）［本書380頁］

1 本契約の当事者は、事前にその内容、方法及び時期について当事者全員が合意した場合に限り、本契約締結の事実及び本契約の内容を公表することができる。

2 前項にかかわらず、本契約の当事者は、法令又は金融商品取引所の規則等に従い開示が要請される場合には、本契約締結の事実及び本契約の内容について、当該要請に基づいて必要とされる限度で公表することができる。但し、本項に基づいて公表を行う当事者は、その内容及び方法について実務上可能な限り他の当事者と事前に協議しなければならない。

第8.3条（準拠法）［本書382頁］

本契約の準拠法は日本法とし、日本法に従って解釈される。

第8.4条（裁判管轄）［本書384頁］

1　当事者は、本契約に定めのない事項又は本契約の解釈に関し何らかの疑義が生じた場合には、誠意をもって協議を行うものとする。

2　本契約に起因又は関連して生じた一切の紛争については、誠実に協議することによりその解決に当たるが、かかる協議が調わない場合には、東京地方裁判所を第一審の専属的合意管轄裁判所として裁判により最終的に解決する。

第8.5条（完全合意）［本書392頁］

本契約は、本契約の対象事項に関する当事者間の完全な合意及び了解を構成するものであり、書面によるか口頭によるかを問わず、かかる対象事項に関する当事者間の本契約締結前の全ての合意及び了解に取って代わる。

第8.6条（正本）［本書393頁］

1　本契約は、1個又は複数の正本で締結することができる。各々の正本は、原本とみなされるが、当該正本全ては、1個の、かつ同一の文書を構成する。

2　本契約は、各自が署名した文書を、PDFにして電子メールに添付することによって、又はファクシミリの送受信によっても締結することができる。

第8.7条（言語）［本書397頁］

本契約は、日本語を正文とする。本契約につき、参考のために日本語以外の言語による翻訳文が作成された場合でも、日本語の正文のみが契約としての効力を有するものとし、当該翻訳文はいかなる効力も有しないものとする。

第8.8条（分離可能性）［本書398頁］

本契約のいずれかの規定が、理由の如何にかかわらず、無効、違法又は強制不能と判断された場合においても、本契約の残りの規定の有効性、適法性及び強制可能性は、そのことにより一切影響を受けない。

第8.9条（見出し）［本書399頁］

本契約の見出しはもっぱら便宜上のものであり、本契約の解釈に影響を与えないものとする。

第8.10条（費用負担）［本書400頁］

本契約において別段の定めがある場合を除き、本契約の締結及び履行に係る費用（ファイナンシャル・アドバイザー、弁護士、公認会計士、税理士その他のアドバイザーに係る費用を含むがこれらに限られない。）は、各自がこれを負担する。

第8.11条（契約上の地位の移転の禁止）［本書401頁］

当事者は、他の当事者の書面による事前の承諾を得ない限り、本契約上の地位又は本契約に基づく権利義務につき、直接又は間接を問わず、第三者に譲渡、移転若しくは承継させ、又は担保権の設定その他一切の処分をしてはならない。

第8.12条（通知）［本書402頁］

本契約に関連してなされる全ての通知は、以下の連絡先に書面による手交、配達証明郵便、ファクシミリ（送信記録付き）又は電子メールによる送付により行うものとする。

本発行会社	住所	○○県○○市○○…
	宛名	○○○○
	ファクシミリ	○○○○
	電子メール	○○○○

経営者株主	住所	○○県○○市○○…
	宛名	○○○○
	ファクシミリ	○○○○
	電子メール	○○○○
本投資家	住所	○○県○○市○○…
	宛名	○○○○
	ファクシミリ	○○○○
	電子メール	○○○○

第8.13条（修正及び放棄）［本書403頁］

1　本契約の規定の修正又は変更は、本契約の全ての当事者の書面による合意がなければ、その効力を生じない。

2　当事者のいずれか一方が相手方による本契約のいずれかの規定の履行を要求せず、又はその要求が遅れた場合であっても、そのことは、当該規定に悪影響を及ぼすものではない。当事者のいずれか一方が相手方による本契約の規定の違反に対する権利を放棄しても、その後の同じ規定の違反に対する権利を当該当事者が放棄したとはみなされない。

【別紙】

用語の定義

「A種優先株主」	A種優先株式を所有する株主
「A種優先株主等」	定款第6.2条第1項の定義に従う
「A種優先残余財産分配額」	定款第6.3.1条第1項の定義に従う
「A種優先残余財産分配総額」	定款第6.3.1条第2項の定義に従う
「A種優先転換比率」	定款第6.6.4条の定義に従う
「A種優先登録質権者」	A種優先株式の登録株式質権者（会社法149条参照）
「A種優先配当額」	定款第6.2条第1項の定義に従う
「合併等」	定款第6.3.2条第1項の定義に従う
「既発行株式数」	定款第6.6.6条第1項の定義に従う
「クロージング日」	第1.1条の定義に従う
「償還請求」	定款第6.6.2条第1項の定義に従う
「償還請求期間」	定款第6.6.2条第1項の定義に従う
「潜在株式」	定款第6.6.6条第1項の定義に従う
「転換請求」	定款第6.6.4条の定義に従う
「普通株主」	普通株式を所有する株主
「普通株主等」	定款第6.2条第1項の定義に従う
「普通登録質権者」	普通株式の登録株式質権者（会社法149条参照）
「秘密情報」	第8.1条の定義に従う
「分割等対価額」	定款第6.6.2条第2項の定義に従う
「本株式発行」	第1.1条の定義に従う
「本条件」	第2.1条第1項で用いられる場合は同項の定義に、同条第2項で用いられる場合は同項の定義に、それぞれ従う

「本発行株式」 第1.1条の定義に従う

「本払込」 第2.2条の定義に従う

「本払込金額」 第1.1条の定義に従う

「本払込金額総額」 第2.2条の定義に従う

「本割当株式」 第1.1条の定義に従う

「優先分配後残余財産」 定款第6.3.1条第3項の定義に従う

「優先分配後残余割当株式等」 定款第6.3.2条第3項の定義に従う

「割当株式等」 定款第6.3.2条第1項の定義に従う

別紙1.2（総数引受契約）

〔省略〕

別紙3.1（本発行会社等による表明保証事項）

1 〔省略〕

2 〔省略〕

別紙3.2（本投資家による表明保証事項）

〔省略〕

別紙4.6（要改善事項）

1 クロージング日までに、労働基準法第36条に基づく労使協定を管轄の労働基準監督署へ届出させること。

2 ［*デュー・デリジェンスで発見された要改善事項を記載*］

別紙5.2（サービス一覧）

1 顧客管理システム「○△システム」を、1アカウントにつき月額△×円（税込）で提供すること

2 ［*売主が対象会社に対して提供していたサービスのうち、クロージング後も必要となるものを記載*］

3-1 株式引受契約の概要

1 契約の構成

【概略】 株式引受契約は、ある会社（対象会社）が新たに発行した株式を引き受けるための契約である。したがって、株式引受契約の当事者は、通常、「**株式を発行する会社**」（本発行会社）と「**株式を引き受ける者**」（本投資家）であるが、「**発行会社の株主**」も契約の当事者に含まれる場合がある。契約書サンプルでは、次の図のような当事者関係が想定されている。

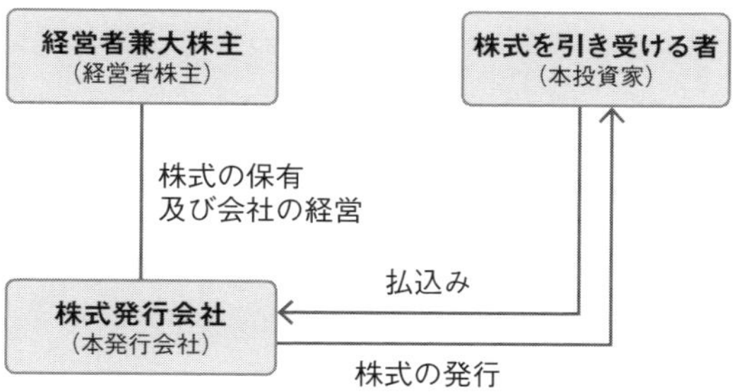

【契約の内容】 株式引受契約では、「**株式の発行及びその引受け、並びに金銭等による払込み**」という契約の要素に関する事項のほか、**取引の実行**（履行）に関する事項（クロージングやその前提条件）、**取引に付随する表明や誓約**に関する事項（表明保証やコベナンツ）、**契約違反の場合の規律**（補償や契約の終了）、その他一般条項が規定される。

また、株式引受取引のみによって引受人が発行会社の株式の100%を取得することはなく、通常、発行会社は既存株主（上図の「経営者株主」等）と引受人が共同所有する会社となる。この場合、**対象会社の経営や運営に関する事項**についての合意も必要となり、これについては合弁契約や株主間契約が別途締結されるか（…277頁）、又は、これらの事項が株式引受契約の中で規定されることになる。

【サンプルの構成】 契約書サンプルは、次のような構成となっている。なお、上記のとおり、取引後の対象会社が、既存株主と引受人の共同所有となる場合、契約書サンプル第６章のような規定を設けるか、又は、合弁契約や株主間契約を別途締結することになる。

第１章　募集株式の発行及び引受け

第1.1条（募集株式の発行及び引受け）、第1.2条（総数引受契約）

第２章　クロージング及びその前提条件

第2.1条（クロージングの前提条件）、第2.2条（クロージング）

第３章　表明及び保証

第3.1条（本発行会社等による表明保証）、

第3.2条（本投資家による表明保証）

第４章　クロージング前の誓約事項

第4.1条（内部手続の履践）、

第4.2条（チェンジ・オブ・コントロールの対応）、

第4.3条（許認可の取得・届出）、第4.4条（本発行会社の役員の交代）、

第4.5条（前提条件充足のための努力）、第4.6条（特定事項の履践）、

第4.7条（本発行会社の運営）、第4.8条（本発行会社の情報へのアクセス）、

第4.9条（表明保証違反等に関する通知）、第4.10条（経営者株主の義務）

第５章　クロージング後の誓約事項

第5.1条（競業避止義務）、第5.2条（経営者株主によるサービスの提供）、

第5.3条（クロージング後の追加的行為）、

第5.4条（本発行会社の従業員の雇用の継続）、第5.5条（キーマン条項）

第６章　株主間の取決め

〔省略〕

第７章　補償及び解除

第7.1条（補償）、第7.2条（補償に係る限定）、第7.3条（本契約の終了）、

第7.4条（救済方法の限定）

第８章　一般条項

2 プロセス及びスケジュール

〔逆引法務315頁〕

【概略】 株式引受に係るプロセスは、株式譲渡のそれと概ね同様である。詳細はChapter 2・2-1・2「プロセス及びスケジュール」を参照されたい（▸▸▸42頁）。

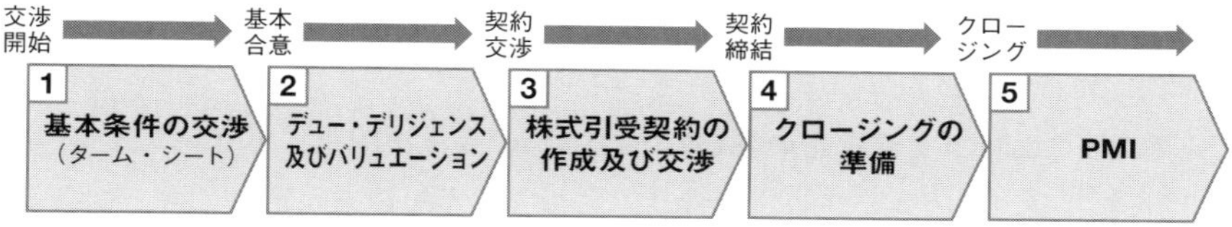

【株式発行のための機関決定】 株式発行のために必要となる会社法上の機関決定は、①当該会社が公開会社か非公開会社か[1]、②株主割当か第三者割当か[2]、③特に有利な金額での発行かそうでないかにより（▸▸▸202頁）、手続が以下のように異なる（📖伊藤・会社法310頁、📖江頭・会社法716頁）。なお、表中の括弧内は会社法の条文を表し、例えば「202 I ③」とあるのは「会社法202条1項3号」を表す。

	公開会社	非公開会社
株主割当	• 取締役会の決議（202 I ③） • 有利発行の場合でも株主総会決議は不要	• 原則、株主総会の特別決議（202 Ⅲ④） • 定款の定めがある場合は、取締役会の決議（202 Ⅲ②）
第三者割当	【有利発行以外の場合】 • 取締役会の決議（201 I・199 Ⅱ） 【有利発行の場合】 • 原則、株主総会の特別決議（199 Ⅱ） • 株主総会特別決議による委任がある場合は取締役会の決議（200 I）	• 原則、株主総会の特別決議（199 Ⅱ・309 Ⅱ⑤） • 株主総会特別決議に基づく委任がある場合は、取締役会の決議（200 I）

〔1〕 会社法上、「公開会社」とは、その発行する全部又は一部の株式の内容として譲渡による当該株式の取得について株式会社の承認を要する旨の定款の定めを設けていない株式会社のことであり（会社法2条5号）、それ以外の会社を一般に「非公開会社」と呼ぶ。譲渡制限のない株式が1株でも発行されていれば、当該会社は「公開会社」に分類される。また、「公開会社」と「上場会社」（▸▸▸201頁）とは異なる概念であるため（非上場会社の中にも公開会社は存在する）、注意を要する。

【授権資本制度】 会社法では、**授権資本制度**、すなわち、定款で定められた発行可能株式総数（会社法37条）の範囲内で、都度定款変更を行うことなく、適宜株式を発行することができる制度が採用されている（📖伊藤・会社法308頁、📖江頭・会社法736頁）。公開会社では、原則として取締役会が株式発行に関する決定権限を有するため[3]、既存株主の持株比率の希薄化に対する歯止めとして、①**発行可能株式総数は設立時発行株式の4倍を上限**とする規制（同37条3項）や、②**定款変更により事後的に発行可能株式総数を変更する場合でも既発行株式の4倍を上限**とする規制（同113条3項1項）が設けられている。

【公開会社における支配株主の異動】 2014年の会社法改正により、公開会社における第三者割当方式による募集株式の発行で、支配株主の異動を伴うもの（引受人が当該株式発行後に保有することになる株式数が総株主の決議件数の50%を超える場合）については、特別の規制が課せられることとなった（📖伊藤・会社法310頁、📖江頭・会社法762頁）。詳細は、Chapter 3・3-2・①(3)「第三者割当の場合」を参照されたい（▸▸▸203頁）。

3 関連論点

【概略】 「基本合意書」「ターム・シート」「取引保護条項」についての詳細は、Chapter 2・2-1「株式譲渡契約の概要」を参照されたい（▸▸▸44頁）。

---

[2] 株主割当とは、一定の日における既存の株主に対して、持株数に応じて新株の割当てを受ける権利を与える方法をいう。各株主の持株数に応じて割当てを受ける権利を与えない場合は、たとえ割当先が既存株主であっても株主割当とはならない。

[3] これに対して、非公開会社では、株式発行について、原則として株主総会の決議が必要となるため、既存株主の利益調整は当該株主総会の手続の中で解決される建前をとっている。

3-2 上場株式の取得

1 決定機関

(1) 概要

【概略】 上場会社が株式を発行する場合の決定機関は、それが株主割当によるものか又は第三者割当によるものか、いわゆる有利発行によるものかそうでないかによって、次のとおり整理できる（▸▸▸199頁）。

	株主割当	第三者割当
有利発行以外	• 取締役会決議	• 取締役会決議
有 利 発 行	• 取締役会決議	• 原則、株主総会特別決議 • 但し、株主総会の決議で取締役会に募集事項の決定を委任した場合は、取締役会の決議

なお、募集株式の発行のために必要な手続として、上記の機関決定のほか、次頁の図のような各種手続が必要となる（📖八丁堀・スケジュール154頁）。

(2) 株主割当の場合

【概略】 上場会社が株式を発行し、これを既存株主に割り当てる、いわゆる「**株主割当**」の場合、**取締役会**がこれを決定する（会社法202条3項3号）。株価が株式引受人にとって「特に有利な金額」となる、いわゆる「**有利発行**」の場合であっても（▸▸▸202頁）、株主総会決議（同199条2項）は不要である[4][5]（同202条5項）。

---

[4]　会社法202条5項により、同199条2項（株主総会による募集事項の決定）、3項（有利発行を行う場合の取締役の説明義務）、4項（種類株主総会決議）、200条（取締役・取締役会に対する募集事項の決定の委任）、201条（公開会社における募集事項の決定の特則）の各規定は適用されない。

[5]　株主に対する通知は会社法202条4項に基づき行うことになり、これは公告によって代替することはできない（同201条4項参照）。

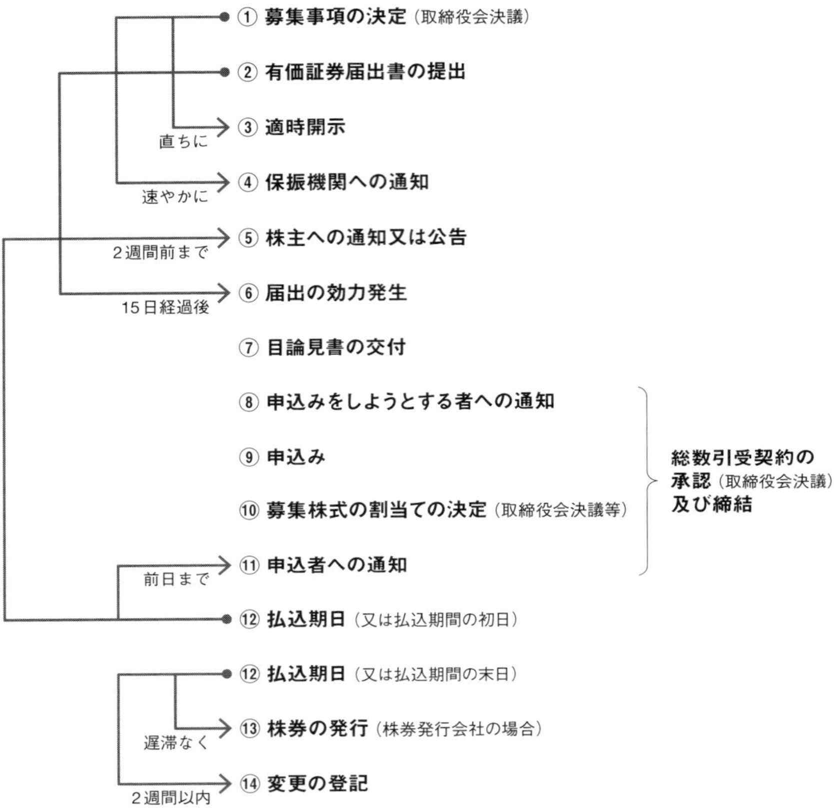

⑶ 第三者割当の場合

【原則】 上場会社が株主割当以外の方法で株式を発行し割当てを行う場合、いわゆる「**第三者割当**」の場合、原則として、**取締役会**がこれを決定する[6]（会社法201条1項により読み替えて適用される199条2項）。

【有利発行の場合】 株価が株式引受人にとって「**特に有利な金額**」となる、いわゆる「**有利発行**」の場合は、**株主総会特別決議**が必要となる（会社法201条1項の適用がなく、199条2項が適用される）。なお、株価がどの程度であれば「特に有利な金

[6] この場合、会社法201条3項の通知又は4項の公告が必要となる。

額」として扱わなければならないかについて会社法上の明確な基準は存在しない。もっとも、日本証券業協会が公表する「第三者割当増資の取扱いに関する指針」によれば、「払込金額は、株式の発行に係る取締役会決議の直前日の価額（直前日における売買がない場合は、当該直前日から遡った直近日の価額）に0.9を乗じた額以上の価額であること。ただし、直近日又は直前日までの価額又は売買高の状況等を勘案し、当該決議の日から払込金額を決定するために適当な期間（最長６か月）を遡った日から当該決議の直前日までの間の平均の価額に0.9を乗じた額以上の価額とすることができる」とされており、証券会社の発行業務や裁判実務もこれに沿った運用が行われているとの指摘がある。

もっとも、有利発行の場合であっても、株主総会の決議で取締役会に募集事項の決定を委任した場合は、取締役会の決議で足りる[7]（同法200条１項）。

【公開会社における支配株主の異動】 2014年の会社法改正により、公開会社における第三者割当方式による募集株式の発行で、**支配株主の異動を伴うもの**（引受人が当該株式発行後に保有することになる株式数が総株主の決議件数の50%を超える場合）については、特別の規制が課せられることとなった（📖伊藤・会社法310頁、📖江頭・会社法762頁）。すなわち、①会社は、払込期日又は払込期間の初日の２週間前までに、特定引受人に関する事項について、**株主に対して通知**しなければならず（会社法206条の２第１項）、②当該通知日から２週間以内に、総株主の**議決権の10分の１以上を有する株主が会社に対し当該株式引受けに反対**する旨の通知を行った場合、会社は、原則として、**株主総会普通決議による承認**を受けなければならない（同条４項本文）。

2 金融商品取引法上の規制

(1) 公開買付規制

【原則】 新株の発行は、株式の譲渡とは異なり、公開買付規制の対象である「買付け等」には該当しないため、**原則として、公開買付けの手続は必要とはならない**（▸▸▸52頁）。但し、自己株式の処分による株式の取得は「買付け等」に該当す

---

[7] もっとも、株主総会の決議の日から１年以内の募集しかできない（会社法200条３項）。

ることに注意が必要である（📖宮下・金商法98頁、📖山下・金商法274頁）。

【例外】 もっとも、新株の発行が「**急速な買付け**」に該当し、公開買付けの手続が必要となる場合がある（▸▸▸52頁）。

すなわち、市場外取引（又はToSTNet等）による５％を超える買付け等と、それと合わせて10%超となる第三者割当による取得が３か月以内に行われ、結果として株券等所有割合が３分の１超となる場合、当該第三者割当による取得ができなくなる可能性がある。例えば、24%の保有者が９％を市場外で買い付けた後、３か月以内に第三者割当で１％超の株式を取得すると、前者の９％の市場外買付けが遡って公開買付規制違反となるため、後者の第三者割当を受けることができない（📖藤原・M&A契約42頁、📖宮下・金商法95頁、📖山下・金商法274頁）。

⑵ 開示規制

【概略】 上場会社が株式を発行する場合、株主割当・第三者割当いずれについても、新たに株式を発行する場合には「募集」として、また、自己株式を用いる場合は「売出し」として（▸▸▸59頁）、**有価証券届出書**（金商法４条１項）又は**発行登録書**（同23条の３）の提出が必要となる（📖宮下・金商法20頁、📖山下・金商法86頁）。

もっとも、「募集」に該当する場合でも、発行価額が１億円未満の場合には、有価証券届出書の提出義務は生じない（金商法４条１項５号）（📖宮下・金商法29頁、📖山下・金商法101頁）。但し、発行価額が1,000万円超１億円未満の募集については、有価証券通知書を提出しなければならない（同６項）（📖宮下・金商法31頁、📖山下・金商法104頁）。

【届出前勧誘の禁止】 有価証券届出書・発行登録書を提出するまでは募集株式に係る「勧誘」を行うことができないこととなっている（金商法４条１項）。これとの関係で、株式の割当先、すなわち、投資家との事前の接触・協議が、この「届出前勧誘」に該当しないかという問題がある（📖MHM・M&A法大系452頁、📖藤原・M&A契約43頁）。

この点について、金融庁のガイドラインによれば、**割当予定先が限定され、当該割当予定先から第三者割当に係る有価証券が直ちに転売されるおそれが少ない場合**（例えば、資本提携を行う場合、親会社が子会社株式を引き受ける場合等）に該当するときは、割当予定先を選定し、又は当該割当予定先の概況を把握することを目的とした届出前の割当予定先に対する調査、当該第三者割当の内容等に関する割当予定先との協議、その他これに類する行為は有価証券の取得勧誘又は売付け勧誘等には該当しないとされている（開示ガイドラインB2-12ⓘ）。

【事前取引の禁止】 また、有価証券届出書が提出されても、その効力が発生するまでは、募集株式の発行を行うことはできない。もっとも、発行会社としては、公表後に割当先が割当を受けないこととなる事態を回避するため、有価証券届出書の効力発生前に株式引受契約を締結しておきたいというニーズがある。そこで、実務的には、有価証券届出書の効力発生前に株式引受契約を締結するものの、「**株式引受人の払込義務等は、有価証券届出書の効力発生後に行われる申込みがなされて初めて効力が発生する**」旨の規定をおくなどして対応する例がある（📖MHM・M&A法大系454頁、📖藤原・M&A契約44頁）。

(3) インサイダー取引規制

【概略】 新株の発行は、株式の譲渡とは異なり、原則として、インサイダー取引規制上の「売買等」には該当しない（📖宮下・金商法174頁、📖山下・金商法327頁）（▸▸▸60頁）。

もっとも、募集株式の発行を、新たに株式を発行する方法ではなく、自己株式の処分によって行う場合、第三者割当はインサイダー取引規制上の「売買等」に該当する。したがって、この場合は、取引が“クロクロ取引”（▸▸▸60頁）であることの確認条項を求めるといった対応が必要となる（📖藤原・M&A契約45頁）。

3 証券取引所のルール

【概略】 上場会社が第三者割当を行う場合、証券取引所のルールにより、一定の例外を除き、払込金額が割当先に特に有利でないことに係る適法性に関する監査役又は監査委員会の意見等を得たうえで、これを適時開示において開示する必要がある。

また、上場会社が行う第三者割当が以下のいずれかに該当する場合、①経営者から一定程度独立した者による当該割当の必要性及び相当性に関する意見の入手、又は、②当該割当に係る株主総会の決議等による株主の意思確認が必要となる（上場規程432条）。

1 希薄化率が25%以上となる場合[8][9]

2 支配株主が移動することになる場合[10]

[8] 希薄化率とは、「第三者割当により割り当てられる株式に係る議決権の数（潜在株式に係る議決権を含む）」を「第三者割当決定前の発行済株式に係る議決権の数」で割ったものに100を乗じた指標である。例えば、第三者割当増資前に普通株式を100株発行済みで、新たに普通株式を50株発行する場合の希薄化率は、「50%」となる。

[9] 希薄化率が300%を超える場合、上場廃止となる（上場規程601条1項17号、同施行規則601条14項6号）。

[10] 支配株主の異動を伴う場合で、3年以内に支配株主との取引に関する健全性が著しく毀損されていると認められる場合、上場廃止となる（上場規程601条1項9号の2、同施行規則601条9項）。

3-3 株式発行

1 募集株式の発行及び引受け〔逆引法務380頁〕

契約条項例（参考：会社法199条１項、📖MHM・M&A法大系438頁、📖伊藤・会社法309頁、📖江頭・会社法739頁、📖藤原・契約実務41頁）

> **第1.1条（募集株式の発行及び引受け）**
> 本発行会社は、次に掲げる募集事項に基づき、第三者割当の方法により、募集株式（以下「本発行株式」という。）を発行（以下「本株式発行」という。）し、［　　］株を本投資家に割り当て（以下、本投資家に割り当てられる本発行株式を「本割当株式」という。）、本投資家は当該本割当株式を引き受ける。
> (1)　募集株式の数
> 　普通株式［　　］株
> (2)　募集株式の払込金額
> 　１株につき［　　］円（以下「本払込金額」という。）
> (3)　払込期日
> 　［　　］年［　　］月［　　］日又は当事者が別途合意する日（以下「クロージング日」という。）
> (4)　増加する資本金及び資本準備金の額
> 　増加する資本金の額［　　］円
> 　増加する資本準備金の額［　　］円

条項例の概要

【意義】　本条項例は、発行会社が投資家に対して募集株式を発行してこれを割り当て、当該投資家がこれを引き受けるための規定である。

募集株式を発行するためには、次の募集事項を決定しなければならないとされている（会社法199条1項）。

① 募集株式の種類・数（会社法199条1項1号）
② 募集株式の払込金額・算定方法（同2号）
③ 現物出資を行う場合、その旨及び現物出資財産の内容・価額（同3号）
④ 払込期日又は払込期間（同4号）
⑤ 株式を発行するときは、増加する資本金・資本準備金に関する事項（同5号）

本条項例では、投資家が金銭出資を行うことを前提に、上記①（本条項例第1号）、②（同第2号）、④（同第3号）及び⑤（同第4号）について規定している。

【趣旨】 発行会社が、「非公開」「取締役会設置」「株券不発行」であることを前提とすると、株式の発行手続は次のとおりである[11]。

[1] 会社による募集事項の決定（株主総会特別決議：会社法199条1項、2項）
[2] 当該募集に対する投資家の申込み（同203条）
[3] [2]に対する会社による株式の割当て（取締役会決議：同204条1項、2項）
[4] [3]により株式の引受人となった投資家による出資の履行

[4]により、投資家は、払込期日を定めた場合は「当該期日」において、また、払込期間を定めたときは「出資の履行をした日」において、当該会社の株主となる（会社法206条、208条、209条）。本条は、上記の[1]～[3]について規定するものである。

現物出資

【意義】 金銭以外の財産による出資（会社法199条1項3号参照）のことを「**現物出資**」という（📖伊藤・会社法42頁・320頁、📖江頭・会社法72頁）。

【手続】 現物出資を行う場合、原則として、検査役の調査を受けなければならな

[11] 総数引受契約（会社法205条）を締結することにより、[2]及び[3]を省略することが可能である。株式引受契約は総数引受契約を兼ねることも可能であるから、本条は、[1]及び総数引受契約の要素について規定する条項であるとも言い得る。なお、株式引受契約とは別に総数引受契約を締結する実益については、Chapter 3・3-3・[2]「総数引受契約」を参照されたい（▸▸▸211頁）。

い[12]（会社法207条1項〜8項）。もっとも、次の場合には、検査役の調査は不要である（同9項）。

1 割当株式の総数が発行済株式総数の10％を超えない場合（会社法207条9項1号）
2 現物出資財産の価額が500万円を超えない場合（同2号）
3 現物出資財産が市場価格のある有価証券で出資価額が法務省令で定める市場価格を超えない場合（同3号）
4 現物出資財産の価額の相当性について、専門家の証明を受けた場合（同4号）
5 弁済期の到来している金銭債権について募集事項として定められた金額が当該金銭債権に係る負債の帳簿価額を超えない場合[13]（同5号）

払込期日・払込期間

【クロージングまでの期間】 払込期日等をいつにするかは、契約締結からクロージング日までにどの程度の期間が必要かによって決まることとなり、当該期間の長短は、①クロージングの前提条件（‣‣‣80頁）として何が必要となるか、②当該前提条件を満たすまでにどの程度の期間が必要となるかによって判断されることになる（藤原・M&A契約119頁）。

---

[12] 現物出資に際して検査役の調査が必要とされるのは、現物出資の目的物が過大に評価され不当に多くの株式が与えられるときは、会社の財産的基礎を危うくして会社債権者を害するとともに、金銭出資をした他の株主との間で不公平となるからである（伊藤・会社法42頁、江頭・会社法72頁）。

[13] これは、「デット・エクイティ・スワップ」(Debt Equity Swap：DES）と呼ばれる出資方法である。これが認められると、募集株式を割り当てる前に、当該財産を会社に売却し、当該売却に係る代金債権を現物出資することで、検査役の調査を回避することが可能となってしまう点について、①検査役の調査を回避するために、デット・エクイティ・スワップを行おうとしても、変更登記の際に添付が求められる金銭債権について記載された会計帳簿（商業登記法56条3号ニ）によって、規制回避が確認されれば、変更登記が認められないことになる、②仮に登記が認められたとすると、もし売買目的物が過大に評価されていたのであれば、取締役等任務懈怠に基づく責任（会社法423条）や、引受人の責任（同212条1項）が問題となることはもちろん、募集事項の現物出資財産の内容を売買目的物とすべきところ、金銭債権として虚偽の申述をした等として、取締役等は会社財産を危うくする罪（同963条2項）に問われることにもなるとの指摘がある（酒巻・逐条解説〈3〉121頁）。

増加する資本金・資本準備金

【資本金】 下表のとおり、資本金が一定額を超えると（会社法及び法人税法上の）「**大会社**」となる。なお、表の括弧内において「法」は法人税法、「措」は租税特別措置法、「地」は地方税法、「会」は会社法をそれぞれ表し、例えば「会348Ⅲ⑤」とある場合「会社法348条3項5号」を意味する。

資本金の額	区分	当該会社に課される規律
1億円超	法人税法上の「大会社」	（以下のような特典を受けることができなくなる） ・軽減税率適用（法66、措42-3-2） ・交際費の定額控除限度額（措61-4） ・少額減価償却資産の全額損金算入（措67-5） ・特定同族会社の留保金課税の不適用（法67） ・欠損金の繰戻しによる還付（法80、措66-13） ・欠損金の繰越控除制度の特例（法57） ・法人事業税の外形標準課税の対象外（地方72-2）
5億円以上	会社法上の「大会社」	・会計監査人の設置義務（会328） ・監査役会・委員会の設置義務（会328）※公開会社のみ ・内部統制システムの決定義務（会348Ⅲ④、362Ⅴ） ・損益計算書の公告義務（会440Ⅰ） ・連結計算書類の作成義務（会444Ⅲ）※有報提出会社のみ

また、資本金の多寡によって、**下請法**の適用の有無も異なってくる。すなわち、下請法は、所定の取引について、取引当事者が同法に規定する「**親事業者**」及び「**下請事業者**」に該当する場合に適用されるところ、この「親事業者」及び「下請事業者」に該当するか否かは、**次表の資本金区分に従い判断**される。

取引の種類	資本金区分	
	親事業者	下請事業者
・製造委託 ・修理委託 ・情報成果物作成委託（プログラム作成） ・役務提供委託（運送、物品倉庫保管、情報処理）	3億円超	3億円以下 （個人含む）
	1千万円超 3億円以下	1千万円以下 （個人含む）
・情報成果物作成委託（上記以外） ・役務提供委託（上記以外）	5千万円超	5千万円以下 （個人含む）
	1千万円超 5千万円以下	1千万円以下 （個人含む）

資本金の額は、定款記載事項ではないが、登記事項である（会社法911条3項5号）。

【資本準備金】 払込みをした財産の額のうち2分の1を超えない額は、「資本金」ではなく「資本準備金」として計上することができる（会社法445条2項・3項）。資本準備金の額は、定款記載事項でも登記事項でもない。

2 総数引受契約

〔逆引法務381頁〕

契約条項例（参考：会社法205条、商業登記法56条1号、📖伊藤・会社法319頁、📖江頭・会社法756頁）

> **第1.2条（総数引受契約）**
> 本発行会社及び本投資家は、本投資家が本割当株式の総数の引受けを行ったことを証するため、［　　］年［　　］月［　　］日又は両者が別途合意する日までに、別紙1.2（総数引受契約）の様式及び内容の会社法第205条に定める総数引受契約を締結する。

条項例の概要

【意義】 本条項例は、株式引受契約とは別に、**総数引受契約**（会社法205条）を締結する旨を規定するものである。

【趣旨】 上記のとおり、総数引受契約を締結することにより、募集株式の申込み（同法203条）及び募集株式の割当て（同法204条）の手続を省略することが可能となるが（同法205条）（▸▸▸208頁）、株式引受契約そのものを総数引受契約を兼ねるものとすれば、別途総数引受契約を締結する必要はないようにも思われる。

しかし、募集株式の発行による変更の登記を行うためには、総数引受契約書を添付書面として登記所に提出しなければならないため[14]（商業登記法56条1号）、投資条件が詳細に記載された株式引受契約書に代えて、必要最小限の内容を記載した総数引受契約書を別途作成し、こちらを登記所に提出することがある。

---

［14］ 登記簿の附属書類の閲覧について利害関係を有する者は、その閲覧を請求することが可能である（商業登記法11条の2）。

総数引受契約の規定事項

【規定事項】 総数引受契約に規定すべき事項については、会社法上明定されていないことから争いがあるも、総数の引受けを行う旨の合意が成されていれば足りると解される[15]（📖NOT・新会社法261頁）。

契約条項例（参考：会社法205条、📖NOT・新会社法261頁）

【別紙】

株式総数引受契約書

株式会社［　　］（以下「本投資家」という。）及び株式会社［　　］（以下「本発行会社」という。）は、次のとおり、会社法205条1項に規定する株式総数引受契約（以下「本契約」という。）を締結する。

第1条（株式の発行及び引受け）

本発行会社は、発行会社の［　　］年［　　］月［　　］日開催の株主総会の決議に基づき、次に掲げる募集事項を決定し、これに基づき第三者割当の方法により募集株式を発行し、本投資家は当該発行に係る株式の総数を引き受ける。

(1)　募集株式の数
　　普通株式［　　］株
(2)　募集株式の払込金額
　　1株につき［　　］円
(3)　払込期日
　　［　　］年［　　］月［　　］日又は当事者が別途合意する日
(4)　増加する資本金及び資本準備金の額

[15]　これに対し、通知・申込み・割当てに関する会社法203条1項各号、同2項及び204条3項の事項について規定する必要がある（登記実務である）と指摘するものとして、太田洋ほか編『新株予約権ハンドブック』（第3版、商事法務、2015年）142頁参照。

増加する資本金の額　[　　　]円
増加する資本準備金の額　[　　　]円

第2条（払込み）
本投資家は、前条第3号に規定する払込期日に、同条第2号に規定する払込金額に同条第1号に規定する募集株式の数を乗じた額の全額を、次の払込取扱銀行に送金する方法により払い込む。
金融機関名：[　　　]
店名　　　：[　　　]
口座種別　：[　　　]
口座番号　：[　　　]
口座名義人：[　　　]

以上を証するため、本契約の当事者は本契約に署名又は記名押印し、各自1通を保有する。

締結のための手続

【当事者が複数の場合】　会社が“複数の契約”で“複数の当事者”との間で総数引受契約を締結することも可能であるが、総数引受契約といい得るためには、実質的に同一の機会に一体的な契約で募集株式の総数の引受けが行われたものと評価し得るものであることを要する（📖相澤・論点解説208頁）。

【締結のための手続】　総数引受契約を締結するために発行会社側でどのような手続が必要かについては争いがあったが、2014年の会社法の改正により、取締役会設置会社では**取締役会**（**取締役会非設置会社では株主総会**）**の決議**が必要であることが明定された（会社法205条2項）。

3-4 前提条件／クロージング

1 前提条件

〔逆引法務333頁〕

契約条項例（参考：民法127条1項、民法533条、📖AIK・契約書作成221頁、📖MHM・M&A法大系240頁・432頁、📖木俣・企業買収305頁、📖藤原・M&A契約133頁、📖淵邊・提携契約389頁）

第2.1条（クロージングの前提条件）

1　第2.2条（クロージング）に定める本発行会社の義務の履行は、次に掲げる条件（以下本項において「本条件」という。）の全てが満たされていることを前提とする。但し、本発行会社は、その任意の裁量により、本条件の未成就を主張する権利の全部又は一部を放棄することができる。

⑴　第3.2条（本投資家による表明保証）に規定する本投資家の表明及び保証が、本契約締結日及びクロージング日において、重要な点につき真実かつ正確であること

⑵　本投資家が、本契約に基づきクロージング日までに履行又は遵守すべき本投資家の重要な義務を全て履行又は遵守していること

⑶　本投資家が独占禁止法第10条第２項に基づく届出を行い、同条第８項に定める待機期間が満了したこと

⑷　本発行会社が本条各号記載の条件の充足を確認するため合理的に要求する書面が、本投資家から本発行会社に対して交付されていること

2　第2.2条（クロージング）に定める本投資家の義務の履行は、次に掲げる条件（以下本項において「本条件」という。）の全てが満たされていることを前提とする。但し、本投資家は、その任意の裁量により、本条件の未成就を主張する権利の全部又は一部を放棄することができる。

⑴　第3.1条（本発行会社等による表明保証）に規定する本発行会社（経営者株主を含む。第２号及び第５号において同じ。）の表明及び保証が、本契約締結日及びクロージング日において、重要な点にお

いて真実かつ正確であること
(2) 本発行会社が、本契約に基づきクロージング日までに履行又は遵守すべき本発行会社の重要な義務を全て履行又は遵守していること
(3) 本投資家が独占禁止法第10条第２項に基づく届出を行い、同条第８項に定める待機期間が満了したこと
(4) 本契約締結日からクロージング日までの間に、本発行会社の運営、資産又は財務状況に重大な悪影響を及ぼす事項が発生していないこと
(5) 本投資家が本条各号記載の条件の充足を確認するため合理的に要求する書面が、本発行会社から本投資家に対して交付されていること

条項例の概要

【意義】 本条項例は、取引実行（クロージング）の**前提条件**について規定するものである。前提条件の詳細については、Chapter 2・2-5・1「前提条件」の解説を参照されたい（▸▸▸80頁）。

本条項例は、クロージングの前提条件の具体的内容として以下を規定している。

発行会社の義務の前提条件（1項）	• 表明保証の正確性（1号） • プレ・クロージング・コベナンツの遵守（2号） • 独占禁止法上の待機期間の満了（3号） • 前提条件を充足した旨の誓約書の交付（4号）
投資家の義務の前提条件（2項）	• 表明保証の正確性（1号） • プレ・クロージング・コベナンツの遵守（2号） • 独占禁止法上の待機期間の満了（3号） • MACの不存在（4号） • 前提条件を充足した旨の誓約書の交付（5号）

2 クロージング

〔逆引法務382頁〕

契約条項例（参考：会社法208条、📖MHM・M&A法大系443頁、📖伊藤・会社法319頁、📖江頭・会社法766頁）

第2.2条（クロージング）

1　本投資家は、本契約の規定に従い、本発行会社に対して、クロージング日に、本払込金額に本割当株式の数を乗じた金額（具体的金額は第1号に規定するとおり。以下「本払込金額総額」という。）を、第2号に規定する金融機関口座に振込送金する方法により払い込む（以下、当該払込みを「本払込」という。）。

(1)　本払込金額総額　［　　　　］円

(2)　金融機関口座

金融機関名　：［　　　　］

店名　：［　　　　］

口座種別　：［　　　　］

口座番号　：［　　　　］

口座名義人　：［　　　　］

2　本発行会社は、本契約の規定に従い、クロージング日に、本払込と引換えに、次に掲げる事項を行う。

(1)　本投資家を、本割当株式の株主として、株主名簿に記載又は記録すること

(2)　前号に従い記載又は記録した株主名簿を、本投資家に対し、交付すること

条項例の概要

【意義】　本条項例は、投資の実行、いわゆる、「**クロージング**」について規定するものであり（‣‣‣87頁）、本条項例では、次の2点について規定している。

①　投資家によるクロージング：払込金額の払込み（第1項）

②　発行会社によるクロージング：株主名簿の記載・交付（第2項）

【趣旨】 前記のとおり、対象会社が「非公開」「取締役会設置」「株券不発行」である場合、株式の発行手続は次のとおりである（▸▸▸208頁）。すなわち、①会社による募集事項の決定（株主総会特別決議：会社法199条1項、2項）、②当該募集に対する投資家の申込み（同203条）、③当該申込みに対する会社による株式の割当て（取締役会決議：同204条1項、2項）を経て、④当該割当てにより株式の引受人となった者が出資の履行をすることにより、払込期日を定めた場合は当該期日において、また、払込期間を定めたときは出資の履行をした日において、当該会社の株主となる（同206条、208条、209条）。これらのうち、①〜③は契約条項例第1.1条「募集株式の発行及び引受け」により既に規定されているため、本条は④について定めている。

投資家によるクロージングの内容は、会社法208条に基づく払込みであるため、契約書の中に次の事項が規定されていることが望ましい。

1. 募集株式の払込金額の全額（会社法208条1項参照）
2. 現物出資の場合、払込金額の全額に相当する現物出資財産の内容（同2項参照）
3. 銀行等の払込取扱場所（同1項参照）

契約条項例では、現金出資を前提としているため、2については特に記載をせず、1について1項1号を、3につき同項2号を規定している。

投資家によるクロージング――払込金額の払込み

【払込金額の決定方法】 払込金額の決定方法については、Chapter 2・2-4・1「譲渡価格」の解説を参照されたい（▸▸▸65頁）。

【税務】 募集株式の発行に係る発行会社、既存株主（投資家による株式取得前から発行会社の株主であった者）、及び投資家（ここでは法人に限定する）の課税関係は次頁の表のとおりである（📖東弁・税法〈会社法〉38頁以下）。

第三者割当の有利発行（▸▸▸202頁）では、既存株主の株式の価値は減少するのに対して、新株を取得した投資家は払込価額と新株の時価との差額について経済的利益を有することになるから、既存株主から投資家に経済的利益が移転している。しかし、通常、既存株主は、有利発行に係る取引には関与していないことから、益金を生じさせる「無償による資産の譲渡……その他の取引」（法人税法22条2項）

区分	当事者	課税関係
時価発行	発行会社	課税なし（法人税法22 Ⅱ・Ⅴ）
	既存株主	課税なし（経済的利益の移転なし）
	投資家	課税なし
有利発行	発行会社	課税なし（法人税法22 Ⅱ・Ⅴ）
	既存株主	課税なし[16]
	投資家	新株の時価と払込金額との差額について受贈益（益金）が計上され、法人税が課税される（法人税法22 Ⅱ）

には該当せず、したがって、既存株主に法人税は課税されないと考えられている[16]（📖東弁・税法〈会社法〉42頁）。

【見せ金】 会社設立段階において、発起人が払込取扱金融機関以外から出資に係る金銭の払込みに充てる金銭を借り入れ、会社の成立後取締役に就任した同人が直ちにそれを引き出し、自己の借入金の弁済に充てることを「**見せ金**」と呼ぶ（📖伊藤・会社法39頁、📖江頭・会社法82頁）。

この「見せ金」は会社設立後の株式発行段階でもあり得るが、募集株式の発行における「見せ金」のうち、**払込資金の出所が会社自身である形態**（例：株式発行会社が株式引受人に対して金銭を貸し付け、株式引受人が当該借り入れた金銭を用いて払込みを行うような場合）については、**無効**となると解されている（📖江頭・会社法767頁）。

発行会社によるクロージング――株主名簿の記載・交付

【株主名簿の記載等】 投資家が株主となった後は、会社は当該投資家に係る株主名簿記載事項（会社法121条）を株主名簿に記載しなければならないとされているので（同132条1項1号）、**会社側による株主名簿の記載**及び**投資家に対する交付**（同122条参照）**の"準備"**（投資家による払込みと引換えに、株主名簿の記載・交付を行えるように準備しておくこと）をクロージングの内容としておくことがある。

【プレ・クロージング】 クロージング日に当事者によるクロージングがスムースに行われるよう、契約書で規定されたクロージング日の数日前に関係者が集まり、

---

[16] もっとも、最高裁判例には、親会社が100％出資の子会社の発行済株式の15倍の新株を関連会社に著しく有利な価格で発行させて、子会社の資産価値を親会社から関連会社に移転させた事案において、この資産価値の移転は法人税法22条2項にいう取引に当たるとし、親会社の当該事業年度の益金の額に算入するものと判断したものがある（最判平成18年1月24日）。

前提条件の充足及びクロージング日に交付されるべき書類等が整っていることを確認することがある。詳細については、Chapter 2・2-5・2「クロージング」の解説を参照されたい（▸▸▸88頁）。

登記

【登記事項】 払込み等が完了することにより、①資本金の額、及び、②発行済株式の総数が変更されることになるため、変更登記が必要となる（会社法909条、911条3項5号、9号）。また、③発行可能株式総数（同911条3項6号）、④発行する株式の内容（同7号）、⑤取締役（同13号）、⑥代表取締役（同14号）等についても変更となる場合には、これらの事項についても変更登記を行う必要がある。

【登録免許税】 増資に係る変更登記に要する登録免許税は、3万円又は増資額の1000分の7のいずれか高い方である（登録免許税法9条・別表第1−24−(1)−ニ）。

ガンジャンピング

【概略】 ガンジャンピングの詳細については、Chapter 2・2-5・2「クロージング」の解説を参照されたい（▸▸▸91頁）。

3-5 種類株式に関する契約条項例

1 種類株式の発行

〔逆引法務384頁〕

契約条項例（参考：会社法199条１項１号・108条１項、📖MHM・M&A法大系444頁、📖伊藤・会社法80頁、📖江頭・会社法136頁、📖内藤・種類株式248頁）

> **第○条（A種優先株式の発行）**
> 本発行会社は、別紙○（A種優先株式発行要項）に従い、第三者割当の方法により募集株式（以下「A種優先株式」という。）を発行（以下「本株式発行」という。）し、○○株を本投資家に割り当て（以下、本投資家に割り当てられるA種優先株式を「本割当株式」という。）、本投資家は当該本割当株式を引き受ける。

条項例の概要

【意義】 本条項例は、**種類株式**、すなわち、会社法108条１項各号に掲げる内容について異なる定めをした内容の異なる株式を発行するための規定である。種類株式には次のようなものがある。

1. 剰余金の配当について異なる定めをした株式（会社法108条１項１号）
2. 残余財産の分配について異なる定めをした株式（同２号）
3. 議決権制限株式（同３号）
4. 譲渡制限株式（同４号）
5. 取得請求権付株式（同５号）
6. 取得条項付株式（同６号）
7. 全部取得条項付種類株式（同７号）
8. 拒否権付種類株式（同８号）
9. 種類株主総会により取締役・監査役を選任できる株式（同９号）

【趣旨】 種類株式を発行するためには、所定の事項を**定款**に定めなければならず（会社法108条２項）、**発行する株式の種類を募集事項**としなければならないとされている（同199条１項１号）。契約条項例では、第1.1条「募集株式の発行及び引受け」をベースとしつつ（▸▸▸207頁）、発行する株式の種類（定款記載事項）を「別紙」において規定する形をとった。

種類株式——優先株式及び劣後株式

【意義】 **種類株式**とは、株主に与えられる権利が異なる２種類以上の株式が発行された場合の各株式のことをいう（会社法108条１項）。より簡単に言えば、「種類株式」とは、“普通株式”以外の株式のことであり[17]、権利内容が普通株式よりも優先するものを「**優先株式**」、権利内容が普通株式に劣後するものを「**劣後株式**」と呼ぶ。

【特徴】 優先株式では、経済的権利（例：配当請求権、残余財産分配請求権）及び経営に関する権利（例：拒否権、役員選任権）について、普通株式に優先する内容の権利が与えられる。

このような優先権は、株主間契約で規定することも可能であるが、他の株主や対象会社によって、当該権利を侵害する行為が行われた場合の救済の点で、優先株式を用いる方が、株主間契約のみを締結する場合に比べ優れている。他の株主が株主間契約に違反し、株式取得者の権利を侵害するような行為を行っても、当該行為は会社法上当然に無効とはならない（損害賠償責任等の契約違反の効果が生ずるのみである）。「種類株式」を用いて株式取得者の権利を“株式の内容”としてしまえば、上記のような株式取得者の権利を侵害するような行為は会社法上も無効となるため、株式取得者の権利がより強化されることになる（▸▸▸223頁）。

一方で、優先株式には、上記のとおり、権利内容が普通株式に優先するというメリットがあるが、そのため、普通株式に比べて株価が高くなるというデメリットがある（▸▸▸224頁）。また、優先株式の内容は定款に記載する必要がある等、株式を発行するための手続が若干複雑であるというデメリットもある。

---

[17] 会社法上、「普通株式」という用語は存在しないが、一般に、株式の内容について定款で格別の定めを設けていない株式を「普通株式」と呼ぶことが多い（📖相澤・論点解説54頁）。

発行手続

【概略】 種類株式を発行するためには、所定の事項を**定款**に定めなければならず（会社法108条２項）、発行する株式の種類を募集事項としなければならないとされ

種類株式の追加や内容変更のために必要な手続

<table>
<tr><th rowspan="3"></th><th rowspan="3">権利の内容</th><th colspan="2" rowspan="2">株式の種類の追加</th><th colspan="3">既存株式について内容を変更</th><th rowspan="3">株式買取請求</th></tr>
<tr><th>全部を変更※1</th><th colspan="2">一部を変更※2</th></tr>
<tr><th>株主総会</th><th>種類総会</th><th>株主総会</th><th>株主総会</th><th>種類株主総会</th></tr>
<tr><td rowspan="4">株式の譲渡に関する条項</td><td>4 譲渡制限※3</td><td rowspan="5">※4</td><td rowspan="5">※5</td><td>特殊決議（309Ⅲ①）</td><td rowspan="5">※4</td><td>内容を変更する種類株式に係る特殊決議（111Ⅱ、324Ⅲ①）
他の種類株主については※5</td><td>（116Ⅰ①②）※6</td></tr>
<tr><td>6 取得条項</td><td>株主全員の同意（110）</td><td>内容を変更する種類株式に係る全員同意（111Ⅰ）
他の種類株主については※5</td><td>—</td></tr>
<tr><td>7 全部取得条項</td><td></td><td>内容を変更する種類株式に係る特別決議（111Ⅱ、324Ⅱ①）
他の種類株主については※5</td><td>（116Ⅰ②）※6</td></tr>
<tr><td>5 取得請求権</td><td rowspan="2">※4</td><td rowspan="3">※5</td><td rowspan="2">—</td></tr>
<tr><td rowspan="3">その他</td><td>1 剰余金の配当
2 残余財産の分配
3 議決権の制限
8 拒否権
9 取締役等選任</td></tr>
<tr><td>単元株式数（188）</td><td></td><td></td><td>増：※4
減：取締役会決議（195）</td><td>同左</td><td>（192）</td></tr>
<tr><td>種類株主総会を不要とすること（322Ⅱ）</td><td></td><td></td><td></td><td>※4</td><td>種類株主全員の同意（322Ⅳ）</td><td>—</td></tr>
</table>

※1：種類株式発行会社以外の株式会社の場合

※2：種類株式発行会社において、複数の種類の株式の全てについて同じ内容に変更する場合を含む

※3：会社法107条に基づき発行する全部の株式の内容として当該事項を定める場合を含む

※4：株主総会の特別決議（309Ⅱ⑪）

※5：損害を及ぼすおそれがある場合には、種類株主総会の特別決議（322Ⅰ①、324Ⅱ④）

※6：当該株式を目的とする新株予約権の買取請求もあり（118Ⅰ）

ている（同199条1項1号）。

定款で種類株式を追加したり、株式の内容を変更したりするために必要となる手続は前頁の表のとおりである（📖相澤・論点解説57頁）。なお、表の括弧内は会社法の条文を表し、例えば「309Ⅲ①」とある場合「会社法309条3項1号」を意味する。

【種類株主総会】 種類株主総会とは、種類株式を保有する株主（種類株主）により構成される株主総会をいい（📖伊藤・会社法87頁、📖江頭・会社法169頁）、種類株式を発行している会社では、次の表にあるような場合に、種類株主総会の決議が必要となる（📖相澤・論点解説102頁）。

<table>
<tr><th colspan="3">種類株主総会の決議が必要となる場合</th><th>決議の種類</th><th>決議不要とできるか</th></tr>
<tr><td rowspan="2">種類株式の内容の実現</td><td colspan="2">・[8] 拒否権付種類株式（108Ⅰ⑧）について、当該拒否権に係る事項を承認するか否かを決議する場合</td><td>普通決議
（324Ⅰ）</td><td rowspan="2">不可能</td></tr>
<tr><td colspan="2">・[9] 役員選解任権付種類株式（108Ⅰ⑨）について、役員を選解任する場合</td><td>普通決議※1
（324Ⅰ）</td></tr>
<tr><td rowspan="5">種類株主の権利の保護</td><td rowspan="3">種類株式の保有・譲渡の利益保護</td><td>・[7] 全部取得条項（108Ⅰ⑦）を付加する定款変更を行う場合（111Ⅱ）</td><td>特別決議
（324Ⅱ①）</td><td rowspan="3">不可能</td></tr>
<tr><td>・[4] 譲渡制限条項（108Ⅰ④）を付加する定款変更を行う場合（111Ⅱ）※2</td><td>特殊決議
（324Ⅲ）</td></tr>
<tr><td>・[6] 取得条項（108Ⅰ⑥）を付加する定款変更を行う場合（111Ⅰ）</td><td>全員同意
（111Ⅰ）</td></tr>
<tr><td>譲渡制限株式の持分比率</td><td>・[4] 譲渡制限株式を募集する場合の募集事項を決定する場合（199Ⅳ）
・上記募集事項の決定を取締役等に委任する場合（200Ⅳ）※3</td><td>特別決議
（324Ⅱ②）</td><td>排除可能
（199Ⅳ、200Ⅳ）</td></tr>
<tr><td colspan="2">・会社が所定の行為をすることにより、種類株主に損害を及ぼすおそれがあるとき（322Ⅰ）※4</td><td>特別決議
（324Ⅱ④）</td><td>排除可能
（322Ⅱ・Ⅲ）</td></tr>
</table>

※1：監査役の解任は、特別決議（347、324Ⅱ⑤）

※2：譲渡自由株式の株主に合併等の対価として譲渡制限株式等が交付される場合は特殊決議（783Ⅲ、804Ⅲ）、ある種類の株主に、合併等の対価として持分等が交付される場合は種類株主全員の同意（783Ⅳ）

※3：譲渡制限株式の交付を目的とする新株予約権の募集事項を決定する場合（238Ⅳ）、当該募集事項の決定を取締役等へ委任する場合（239Ⅳ）、存続会社が吸収合併等の対価として譲渡制限株式を交付する場合（795Ⅳ）も同様

※4：①定款変更（株式の種類の追加、株式の内容の変更、発行可能株式総数の増加のいずれかに限る）、②株式の併合・分割、③株式無償割当、④株主割当による株式引受けの募集、⑤株主割当による新株予約権引受けの募集、⑥新株予約権無償割当、⑦合併・分割・株式交換・株式移転の場合

2 クロージング

〔逆引法務382頁〕

条項例の概要

【株式引受契約におけるクロージング】 株式引受契約におけるクロージングの条項例及び解説については、Chapter 3・3-4・2「クロージング」の解説を参照されたい（▸▸▸216頁）。

種類株式の株価

【普通株式との価格差】 米国においては、種類株式と普通株式の価格差は10倍以上あっても許容されるという「10倍ルール」が実務慣習上一般的なものとなっており、我が国においても、残余財産優先分配権や配当優先権等が付与されている種類株式については、普通株式とは異なる価格体系を持つものと考えるのが合理的である[18]（📖種類株報告書23頁）。例えば、議決権のみがない無議決権株式（会社法108条1項3号参照）の発行価額を、普通株式の時価から5％程度ディスカウントする例もある（企業価値評価GL・132頁）（資産評価企画官情報第1号「種類株式の評価について〈情報〉」〈平成19年3月9日〉）。

【種類株式の評価方法】 種類株式の評価に関する基本的な考え方は、債権と同様の性格を有するような種類株式を除き、普通株式の評価を基にして、付与されている複数の権利を加減していくことになるが、ここで重要となるのは、**付与されている権利が行使される可能性又は実現する可能性**である。こうした行使（実現）可能性を勘案して、ブラック・ショールズ・モデル、二項モデル、モンテカルロ・シミュレーションなどの手法の適用を検討する必要がある[19]（📖企業価値評価GL・132頁）。

なお、米国では、種類株式の評価を行うにあたっては、まず、①当該発行会社

[18] 2010年時点における指摘であるが、「アメリカのように普通株式と優先株式との間に価格差を認めるという手法についてはいまだわが国の実務では定着していないように思われます」との指摘もある（📖宍戸・ベンチャー戦略272頁）。株式会社伊藤園は普通株式及び第1種優先株式（普通株式の配当額の125％を支払う無議決権配当優先株式）の両方を上場しているが、普通株式の株価が約4,200円の前後で推移しているのに対し、第1種優先株式の株価は約2,100円であり、普通株式の株価を下回っている（2018年1月現在）。

の企業価値を算出した上で、②種類株式に付与された経済的に有利な権利及び企業活動をコントロールできる権利に基づいて企業価値を種類株式と普通株式に配分するという考え方がとられている（📖種類株報告書17頁）。

［19］ 種類株式に付与される権利は「経済的に有利な権利」(配当優先権、流動化事象に関する優先権、強制償還請求権、転換権、希薄化防止条項）と「企業活動をコントロールできる権利」（議決権、拒否権、取締役選任権、Drag-Along Right、Tag-Along Right、先買権）に大別されるが、これらのうち、株式の価格を算定する際に当該権利の価値が株式の価格に影響をもたらしているものは、前者の「配当優先権」「流動化事象に関する優先権」「転換権」「希薄化防止条項」であるとの指摘がある（📖種類株報告書16頁）。国税庁の実務によれば、拒否権付株式は、普通株式と同様に評価するとされている（資産評価企画官情報第1号「種類株式の評価について〈情報〉」〈平成19年3月9日〉)。

さらに具体的な種類株式価値評価方法としては、次のようなものがある（📖種類株報告書17頁)。①現状価値法（the Current Value Method：CVM）(評価日現在の企業価値を流動化事象発生時の優先分配額と普通株式への転換価値のいずれか大きい方の価値に基づいて各種の株式に配分する手法)、②オプション価格法（the Option Pricing Method：OPM）(種類株式の流動化事象発生時の損益分岐点の金額を権利行使価額とみなして、普通株式と種類株式を企業価値に対するコール・オプションとしてモデル化する手法)、③確率加重期待リターン法（the Probability Weighted Expected Return Method）(将来のシナリオと各種類の株式の権利を考慮しながら、投資に対する将来のリターンを発生可能性でウェイト付けした現在価値に基づいて株式価値を算出する手法)、④ハイブリッド法（上記の評価手法を組み合わせて適用する手法)。

3-6 種類株式に関する定款条項例

1 発行可能種類株式総数

定款条項例（参考：会社法108条2項柱書、📖伊藤・会社法80頁、📖江頭・会社法140頁、📖田村・定款事例集94頁、📖内藤・種類株式252頁）

> **定款第6.1条（発行可能株式総数）**
> 当会社の発行可能株式総数は、○株とし、このうち○株は普通株式、○株はA種優先株式とする。

条項例の概要

【意義】 本条項例は、**発行可能株式総数**及び**発行可能種類株式総数**について定めるものである。

【趣旨】 種類株式を発行する場合、①会社法108条2項各号に定める事項、及び、②発行可能種類株式総数を定款で定めなければならないとされていることから（会社法108条2項柱書）、②を規定するものとして本条が必要となる[20]。

発行可能種類株式総数

【発行可能種類株式総数と発行可能株式総数との関係】 定款で定めた各種類株式それぞれの発行可能株式総数の合計額が全体の発行可能株式総数（会社法113条）と一致することは、必ずしも必要ではない。例えば、将来の状況次第で発行する株式がA種類株式であるかB種類株式であるか両方の可能性がある場合には、A・B両種類株式の発行可能種類株式総数の合計額が発行可能株式総数を上回っ

[20] 種類株式の内容及び発行可能種類株式総数は登記される（会社法911条3項7号）。また、株主名簿（同121条2号）、振替口座簿（社債株式振替法129条3項2号）、募集株式の申込みの際の通知（会社法203条1項4号）、株券（同216条4号）等にも、その双方又は一方が記載される。

てもかまわない[21]（📖江頭・会社法141頁）。

2 剰余金の配当

定款条項例（参考：会社法108条2項1号、📖伊藤・会社法81頁、📖江頭・会社法144頁、📖金丸・JV契約102頁、📖田村・定款事例集102頁、📖内藤・種類株式255頁）

定款第6.2条（剰余金の配当）

1 当会社は、剰余金の配当を行うときは、A種優先株主又はA種優先登録質権者（以下「A種優先株主等」と総称する。）に対し、普通株主又は普通登録質権者（以下「普通株主等」と総称する。）に先立ち、A種優先株式1株につき年○円（但し、A種優先株式につき、株式分割、株式併合、無償割当又はこれに類する事由があった場合、その比率に応じて、取締役会により適切に調整される。以下「A種優先配当額」という。）を支払う。

2 ある事業年度においてA種優先株主等に対して支払う配当金の額が、A種優先配当額に達しないときは、その不足額は、翌事業年度以降に累積する。

3 A種優先株主等に対しては、A種優先配当額を超えて配当は行わない。

条項例の概要

【意義】 本条項例は、**剰余金配当優先株式**、すなわち、**他の株式に先んじて剰余金の配当を受ける権利**がある種類株式について規定するものであり（会社法108条1項1号参照）、具体的には次の内容を規定している。

[1] 会社は、A種優先株主等に対し、普通株主等に優先し、一定額の剰余金を配当すること（第1項）

[21] 但し、発行可能株式総数を超えて実際に株式を発行することはできない（📖田村・定款事例集96頁）。

2 配当金総額が1の一定額に満たない場合、不足額が翌事業年度以降に累積されること（累積型）（第２項）
3 配当金総額が1の一定額を超える場合でも、その剰余はＡ種優先株主等に支払われないこと（非参加型）（第３項）

【趣旨】 剰余金の配当に係る種類株式を発行するためには、次の事項を定款で定めなければならない[22]（会社法108条２項１号）。

1 当該種類の株主に交付する配当財産の価額の決定方法
2 剰余金の配当をする条件
3 その他剰余金の配当に関する取扱い

本条では、1につき第１項で「Ａ種優先株式１株につき年○円」と定め、2につき第２項及び第３項を規定している。

剰余金の配当に係る種類株式のうち、他の株式に先んじて剰余金の配当等を受け取る権利がある株式は「**優先株式**」(Preferred Shares) と呼ばれる。これに対し、他の株式に遅れてしか剰余金の配当等を受け取れない株式は「**劣後株式**」(Deferred Shares) といい、標準となる株式は「**普通株式**」(Common Shares) と呼ばれる（📖伊藤・会社法81頁、📖江頭・会社法139頁）。

優先配当条項を設けることにより、普通株式に優先して一定の配当を優先的に確保することができる。もっとも、創業段階におけるベンチャー企業においては、実際の配当よりも、優先配当条項を設けることにより、普通株主へ配当が行われることを牽制する意味合いが大きい（📖宍戸・ベンチャー戦略269頁）。

剰余金の配当

【剰余金の配当手続】 剰余金の配当手続は、次の３つである[23]。

[22] 定款には要綱のみを定め、上記事項及び当該種類株式の株主が配当を受けることができる額については、当該種類株式を初めて発行する時までに、株主総会（取締役会設置会社にあっては株主総会又は取締役会、清算人設置会社にあっては株主総会又は清算人会）の決議によって定める旨を定款で定めることができる（会社法108条３項）。但し、配当財産の種類については定款で定めなければならない（同法施行規則20条１項１号）。

1 株主総会決議による配当
2 取締役会決議による中間配当
3 定款による取締役会への授権に基づく配当

上記1は、いわゆる**期末配当**として行われるものである。会社は、剰余金の配当をしようとするときは、その都度、**株主総会決議**（**普通決議**）によって、配当財産の種類と帳簿価額の総額、株主に対する配当財産の割り当てに関する事項、及び剰余金の配当の効力が生じる日を定めなければならない[24]（会社法454条1項）（📖伊藤・会社法279頁、📖江頭・会社法679頁）。

上記2は、いわゆる**中間配当**として行われるものである。取締役会設置会社は、1事業年度の途中に1回に限り、取締役会の決議によって剰余金の配当をすることができる旨を定款で定めることができる（会社法454条5項）（📖伊藤・会社法279頁、📖江頭・会社法680頁）。

上記3は、**取締役会への授権**に基づき行われるものである。会社は、一定の条件を満たす場合に、剰余金の配当について取締役会が定めることができる旨を定款で定めることができる[25]（会社法459条1項4号）。当該条件とは、①会計監査人設置会社であること、②取締役の任期が1年を超えないこと、③監査役会設置会社・監査等委員会設置会社・指名委員会等設置会社のいずれかであること、である（📖伊藤・会社法280頁、📖江頭・会社法680頁）。

---

［23］ 会社は、1事業年度に何度でも剰余金の配当をすることができる。多くの会社は、事業年度の末日を基準日として剰余金の配当をするとともに（1の方法）、その半年後の日を基準日として中間配当を行う（2の方法）。また、四半期配当をする会社もある。この場合には、その都度株主総会を開催することは現実的ではないので、剰余金の配当権限を取締役会に移すことになる（3の方法）（📖伊藤・会社法281頁、📖江頭・会社法689頁）。

［24］ 金銭以外の財産を配当することも可能であるが（現物配当）、この場合には株主総会特別決議によらなければならない（会社法309条2項10号）。現物配当に用いられる財産としては、例えば、子会社株式等が考えられるが、その会社自身の株式等は、配当財産とすることはできない（同454条1項1号括弧書）（📖伊藤・会社法279頁、📖江頭・会社法688頁）。

［25］ 当該定款の定めをおく場合、さらに、剰余金の配当について株主総会決議では定めない旨を定款で定めることができる（会社法460条）。

優先配当

【優先配当】 優先配当の定め方としては、次のような方法が考えられる（📖金丸・JV契約103頁）。

1. **固定金額**をもって定める方法（例：株主Xに対し、他の株主に先立ち、1株当たり年○円を上限として支払う）
2. **他の株主の配当金額**を基準とする方法（例：株主Xに対し、株主Yに対して支払う配当の2倍に相当する配当を支払う）
3. **出資金額**を基準とする方法（例：株主Xに対し、他の株主に先立ち、株主Yに支払われる金額の○倍を上限として支払う）

【参加型・非参加型】 優先配当権について定めた場合には、優先配当に加えて、残余の剰余金の配当について、優先配当を受けられなかった株式とともに交付を受けることができる「**参加型**」か、これができない「**非参加型**」かを併せて定めておく必要がある（📖伊藤・会社法81頁、📖江頭・会社法142頁）。

【累積型・非累積型】 配当優先権を定めた場合には、ある時期における剰余金の交付額が所定の優先配当額に満たない場合に当該不足額が翌期以降に累積する「**累積型**」か、これがされない「**非累積型**」かを併せて定めておく必要がある（📖伊藤・会社法81頁、📖江頭・会社法142頁）。

導入手続

【手続】 本条項例に記載する定款変更のために必要な手続は以下のとおりである。

1. 株主総会特別決議（会社法309条2項11号）
2. 当該定款変更によりある種類の種類株主に損害を及ぼすおそれがあるときは、当該種類株式に係る種類株主総会の特別決議（同322条1項1号、324条2項4号）

但し、既存の株式の全部又は一部について内容を変更する場合に必要となる手続については、Chapter 3・3-5・1「種類株式の発行」を参照されたい（▸▸▸222頁）。

3 残余財産の分配

(1) 残余財産の優先受領権

定款条項例（参考：会社法108条2項2号、📖伊藤・会社法81頁、📖江頭・会社法144頁、📖金丸・JV契約102頁、📖田村・定款事例集104頁、📖内藤・種類株式262頁）

> **定款第6.3.1条（残余財産の分配）**
>
> 1　当会社は、残余財産を分配するときは、A種優先株主等に対し、普通株主等に先立ち、A種優先株式1株につき金○円（但し、A種優先株式につき、株式分割、株式併合、無償割当又はこれに類する事由があった場合、その比率に応じて、取締役会により適切に調整される。以下「A種優先残余財産分配額」という。）を支払う。
>
> 2　前項の規定にかかわらず、当会社が残余財産を分配する時点のA種優先残余財産分配額に発行済A種優先株式の総数（但し、自己株式を除く。以下同じ。）の数を乗じた金額（以下「A種優先残余財産分配総額」という。）が残余財産の総額を超える場合、A種優先残余財産分配額は、以下の算式により算出される額（但し、1円未満の端数は切り上げる。）とする。
>
> $$\text{A種残余財産分配額} = \frac{\text{残余財産の総額}}{\text{発行済A種優先株式の総数}}$$
>
> 3　A種優先株主等に対して第1項の規定に従い残余財産の分配をした後になお残余財産がある場合は（以下当該残余財産を「優先分配後残余財産」という。）、A種優先株主等に対し、普通株主等と同順位にて、優先分配後残余財産を分配する。この場合、A種優先株主等は、その保有するA種優先株式数にA種優先転換比率を乗じた数の普通株式を保有しているものとみなし、分配額を計算する。

条項例の概要

【意義】　本条項例は、**残余財産分配請求権**（会社法105条1項2号、504条、505条）に

係る優先権を規定するものであり（同108条1項2号参照）、具体的には次の内容を規定している。

1　会社は、A種優先株主等に対し、普通株主等に優先し、一定額の残余財産を分配すること（第1項）
2　残余財産分配総額が1の優先額に満たない場合の分配額の算出方法（第2項）
3　残余財産分配総額が1の優先額を超える場合、その残余についてもA種優先株主等がその他の株主と同順位で支払を受けること（参加型）（第3項）

【趣旨】　残余財産の分配に係る種類株式を発行するためには、次の事項を定款で定めなければならない[26]（会社法108条2項2号）。

1　当該種類の株主に交付する残余財産の価額の決定方法
2　当該残余財産の種類
3　その他残余財産の分配に関する取扱い

本条では、1につき、「当該種類の株主に交付する残余財産の価額」が原則1株につき「金○円」であるも（1項）、A種優先残余財産分配総額が残余財産の額を超えるときは、当該金額が調整されること（2項）、2につき、「残余財産の種類」が金銭であることを定め、また、3につき、本残余財産優先受領権がいわゆる“参加型”であること（3項）を規定している（▸▸▸230頁）。

投資家は、残余財産の分配についての優先権を得ることで、会社清算の際に一定額、少なくとも払込金相当額はまず投資家に対して優先的に交付されることを確保できる。これにより、例えば、資金調達後直ちに会社を株主総会の決議により解散し、株式発行により得た資金を株主間で分配するという背信的行為を防止することが可能となる（宍戸・ベンチャー戦略269頁）。

[26]　定款には要綱のみを定め、1～3の事項については、当該種類株式を初めて発行する時までに、株主総会（取締役会設置会社にあっては株主総会又は取締役会、清算人設置会社にあっては株主総会又は清算人会）の決議によって定める旨を定款で定めることができる（会社法108条3項）。但し、2については定款で定めなければならない（同法施行規則20条1項2号）。

導入手続

【手続】 本条項例に記載する定款変更のために必要な手続は以下のとおりである。

1 株主総会特別決議（会社法309条2項11号）

2 当該定款変更によりある種類の種類株主に損害を及ぼすおそれがあるときは、当該種類株式に係る種類株主総会の特別決議（同322条1項1号、324条2項4号）

但し、既存の株式の全部又は一部について内容を変更する場合に必要となる手続については、Chapter 3・3-5・1「種類株式の発行」を参照されたい（…222頁）。

⑵ 合併等における対価の優先受領権

定款条項例（参考：会社法749条2項・753条3項、同768条2項・773条3項）

定款第6.3.2条（合併、株式交換又は株式移転の場合の措置）

1 当会社は、次の各号のいずれか（以下本条において「合併等」という。）を行った場合、A種優先株主等に対し、普通株主等に先立ち、A種優先株式1株につき、A種優先残余財産分配額に相当する額の存続会社、新設会社又は完全親会社の株式及び金銭その他の財産（以下本条において「割当株式等」という。）が割り当てられるようにする。

⑴ 当会社が消滅会社となる吸収合併又は新設合併

⑵ 当会社が完全子会社となる株式交換又は共同株式移転

2 前項の規定にかかわらず、当会社が合併等を行う時点のA種優先残余財産分配総額が割当株式等の総額を超える場合、A種優先株主等に割り当てられる割当株式等は、以下の算式により算出される額（但し、1円未満の端数は切り上げる。）とする。

$$\text{A種優先株主等に割り当てられる割当株式等} = \frac{\text{割当株式等の総額}}{\text{発行済A種優先株式の総数}}$$

3 A種優先株主等に対して第1項に従い割当株式等の割当てをした後になお割当株式等がある場合は（以下当該残余割当株式等を「優先分配後残

> 余割当株式等」という。)、A種優先株主等に対し、普通株主等と同順位にて、優先分配後残余割当株式等を分配する。この場合、A種優先株主等は、その保有するA種優先株式数にA種優先転換比率を乗じた数の普通株式を保有しているものとみなし、分配額を計算する。

条項例の概要

【意義】 本条項例は、発行会社が清算される場合以外に、**実質上会社清算と同視し得るようなイベント**(Deemed Liquidation)が生じたときに、株主に対して交付される一定の財産についての優先受領権を定めるものである。具体的には以下を規定している。

1. 当会社が消滅会社となる合併等が行われた場合に、優先株主に対し、優先的に、存続会社の株式その他財産(「割当株式等」)を割り当てられるようにすること(第1項)
2. 割当株式等の額が優先枠を下回る場合の優先分配額の調整(第2項)
3. 割当株式等の額が優先枠を上回る場合の残余に係る参加権(第3項)

すなわち、発行会社が第三者に買収される際に組織再編の形式がとられる場合、例えば、発行会社が第三者と合併し、発行会社の株主に第三者である存続会社の株式が割り当てられる場合、優先残余財産分配額に相当する存続会社の株式等の対価が優先株主に対して優先的に割り当てられるようにするためのものである[27]。

【趣旨】 合併対価等は会社法108条1項2号の「残余財産」には該当しないが、合併で消滅する会社が種類株式を発行している場合には、合併契約において、消滅会社の株主に対する株式等対価の割当てについて株式の種類ごとに異なる取扱いを行うことを認めており(会社法749条2項、753条3項)、株式交換についても同趣旨の規定が設けられている(同768条2項、773条3項)。これらの規定を根拠として、合併対価等に関する優先権を定款で確保することは可能と解されている[28](山宍

---

[27] このような株式の種類ごとの異なる取扱いは、存続会社及び消滅会社の合併契約の中で定められるものであり、消滅会社のみの決定で実現されるものではないため、定款条項例でも、「割り当てられるようにする」等と表現することとした。

戸・ベンチャー戦略277頁)。

割当株式等の優先割当

【割当株式等】 合併又は株式交換を行う場合、消滅会社等の株主に対して金銭等を交付することができる[29](会社法749条1項2号、768条1項2号)。これを本条項例では、「割当株式等」と定義している。

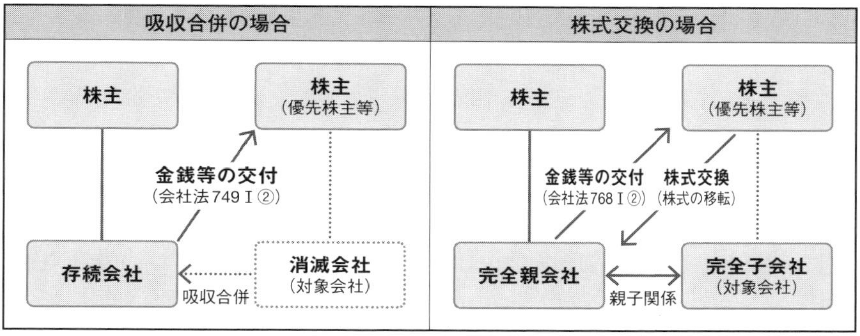

4 議決権

定款条項例 (参考：会社法108条2項3号、📖伊藤・会社法81頁、📖江頭・会社法145頁、📖金丸・JV契約92頁、📖田村・定款事例集105頁、📖内藤・種類株式269頁)

定款第6.4条(株主総会における議決権)

A種優先株式を有する株主は、当会社の株主総会において議決権を行使することができない。

---

[28] 米国では、合併等の一定の組織変更を清算(Liquidation)と同様のものとみなし(Deemed Liquidation)、残余財産の優先受領権(Liquidation Preference)を当該組織変更の場合も適用する旨が定款で規定されることがある(📖宍戸・ベンチャー戦略277頁)。

[29] 会社法施行前は、合併や株式交換に際して消滅会社の株主等に対して交付される財産は、原則として存続会社等の株式とされていたが、会社法により組織再編における“対価の柔軟性”が認められ、消滅会社の株主等に対して存続会社等の株式を交付せずに、金銭その他の財産を交付することができるようになった。

条項例の概要

【意義】 本条項例は、A種優先株式が**無議決権株式**である旨を規定するものである。

【趣旨】 議決権を行使することができる事項に係る種類株式を発行するためには、次の事項を定款で定めなければならない[30]（会社法108条2項3号）。

> [1] 株主総会において議決権を行使することができる事項
> [2] 当該種類の株式につき議決権の行使の条件を定めるときは当該条件

本条では、[1]について「議決権を行使することができない」旨を定款で規定している。本条項例のような「無議決権株式」とするのではなく、「次に掲げる事項を除き、議決権を行使することはできない。」等と規定して、「議決権制限株式」とすることも可能である[31]。

中小企業の共同経営者間、合弁会社のパートナー間等においては、例えば持株比率は6対4であっても議決権比率は常に1対1にしたい等、資本多数決によらない支配権分配を行うニーズがある場合に、多数派が所有する株式の一部を議決権制限株式とすることにより、かかるニーズを満たすことができる（📖江頭・会社法146頁）。

株主総会において議決権を行使することができる事項

【議決権付株式】 種類株式を議決権付株式とすることも当然可能であり、その場合、第6.4条「株主総会における議決権」に代えて、次のような規定を定款に設けることとなる。

---

[30] [2]に関する定めとして、例えば、「一定額以上の剰余金の配当がされない場合には議決権制限株式に議決権が生ずる」等を定めることができる（📖江頭・会社法146頁）。[2]については、「要綱」のみを定め（[1]は必ず定款で定めなければならない）、当該種類株式を初めて発行する時までに、株主総会（取締役会設置会社にあっては株主総会又は取締役会、清算人設置会社にあっては株主総会又は清算人会）の決議によって定める旨を定款で定めることができる（会社法108条3項、同法施行規則20条1項3号）。

[31] 公開会社においては、議決権制限株式の数が発行済株式総数の2分の1を超えるに至った場合には、直ちに議決権制限株式の数を発行済株式総数の2分の1以下にするための必要な措置をとらなければならない（会社法115条）。

定款条項例（参考：会社法108条2項3号）

定款第○条（株主総会における議決権）

A種優先株式を有する株主は、当会社の株主総会においてA種優先株式1株につき1個の議決権を有する。

導入手続

【手続】 本条項例に記載する定款変更のために必要な手続は以下のとおりである。

1. 株主総会特別決議（会社法309条2項11号）
2. 当該定款変更によりある種類の種類株主に損害を及ぼすおそれがあるときは、当該種類株式に係る種類株主総会の特別決議（同322条1項1号、324条2項4号）

但し、既存の株式の全部又は一部について内容を変更する場合に必要となる手続については、Chapter 3・3-5・1「種類株式の発行」を参照されたい（▸▸▸222頁）。

特定の株式／株主に対して複数の議決権を与える方法

【種類株式を用いる方法】 本条の種類株式は「株主総会において議決権を行使することができる事項」について異なる内容を認めるものであり、これを用いて「1株複数議決権」（デュアル・ストック）を付与することはできない[32]（📖伊藤・会社法82頁、📖江頭・会社法146頁）。

【定款による属人的定めを用いる方法】 全株式譲渡制限会社においては、株主総会における議決権に関する事項につき、株主ごとに異なる取扱いを行う旨を定款で定めることができるため（会社法109条2項、105条1項3号）、定款第6.12条「株主総会における議決権」のように、特定の株主の所有株式につき「1株複数議決権」を認めることが可能である（📖伊藤・会社法82頁、📖江頭・会社法169頁）（▸▸▸268頁）。

---

[32] 米国では、ベンチャー企業がVenture Capitalに発行する優先株式の議決権の数は、転換後の普通株式数を基準とすること（on an as converted basis）が一般的である（📖宍戸・ベンチャー戦略278頁）。

【単元株式を用いる方法】 単元株式を用いることにより、実質的に「1株複数議決権」を付与することができる。すなわち、定款で株式の種類ごとに異なる単元株式数を設定することにより（会社法188条3項）、実質的に複数議決権を認めるのと同様の効果を生じさせることができる[33]。

5 株式の譲渡制限

定款条項例（参考：会社法108条2項4号、📖伊藤・会社法83頁、📖江頭・会社法148頁、📖金丸・JV契約115頁、📖田村・定款事例集118頁、📖内藤・種類株式277頁）

> **定款第6.5条（株式の譲渡制限）**
> A種優先株式を譲渡により取得するには、取締役会の承認を要する。

条項例の概要

【意義】 本条項例は、A種優先株式が**譲渡制限株式**（会社法2条17号）、すなわち、譲渡による当該株式の取得について当該株式会社の承認を要する旨を定款で定めている場合における、当該株式である旨を規定するものである（同108条1項4号参照）。

【趣旨】 譲渡制限株式を発行するためには、次の事項を定款で定めなければなら

---

[33] 単元株式を用いることによる複数議決権スキームを維持したまま株式上場が認められた事例として、2014年3月26日付のCYBERDYNE株式会社による上場例がある。同社では、上場株式である普通株式と非上場株式であるB種類株式が発行されていたが、普通株式については1単元100株、B種類株式については1単元10株とすることで、疑似的にB種類株式の議決権を普通株式のそれの10倍にしていた。

普通株主の権利を保護するための条項として、①ブレークスルー条項（発行済み株式総数のうち、一定割合の株式を取得した者が現れた場合には、スキームを解消する条項）や②サンセット条項（スキームの目的が終了した場合に、当該スキームを解消させることができる条項）がおかれており、①について、普通株式の公開買付けが行われ、4分の3を取得する者が現れた場合には、B種類株式の全部を普通株式に転換することが、②について、B種類株主である創業者が退任等した場合、普通株主とB種類株主の3分の2以上の賛成によって、B種類株式の全部を普通株式に転換することが、それぞれ規定されている（①につき同社定款18条1項2号、②につき同3号参照）。

ない[34](会社法108条2項4号)。

|1| 当該株式を譲渡により取得することについて当該株式会社の承認を要する旨
|2| 一定の場合においては株式会社が会社法136条(株主からの承認の請求)又は同137条1項(株式取得者からの承認の請求)の承認をしたものとみなすときは、その旨及び当該一定の場合

本条項例は、|1|について規定するものである。本条項例では|2|について特段定めていないが、その例としては、「株主間の譲渡の場合は会社の承認があったものとみなす」「一定数未満の株式の譲渡の場合は会社の承認があったものとみなす」等の規定が考えられる(🕮伊藤・会社法96頁、🕮江頭・会社法235頁)。

本条の趣旨は、株主の個性・各株主の持株数が重要性を持つ閉鎖的会社において、会社にとって好ましくない者が株式を譲り受けて株主となり、会社の運営に混乱が生じることを防止する点にある(🕮伊藤・会社法78頁、🕮江頭・会社法237頁)。

株式の譲渡により取得することについて当該株式会社の承認を要すること

【承認機関】 株式の取得について会社の承認が必要とされている場合、原則として、株主総会(取締役会設置会社は取締役会)が承認を決定する(会社法139条)。もっとも、定款の定めにより、代表取締役[35]や取締役会設置会社においても株主総会[36]がその承認を決定すると定めることも可能である(🕮田村・定款事例集122頁)。

---

[34] |2|については、「要綱」のみを定め(|1|は必ず定款で定めなければならない)、当該事項は、当該種類株式を初めて発行する時までに、株主総会(取締役会設置会社にあっては株主総会又は取締役会、清算人設置会社にあっては株主総会又は清算人会)の決議によって定める旨を定款で定めることができる(会社法108条3項、同法施行規則20条1項4号)。具体例としては、「株主間の譲渡」、「役員又は従業員の取得」等の場合には承認を要しない旨を定める例がある(🕮田村・定款事例集122頁)。

[35] 代表取締役を承認機関とすると、当該代表取締役が譲渡当事者である場合には、特別利害関係があり、承認権を有しないと解されるため、このような定めは好ましくないとの指摘もある(🕮田村・定款事例集122頁)。

[36] 定款の定めによっても、取締役会よりも下位の機関(取締役会設置会社の代表取締役、委員会設置会社の執行役等)を決定機関と定めることはできないと指摘するものもある(🕮江頭・会社法237頁)。

【承認手続】 譲渡制限株式を譲渡しようとする株主（譲渡人）は、会社に対し、当該譲渡を承認するか否かを決定することを請求できる（会社法136条）。当該株式の譲受人がその請求を行うこともできるが（同137条1項）、この場合、当該請求は原則として**株主名簿上の株主と共同**でしなければならない（同2項）。

これらの者は、当該請求時に、**会社に対する買取請求**、すなわち、「会社が……承認をしない旨の決定をする場合において、当該株式会社又は……指定買取人が……譲渡制限株式を買い取ること」を併せて請求することもできる。会社が譲渡を承認しない場合で、かつ、この買取請求が行われていたときは、会社は**自ら当該株式を買い取る**か（会社法140条1項）、又は別に**買取人を指定**しなければならない（同4項）。会社自身が株式を買い取るときは、株主総会の特別決議による必要があり（同2項、309条2項1号）、かつ、譲渡承認を請求した株主は当該株主総会で議決権を行使できない（同140条3項）（📖伊藤・会社法96頁、📖江頭・会社法238頁）。

なお、株式の移転は、売買代金の支払時に効力を生ずる（📖江頭・会社法242頁）。

公開会社と非公開会社

【概略】 譲渡制限のない株式のみを発行する株式会社を「**公開会社**」といい（会

		公開会社	非公開会社
株式	授権株式の数	4倍制限あり	4倍制限なし
	取締役等選任種類株式	発行できない	発行できる
	株主ごとの異なる定め	不可能	可能
	募集株式の決定	取締役会決議	株主総会決議
株主総会	招集通知の期限	原則2週間	原則1週間
	株主提案権	株式保有期間制限あり	株式保有期間制限なし
取締役	取締役の資格	株主でなければならない旨を定めることはできない	株主でなければならない旨を定めることができる
	取締役の任期	最長2年	最長10年
	取締役会設置の必要性	必要	任意
監査役	監査役設置の必要性	必要	取締役会設置会社では必要
	監査役会設置の必要性	大会社の場合は必要	不要
	会計監査権限監査役	設置不可	設置可

社法２条５号)、譲渡制限株式のみを発行する株式会社、又は譲渡制限株式と譲渡制限のない株式を発行する株式会社を「**非公開会社**」という。なお、「**上場会社**」は、発行する株式を証券取引所に上場している会社のことであり、「公開会社」とは異なる概念である。

【規律の相違】 公開会社と非公開会社の会社法上の規律の相違点は前頁の表のとおりである。

導入手続

【手続】 本条項例に記載する定款変更のために必要な手続は以下のとおりである。

1. 株主総会特別決議(会社法309条２項11号)
2. 当該定款変更によりある種類の種類株主に損害を及ぼすおそれがあるときは、当該種類株式に係る種類株主総会の特別決議(同322条１項１号、324条２項４号)

但し、既存の株式の全部又は一部について内容を変更する場合に必要となる手続については、Chapter 3・3-5・1「種類株式の発行」を参照されたい (▸▸▸222頁)。

6 取得請求権付株式――株主のプット・オプション

(1) 償還請求権①――行使条件を限定しない場合

定款条項例

(参考：会社法108条２項５号、伊藤・会社法83頁、江頭・会社法150頁、田村・定款事例集106頁、内藤・種類株式285頁)

定款第6.6.1条（償還請求権） [注：第6.6.1条と第6.6.2条はいずれかを規定する]

Ａ種優先株主は、次の各号に掲げる条件に従い、当会社に対してＡ種優先株式を取得することを請求することができる。

(1) 取得と引換えにＡ種優先株主に交付する財産の内容
取得の請求があったＡ種優先株式を取得するのと引換えに交付する財産は金銭とし、その額はＡ種優先株式１株につき金○円とする

(2) 取得請求が可能な期間
○年○月○日から○年○月○日まで

条項例の概要

【意義】 本条項例は、A種優先株式を「**取得請求権付株式**」(会社法108条1項5号)、すなわち、株主が会社に対して当該株式の取得を請求することができる旨の株式(同2条18号参照)とする旨の規定である。言い換えれば、取得請求権付株式とは、**株主が会社に対してプット・オプションを行使できる株式**のことである(…332頁)。

【趣旨】 取得請求権付株式を発行するためには、次の事項を定款で定めなければならない(会社法108条2項5号、107条2項2号)。

1 株主が当該株式会社に対して当該株主の有する株式を取得することを請求することができる旨
2 株式1株を取得するのと引換えに当該株主に対して交付する財産(株式・社債・新株予約権・新株予約権付社債・その他財産)の内容・金額等
3 株主が会社に対して当該株式を取得することを請求することができる期間

本条では、1を柱書において、2を第1号において、3を第2号においてそれぞれ規定している。なお、本書では、2に関し、株式と引換えに金銭を交付するものを「償還」、他の株式を交付するものを「転換」と呼び区別することにする。

取得請求権付株式を用いる趣旨としては、①発行会社がIPOを実現した後のキャピタル・ゲインを確定させることができること(IPOは普通株式により行われるのが通常であるため、IPOのメリットを受けるためには優先株式を普通株式に転換する必要がある)、②ダウン・ラウンドにより持分価値の希薄化を緩和することができること(優先株式から普通株式への転換比率を後述する希薄化防止条項によって調整することにより持分価値の希薄化を緩和することができる)、③発行会社と投資家とのバリュエーションに関する対立を緩和することができること(バリュエーションに大きな対立がある場合、ひとまず会社側が主張する価値に近い数字を前提に払込金額を決定し、一定期間が経過するまでに所定のKPIを達成できなかった場合は転換比率を調整し、投資家側が多くの株式を取得できるようにする等の工夫が可能)等が挙げられる(宍戸・ベンチャー戦略271頁・279頁)。

株主の取得請求権

【行使条件】 取得請求権の行使につき条件を定める（例：会社の財務状況が一定基準以上であることを条件とする）ことも可能である（📖江頭・会社法153頁）。

【効力発生時期】 取得請求権は一種の形成権であり、会社は、その請求の日に当然に請求に係る取得請求権付株式を取得し、株主は、同日、定款の定めに従い、社債権者、新株予約権者、株主等となる（会社法155条4号、167条1項、2項）（📖江頭・会社法153頁）。

株式と引換えに交付する財産

【交付する財産】 交付する財産としては、①当該会社の他の株式（会社法108条2項5号ロ）、②当該会社の社債（同号イ、107条2項2号ロ）、③当該会社の新株予約権（同号イ、107条2項2号ハ）、④当該会社の新株予約権付社債（同号イ、107条2項2号ニ）、⑤その他財産（同号イ、107条2項2号ホ）が予定されている。

一部は金銭、一部は株式というような定め方は可能であるが、株式又は金銭というような選択的な定め方は許されない。もっとも、株主の判断でいずれか選択できるような定め方は許される（📖相澤・論点解説78頁）。

【分配可能額との関係】 交付する財産の帳簿価額が取得事由の生じた日の分配可能額を超える場合は、取得の効力が生じない（会社法166条1項但書）。もっとも、取得の対価が当該会社の株式の場合にはこの規制は及ばない（同但書は、108条2項5号ロを対象としていない）。

導入手続

【手続】 本条項例に記載する定款変更のために必要な手続は以下のとおりである。

1. 株主総会特別決議（会社法309条2項11号）
2. 当該定款変更によりある種類の種類株主に損害を及ぼすおそれがあるときは、当該種類株式に係る種類株主総会の特別決議（同322条1項1号、324条2項4号）

但し、既存の株式の全部又は一部について内容を変更する場合に必要となる手続については、Chapter 3・3-5・1「種類株式の発行」を参照されたい（▸▸▸222頁）。

⑵ 償還請求権②――行使条件を限定する場合

定款条項例（参考：会社法2条29号・757条、2条30号・762条1項、467条）

定款第6.6.2条（償還請求権）［注：第6.6.1条と第6.6.2条はいずれかを規定する］

1　A種優先株主は、当会社が、次の各号のいずれかを行った場合、その効力発生日から○日以内（以下本条において「償還請求期間」という。）に、当会社に対して、金銭の交付と引換えに、その有するA種優先株式の全部又は一部を取得することを請求（以下本条において「償還請求」という。）することができる。なお、償還請求の効力は、償還請求期間の終了時点で生じるものとする。

⑴　吸収分割又は新設分割により当会社の主たる事業の全部又は実質的な全てを他の会社に承継させた場合

⑵　当会社の主たる事業の全部又は実質的な全てを第三者に譲渡した場合

2　前項に基づくA種優先株式の1株当たりの取得価額は、次の各号に掲げる場合の区分に応じ、それぞれ当該各号に定めるとおりとする。

⑴　前項第1号の場合に吸収分割承継会社又は新設分割設立会社が当会社に交付する当該会社の株式及び金銭その他の財産の価額（当会社の取締役会が合理的に適切と判断する方法により算出する。）又は前項第2号の場合に事業の譲受人が事業の対価として当会社に支払う金額（以下本条において「分割等対価額」と総称する。）が、その時点のA種優先残余財産分配総額以下である場合

$$\text{A種優先株式の1株当たりの取得価額} = \frac{\text{分割等対価額}}{\text{発行済A種優先株式の総数}}$$

⑵　分割等対価額が、その時点のA種優先残余財産分配総額を超える場合

A種優先残余財産分配額に、以下の算式により算出される額（但し、1円未満の端数は切り上げる。）を加えた金額

$$\text{A種優先転換比率} \times \frac{\text{分割等対価額} - \text{A種優先残余財産分配総額}}{\text{発行済普通株式の総数（但し、自己株式を除く）} + \left(\text{発行済A種優先株式の総数} \times \text{A種優先転換比率}\right)}$$

条項例の概要

【意義】 本条項例は、会社分割（会社法２条29号・757条、２条30号・762条１項）又は事業譲渡（同467条）により、対象会社の事業の全部（又は実質的な全部）を他の会社に譲渡した場合に、A種優先株主がその保有するA種優先株式を償還（払戻し）することを認める旨の規定である。具体的には、以下について定めている。

1. 吸収分割／新設分割／事業譲渡により、会社の事業の実質的全部が第三者に譲渡された場合、株主は自己が保有するA種優先株式を償還（払戻し）することができること（第１項）
2. 償還金額の計算方法（第２項）

【趣旨】 本条の趣旨は、対象会社の合併・株式交換の場合の合併対価等の優先受領権について定める定款条項例第6.3.2条「合併、株式交換又は株式移転の場合の措置」と同様である（›››233頁）。会社分割や事業譲渡の場合、その対価は株主ではなく、会社が取得することとなるため、株主が当該対価について優先受領権を取得するためには、取得請求権付株式を用いる必要がある[37]。

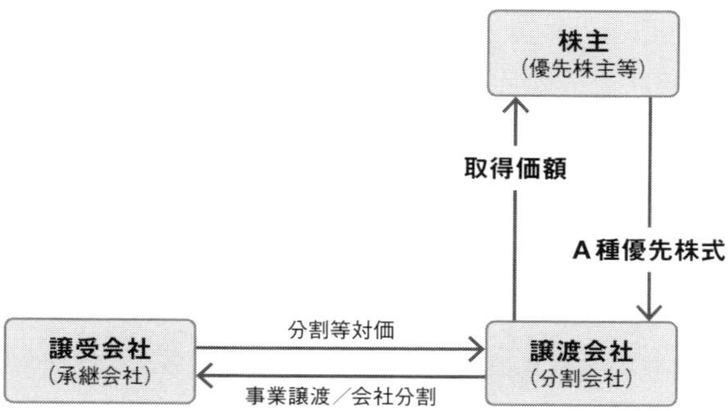

(3) 転換請求権①——転換比率を株式数により定める場合

定款条項例（参考：会社法108条2項5号、📖伊藤・会社法83頁、📖江頭・会社法150頁、📖田村・定款事例集106頁、📖内藤・種類株式285頁）

> **定款第6.6.3条（転換請求権）**［注：第6.6.3条と第6.6.4条はいずれかを規定する］
>
> A種優先株主は、次の各号に掲げる条件に従い、当会社に対してA種優先株式を取得することを請求することができる。
>
> (1) 取得と引換えにA種優先株主に交付する財産の内容
> 取得の請求があったA種優先株式を取得するのと引換えに交付する財産は当会社が発行する普通株式とし、A種優先株式1株につき普通株式1株を交付する
>
> (2) 取得請求が可能な期間
> ○年○月○日から○年○月○日まで

条項例の概要

【意義】 本条項例は、対象会社によるA種優先株式の取得に代え、普通株式の発行を行う、いわゆる「**株式の転換**」を規定するものである。なお、本書では、株式と引換えに金銭を交付するものを「償還」、他の株式を交付するものを「転換」と呼び区別することにする。

なお、取得請求権付株式を発行するために定款で規定すべき事項については、Chapter 3・3-6・6(1)「償還請求権①」を参照されたい（▸▸▸241頁）。

【趣旨】 本条項例の趣旨については、Chapter 3・3-6・6(1)「償還請求権①」を参照されたい（▸▸▸241頁）。

---

［37］ 旧商法では、"人的分割"、すなわち、会社分割による新設会社（又は既存会社）の株式を分割会社ではなく分割会社の株主に割り当てる分割を認めていた。会社法では、旧商法における人的分割については、物的分割と剰余金の配当等という複数の異なる制度を同時に行う者と整理されているので、会社分割と同時に剰余金の配当等をする場合には、別途、分割会社における剰余金の配当の手続や承継会社における譲渡承認手続が必要である。但し、吸収分割契約において、吸収分割と同時に剰余金の配当又は全部取得条項付種類株式の取得を行う旨定めておけば（会社法758条8号）、剰余金の配当や全部取得条項付種類株式の取得に際しての対価の交付の限度額に関する規制に付する規定（同458条）が適用されない（同792条）（📖相澤・論点解説670頁）。

⑷ 転換請求権②——転換比率を転換価額により定める場合

㈠ 転換価額の定め

定款条項例（参考：会社法108条２項５号ロ、📖宍戸・ベンチャー戦略279頁）

定款第6.6.4条（転換請求権）［注：第6.6.3条と第6.6.4条はいずれかを規定する］

［注：第6.6.4条と第6.6.5条及び第6.6.6条はワンセットで規定する］

Ａ種優先株主は、次の各号に掲げる条件に従い、当会社に対してＡ種優先株式を取得することを請求（以下本条において「転換請求」という。）することができる。

⑴　取得と引換えにＡ種優先株主に交付する財産の内容
取得の請求があったＡ種優先株式を取得するのと引換えに交付する財産は当会社が発行する普通株式とし、その数は次のとおりとする。なお、Ａ種優先株式１株につき交付すべき普通株式の数を「Ａ種優先転換比率」という

$$\text{交付すべき普通株式の数} = \frac{\text{転換請求に係るＡ種優先株式の払込金額の総額}}{\text{転換請求に係るＡ種優先株式の転換価額}}$$

⑵　Ａ種優先株式につき、株式分割、株式併合、無償割当又はこれに類する事由があった場合、前号に規定するＡ種優先株式の払込金額（当初金○円）は、その比率に応じて、取締役会により適切に調整される

⑶　第１号に規定するＡ種優先株式の転換価額は、当初１株につき○円とし、第6.6.5条及び第6.6.6条の規定に従い調整を行う

条項例の概要

【意義】　本条項例は、対象会社によるＡ種優先株式の取得に代え、普通株式の発行を行う、いわゆる「**株式の転換**」を規定するものである。もっとも、定款条項例第6.6.3条「転換請求権」とは異なり、次のとおり、転換比率を、**転換価額**をもって定める条項例である。

1 A種優先株主は、会社に対し、その保有するA種優先株式と引換えに、普通株式の交付を求めることができること（柱書、第1号）
2 A種優先株式1株と引き換えられる普通株式の数、すなわち、「転換比率」は、「A種優先株式の払込金額」を「転換価額」で割ったものであること（第1号）
3 A種優先株式について株式分割等が行われた場合、上記の「A種優先株式の払込金額」が適切に調整されること（第2号）
4 一定の事由に応じ転換価額が調整されること（第3号）

本条項例において、A種優先株式と引換えに交付される普通株式の数について、例えば、「A種優先株式を1株1万円で100株取得し、総額100万円払い込んだ場合」を考えると、交付株式数は、「100万円÷1万円＝100株」と計算される。この場合のA種優先転換比率は「1」ということになる。これは、本条2号及び次条で定める調整を行わない限り、A種優先株式1株は普通株式1株に転換されることを意味している。

(イ) 転換価額の調整①——株式の分割・併合等の場合

定款条項例（参考：会社法108条2項5号ロ、📖宍戸・ベンチャー戦略285頁）

定款第6.6.5条（株式の分割・無償割当・併合の場合の転換価額の調整）

［注：第6.6.4条と第6.6.5条及び第6.6.6条はワンセットで規定する］

普通株式の分割若しくは無償割当により普通株式を発行する場合、又は普通株式の併合を行う場合、転換価額は、その比率に応じて、取締役会により適切に調整される。

条項例の概要

【意義】 本条項例は、普通株式が分割・併合等された場合の調整に関して規定するものである。

【趣旨】 例えば、ある会社において、普通株式が「400株」、A種優先株式が「100株」発行（1株1万円で合計100万円分発行）されていたとする。株式の分割・併合等が行われず、A種優先株式が当初転換比率「1」で普通株式に転換された場合、A種優先株主は「100株」の普通株式、全体の「20%」(＝100株÷500株)の持分を取得することになる。

ところが、転換前に普通株式「1株」を「2株」にする株式分割が行われたとすると、普通株式の数は「800株」になる。転換比率に調整が行われないとすると、A種優先株主が転換後に取得する普通株式は「100株」、すなわち、全体の「11.11%」(＝100株÷900株)の持分を取得するに過ぎず、その持分割合は大きく目減りすることになる。

そこで、このような場合、転換比率及び転換価額の調整が必要となる。具体的には、転換価額を株式分割の比率である「1：2」に合わせて、当初の「1万円」から「0.5万円」に調整し、また、これに合わせて、転換比率を当初の「1」から「2」に調整する。これにより、A種優先株主が転換後に取得できる普通株式数は「200株」となり、分割が行われなかった場合と同様の持分比率「20%」を維持することができる。

(ウ) 転換価額の調整②——希薄化防止条項

〔逆引法務388頁〕

定款条項例 (参考：会社法108条2項5号ロ、📖宍戸・ベンチャー戦略280頁・301頁)

定款第6.6.6条(転換価額を下回る金額での株式発行が行われる場合の転換価額の調整)［注：第6.6.4条と第6.6.5条及び第6.6.6条はワンセットで規定する］

1　調整前の転換価額を下回る金額をもって当会社の株式を発行する場合(自己株式の処分を含む。以下本条において同じ。)、次の算式により転換価額を調整する。なお、「既発行株式数」とは、払込期日(払込期間が設定される場合はその期間の初日)の前日の発行済株式総数とし、潜在株式(新株予約権の行使の目的である株式、又は取得条項付株式若しくは取得請求権付株式を取得するのと引換えに当該株主に対して交付する当会社の他の株式をいう。以下、本条において同じ。)は含まない。

$$\text{調整後転換価額} = \text{調整前転換価額} \times \frac{\left(\text{既発行株式数} - \text{自己株式数}\right) + \dfrac{\text{1株当たり払込金額} \times \text{新規発行株式数}}{\text{調整前転換価額}}}{\left(\text{既発行株式数} - \text{自己株式数}\right) + \text{新規発行株式数}}$$

2　前項に規定する調整後転換価額は、払込期日（払込期間が設定される場合はその期間の末日）の翌日以降これを適用する。

条項例の概要

【意義】　本条項例は、A種優先株式の取得価額を下回る価格で株式が発行される場合、いわゆる**ダウン・ラウンド・ファイナンス**（Down Round Finance）が行われた場合（下表ケース②の場合）の株式価値を回復するための規定、すなわち、「**希薄化防止条項**」（Anti-Dilution Provision）を規定するものである。

【趣旨】　例えば、優先株主Bが1株1,000円で500株を引き受けた後、次の資金調達において、同じ優先株式がCに対して1株500円で発行された場合、Bが有していた持分価値は、500,000円（@1,000×500）から250,000円（@500×500）に減少してしまう。このような場合、優先株式の経済的価値は、“普通株式への転換比率を調整する”ことにより回復するのが一般である（より多くの普通株式へ転換できるようにする）。転換される普通株式の数は、「優先株式出資額÷転換価額」によって算出されることから、実際には、この「転換価額」を調整することになる。

	直前ラウンド		ケース①（株価UP）		ケース②（株価DOWN）	
	株式数	持分価値	株式数	持分価値	株式数	持分価値
普通株主A	1,000	1,000,000	1,000	1,500,000	1,000	500,000
優先株主B	500	500,000	500	750,000	500	250,000
優先株主C	—	—	200	300,000	200	100,000
合計	1,500	1,500,000	1,700	2,550,000	1,700	850,000

転換価額（転換比率）の調整方法

【フル・ラチェット方式】　転換価額の調整方法として、**転換価額を「ダウン・ラウンドにおける出資額」**に調整する方法がある。これを「**フル・ラチェット方式**」（Full Ratchet）という。上記の例でいえば、転換価額が@1,000から@500に調整されることになる（📖磯崎・ファイナンス316頁、📖宍戸・ベンチャー戦略301頁）。

このフル・ラチェット方式によると、既存優先株主の持分価値がそのまま維持されるため、会社価値下落に伴うダウンサイド・リスクから完全に遮断される一方、投資家に過剰な保護を与えることになる[38]（📖宍戸・ベンチャー戦略281頁）。

【加重平均方式】 転換価額の調整方法として、「**調整前転換価額**」と「**ダウン・ラウンドにおける株価**」の株式数による「**加重平均**」によって調整する方法がある。これを**加重平均方式**（Weighted Average）という[39]（📖磯崎・ファイナンス313頁、📖宍戸・ベンチャー戦略301頁）。定款条項例は、この加重平均方式による調整例であるが、条項例の算式を次の形に置き直すと“加重平均”として捉えやすい（なお、既発行株式数から控除される自己株式数については省略している）。

$$\text{調整後転換価額} = \frac{X}{X+Y} \times \alpha + \frac{Y}{X+Y} \times \beta$$

X：既発行株式数　α：調整前転換価額
Y：ダウン・ラウンドにおける発行株式数　β：ダウン・ラウンドにおける株価

	直前ラウンド（株主Bが@1,000で出資）		ケース②（株価DOWN）（株主Cが@500で出資）	
	株式数	持分価値	株式数	持分価値
普通株主A	1,000	1,000,000	1,000	500,000
優先株主B	500	500,000	**500**	**250,000**
優先株主C	—	—	200	100,000
合計	1,500	1,500,000	1,700	850,000

フルラチェット方式 → 「ダウン・ラウンドの出資額@500により転換」

	ケース②（株価DOWN）（株主Cが@500で出資）	
	株式数	持分価値
普通株主A	1,000	500,000
優先株主B	**1,000**	**500,000**
優先株主C	200	100,000
合計	2,200	1,100,000

加重平均方式 → 「@1,000と@500の加重平均（株式数）により転換」

	ケース②（株価DOWN）（株主Cが@500で出資）	
	株式数	持分価値
普通株主A	1,000	500,000
優先株主B	**531**	**265,500**
優先株主C	200	100,000
合計	1,731	865,500

【加重平均方式による転換価額／転換後普通株式数の計算】

$$\text{調整後転換価額} = \frac{X}{X+Y} \times \alpha + \frac{Y}{X+Y} \times \beta$$

$$= @1000 \times \frac{1500}{1500+200} + @500 \times \frac{200}{1500+200}$$

$$= \underline{@941.18\ (\text{Answer})}$$

$$\text{転換による普通株式数} = \frac{\text{A種出資総額}}{\text{調整後取得価格}} = \frac{500{,}000}{@941.18} = \underline{531\text{株}\ (\text{Answer})}$$

---

［38］ 通常のベンチャー投資でフル・ラチェット方式がとられることはあまりなく、これが用いられる場合でも「一定期間に限りフル・ラチェット方式とする」、「次回の資金調達の時に限りフル・ラチェットとする」等その適用を限定することがある（📖宍戸・ベンチャー戦略281頁）。

［39］ 新株予約権が発行されている場合に、「既発行株式数」にこれを含めない（希薄化前で計算する）方法を「ナロウ・ベイスド」方式（Narrow-Based）、新株予約権を含める（希薄化後で計算する）方法を「ブロード・ベイスド」方式（Broad-Based）という。

7 取得条項付株式——会社のコール・オプション

(1) 強制償還条項

定款条項例（参考：会社法108条2項6号、📖伊藤・会社法83頁、📖江頭・会社法154頁、📖田村・定款事例集108頁、📖内藤・種類株式306頁）

> **定款第6.7.1条（強制償還）**［注：第6.7.1条と第6.7.2条はいずれかを規定する］
> 当会社は、取締役会で別に定める日が到来した時に、A種優先株式の全部又は一部を、次に定める財産と引換えに取得する。
> (1) 取得と引換えに株主に交付する財産の内容
> 株式を取得するのと引換えに交付する財産は金銭とし、その額はA種優先株式1株につき金○円とする
> (2) 取得する株式の一部の決定方法
> A種優先株主が所有する当該A種優先株式の数に10分の1を乗じた数とする

条項例の概要

【意義】 本条項例は、**取得条項付株式**、すなわち、株式会社が一定の事由が生じたことを条件として当該株式を取得することができる旨の定めを設けている株式（会社法2条19号）について規定するものである。言い換えれば、取得条項付株式とは、**会社が株主に対してコール・オプションを行使できる株式**のことである（▸▸▸333頁）。

【趣旨】 取得条項付株式を発行する場合には、次の事項を定款で定めなければならない（会社法108条2項6号、107条2項3号）。

> [1] 一定の事由が生じた日に当該株式会社がその株式を取得する旨及びその事由
> [2] 一定の期日の到来をもって[1]とするときは、その旨
> [3] [1]の事由が生じた日に[1]の株式の一部を取得することとするときは、その旨及び取得する株式の一部の決定の方法
> [4] 株式1株を取得するのと引換えに当該株主に対して財産（当該株式会社の

株式、社債、新株予約権、新株予約権付社債）を交付するときは、当該財産の内容及び数若しくは額又はこれらの算定方法

本条では、1及び2について、「取締役会で別に定める日が到来した時」、3について、「A種優先株主が所有する当該A種優先株式の数に10分の1を乗じた数」、4について、「金銭」「当該A種優先株式1株につき交付する金銭の額は金○円」とそれぞれ定めている[40]。なお、本書では、4に関し、株式と引換えに金銭を交付するものを「償還」、他の株式を交付するものを「転換」と呼び区別することにする。

株式取得事由／株式取得期日

【効力発生時】 会社は、一定の事由が生じた日（3により一部のみを取得する場合は、その日と会社法169条3項の通知・公告の日から2週間を経過したいずれか遅い日）に、対象株式を取得することになる[41]（同155条1号、170条1項）。

同時に、取得対象株式の株主は、定款の定めに従い、社債権者、新株予約権者、新株予約権付社債の社債権者兼新株予約権者又は株主となる（会社法170条2項）。

株式と引換えに交付する財産

【交付する財産】 交付する財産としては、①当該会社の他の株式（会社法108条2項6号ロ）、②当該会社の社債（同号イ、107条2項3号ニ）、③当該会社の新株予約権（同号イ、107条2項3号ホ）、④当該会社の新株予約権付社債（同号イ、107条2項3号ヘ）、⑤その他財産（同号イ、107条2項3号ト）が予定されている。

一部は金銭、一部は株式というような定め方は可能であるが、株式又は金銭というような選択的な定め方は許されない。もっとも、株主の判断でいずれか選択できるような定め方は許される（📖相澤・論点解説78頁）。

【分配可能額との関係】 交付する財産の帳簿価額が取得事由の生じた日の分配可能額を超える場合は、取得の効力が生じない（会社法170条5項）。もっとも、取得

[40] 上記1～4に代え、定款で要綱のみ定めることも可能である。この場合に、定款で記載しなければならない事項については、会社法108条3項及び会社法施行規則20条1項6号参照。

[41] 会社は、一定の事由が生じた後、遅滞なく、取得条項付株式の株主及びその登録株式質権者に対し、当該事由が生じた旨を通知又は公告しなければならない（会社法170条3項本文、4項）。

の対価が当該会社の株式の場合にはこの規制は及ばない（同項は、108条2項6号ロを対象としていない）。

導入手続

【手続】 本条項例に記載する定款変更のために必要な手続は以下のとおりである。

1 株主総会特別決議（会社法309条2項11号）
2 当該定款変更によりある種類の種類株主に損害を及ぼすおそれがあるときは、当該種類株式に係る種類株主総会の特別決議（同322条1項1号、324条2項4号）

但し、既存の株式の全部又は一部について内容を変更する場合に必要となる手続については、Chapter 3・3-5・1「種類株式の発行」を参照されたい（▸▸▸222頁）。

(2) 強制転換条項

定款条項例

（参考：会社法108条2項6号、📖伊藤・会社法83頁、📖江頭・会社法154頁、📖田村・定款事例集108頁、📖内藤・種類株式306頁）

定款第6.7.2条（強制転換）［注：第6.7.1条と第6.7.2条はいずれかを規定する］

当会社は、取締役会で別に定める日が到来した時に、A種優先株式の全部又は一部を、次に定める財産と引換えに取得する。

(1) 取得と引換えに株主に交付する財産の内容
株式を取得するのと引換えに交付する財産は当会社が発行する普通株式とし、A種優先株式1株につき普通株式1株を交付する

(2) 取得する株式の一部の決定方法
A種優先株主が所有する当該A種優先株式の数に10分の1を乗じた数とする

条項例の概要

【意義】 本条項例は、取得条項付株式のうち、交付する財産が「当会社の株式」であるもの、すなわち、株式の「転換」について規定するものである。なお、本

書では、株式と引換えに金銭を交付するものを「償還」、他の株式を交付するものを「転換」と呼び区別することにする。なお、取得条項付株式を発行するために定款で規定すべき事項については、定款条項例第6.7.1条「強制償還」を参照されたい（▸▸▸252頁）。

【**趣旨**】 本条は、未上場企業が優先株式を発行する場合、株式上場に際しては普通株式に一斉に転換されるという形で用いられることが多い。株式上場後も優先株式が残存し、いつ優先株主が普通株式への転換を請求するか明らかではないといった事態は、上場の際の募集・売出しの際のマーケティング上好ましくないと一般に考えられているからである（📖宍戸・ベンチャー戦略282頁）。

8 全部取得条項付株式

〔逆引法務393頁〕

定款条項例

（参考：会社法108条2項7号、📖伊藤・会社法83頁、📖江頭・会社法158頁、📖田村・定款事例集110頁、📖内藤・種類株式336頁）

定款第6.8条（全部取得条項）

当会社が発行するA種優先株式は、当会社が株主総会の決議によってその全部を取得できることをその内容とする。なお、会社法第171条第1項第1号に規定する取得対価の価額は、当該決議時の当会社の財務状況を踏まえて定める。

条項例の概要

【**意義**】 本条項例は、**全部取得条項付種類株式**、すなわち、種類株式発行会社において、特定の種類の株式の全部を株主総会の特別決議によって取得することが

	取得条項付株式	全部取得条項付株式
取得事由	予め定めた一定の事由の発生又は会社が別に定める日の到来	予め定める必要はない
取得手続	上記事由の発生又は日の到来により会社は株式を取得（155①、170Ⅰ）	株主総会の特別決議が必要（309Ⅱ③、171Ⅰ）
取得対価	定款で定める	取得決議を行う株主総会で定める
株式買取請求権	なし	あり（116Ⅰ②）

できる旨の定款の定めがある種類の株式（会社法171条、108条1項7号、309条2項3号）について定めるものである。

全部取得条項付種類株式は、取得条項付種類株式（会社法108条1項6号）とは、前頁の表に掲げた点で異なる。

【趣旨】 全部取得条項付種類株式を発行するためには、次の事項を定款で定めなければならない[42]（会社法108条2項7号）。

> 1 取得対価の価額の決定の方法
> 2 取得に関する株主総会決議をすることができるか否かについての条件を定めるときは当該条件[43]

全部取得条項付株式は、①私的整理等を行う際に株主を入れ替えるための、いわゆる「100％減資」を行う場合や、②株式取得による企業買収後に残存する少数株主を締め出す、いわゆる「スクイーズ・アウト」を行う場合等に用いられる（📖江頭・会社法158頁）。

取得対価の価額の決定の方法

【取得対価】 全部取得条項付種類株式の取得対価は、取得の際に株主総会決議によって定められる（会社法171条1項1号）。

【定款での定め方】 定款上は取得対価の価額を具体的に定める必要はないが、事後に株主総会決議を行う際の基準、例えば、「当該決議時の会社の財務状況を踏まえて定める」等の定めを定款におくことが必要である（📖江頭・会社法159頁）。

【分配可能額との関係】 取得の対価は、取得日における会社の分配可能額を超えてはならない（会社法461条1項4号）。もっとも、取得の対価が当該会社の株式の場合にはこの規制は及ばない（同項柱書括弧書）。

---

[42] 定款には要綱のみを定め、1および2については、当該種類株式を初めて発行する時までに、株主総会（取締役会設置会社にあっては株主総会又は取締役会、清算人設置会社にあっては株主総会又は清算人会）の決議によって定める旨を定款で定めることができる（会社法108条3項）。但し、1については、定款で定めなければならない（同法施行規則20条1項7号）。

[43] 2の例としては、「当該決議を行うには、当会社が最終の事業年度に関する貸借対照表において債務超過であることを条件とする。」等が考えられる（📖田村・定款事例集111頁）。

導入手続

【手続】 本条項例に記載する定款変更のために必要な手続は以下のとおりである。

1 株主総会特別決議（会社法309条2項11号）
2 当該定款変更によりある種類の種類株主に損害を及ぼすおそれがあるときは、当該種類株式に係る種類株主総会の特別決議（同法322条1項1号、324条2項4号）

但し、既存の株式の全部又は一部について内容を変更する場合に必要となる手続については、Chapter 3・3-5・1「種類株式の発行」を参照されたい（▸▸▸222頁）。

スクイーズ・アウト

【概略】 **スクイーズ・アウト**とは、現金を対価として少数株主からその株式を取得することを言い、**キャッシュ・アウト**とも呼ばれる（📖伊藤・会社法377頁、📖柴田・M&A実務279頁）。スクイーズ・アウトの方法としては、2014年改正法により新設された制度である「特別支配株主の株式等売渡請求」を用いる方法があるが、同制度導入前には、「全部取得条項付種類株式」を用いる方法のほか、「株式交換」を用いる方法、「株式併合」を用いる方法が考えられた[44]。

全部取得条項付種類株式を用いた手続は、概ね、次のとおりである。なお、1～3に必要となる株主総会決議は同一の株主総会において行われることが一般的である。

1 会社が種類株式発行会社となる
2 既存株式に全部取得条項を設ける
3 全部取得条項付種類株式を会社が取得し、取得の対価として、特定の大株主を除き、1株未満となるようにする

[44] もっとも、これらの各制度は、スクイーズ・アウトを直接の目的とした制度ではなかった。全部取得条項付種類株式は、私的整理等を行う際に株主を入れ替えることを目的とした制度、株式交換は、100％親子関係を創出することを目的とした制度、株式併合は、株式の単位を引き上げることを目的とした制度であった。

【手続[1]】 取得条項付種類株式を用いてスクイーズ・アウトを行うためには、当該会社が種類株式発行会社（会社法２条13号）でない場合、まず、種類株式発行会社となる必要がある（同111条２項柱書参照）。そこで、例えば、当該会社において、普通株式のみが発行されている場合、新たにＡ種類株式を発行するなどし、当該会社が種類株式発行会社となる必要がある。

【手続[2]】 既存株式（例：普通株式）に、全部取得条項を設ける定款の変更を行う。そのためには、株主総会特別決議（会社法309条２項11号）のほか、全部取得条項を設ける当該既存株式に係る種類株主総会の特別決議（同111条２項、324条２項１号）(▸▸▸222頁)、及び、株主等に対する通知又は公告（同116条３項・４項、118条３項・４項）が必要となる。

【手続[3]】 株主総会特別決議（会社法171条、309条２項３号）に基づき、全部取得条項が付された既存株式（例：普通株式）を会社が取得し、その対価として他の株式（例：Ａ種類株式）を交付する。このとき、特定の大株主以外が１株未満となるように当該他の株式を割り当てることになる。会社法上、１株未満の株式（いわゆる"端株"）を保有することができないため、端数の合計数に相当する数（１株未満の端数は切り捨てられる）の株式を対象会社において売却し、当該売却代金を各少数株主が所有する端数に応じて分配することとなる（同234条１項２号）。なお、この"売却"は、裁判所の許可を得て行う任意売却（同２項）の方法により、対象会社又は特定の大株主に対して行われる。これにより、少数株主は、当該会社の株式を一切所有していない状況となる。

【価格】 スクイーズ・アウト時の価格は、裁判例によれば[45]、スクイーズ・アウト時の時価であり、スクイーズ・アウト時の時価とは、①スクイーズ・アウト時の客観的価値に[46]、②今後の株価上昇の期待を加えたものとなる[47]。

特別支配株主の株式等売渡請求を用いたスクイーズ・アウト

【概要】 スクイーズ・アウトの方法には、2014年改正会社法により新設された**特別支配株主の株式等売渡請求**を用いる方法もある。特別支配株主の株式等売渡請求とは、特別支配株主が対象会社の株主総会の決議を要することなく、少数株

[45] 引用した裁判例は、いずれも、上場会社を非公開会社化（MBO化）する場合の事例であり、スクイーズ・アウト実行前は市場取引価格が存在したが、スクイーズ・アウト実行後は市場取引価格が存在しないという特殊性がある。

主に対してその保有する株式及び新株予約権を売り渡すよう請求できる制度である（会社法179条）（📖伊藤・会社法381頁、📖江頭・会社法276頁）。手続の概要は次の図のとおりである。

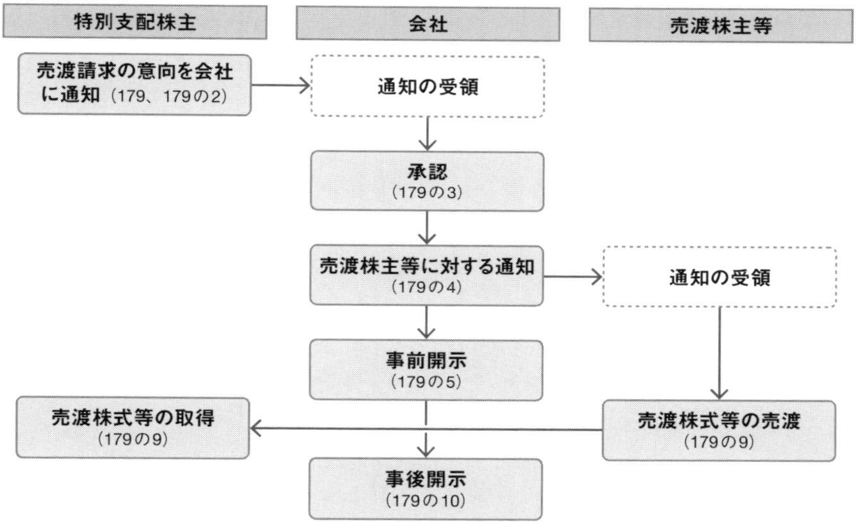

【特別支配株主】 まず、大前提として、売渡請求をしようとする株主が特別支配株主であること、すなわち、対象会社の総株主の議決権の90％以上を保有する株主であることが必要である。

【特別支配株主から対象会社への通知】 特別支配株主は、株式等売渡請求をしようとするときは、対象会社に対し、その旨及び売買価格その他所定の事項（会社法179条の２第１項各号記載の事項）を通知し、対象会社の承認を受けなければならな

[46] スクイーズ・アウト時の客観的価値は、MBO前は市場取引価格があるため、一定期間（例：1か月）の平均値等をもって算出することが可能である。

[47] 今後の株価上昇の期待については様々な方法が考えられ、例えば、他のMBO案件の平均をとって20％をプレミアム率とした裁判例もあれば（最決平成21年５月29日：レックス・ホールディングス事件、東京高決平成22年10月27日：サイバードホールディングス事件）、DCF法等により企業価値を算出し、それと①の客観的価値との差額を「増加価値」と定義し、当該増加価値を買収者と反対株主に１：１で分配することを認めた裁判例もある（大阪地決平成24年４月13日：カルチュア・コンビニエンス・クラブ事件）。

い（同179条の３第１項）。

【対象会社による承認】 通知を受領した対象会社は、通知の内容を精査のうえ、株式等売渡請求を承認するか否かを判断することになる。対象会社による承認は、取締役会設置会社であれば取締役会の決議により行う（会社法179条の３第３項）。

【対象会社から売渡株主等に対する通知】 対象会社は、株式等売渡請求に対する承認をしたときは、取得日の20日前までに、売渡株主等に対し、所定の事項（会社法179条の４第１項各号参照）を通知しなければならない。売渡株主等が、特別支配株主が提示した売買価格に不服がある場合、取得日の20日前の日から取得日の前日までの間に、裁判所に対して売買価格の決定の申立てをすることができる（同179条の８）。

【事前開示】 対象会社は、売渡株主等に対する通知を行った日又は公告の日のいずれか早い日から、取得日後６か月が経過するまでの間、所定の事項（会社法179条の５第１項各号参照）を開示しなければならない。

【株式等の売渡・取得】 株式等売渡請求をした特別支配株主は、取得日に、売渡株式等の全部を取得する（会社法179条の９）。

【事後開示】 対象会社は、取得日から６か月が経過するまでの間、「株式等売渡請求により特別支配株主が取得した売渡株式等の数その他の株式等売渡請求に係る売渡株式等の取得に関する事項として法務省令で定める事項」を開示しなければならない（会社法179条の10第１項・２項）。

9 拒否権

〔逆引法務341頁〕

定款条項例

（参考：会社法108条２項８号、📖伊藤・会社法85頁、📖江頭・会社法164頁、📖金丸・JV契約84頁、📖田村・定款事例集112頁、📖内藤・種類株式372頁）

> **定款第6.9条（種類株主総会決議事項）**
>
> 当会社が次に掲げる事項を法令又は定款で定める決議機関において決議するときは、当該決議のほか、A種優先株主を構成員とする種類株主総会の決議を要する。
>
> (1) ○○
>
> (2) ○○
>
> (3) ○○

条項例の概要

【意義】 本条項例は、**拒否権付種類株式**[48]、すなわち、株主総会（取締役会設置会社にあっては株主総会又は取締役会、清算人会設置会社にあっては株主総会又は清算人会）において決議すべき事項のうち、当該決議のほか、当該種類の株式の種類株主を構成員とする種類株主総会の決議があることを必要とする株式に関する規定である（会社法108条1項8号）。

【趣旨】 拒否権付種類株式を発行する場合、次の事項を定款で定めなければならない[49]（会社法108条2項8号）。

> [1] 当該種類株主総会の決議があることを必要とする事項
> [2] 当該種類株主総会の決議を必要とする条件を定めるときは、当該条件

本条項例では、各号において[1]を定める形をとっている。

議決権の過半数を有する多数派株主は、会社の意思決定をコントロールすることができる。すなわち、株主総会決議事項の多くを単独で成立させることができ（▸▸▸8頁）、また、取締役選任権を通じて、会社の経営に直接関与することも可能である。これに対し、少数派株主は、特別決議を否決できるだけの議決権（3分の1超）を有している場合は格別、自己の意思を会社の意思決定に反映させることは難しいため、その手段として、一定の事項について“拒否権”を取得するという方法がとられることがある。

拒否権の対象事項

【概要】 拒否権の対象とする事項は、株主総会決議事項及び取締役会決議事項の全部又は一部であり、具体的には、①組織変更等に関する事項、②株主の変動を生じる事項、③会社財産の流出を伴う事項、④その他会社に重大な影響を及ぼす

[48] 拒否権付種類株式は「黄金株」とも呼ばれる。

[49] 定款には要綱のみを定め（当該種類株主総会の決議があることを必要とする事項を除く）、当該事項以外の全部又は一部については、当該種類株式を初めて発行する時までに株主総会（取締役会設置会社にあっては株主総会又は取締役会、清算人会設置会社にあっては、株主総会又は清算人会）の決議によって定める旨を定款で定めることができる（会社法108条3項）。但し、[1]については、定款で定めなければならない（同法施行規則20条1項8号）。

事項を拒否権の対象とすることが通常である。

【①組織変更等に関する事項】 定款の変更やM&A等の対象会社の組織変更等に関する事項は、株主にとっての重大な関心事であるため、拒否権の対象とすることが通常である。

拒否権を取得すべき事項	主な決定方法
定款の変更	株主総会特別決議
合併、株式交換、株式移転、事業譲渡、事業譲受、会社分割、その他の企業結合	株主総会特別決議
第三者との提携契約の締結若しくは変更	取締役会決議
他の法人その他の団体への出資又はその持分の取得（子会社又は関連会社の設立を含む）	取締役会決議
解散又は倒産手続開始の申立て	株主総会特別決議

【②株主の変動を生じる事項】 株主にとって、対象会社の株式を誰がどの程度有しているかも、極めて重大な関心事であるため、株主の変動を生じる事由も拒否権の対象とすることが通常である。

拒否権を取得すべき事項	主な決定方法
株式等の発行若しくは処分又は自己株式等の取得	株主総会特別決議
既存株主又は新たに株主となる者との間の投資契約（その名称を問わず、これらの者との間で、対象会社の事業運営又は対象会社の株式の譲渡、買取りに関し、一定の重要な事項を定める契約をいう）の締結、変更、解除又は終了	株主総会特別決議 取締役会決議
株主の変動又は株主の持分の変動（株式等の第三者に対する譲渡の承認及び会社法第140条第４項に定める指定買取人の指定を含む）	取締役会決議
株式分割、併合、無償割当て又は消却	株主総会特別決議 取締役会決議

【③会社財産の流出を伴う事項】 会社財産の流出を伴う事項も、株主にとって重大な関心事であるため、拒否権の対象とすることが通常である。

拒否権を取得すべき事項	主な決定方法
剰余金の処分（配当及び中間配当を含む）	株主総会普通決議
役員の報酬、賞与又は退職慰労金その他職務執行の対価として会社から受け取る財産上の利益の決定	株主総会普通決議
資本金額の減少、資本準備金の額の減少	株主総会特別決議
第三者への貸付	取締役会決議
第三者からの借入又は債務保証その他一切の債務負担行為	取締役会決議

【④その他会社に重大な影響を及ぼす事項】 上記のほか、経営者による利益相反の可能性がある事項や、対象会社の事業の方向性に変更が生じ得るような事項についても拒否権の対象とすることが通常である。

拒否権を取得すべき事項	主な決定方法
取締役の競業行為又は利益相反行為の承認	取締役会決議
役員等（取締役、監査役及び重要な使用人をいう）の選任、退任、解任、解職、解雇等又は異動	株主総会普通決議
第三者に対する訴訟、仲裁、調停、強制執行その他司法上の手続の開始、第三者との間の和解、請求の放棄・認諾、訴え・申立ての取下げ	取締役会決議
重要な契約（取引金額が○○万円以上のもの）の締結、変更、解除又は終了	取締役会決議
重要な資産（資産価値が○○万円以上のもの）の売却、譲渡、賃貸、質入れその他の方法による処分又は担保権の設定	取締役会決議

効果

【概略】 定款により拒否権の対象として規定した事項については、当該拒否権付株式を有する株主を構成員とする種類株主総会の決議がなければその効力が生じない。

【株式上場との関係】 証券取引所の運用によれば、拒否権付種類株式を発行している会社は、原則、上場会社として不適格と扱われる。もっとも、「会社の事業目的、拒否権付種類株式の発行目的、割当対象者の属性及び権利内容その他の条件に照らして、株主及び投資者の利益を侵害するおそれが少ないと当取引所が認める場合」には、例外的にその発行が許容される[50]（📖東証・ガイドブック74頁）。

導入手続

【手続】 本条項例に記載する定款変更のために必要な手続は以下のとおりである。

1 株主総会特別決議（会社法309条2項11号）
2 当該定款変更によりある種類の種類株主に損害を及ぼすおそれがあるときは、当該種類株式に係る種類株主総会の特別決議（同322条1項1号、324条2項4号）

但し、既存の株式の全部又は一部について内容を変更する場合に必要となる手続については、Chapter 3・3-5・1「種類株式の発行」を参照されたい（▸▸▸222頁）。

10 取締役等の選任に関する条項例

定款条項例（参考：会社法108条2項9号、📖伊藤・会社法85頁、📖江頭・会社法165頁、📖金丸・JV契約72頁、📖田村・定款事例集114頁、📖内藤・種類株式380頁）

定款第6.10条（役員選任権）
A種優先株主を構成員とする種類株主総会において、次の各号に掲げる役員をそれぞれ当該各号に定める人数選任する。
(1) 取締役　○名
(2) 監査役　○名

条項例の概要

【意義】 本条項例は、**役員選任権付種類株式**、すなわち、その種類の株式の種類株主を構成員とする種類株主総会において取締役又は監査役を選任することができるという内容の種類株式に関する規定である（会社法108条1項9号）。

【趣旨】 役員選任権種類株式を発行する場合には、次の事項を定款で定めなければならない[51][52]（会社法108条2項9号）。

---

[50] 例外的に拒否権付種類株式の発行が認められる一例として、民営化企業が、その企業行動が国の政策目的に著しく矛盾することがないよう、国を割当先として拒否権付種類株式を発行するような場合が挙げられる。

1 当該種類株主を構成員とする種類株主総会において取締役又は監査役を選任すること、及び、選任できる取締役又は監査役の員数
2 選任できる取締役又は監査役の全部又は一部を他の種類株主と共同して選任することとするときは、当該他の種類株主の有する株式の種類及び共同して選任する数
3 前記1及び2に掲げる事項を変更する条件があるときは、その条件及び当該条件が成就した場合における変更後の1及び2に掲げる事項
4 社外取締役又は社外監査役に限定した選任権を付す場合における法務省令（会社法施行規則19条）で定める事項

本条では、1について規定している。

少数株主がその意思を会社の意思決定に反映させるための手段として、Chapter 3・3-6・9「拒否権」では拒否権付種類株式を用いる方法を説明した（▸▸▸260頁）。しかし、この方法は、多数派が提案した事項を承認するかしないかという消極的な参加手段である。自己の意思を会社の意思決定により積極的に反映させるためには、会社の業務に関する意思決定機関である取締役会に対する直接的影響力を取得することが必要となる。役員選任権付種類株式は、少数株主が会社に対して積極的な経営参加を行うための手段として利用される。

種類株主総会における役員の選任

【選任】 本株式を発行している場合には、取締役又は監査役の選任は、当該種類株主総会で行われることになり、全体の株主総会では行われない（会社法347条）。

【解任】 取締役又は監査役は、定款に別段の定めがある場合を除き、当該取締役又は監査役を選任した種類株主総会により解任されることとなる（会社法347条）。

---

[51] 定款には要綱のみを定め（当該種類株主総会の決議があることを必要とする事項を除く）、当該事項以外の全部又は一部については、当該種類株式を初めて発行する時までに株主総会（取締役会設置会社にあっては株主総会又は取締役会、清算人会設置会社にあっては、株主総会又は清算人会）の決議によって定める旨を定款で定めることができる（会社法108条3項）。但し、1及び2の事項については、定款で定めなければならない（同法施行規則20条1項9号）。

[52] 委員会設置会社及び公開会社では役員選任権付種類株式は発行できない（会社法108条1項但書）。

導入手続

【手続】 本条項例に記載する定款変更のために必要な手続は以下のとおりである。

1 株主総会特別決議（会社法309条2項11号）
2 当該定款変更によりある種類の種類株主に損害を及ぼすおそれがあるときは、当該種類株式に係る種類株主総会の特別決議（同322条1項1号、324条2項4号）

但し、既存の株式の全部又は一部について内容を変更する場合に必要となる手続については、Chapter 3・3-5・1「種類株式の発行」を参照されたい（…222頁）。

11 種類株主総会の開催を不要とする条項

定款条項例（参考：会社法322条2項、199条4項、238条4項、📖伊藤・会社法87頁、📖江頭・会社法172頁、📖田村・定款事例集116頁、📖内藤・種類株式409頁）

定款第6.11条（種類株主総会における議決権）

1 法令に別段の定めがある場合を除き、当会社が会社法第322条第1項各号に掲げる行為をする場合においても、A種優先株主を構成員とする種類株主総会の決議を要しない。

2 当会社が募集株式又は募集新株予約権の発行を行う場合には、会社法第199条第4項又は会社法第238条第4項に基づくA種類株主を構成員とする種類株主総会の決議を要しない。

条項例の概要

【意義】 本条項例は、一定の事項に関する**種類株主総会の決議を不要**とするための規定である。

【趣旨】 次の場合、種類株主総会の決議が必要となるところ（📖相澤・論点解説102頁）、会社法322条2項、199条4項、及び、238条4項により、これらの一部について、当該決議を不要とすることができる。

種類株主総会の決議が必要となる場合			決議の種類	決議不要とできるか
種類株式の内容の実現	• [8] 拒否権付種類株式（108 Ⅰ⑧）について、当該拒否権に係る事項を承認するか否かを決議する場合		普通決議（324 Ⅰ）	不可能
	• [9] 役員選解任権付種類株式（108 Ⅰ⑨）について、役員を選解任する場合		普通決議※1（324 Ⅰ）	
種類株主の権利の保護	種類株式の保有・譲渡の利益保護	• [7] 全部取得条項（108 Ⅰ⑦）を付加する定款変更を行う場合（111 Ⅱ）	特別決議（324 Ⅱ①）	不可能
		• [4] 譲渡制限条項（108 Ⅰ④）を付加する定款変更を行う場合（111 Ⅱ）※2	特殊決議（324 Ⅲ）	
		• [6] 取得条項（108 Ⅰ⑥）を付加する定款変更を行う場合（111 Ⅰ）	全員同意（111 Ⅰ）	
	譲渡制限株式の持分比率	• [4] 譲渡制限株式を募集する場合の募集事項を決定する場合（199 Ⅳ） • 上記募集事項の決定を取締役等に委任する場合（204 Ⅳ）※3	特別決議（324 Ⅱ②）	排除可能（199 Ⅳ）
	• 会社が所定の行為をすることにより、種類株主に損害を及ぼすおそれがあるとき（322 Ⅰ）※4		特別決議（324 Ⅱ④）	排除可能（322 Ⅱ、322 Ⅳ）

※1：監査役の解任は、特別決議（347、324 Ⅱ⑤）

※2：譲渡自由株式の株主に合併等の対価として譲渡制限株式等が交付される場合は特殊決議（783 Ⅲ、804 Ⅲ）、ある種類の株主に、合併等の対価として持分等が交付される場合は種類株主全員の同意（783 Ⅳ）

※3：譲渡制限株式の交付を目的とする新株予約権の募集事項を決定する場合（238 Ⅳ）、当該募集事項の決定を取締役等へ委任する場合（239 Ⅳ）、存続会社が吸収合併等の対価として譲渡制限株式を交付する場合（795 Ⅳ）も同様

※4：①定款変更（株式の種類の追加、株式の内容の変更、発行可能株式総数の増加のいずれかに限る）、②株式の併合・分割、③株式無償割当、④株主割当による株式引受けの募集、⑤株主割当による新株予約権引受けの募集、⑥新株予約権無償割当、⑦合併・分割・株式交換・株式移転の場合

効果

【原則】 条項例のような定款の定めを設けることにより、原則として、種類株主総会の決議が不要となる。

【例外】 もっとも、①**株式の種類の追加**、②**株式の内容の変更**、③**発行可能株式総数又は発行可能種類株式総数の増加**の場合には適用されない（会社法322条３項）。したがって、これらの場合で、ある種類の株式の種類株主に損害を及ぼすおそれがあるときは、当該種類の株式の種類株主を構成員とする種類株主総会の決議が必要となる。

導入手続

【手続】 本条項例に記載する定款変更のために必要な手続は以下のとおりである。

1 株主総会特別決議（会社法309条2項11号）
2 322条1項の種類株主総会を不要とする場合は、種類株主全員の同意（同4項）
3 199条4項・238条4項の種類株主総会を不要とする場合は、種類株主総会特別決議（同324条2項2号・3号）

但し、既存の株式の全部又は一部について内容を変更する場合に必要となる手続については、Chapter 3・3-5・1「種類株式の発行」を参照されたい（▸▸▸222頁）。

12 株主ごとの異なる定め

定款条項例（参考：会社法109条2項・105条1項3号、📖伊藤・会社法91頁、📖江頭・会社法168頁、📖金丸・JV契約91頁、📖内藤・種類株式424頁）

定款第6.12条（株主総会における議決権）
当会社の株主のうち、○○○○株式会社は、当会社の株主総会において、その保有する株式1株につき2個の議決権を有する。

条項例の概要

【意義】 本条項例は、株主総会の議決権について、**株主ごとの異なる定めを定款で規定**するものである。公開会社でない株式会社においては、定款で、次の事項について、株主ごとに異なる定めをすることができる（会社法109条2項）。

1 剰余金の配当を受ける権利
2 残余財産の分配を受ける権利
3 株主総会の議決権

本条は、[3]に関する異なる定めを規定するものである。

【趣旨】 本制度は、旧有限会社法の制度を受け継いだものであり、閉鎖型のタイプの会社においては、株主の持株数の増減に係らない属人的な権利の配分を行うニーズがあり得ることから設けられた制度である（📖江頭・会社法134条）。

剰余金／残余財産の分配を受ける権利

【具体例】 例えば、持株数にかかわらず全株主同額とすること、原始株主等特定の株主を持株数以上の割合で優遇すること等が認められる（📖江頭・会社法168頁）。

株主総会の議決権

【具体例】 例えば、持株数にかかわらず全株主の議決権数を同じにすること、一定数以上の持株につき議決権の上限制・逓減制を設けること、特定の株主の所有株式につき1株複数議決権を認めること等が認められる（📖江頭・会社法169頁）。

特徴

【種類株式との関係】 本条のような株主ごとに異なる定めを定款で設けた場合、当該株主が有する株式は種類株式とみなされ、会社法第2編（株式会社）及び第5編（組織変更、合併、会社分割、株式交換及び株式移転）の規定が適用される（会社法109条3項）。

具体的には、種類株主総会、種類株主総会に代わる株主の株式買取請求又は株式の併合等における異別の取扱い等につき、会社法108条1項1号～3号に掲げる事項につき定めのある種類株式とみなす取扱いがなされる（会社法整備法10条参照）。

【登記】 種類株式と異なり、株主ごとの異なる取扱いは登記されない（登記に係る第7編は適用されない）。

導入手続

【手続】 本条に係る定款変更のために必要な手続は以下のとおりである。

[1] 株主総会特別特殊決議（総株主の議決権の4分の3以上の多数）（会社法309条4項）

3-7 表明及び保証

1 概要

〔逆引法務310頁〕

契約条項例（参考：📖AIK・契約書作成222頁、📖MHM・M&A法大系227頁、📖木俣・企業買収283頁、📖藤原・M&A契約152頁、📖淵邊・提携契約331頁）

> **第3.1条（本発行会社等による表明保証）**
>
> 1　本発行会社は、本投資家に対し、本契約締結日及びクロージング日において（但し、別途時点が明示されている場合にはその時点において）、別紙3.1（本発行会社等による表明保証事項）第1項記載の事項が真実かつ正確であることを、表明し、保証する。
>
> 2　経営者株主は、本投資家に対し、本契約締結日及びクロージング日において（但し、別途時点が明示されている場合にはその時点において）、別紙3.1（本発行会社等による表明保証事項）第2項記載の事項が真実かつ正確であることを、表明し、保証する。

条項例の概要

【概略】　本条項例は、株式引受契約における**表明保証**について規定するものである。表明保証の詳細については、Chapter 2・2-6「表明保証（総論）」の解説を参照されたい（▸▸▸93頁）。

株式引受契約における表明保証の主体

【発行会社／投資家】　株式引受契約における表明保証の当事者は、取引の主たる当事者である**発行会社**及び**投資家**である。もっとも、株式引受契約における表明保証については、株式譲渡契約におけるそれとは異なり、**取引実行後の対象会社に対する損害賠償請求は、取引の結果取得した株式の価値を毀損する行為**となる点に注意が必要である。

【既存株主】　株式引受契約における表明保証の当事者の中に、**既存株主のうち、**

発行会社の経営に深くコミットしている者を含めることがある。当該会社の創業者や経営に関与している株主等がこれに該当する。これらの者は、発行会社の経営状態について責任を負うためである。この場合には、本条項例第２項のような規定をおき、発行会社に関する事項について表明保証をさせることがある。

2 表明保証事項

〔逆引法務311頁〕

【発行会社】 発行会社に関する表明保証事項は、Chapter 2・2-8「表明保証（対象会社に関する事項）」で紹介した内容と同様である（▸▸▸113頁）。

【投資家】 投資家に関する表明保証事項は、Chapter 2・2-7「表明保証（契約当事者に関する事項）」で紹介した内容と同様である（▸▸▸101頁）。

【経営者株主】 経営者株主が表明保証を求められる場合には、以下の２種類の事項についてこれが求められる。

1 経営者株主自身に関する表明保証事項
2 発行会社に関する表明保証事項

1については、「投資家に関する表明保証事項」と同種の事項を規定するのが通常であり、2については、経営者株主及び発行会社が二重に表明保証を行うことになる[53]。

[53] 発行会社に関する表明保証事項に違反があった場合、例えば、未払残業代は存在しないとの表明保証が行われていたにもかかわらず、クロージング後にその存在が明らかになり、発行会社による想定外の出捐が必要となった場合、投資家は、表明保証違反を理由に、発行会社に対して補償責任を追及しても、自己の損失をカバーすることにはならない（▸▸▸97頁）。このような場合には、発行会社とは別人格である経営者株主に対して補償責任を追及する意義がある。

3-8 コベナンツ

【概略】 株式引受契約においても、**コベナンツ**が規定される。その内容は、株式譲渡契約におけるコベナンツと共通するため、詳細は、Chapter 2・2-9「コベナンツ」を参照されたい（›››145頁）。

【当事者】 **株式譲渡契約**の場合、コベナンツの当事者となるのは、原則として、株式譲渡契約の当事者である**売主**（既存株主）と**買主**である。もっとも、例外的に、売主以外の既存株主や対象会社に対してコベナンツを課すために、これらの者を契約の当事者に含めることもある（›››160頁）。

これに対し、**株式引受契約**においてコベナンツの当事者となるのは、原則として、**発行会社**と**投資家**である。もっとも、例外的に、既存株主のうち、発行会社の経営に深くコミットしている者（例：創業者兼経営者）に対してコベナンツを課すために、当該既存株主を契約の当事者に含めることもある。

投資家が発行会社に対してコベナンツを課すのは、デュー・デリジェンス等で発見された発行会社の問題点の解消や取引実行のために必要な手続の履践を義務付け、これが取引実行までに行われなかった場合には、解除・前提条件の枠組みを通じて、取引関係から離脱し、一方、取引実行後に不履行や違反が判明した場合には補償の枠組みを通じて、生じた損害を填補するためである。しかし、表明保証の箇所でも述べたとおり、コベナンツに違反があった場合の損害賠償請求の名宛人は、既に自身が株式を有する発行会社であるから、発行会社に対して補償請求を行うことは、自身が保有する株式の価値を毀損する行為にほかならないという点に留意が必要である（›››270頁）。

3-9 他の株主との取決め

1 総説

【概略】 投資家が最終的に発行会社の発行済株式の100%を取得する場合は（例えば、投資家が、発行会社が新たに発行する株式を引き受けると同時に、既存株主からも株式譲渡により株式を取得する場合）、発行会社は買主のみが支配する会社となるので、発行会社の経営・運営に関し、他の株主との取決めを設ける必要はない。これに対し、投資家が発行会社の株式の一部を取得するような投資の場合、発行会社は投資家と他の株主との“**合弁形態**”となる。そこで、このような場合、発行会社の経営・運営に関する株主間の取決めが必要となる。

なお、このような取決めを株式引受契約に含めるのではなく、**別途合弁契約を締結**する場合もある（▸▸▸277頁）。

2 条項の概要

【条項一覧】 このような場合に必要となる条項としては、次のようなものが挙げられる。各条項の詳細については、Chapter 4「合弁契約」以下で詳述する（▸▸▸277頁）。

株主間の取決めに関する条項			頁数
経済条件に関するもの	剰余金の配当等	• 剰余金の配当に関する条項	325頁
		• 残余財産の分配に関する条項	326頁
	株式の譲渡益	• 株式譲渡の制限に関する条項	328頁
		• 先買権条項	331頁
		• プット・オプション条項	332頁
		• コール・オプション条項	332頁
		• 共同売却権条項	335頁
		• 強制売却権条項	337頁
		• 株式の上場に関する条項	339頁

組織運営に関するもの	株主総会	• 株主総会の運営に関する条項	342頁
		• 株式の優先引受権に関する条項	343頁
	取締役会	• 取締役等の指名権に関する条項	345頁
		• 取締役会の運営に関する条項	348頁
	事前同意事項等	• 事前同意事項に関する条項	349頁
		• 事前通知事項に関する条項	350頁
		• デッドロックの解消方法に関する条項	351頁
合弁事業に関するもの	合弁当事者の役割	• 関連取引・関連契約に関する条項	356頁
		• 労働力の提供に関する条項	359頁
		• 製品・サービス・権利等の提供に関する条項	362頁
		• 資金提供義務に関する条項	364頁
	合弁事業からの撤退	• 撤退に関する条項	366頁

3-10 補償及び解除等

【概略】 補償については、Chapter 2・2-11・1「補償等」の解説を（▸▸▸164頁）、解除その他契約の終了については、Chapter 2・2-11・2「解除その他契約の終了」の解説をそれぞれ参照されたい（▸▸▸169頁）。

Chapter 4

合弁契約

合弁契約に関する
交渉・ドラフト・レビューのポイント

合弁契約書（サンプル）

合弁契約に関する交渉・ドラフト・レビューのポイント

1. 合弁会社の組成		
1-1. 合弁の意義		
合弁スキーム	合弁スキームと提携スキームは、複数の事業者がそれぞれ保有するリソースを提供し合い、特定の事業を遂行するという同一の目的を有している点で共通するが、当事者と別個の法人を設立するか否かという点から生ずる相違点も多い。	306頁
	新たに合弁会社を設立する代わりに、既存の会社の株式を取得し、当該既存会社を“事後的に合弁化”するスキームも存在する。	310頁
合弁契約	合弁契約は、原則として、少数派株主の利益を守るためのものであるから、自己が少数派株主となる場合は合弁契約の内容はできるだけ詳細に、自己が多数派株主となる場合は合弁契約の内容はできるだけシンプルにするというのが基本方針となる。	312頁
	合弁会社自身を合弁契約の当事者に含める場合もあるが、合弁契約作成時点では合弁会社そのものが存在していない場合もあるため、注意が必要である。	313頁
1-2. 会社の設立		
合弁会社の概要	合弁事業の概要のほか、合弁事業で使用される商号・名称・ブランドや合弁会社の本店所在地といった合弁会社の概要が予め合意されることもある。	315頁
	会社の組織等の詳細についても合意しておく場合、合弁会社の定款案を作成のうえ、これを合弁契約に添付することもある。	315頁
	合弁当事者（合弁会社の株主）の持分割合によっては、受取配当の益金不算入という税務メリットを受けることができなくなるため、注意を要する。	316頁
合弁会社の設立手続	合弁会社を組成する方法には、①クロージング前に準備会社を設立し、クロージング日に増資を実行する方法（二段階方式）と、②クロージング日に会社設立（及び必要資金の注入）を一括して行う方法（一括方式）とがある。	317頁
	上記①の場合、準備会社をどちらの当事者が設立するかを予め合意しておく必要がある。	317頁
	上記①の場合、合弁会社を設立するために必要となる費用を合弁当事者のいずれが負担するか、又はこれを設立後の合弁会社に負担させるか（費用を支出した合弁当事者と合弁会社の間の事後的な費用精算を認めるか）について予め合意しておく必要がある。	319頁

1-3. 出資（合弁化）		
出資内容	出資総額を決定するに当たっては、合弁事業が独立採算可能となるまでに必要な現金を試算する必要がある。	322頁
	当事者の初期投資の負担を抑えるため、組成直後の合弁会社の資本金を少なくすることもある。その場合、合弁当事者間で増資に関する取決めを行っておく必要がある。	322頁
	出資比率を決定するに当たっては、①どちらの当事者が合弁事業のイニシアティブを有するか、②少数派株主となる合弁当事者に会社法上の拒否権（株主総会特別決議を否決できるだけの割合）を与えるかどうか等の考慮が必要となる。	322頁
	出資方法は、金銭出資のみとするか、その他の形態による出資（例：現物出資）も認めるかについて合意しておく必要がある。	321頁
	出資により取得される株式（合弁会社が発行する株式）は、普通株式のみとするか、種類株式を発行するかについても合意しておく必要がある（合弁会社が種類株式を発行する場合、その内容についても合意しておく必要がある）。	321頁
前提条件	出資の前提条件を、合弁当事者のそれぞれについて適切に定めておく必要がある。	323頁
	前提条件が充足されなかった場合でも、充足されたのと同様に取り扱うための“条件の放棄”に関する規定を設けることもある。	82頁
	前提条件充足のためのタイムリミット、すなわち、Long Stop Date を適切に設定しておく必要がある。	86頁
2. 経済条件		
2-1. 収益構造		
—	合弁当事者が合弁事業から収益を得る方法は、①合弁当事者と合弁会社との間の取引に基づき収益を得る方法、②インカムゲインに基づき収益を得る方法、③キャピタルゲインに基づき収益を得る方法の3つに分かれる。	324頁
2-2. 合弁当事者と合弁会社との間の取引に基づき収益を得る方法		
—	合弁当事者と合弁会社との間でどのような取引関係が必要かを考えるに当たっては、まず、合弁当事者の合弁会社に対する役割を整理する必要がある。	357頁

2-3. インカムゲインに基づき収益を得る方法		
—	剰余金の配当については、そもそもこれを行うか否か（例：一定期間、成長資金のための内部留保を厚くする）、また、配当を行う場合でも、どのようにこれを行うか（例：持分比率に応じて行うか、それとも合弁当事者の貢献に応じて持分比率とは異なる配当を行うか）についても合意しておく必要がある。	326頁
	合弁会社を解散・清算する場合の残余財産の分配についても、その分配方法を合意しておくことがある。	327頁
2-4. キャピタルゲインに基づき収益を得る方法		
総論	キャピタルゲインは株式を譲渡することにより確定するものであるから、キャピタルゲインとの関係では、株式の譲渡に関する契約事項が重要となる。	328頁
株式譲渡の制限	合弁当事者にとって、合弁事業のパートナーである他の合弁当事者が誰かは重大な関心事であるから、合弁会社の株式については譲渡制限が合意されることが多い。	329頁
	但し、合弁当事者が他の合弁当事者に株式を譲渡する場合や、合弁当事者が自己のグループ会社に対して株式を譲渡する場合等については、例外的に株式譲渡を認めることが多い。	329頁
	合弁当事者がキャピタルゲインを得ることができるよう、一定期間経過後は、譲渡制限を解除するという規定が設けられることもある。	329頁
先買権	株式譲渡の制限よりも緩やかなものとして、先買権が合意されることもある。	332頁
オプション	株式の譲渡に関連して、相手方に対して強制的に株式を売り渡す権利である「プット・オプション」や、逆に、相手方から強制的に株式を買い受ける権利である「コール・オプション」が合意される場合がある。	333頁
	オプションを合意する場合、その行使条件（どのような場合にオプションを行使することができるのか）及び行使価額（オプションを行使した場合、いくらで株式を譲渡・取得するのか）を明確にしておく必要がある。	333頁
共同売却権 強制売却権	株式の譲渡に関連して、合弁当事者が、第三者に株式を売却して合弁から離脱しようとする場合等に、他の合弁当事者も一定条件で自己の株式を当該第三者に売却することができる権利である「共同売却権」（Tag-Along Right）が合意されることがある。	336頁
	株式の譲渡に関連して、合弁当事者が、第三者に株式を売却して合弁から離脱しようとする場合等に、他の合弁当事者の株式も強制的に当該第三者に売却してしまうことのできる権利である「強制売却権」（Drag-Along Right）が合意されることがある。	338頁

	これらの権利を合意する場合にも、その行使条件（どのような場合に権利を行使することができるのか）及び行使金額（権利を行使した場合、いくらで株式を譲渡・取得するのか）を明確にしておく必要がある。	338頁
株式の上場	合弁会社が株式上場を果たせば、合弁当事者は自己の株式を売却してキャピタルゲインを確定させることが容易になる。そこで、合弁契約の中に、株式の上場に関する契約条項が規定されることがある。	340頁
3. 合弁会社のガバナンス及びマネジメント		
3-1. 株主総会及び取締役会		
手続	株主総会や取締役会等のガバナンス、マネジメントのための会議体については、開催場所、招集手続、議事進行方法、議事録の言語等について予め合意しておくことがある。	343頁
	合弁当事者の中に遠隔地に所在する者が含まれる場合、遠隔参加の方法（書面決議）についてもその可否を合意しておくことがある。	343頁
決議	定足数及び決議要件については、例えば、「全員出席」としたり、決議要件を「全会一致」としておくことにより、少数派株主は、株主総会決議事項について拒否権を行使することができることになる。	343頁
	合弁当事者間で、取締役会決議事項や株主総会決議事項の内容について、予め合意しておくことがある。	343頁
3-2. 取締役		
取締役	取締役の選任は株主総会の普通決議事項（特殊普通決議事項）であるため、少数派株主が取締役を指名したい場合には、予め指名権を合意しておく必要がある。	346頁
	代表取締役は、取締役会決議により選定されることになるため、マイノリティ側の当事者からも代表取締役を選定したい場合には、予め指名権を合意しておく必要がある。	346頁
取締役の責任を限定する方法	取締役を自社から派遣する場合には、当該取締役のために「会社役員賠償責任保険」、いわゆる「D&O保険」に加入することを、合弁会社に義務付ける場合もある。	347頁
	業務執行に携わらない役員等（非業務執行取締役等）は、会社と「責任限定契約」を締結することができる。	347頁
	取締役に代えて、議決権を有しない「オブザーバ」を役員会に派遣するという方法もある。	347頁

3-3. 事前同意事項／事前通知事項		
—	マイノリティ当事者が合弁会社の意思決定に関与するためには、重要事項についての拒否権を取得することが必要となる。	349頁
	事前同意事項（拒否権）は多数派株主にとって受け入れがたい場合が多いため、対象事項を「事前同意事項」（拒否権）ではなく、「事前通知事項」として規定することもある。	350頁
	合弁当事者に拒否権が与えられた場合、「デッドロック」が生じ得る点に注意が必要である。したがって、拒否権を規定する場合には、デッドロックに陥ったときにこれを解消するためのメカニズムについても併せて規定しておくことが必要となる。	352頁
4. 合弁事業の運営		
4-1. 合弁当事者の役割		
総論	合弁当事者（ABC社及びXYZ社）は、合弁会社（JV社）に対し“ヒト”“モノ”“カネ”の各面から様々な支援を提供していくのが通常である。合弁契約の中では、合弁当事者の役割を明確にし、場合によっては合弁契約とは別個の契約（関連契約）を締結し、その役割を法的な“義務”として規定しておく場合もある。	357頁
	ある合弁当事者（ABC社）と合弁会社とが関連契約を締結するためには、他の合弁当事者（XYZ社）の事前承諾が必要とされることが多い。	358頁
ヒト	合弁事業の人的リソースは、合弁会社が独自に確保することもあるが、特に、合弁会社設立初期の段階では、合弁当事者が、業務委託又は出向の形式で、合弁会社に対して人的リソースを提供することも多い。	359頁
	ある合弁当事者（ABC社）が合弁会社に対して上記のような方法で人的リソースを提供する場合には、他の合弁当事者（XYZ社）に対して引抜きの禁止に関する義務を負わせることがある。	359頁
モノ	合弁当事者から合弁会社に対する「モノ」の提供には様々な態様のものがある。合弁当事者ABC社が製造事業者であり、合弁会社JV社がその販売代理店となるケースでは、ABC社からJV社に対して「製品」が提供されることになる。また、別の合弁当事者XYZ社がJV社と同じ販売機能を有している場合には、“営業ノウハウの提供”や“顧客紹介”といったサービスの提供が行われることになろう。さらに、既に合弁当事者が形成した“ブランド”を“商標権ライセンス”として提供するという形態もあり得る。	363頁

	ABC社が合弁会社に対して一定のノウハウをライセンスした場合、ABC社が合弁関係から離脱すると、ABC社のノウハウを知る合弁会社JV社及びその株主であるXYZ社は、ともにABC社の競合事業者となり得る。そこで、ABC社によるライセンス提供の条件として、XYZ社やJV社に合弁契約終了後の競業避止義務を誓約させることもある。	363頁
カネ	合弁会社の資金調達方法は、エクイティ・ファイナンスによる場合とデット・ファイナンスによる場合に大別される。マイノリティ側の当事者は合弁会社の事業運営に積極的に関与することが難しく、資金調達方法についてもその意思を反映させることが困難であることが多い。そこで、合弁会社に資金需要が生じた場合の資金調達方法やその負担責任を負う当事者等について、予め合意しておくことが多い。	364頁
	デットファイナンスの場合、特に貸主について貸金業法に基づく規制に注意が必要である。	365頁
4-2. 合弁事業からの撤退		
撤退基準	合弁事業から撤退する条件（例：KPIの不達成）について明確にしておく必要がある。	367頁
撤退方法	合弁事業から撤退する方法（保有株式の譲渡、合弁会社の清算）についても規定しておく必要がある。	367頁
4-3. 合弁契約の終了		
終了事由	合弁当事者に一定の事由（例：契約違反）が生じた場合に備え、合弁契約の終了に関する規定を設けておく必要がある。	369頁
終了後の措置	合弁契約が終了した後に、当該合弁会社を存続させるか、存続させるとしていずれの当事者がこれを引き取るかといった、契約終了後の措置についても規定しておく必要がある。	369頁
終了の効果	合弁契約に基づき、合弁事業に関する様々な利害関係が形成されるため、その法的安定性を維持する必要があることから、合弁契約終了の効果は、将来に向かってのみ生じ、過去に遡らない旨を確認しておくこともある。	370頁

合弁契約書（サンプル）

［*合弁当事者を記載*］（以下「ABC社」という。）及び［*合弁当事者を記載*］（以下「XYZ社」という。）は、両者が共同で設立・出資する本合弁会社（第1.1条（合弁会社の概要）で定義する。）の組成・運営等に関する以下の事項に合意し、ここに契約（以下「本契約」という。）を締結する。なお、本契約の用語の定義は、別紙「用語の定義」に従う。

第1章　合弁会社の組成

第1.1条（合弁会社の概要）［本書315頁］

ABC社及びXYZ社は、本契約に定める条件に従い、次に掲げる内容の会社（以下「本合弁会社」という。）を共同で設立・組成し、これを共同で運営することに合意する。

⑴　目的　　　：［*本合弁会社の事業目的を記載*］
⑵　商号　　　：［*本合弁会社の商号を記載*］
⑶　本店所在地：［*本合弁会社の本店所在地を記載*］
⑷　……［*その他本合弁会社について合意しておくべき事項があれば当該事項を記載*］

第1.2条（合弁会社の設立・組成）［本書316頁］

本合弁会社は、次の方法に従い、設立・組成されるものとする。

⑴　ABC社が、［　　］年［　　］月［　　］日までに、資本金［*準備会社の資本金を記載*］円の会社（以下「本準備会社」という。）を設立する
⑵　ABC社及びXYZ社が、第1.4条（出資の内容）に定める条件に従い、本準備会社が発行する株式を引き受け、その払込みを行うことにより、本合弁会社を組成する

第1.3条（設立等に係る費用）［本書318頁］

1　本合弁会社の設立及び組成に係る費用（これには、会社法施行規則（平成18年法務省令第12号）第5条各号に定める費用が含まれるが、これらに限られない。）は、その性質上各自が負担すべきものを除き、ABC社及びXYZ社が各自の出資比率に従い負担するものとする。

2　前項に基づく費用の精算は、次の各号に掲げる場合に応じ、それぞれ当該各号に定める時点までにこれを行うものとする。

(1)　本出資（第1.4条（出資の内容）第1項で定義する。以下本条において同じ。）が行われた場合
クロージング日から［　　］営業日以内

(2)　本出資が行われなかった場合（これが行われないことが確定した場合のほか、行われないことが確実となった場合も含む。）
これが確定し又は確実となった時点から［　　］営業日以内

第1.4条（出資の内容）［本書320頁］

1　ABC社及びXYZ社は、［　　］年［　　］月［　　］日又は両当事者が別途合意する日（以下「クロージング日」という。）において、次に掲げる内容（以下「本出資内容」という。）に基づき、本準備会社が発行する株式（1株［　　］円）の引受け及び払込み（以下「本出資」という。）を行うものとする。

(1)　株式の数
ア　本準備会社が発行する株式の数　：［　　］株
イ　アのうち、ABC社が引き受ける株式の数：［　　］株
ウ　アのうち、XYZ社が引き受ける株式の数：［　　］株

(2)　払込金額
ア　払込金額総額　：［　　］円
イ　アのうち、ABC社に係る払込金額　：［　　］円
ウ　アのうち、XYZ社に係る払込金額　：［　　］円

(3)　出資方法
現金出資のみとし、現物出資は行わない

(4)　株式の種類
全て議決権のある普通株式とする

2　ABC社及びXYZ社は、本出資が完了した時点で、次の各号に掲げる当事者が保有する本合弁会社の株式数及びその持分割合が、それぞれ当該各号に定める数及び割合となることを確認する。

(1)　ABC社：［　　］株、［　　］％

(2)　XYZ社：［　　］株、［　　］％

第1.5条（出資の前提条件）［本書322頁］

1　本出資に係るABC社の義務の履行は、次に掲げる条件（以下「ABC社の前提条件」という。）の全てが満たされていることを前提条件とする。但し、ABC社は、その任意の裁量により、ABC社の前提条件の未成就を主張する権利の全部又は一部を放棄し、自己の義務を履行することができる。

(1)　XYZ社が、本契約に基づきクロージング日までに履行又は遵守すべき義務のうち重要なものを全て履行又は遵守していること

(2)　本合弁会社が関連契約（第5.1条（関連契約）第1項に規定する関連契約をいう。以下同じ。）の全てを締結しており、かつ、その効力が生じていること

(3)　……［*その他出資の前提条件とすべき事項を記載*］

2　本出資に係るXYZ社の義務の履行は、次に掲げる条件（以下「XYZ社の前提条件」という。）の全てが満たされていることを前提条件とする。但し、XYZ社は、その任意の裁量により、XYZ社の前提条件の未成就を主張する権利の全部又は一部を放棄し、自己の義務を履行することができる。

(1)　ABC社が、本契約に基づきクロージング日までに履行又は遵守すべき義務のうち重要なものを全て履行又は遵守していること

(2)　本合弁会社が関連契約（第5.1条（関連契約）第1項に規定する関連契約をいう。以下同じ。）の全てを締結しており、かつ、その効力が生じていること

(3)　……［*その他出資の前提条件とすべき事項を記載*］

第２章　配当及び残余財産の分配

第2.1条（剰余金の配当）［本書325頁］

1　ABC社及びXYZ社は、本合弁会社の剰余金につき、少なくとも年１回、本合弁会社の各事業年度の終了後３か月以内に金銭で配当を受け、その配当額は、ABC社及びXYZ社の本合弁会社に対する保有割合にかかわらず同額とする。

2　前項の規定にかかわらず、ABC社及びXYZ社は、本合弁会社をして、クロージング日が属する事業年度を含む［*無配当とする期間を記載*］年の間、剰余金の配当を行わせないことを合意する。

第2.2条（残余財産の分配）［本書326頁］

1　本合弁会社が残余財産を分配するときは、XYZ社に対し、ABC社に先立ち、XYZ社が保有する本合弁会社の株式（以下本条において「XYZ社保有株式」という。）１株につき金［　　］円（但し、当該株式につき、株式分割、株式併合、無償割当又はこれに類する事由があったときはその比率に応じ適切に調整される。以下本条において「XYZ社優先分配額」という。）を支払う。

2　前項の規定にかかわらず、残余財産の額が、本合弁会社が残余財産を分配する時点のXYZ社優先分配額にXYZ社保有株式の総数（但し、自己株式を除く。以下同じ。）を乗じた金額（以下本条において「XYZ社優先分配総額」という。）に満たない場合、XYZ社優先分配額は、以下の算式により算出される額（但し、１円未満の端数は切り上げる。）とする。

$$\text{XYZ社優先分配額} = \frac{\text{残余財産の総額}}{\text{XYZ社保有株式の総数}}$$

3　本合弁会社がXYZ社に対してXYZ社優先分配総額を支払った後、なお残余財産（以下本条において「本残余金額」という。）がある場合、XYZ社に対し、ABC社と同順位にて、本残余金額を分配する。

第3章　株式の処分

第3.1条（株式譲渡の制限）［本書328頁］

1　ABC社又はXYZ社が、それぞれ自己が所有する本合弁会社の株式につき、譲渡・貸与・担保設定その他処分行為をしようとする場合、次に掲げる場合を除き、相株主（ABC社にとってのXYZ社、XYZ社にとってのABC社をいう。以下同じ。）の書面による事前の承諾を得なければならないものとする。

(1)　相株主に対してこれらの処分行為を行う場合

(2)　自己の子会社に対してこれらの処分行為を行う場合。但し、自己の子会社が相株主の競合事業者である場合、又は、当該子会社の株主に相株主の競合事業者が含まれる場合はこの限りではない

2　前項第2号に基づく自己の子会社に対する株式の譲渡等の効力は、譲渡人の本契約上の地位を譲受人である子会社が承継する旨の契約が締結され、その写しが相株主に交付された時点で発生するものとする。

第3.2条（先買権）［本書331頁］

1　本合弁会社の株主（以下本条及び第3.4条において「譲渡希望当事者」という。）が、自己が保有する本合弁会社の株式の全部又は一部（以下本条において「譲渡対象株式」という。）を第三者（以下本条及び第3.4条において「当初譲渡先」という。）に譲渡することを望む場合、事前に、他の当事者（以下本条及び第3.4条において「非譲渡希望当事者」という。）に対して、当該譲渡に係る条件（以下本条及び第3.4条において「譲渡条件」という。）を通知（以下本条において「譲渡予定通知」という。）する。

2　譲渡予定通知が行われた場合、非譲渡希望当事者は、譲渡対象株式の全部を譲渡条件と同等の条件で買い受ける権利（以下本条において「先買権」という。）を有するものとし、先買権を行使しようとする非譲渡希望当事者（以下本条において「先買権行使者」という。）は、譲渡予定通知受領後［*30日*］（以下本条において「考慮期間」という。）以内に、譲渡希望当事者に対して書面により先買権を行使する旨を通知（以下本

条において「先買権通知」という。）するものとする。譲渡希望当事者は、先買権通知受領後速やかに、先買権行使者に対し、譲渡予定株式の全部を譲渡条件と同等の条件で譲渡するものとする。

3　譲渡予定通知が行われたにもかかわらず、考慮期間内に通知受領者が先買権通知及び第3.4条（共同売却権）第２項に規定する共同売却権通知を行わなかった場合、譲渡希望当事者は当初譲渡先に対し譲渡条件で譲渡対象株式の全部を譲り渡すことができる。

〔合弁当事者が三者以上の場合は以下の規定を追加する〕

4　先買権行使者が複数の場合、当該先買権行使者相互間で、自己が行使する先買権の対象となる株式の数について協議を行うものとし、考慮期間内に当該協議が成立しない場合は、前項の規定を適用する。

第3.3条（プット・オプション及びコール・オプション）［本書332頁］

1　別紙3.3（オプション行使に係る諸条件）第１項に規定する事由が生じた場合、XYZ社は、ABC社に対し、XYZ社が保有する本合弁会社の株式の全部又は一部を買い取るよう請求することができ、当該請求があった場合、ABC社はこれを買い取らなければならない。

2　別紙3.3（オプション行使に係る諸条件）第２項に規定する事由が生じた場合、ABC社は、XYZ社に対し、XYZ社が保有する本合弁会社の株式の全部又は一部を自己に譲り渡すよう請求することができ、当該請求があった場合、XYZ社はこれを譲り渡さなければならない。

3　前二項に規定する株式譲渡の価格は、別紙3.3（オプション行使に係る諸条件）第３項の規定に従い決定する。

第3.4条（共同売却権）［本書335頁］

1　第3.2条（先買権）第１項に規定する譲渡予定通知が行われた場合、非譲渡希望当事者は、譲渡条件と同一の条件で、自己の保有する本合弁会社の株式のうち、当初譲渡先が譲受けを希望する株式数に、譲渡予定通知受領時における本合弁会社の発行済株式総数に占める自らの株式の持株比率に応じて算出される数の本合弁会社株式を当初譲渡先に譲渡する権利（以下「共同売却権」という。）を有するものとする。

2　共同売却権を行使しようとする非譲渡希望当事者（以下「共同売却権行

使者」という。）は、譲渡予定通知受領後［*30日*］（以下本条において「考慮期間」という。）以内に、譲渡希望当事者に対して共同売却権を行使する旨を書面で通知（以下本条において「共同売却権通知」という。）するものとする。譲渡希望当事者は、共同売却権通知受領後速やかに、共同売却権を行使した当事者（以下「請求権行使者」という。）と当初譲渡先との間で、株式譲渡契約の締結のために必要な一切の措置をとる。譲渡希望当事者は、当初譲渡先が購入する株式の数を増加することに同意しない限り、自らが当初譲渡先に譲渡することができる本合弁会社株式が、共同売却権行使者が当初譲渡先に対して譲渡する株式数だけ減少することにつき、何らの異議も述べないものとする。

第3.5条（強制売却権）［本書337頁］

本合弁会社の株主（以下本条において「譲渡希望株主」という。）が、自己の保有する本合弁会社の株式を第三者に譲渡しようとする場合で（譲渡希望株主が譲渡しようとする株式を、以下本条において「譲渡対象株式」という。）、次の各号のいずれかに該当するときは、譲渡希望株主は、本合弁会社の他の株主に対して、その選択により、当該他の株主が所有する本合弁会社の株式も合わせて当該第三者に売り渡すよう請求できるものとする。

(1) 譲渡希望株主が、［*特定の株主に本条の権利を付与する場合には当該株主の名称を記載*］であるとき

(2) 譲渡希望株主が保有する本合弁会社の株式の合計数を、その時点における本合弁会社の発行済株式総数で除した割合が［　　］％以上であるとき

第3.6条（株式の上場）［本書339頁］

1 本合弁会社は、［*目標時期を記載*］年までに、その株式を上場するよう最善の努力を行うものとする。株式の上場に係る条件の詳細（これには証券取引所、上場の具体的時期、公募価格等を含むが、これらに限られない。）については、ABC社及びXYZ社が別途協議の上、これらを定めるものとする。

2 本合弁会社が、［　　］年［　　］月［　　］日までに、合理的な条件

によりその株式を上場することができなかった場合、XYZ社は、ABC社又は本合弁会社に対し、自己が保有する本合弁会社の株式を買い取るよう求めることができ、この場合、当該請求を受けたABC社又は本合弁会社はこれに応じなければならない。この場合の譲渡価格の決定方法については、別紙3.3（オプション行使に係る諸条件）第3項の規定を適用する。

第4章　組織運営

第4.1条（株主総会）［本書342頁］

当事者は、本合弁会社の株主総会に係る次の各号に掲げる事項については、それぞれ当該各号に定める内容とすることに合意する。

⑴　定時株主総会の開催地

本合弁会社の本店所在地、又はABC社及びXYZ社が別途合意する場所で開催する

⑵　招集通知

会日の［　　］日前までに、ABC社及びXYZ社に対し、日本語による書面の招集通知及び英語による訳文を発する

⑶　招集通知の記載事項・添付資料

前号に規定する招集通知には、会社法第298条第1項各号に掲げる事項を記載し、定時株主総会の招集の通知に際して、会社法第435条第2項に規定する計算書類及び事業報告を提供する

⑷　定足数・決議要件

本合弁会社の株主総会の決議は、議決権を行使することができる株主の全員が出席し、その全員が賛成することをもって行わなければならない

⑸　議事録

株主総会の議長は、当該株主総会の後速やかに、日本語による議事録の正本及び英語による訳文を作成し、これらの写しをABC社及びXYZ社に対して送付する

⑹　……［*その他株主総会に関する合意事項がある場合はそれを記載*］

第4.2条（株式の優先引受権）［本書343頁］

1　ABC社及びXYZ社は、本合弁会社が株式等を発行、処分又は付与（以下本条において「発行等」と総称する。）する場合には、第1.4条（出資の内容）第２項に規定する割合に応じて当該株式等を引き受ける権利を有し、ABC社及び／又はXYZ社が当該権利を行使した場合、本合弁会社はそれぞれに対して当該割合に応じ当該株式等を発行等し、またこれを割り当てなければならない。

2　前項の規定は、次に掲げる場合には適用しない。

⑴　本合弁会社がその役員又は従業員に対してストック・オプションを発行する場合

⑵　……［*優先引受権を適用しない場合があればそれを記載*］

第4.3条（取締役及び代表取締役の指名権）［本書345頁］

1　本合弁会社には取締役会を設置することとし、その定員は３名又は当事者が別途合意する人数とする。

2　次の各号に掲げる当事者は、それぞれ当該各号に定める人数の取締役を指名する権利を有し、各当事者は相手方が指名した者が取締役に選任されるよう、本合弁会社の株主総会において、その議決権を行使するものとする。

⑴　ABC社　２名

⑵　XYZ社　１名

3　ABC社が指名した取締役についてはABC社のみが、XYZ社が指名した取締役についてはXYZ社のみが、当該取締役の解任に関する決定を行うことができる。

4　本合弁会社の代表取締役はABC社が指名する者１名とし、XYZ社はABC社が指名した者が代表取締役に選定されるよう、その指名した取締役をして本合弁会社の取締役会において議決権を行使させるものとする。

第4.4条（取締役会）［本書348頁］

当事者は、本合弁会社の株主総会に係る次の各号に掲げる事項については、それぞれ当該各号に定める内容とすることに合意する。

(1) 開催地

〔省略〕

(7) テレビ会議方式・電話会議方式の利用
法令の範囲内で、テレビ会議方式又は電話会議方式を用いた取締役会の開催を認める

(8) 書面決議方式
会社法第370条に規定する取締役会の決議の省略を認める

第4.5条（事前同意事項）［本書349頁］

本合弁会社が、別紙4.5（事前同意事項）に記載する事項を行おうとする場合、本合弁会社は、事前に、ABC社及びXYZ社の書面による承認を得なければならないものとする（疑義を避けるために付言すると、「事前」とは、当該事項の実施に本合弁会社の取締役会又は株主総会による決議又は承認を要する場合は、当該取締役会又は株主総会による決議又は承認より前を指す。）。

第4.6条（事前通知事項）［本書350頁］

本合弁会社が別紙4.6（事前通知事項）に記載する事項を行おうとする場合、本合弁会社は、ABC社及びXYZ社に対し、事前に通知を行い、誠実に協議を行うものとする（疑義を避けるために付言すると、「事前」とは、当該事項の実施に本合弁会社の取締役会又は株主総会による決議又は承認を要する場合は、当該取締役会又は株主総会による決議又は承認より前を指す。）。

第4.7条（デッドロックの解消方法）［本書351頁］

1 ABC社及びXYZ社の対立に起因し、本合弁会社に関し次に掲げるいずれかの事態（以下「デッドロック」という。）が生じた場合、ABC社及びXYZ社は、次項以下に定める方法に従い、当該デッドロックを解消するものとする。

(1) 取締役会決議のうち特に重要なものが成立しないこと
(2) 株主総会決議のうち特に重要なものが成立しないこと
(3) 第4.5条（事前同意事項）に規定する事項のうち特に重要なものにつき、ABC社又はXYZ社が承認をしないこと

2 デッドロックが生じた場合、各当事者は、相手方に対し、次項に規定する協議を開始する旨の通知を行うことができる。

3 前項に規定する通知が相手方に到達してから［　　］日以内に、ABC社は第1号に規定する者を代表者とし、XYZ社は第2号に規定する者を代表者とし、当該デッドロックの解消に向けた協議を開始し、当該協議を［　　］日間誠実に行うものとする。

(1) ABC社の代表者：［*ABC社側の第1回協議の担当者名を記載*］
(2) XYZ社の代表者：［*XYZ社側の第1回協議の担当者名を記載*］

4 前項に規定する協議が不調の場合、当該協議が終了してから［　　］日以内に、ABC社は第1号に規定する者を代表者とし、XYZ社は第2号に規定する者を代表者とし、当該デッドロックの解消に向けた協議を再開し、当該協議を［　　］日間誠実に行うものとする。

(1) ABC社の代表者：［*ABC社側の第2回協議の担当者名を記載*］
(2) XYZ社の代表者：［*XYZ社側の第2回協議の担当者名を記載*］

5 前二項の協議にもかかわらず、当該デッドロックが解消されない場合、［*一般社団法人日本商事仲裁協会が定める商事調停規則*］に従い、［*日本国東京*］における調停により、これを解決するものとする。

6 前項に規定する調停にもかかわらず、当該デッドロックが解消されない場合、次に掲げる条件及び［*仲裁機関名を記載*］が定める［*仲裁規則名を記載*］に従い、［*仲裁国を記載*］における仲裁により、これを解決するものとする。

(1) 仲裁人の人数は3名とし、本仲裁規則に従い選任すること
(2) 仲裁のための手続で用いられる言語は、英語とすること
(3) 仲裁人は、その仲裁判断において、仲裁人報酬、翻訳費用その他仲裁手続に関して生ずる費用の負担関係を定めること
(4) 仲裁判断は終局のものとして当事者を拘束し、また、管轄権のある執行裁判所における債務名義とすることができること

第５章　合弁当事者の役割

第5.1条（関連契約）［本書356頁］

1　ABC社及びXYZ社は、本合弁会社の事業を支援するため、次の各号に掲げる当事者が、それぞれ当該各号に定める契約（以下「関連契約」という。）を本合弁会社との間で締結することに合意する。

(1)　ABC社

ア　本合弁会社の財務・経理・人事・広報その他管理機能に係る業務を受託するための契約（以下「本業務委託契約」という。）

イ　……［*ABC社の本合弁会社に対する支援を内容とする契約を記載*］

(2)　XYZ社

ア　本合弁会社の営業活動を支援するための契約（以下「本営業支援契約」という。）

イ　……［*XYZ社の本合弁会社に対する支援を内容とする契約を記載*］

2　当事者のいずれかが、本合弁会社との間で関連契約を締結しようとする場合、当該契約の内容について、相株主の事前の同意を取得しなければならないものとする。

第5.2条（業務委託及び出向）［本書359頁］

1　ABC社は、第5.1条（関連契約）第１項第１号アの規定に基づき、本合弁会社との間で本業務委託契約を締結し、当該業務を受託する。

2　XYZ社は、本契約の有効期間中であると有効期間終了後であるとを問わず、本業務委託契約に基づき本合弁会社の業務に従事するABC社の従業員について、ABC社の事前の書面による承諾を得ることなく、自己又は自己の関係会社への引抜き、他の企業への推薦・紹介・斡旋その他これらに類する行為を一切行ってはならない。

3　XYZ社は、第5.1条（関連契約）第１項第２号アの規定に基づき、本合弁会社との間で出向契約を締結し、自己の従業員を本合弁会社に対し出向させ、本合弁会社はこれを受け入れる。

4　ABC社は、本契約の有効期間中であると有効期間終了後であるとを問わず、XYZ社から出向している本合弁会社の従業員について、XYZ社の事前の書面による承諾を得ることなく、自己又は自己の関係会社への引抜き、他の企業への推薦・紹介・斡旋その他これらに類する行為を一切行ってはならない。

第5.3条（ライセンス）［本書362頁］

1　ABC社は、本合弁会社の事業のうち、［　　］に係る業務を支援するため、第5.1条（関連契約）第1項第1号イの規定に基づき、ABC社が保有する［*特許等の技術・ノウハウを記載*］の本合弁会社による使用を許諾することを内容とするライセンス契約を締結する。

2　XYZ社及び本合弁会社は、本契約終了後［　　］年間、前項に規定するライセンス契約の目的である技術・ノウハウと同一又は類似の技術・ノウハウを用いて事業を行ってはならない。

第5.4条（追加出資義務）［本書364頁］

1　本合弁会社について新たに資金を調達する必要が生じた場合、本合弁会社は、原則として、株主割当てによる増資（以下本条において「本増資」という。）によって、当該資金を調達するものとする。

2　前項の場合、ABC社及びXYZ社は、本合弁会社に対する持分割合に応じて、本増資を引き受けるべく最善の努力を行うものとする。

3　前項の規定にかかわらず、ABC社又はXYZ社のいずれかが本増資の引受けを行わず、その結果、ABC社及びXYZ社の本合弁会社に対する持分割合が、第1.4条（出資の内容）第2項に定める割合から変化した場合、両当事者は本契約の変更に向けた協議を開始するものとする。

第5.5条（融資）［本書365頁］

本合弁会社が借入その他債務を生ずる取引（以下本条において「借入等」という。）により資金を調達しようとする場合、ABC社及びXYZ社は、本合弁会社に対する持分割合に応じて、貸付を行い又は信用を提供（これには当該借入等に係る保証人となることが含まれるがこれに限られない。）すべく最善の努力を行うものとする。

第5.6条（合弁事業の終了等に向けた協議）［本書366頁］

1　本合弁会社につき、別紙5.6（特定事由）に記載する事項が生じた場合、ABC社及びXYZ社は、次の各号のいずれかを行うべく、協議を開始する。

⑴　ABC社及び／又はXYZ社による本合弁会社の増資の引受け

⑵　本合弁会社による第三者割当増資の実行

⑶　ABC社又はXYZ社がそれぞれ保有する本合弁会社の株式の相手方当事者による買受け

⑷　本合弁会社の解散及び清算

2　ABC社及びXYZ社が前項に規定する協議を開始して［　　］日以内に当該協議が調わない場合、これをデッドロックとみなし、ABC社及びXYZ社は、第4.7条（デッドロックの解消方法）第２項以下の規定に従い、当該デッドロックを解消するための措置を講ずるものとする。

第5.7条（契約の終了）［本書368頁］

1　本契約は、次の各号のいずれかに該当する場合に終了する。

⑴　当事者双方が、本契約を終了することにつき、書面により合意した場合

⑵　当事者の一方（以下「違反等当事者」という。）につき、次の各号のいずれかに該当する事由が生じ、相手方当事者（以下「解除権当事者」という。）が本契約を解除する旨を書面により通知した場合

ア　本契約に違反し、解除権当事者が当該違反を是正すべき旨の書面を違反等当事者に対して送付したにもかかわらず、送付後［*30日*］以内に当該違反が是正されない場合

イ　法的倒産手続等の開始申立てがなされた場合

ウ　支払不能、支払停止又は銀行取引停止処分がなされた場合

エ　重要な資産について差押え、仮差押え、仮処分その他の強制執行処分を受けた場合

オ　解散その他実質的な事業の終了があった場合

カ　支配関係に重大な変更が生じた場合

2　前項第１号に基づき本契約が終了した場合、当事者は、本合弁会社及びその株式の取扱いについて協議を行う。

3　第1項第2号に基づき本契約が終了した場合、解除権当事者は、次の各号のいずれかの措置を選択することができ、違反等当事者は当該選択に応じなければならないものとする。解除権当事者が第1号又は第2号に規定する措置を選択した場合の株式の譲渡価格は、別紙3.3（オプション行使に係る諸条件）第3項の規定に従い決定する。

⑴　違反等当事者による、解除権当事者が保有する本合弁会社の株式の全部の買取り

⑵　解除権当事者による、違反等当事者が保有する本合弁会社の株式の全部の買取り

⑶　本合弁会社の解散及び清算

4　本契約の終了は将来に向かってのみその効力を生じ、本契約に別段の定めがある場合を除き、本契約終了前に本契約に基づき生じた権利及び義務は本契約終了による影響を受けない。

5　前項の規定にかかわらず、本項及び次に掲げる規定は、本契約終了後もその効力を有する。

⑴　第6.1条（秘密保持）

⑵　……

第6章　一般条項

第6.1条（秘密保持）［本書376頁］

1　本契約の当事者は、本契約に関する交渉の存在、経緯及び内容、本契約の存在及び内容、その他本契約の交渉、締結又は履行に関連して相手方当事者から開示を受けた本契約の当事者又は本合弁会社に関する情報（以下「秘密情報」という。）を本契約の目的にのみ用いるものとし、相手方の事前の書面による同意なく第三者に開示又は漏洩しない。

2　前項の規定にかかわらず、次の各号のいずれかに該当する情報については秘密情報には含まれない。

⑴　情報受領時において既に公知となっている情報

⑵　情報を受領した後、自らの責めによらずに公知となった情報

⑶　自らが秘密保持義務を負うことなく第三者より適法に取得した情報
⑷　自らが相手方当事者から開示される以前から適法に所有していた情報
⑸　秘密情報とは無関係に自らが独自にかつ適法に取得した情報

3　次の各号のいずれかに該当する場合、第1項の規定は適用しない。
⑴　各当事者が適用法令又は規則に従い必要最小限度において係る情報の開示を行う場合（監督官庁、裁判所、金融商品取引所等の公的機関に対して行う回答、報告、届出、申請等を含むがこれらに限られない。）。なお、かかる開示を行う場合には、当該当事者は当該開示前に（但し、事前開示が不可能な場合に限り、開示後速やかに）、相手方当事者に通知しなければならない
⑵　当事者が、各々、自己の責任において自己の役員若しくは従業員、ファイナンシャル・アドバイザー、弁護士、公認会計士その他の直接又は間接のアドバイザー若しくは代理人に対して係る情報を開示する場合。但し、本条と同等の秘密保持義務を法律上又は契約上負うことを条件とする

第6.2条（公表）［本書380頁］

1　本契約の当事者は、事前にその内容、方法及び時期について双方合意した場合に限り、本契約締結の事実及び本契約の内容を公表することができる。

2　前項にかかわらず、本契約の当事者は、法令又は金融商品取引所の規則等に従い開示が要請される場合には、本契約締結の事実及び本契約の内容について、当該要請に基づいて必要とされる限度で公表することができる。但し、本項に基づいて公表を行う当事者は、その内容及び方法について実務上可能な限り相手方と事前に協議しなければならない。

第6.3条（準拠法）［本書382頁］

本契約の準拠法は日本法とし、日本法に従って解釈される。

第6.4条（裁判管轄）［本書384頁］

1　当事者は、本契約に定めのない事項又は本契約の解釈に関し何らかの疑

義が生じた場合には、誠意をもって協議を行うものとする。

2 本契約に起因又は関連して生じた一切の紛争については、誠実に協議することによりその解決に当たるが、かかる協議が調わない場合には、東京地方裁判所を第一審の専属的合意管轄裁判所として裁判により最終的に解決する。

第6.5条（完全合意）［本書392頁］

本契約は、本契約の対象事項に関する当事者間の完全な合意及び了解を構成するものであり、書面によるか口頭によるかを問わず、かかる対象事項に関する当事者間の本契約締結前の全ての合意及び了解に取って代わる。

第6.6条（正本）［本書393頁］

1 本契約は、1個又は複数の正本で締結することができる。各々の正本は、原本とみなされるが、当該正本全ては、1個の、かつ同一の文書を構成する。

2 本契約は、各自が署名した文書を、PDFにして電子メールに添付することによって、又はファクシミリの送受信によっても締結することができる。

第6.7条（言語）［本書397頁］

本契約は、日本語を正文とする。本契約につき、参考のために日本語以外の言語による翻訳文が作成された場合でも、日本語の正文のみが契約としての効力を有するものとし、当該翻訳文はいかなる効力も有しないものとする。

第6.8条（分離可能性）［本書398頁］

本契約のいずれかの規定が、理由の如何にかかわらず、無効、違法又は強制不能と判断された場合においても、本契約の残りの規定の有効性、適法性及び強制可能性は、そのことにより一切影響を受けない。

第6.9条（見出し）［本書399頁］

本契約の見出しはもっぱら便宜上のものであり、本契約の解釈に影響を与えないものとする。

第6.10条（費用負担）［本書400頁］

本契約において別段の定めがある場合を除き、本契約の締結及び履行に係る費用（ファイナンシャル・アドバイザー、弁護士、公認会計士、税理士その他のアドバイザーに係る費用を含むがこれらに限られない。）は、各自がこれを負担する。

第6.11条（契約上の地位の移転の禁止）［本書401頁］

当事者は、他の当事者の書面による事前の承諾を得ない限り、本契約上の地位又は本契約に基づく権利義務につき、直接又は間接を問わず、第三者に譲渡、移転若しくは承継させ、又は担保権の設定その他一切の処分をしてはならない。

第6.12条（通知）［本書402頁］

本契約に関連してなされる全ての通知は、以下の連絡先に書面による手交、配達証明郵便、ファクシミリ（送信記録付き）又は電子メールによる送付により行うものとする。

ABC社	住所	○○県○○市○○…
	宛名	○○○○
	ファクシミリ	○○○○
	電子メール	○○○○
XYZ社	住所	○○県○○市○○…
	宛名	○○○○
	ファクシミリ	○○○○
	電子メール	○○○○

第6.13条（修正及び放棄）［本書403頁］

1　本契約の規定の修正又は変更は、本契約の全ての当事者の書面による合意がなければ、その効力を生じない。

2　当事者のいずれか一方が相手方による本契約のいずれかの規定の履行を要求せず、又はその要求が遅れた場合であっても、そのことは、当該規定に悪影響を及ぼすものではない。当事者のいずれか一方が相手方による本契約の規定の違反に対する権利を放棄しても、その後の同じ規定の違反に対する権利を当該当事者が放棄したとはみなされない。

【別紙】

用語の定義

「ABC社の前提条件」	第1.5条第1項の定義に従う
「XYZ社の前提条件」	第1.5条第2項の定義に従う
「XYZ社保有株式」	第2.2条第1項の定義に従う
「XYZ社優先分配額」	第2.2条第1項の定義に従う
「XYZ社優先分配総額」	第2.2条第2項の定義に従う
「相株主」	第3.1条第1項の定義に従う
「借入等」	第5.5条の定義に従う
「関連契約」	第5.1条第1項の定義に従う
「共同売却権」	第3.4条第1項の定義に従う
「共同売却権行使者」	第3.4条第2項の定義に従う
「共同売却権通知」	第3.4条第2項の定義に従う
「クロージング日」	第1.4条第1項の定義に従う
「考慮期間」	第3.2条第2項で用いられる場合は同項の定義に、第3.4条第2項で用いられる場合は同項の定義に、それぞれ従う
「先買権」	第3.2条第2項の定義に従う
「先買権通知」	第3.2条第2項の定義に従う
「先買権行使者」	第3.2条第2項の定義に従う
「譲渡希望株主」	第3.5条の定義に従う
「譲渡希望当事者」	第3.2条第1項の定義に従う
「譲渡条件」	第3.2条第1項の定義に従う
「譲渡対象株式」	第3.5条の定義に従う
「譲渡予定通知」	第3.2条第1項の定義に従う

「請求権行使者」	第3.4条第2項の定義に従う
「デッドロック」	第4.7条第1項の定義に従う
「当事者鑑定人」	別紙3.3（オプション行使に係る諸条件）の定義に従う
「当初譲渡先」	第3.2条第1項の定義に従う
「発行等」	第4.2条第1項の定義に従う
「非譲渡希望当事者」	第3.2条第1項の定義に従う
「法的倒産手続等」	破産手続、民事再生手続、会社更生手続及び特別清算手続その他これらに類する法的倒産手続又は私的整理手続
「本営業支援契約」	第5.1条第1項の定義に従う
「本価格」	別紙3.3（オプション行使に係る諸条件）の定義に従う
「本鑑定人」	別紙3.3（オプション行使に係る諸条件）の定義に従う
「本業務委託契約」	第5.1条第1項の定義に従う
「本合弁会社」	第1.1条の定義に従う
「本残余金額」	第2.2条第3項の定義に従う
「本出資」	第1.4条第1項の定義に従う
「本出資内容」	第1.4条第1項の定義に従う
「本準備会社」	第1.2条の定義に従う
「本増資」	第5.4条第1項の定義に従う

別紙3.3（オプション行使に係る諸条件）

1 プット・オプション行使事由

(1) ……［*プット・オプション行使の条件となる事由を記載*］

2 コール・オプション行使事由

(1) ……［*コール・オプション行使の条件となる事由を記載*］

3 株式の譲渡価格（以下本別紙において「本価格」という。）は、次の方法に従い決定する。

(1) 当事者それぞれが1名ずつ鑑定人（以下本別紙において「当事者鑑定人」という。）を選任し、各当事者鑑定人をして本価格をそれぞ

れ算定させる

ア　両当事者鑑定人の鑑定結果の差額が、いずれかの鑑定結果の［*10%*］以内に収まっている場合、当該鑑定結果の単純平均を本価格とする

イ　そうでない場合、両当事者鑑定人が協議の上、［　　］日以内に第三の鑑定人（以下本別紙において「本鑑定人」という。）を選任し、本鑑定人をして［　　］日以内に本価格を算定させ、当該算定価格をもって本価格とする。但し、当該鑑定結果は、必ず、当事者鑑定人の鑑定結果の間に収まっていなければならないものとする

⑵　前項に規定する当事者鑑定人に要する費用は、当該当事者鑑定人を選任した当事者が負担するものとし、本鑑定人に要する費用は、両当事者で折半するものとする

別紙4.5（事前同意事項）

〔省略〕

別紙4.6（事前通知事項）

〔省略〕

別紙5.6（特定事由）

〔省略〕

4-1 合弁契約の概要

1 合弁契約の意義

〔逆引法務353頁〕

(1) 概要

【定義】 **合弁会社**とは、２つ以上の会社（下図「ABC社」及び「XYZ社」）が、共同で営利を目的とする事業を営むことを目的として、出資（議決権）を通じて共同でその経営を支配する会社（下図「JV社」）のことである[1]。

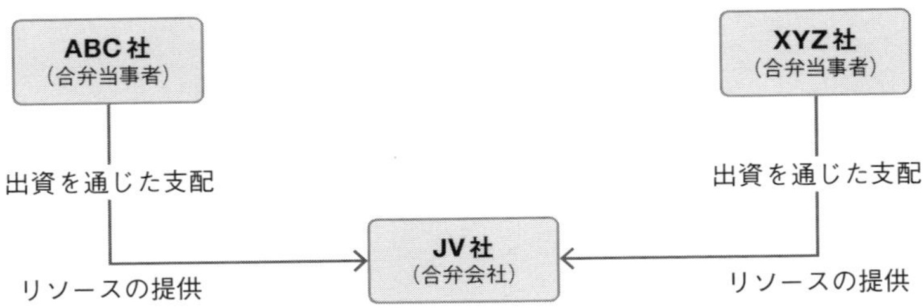

【趣旨】 合弁形態は、①新規分野への進出の際のコスト節減・リスク分散を目的として、また、②技術力のある企業と販売力のある企業が相互補完を行うことを目的として、あるいは、③外国企業単独の直接投資を認めない発展途上国への進出を目的として用いられる事業スキームである[2]（📖江頭・会社法62頁、📖金丸・JV契約２頁）。

(2) 合弁と事業提携の比較

【事業提携】 合弁とは何かという点を、他の類似スキームとの比較で説明する。

---

[1] 法令上の定義として、貸金業法施行令１条の２第６項ロ参照。

[2] 例えば、タイでは、同国の外国人事業法により、同法が定義する「外国人」（例：日系企業）が、同法が規定する規制対象事業に従事することが制限されている。そのため、「外国人」が当該事業に進出するためには、現地パートナーとの合弁形態により（かつ当該合弁会社が「外国人」に該当しないような出資割合を保ち）、進出するのが一般である。

まず、「**事業提携**」について取り上げる。事業提携の例としては、「生産提携」（例：生産設備を持たないXYZ社に代わりABC社が製造を担う）、「販売提携」（例：ABC社がXYZ社の販売店となることにより、ABC社がXYZ社に販売力を提供する）、「技術提携」（例：ABC社がXYZ社に対してある技術の使用を許諾する）、また、これらの組合せ（例：XYZ社が販売力を提供し、ABC社が技術力を提供する）等がある（📖淵邊・提携契約７頁）。

事業提携が行われるのは次のような場合である。ある会社（次図「ABC社」）が新たに事業を検討する場合、既に自社で保有するリソースと、新たに調達・準備が必要なリソースとを洗い出す必要があるが、後者の中には、調達・準備が困難な、当該事業を開始するに当たって“ボトルネック”となるものもある。準備に多額の金銭的投資を要するもの、長い期間を要するもの、特許・許認可その他法規制との関係で取得が困難なもの等がこれに当たる。ところが、このようなABC社にとってボトルネックとなるようなリソースを他社（次図「XYZ社」）が保有している場合、XYZ社からその提供を受けることができれば、ABC社は自社のリソースと組み合わせて、当該事業を開始することができる。このような他社との“ギブ・アンド・テイク”の仕組みが「事業提携」である。

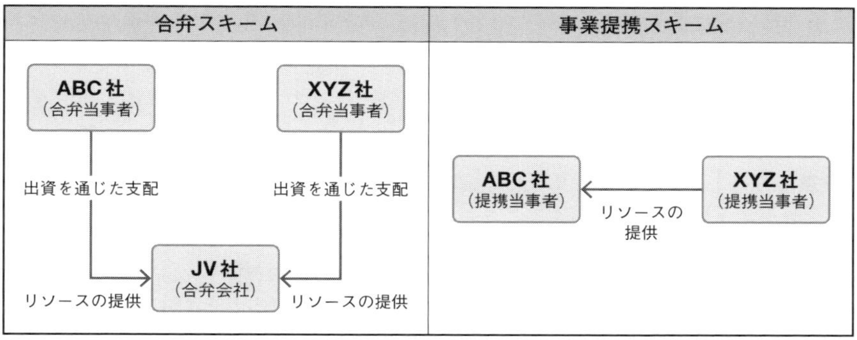

【スキームの比較】　合弁スキームも提携スキームも、**複数の事業者がそれぞれ保有するリソースを提供し合い、特定の事業を遂行するという同一・共通の目的を有している点で共通**する。提携と合弁とは目的において共通する面があることから、これらが段階的に用いられることもある。例えば、ある協業スキームについて、初期フェーズを事業提携スキームで実行し、次フェーズを合弁スキームに発展的に移行させるような場合である。

一方、合弁スキームと事業提携スキームには、以下のような**相違点**がある。

		合弁スキーム	事業提携スキーム
開始	スキーム組成の難易	当事者とは別個の法人を設立するため、比較的困難	契約のみでスキーム設計が可能であるため、比較的容易
経営	事業の主導権	比較的決めやすい	比較的決めにくい
収益	収益モデル	合弁事業の収益は、一旦、合弁会社に帰属する	提携事業の収益は、直接、当事者に帰属する
終了	スキーム解消の難易	比較的困難	比較的容易

【スキーム組成の難易】 まず、合弁／提携それぞれの開始の場面を比較すると、**事業提携スキーム**は、合併や会社分割といった会社法上の手続によらず、基本的には、**当事者間の契約のみで実現することが可能**であるため、**比較的簡易**に手続を進めることができるという特徴がある[3]。

これに対し、**合弁スキーム**の場合は、提携事業を行うヴィークルとして、**当事者とは別個の法人**（例：JV社）**を設立**する必要があるため、単なる事業提携よりも、**スキーム実現のための手続的負担**を要する。

【事業の主導権】 次に、合弁事業／提携事業の経営の点に着目すると、一般に、**事業提携スキーム**では、当該事業に関して、**当事者のいずれが主導権をとるかを決定することが難しい**という面がある。

これに対して、**合弁スキーム**では、合弁会社に対する**持分割合等により、合弁事業に対する主導権をどちらがとるかを明確に定めることが可能**である[4]。

【収益モデル】 また、合弁事業／提携事業から得られる収益を確保する方法について比較すると、**事業提携スキーム**の場合、当事者は、**提携事業から得られる収益を提携取引に基づき受領**することになる。例えば、事業提携の内容が、「XYZ社の製造事業とABC社の販売事業を提携し、XYZ社製品をABC社が継続的に販売すること」である場合、XYZ社の収益源はABC社に対する販売益となり、

---

[3] このことは、交渉相手（ABC社にとってのXYZ社）の抵抗感を和らげることにもなる。さらに、合併・会社分割等とは異なり、XYZ社にとって“失うもの”がないため（合併であれば会社そのものを、会社分割であれば対象事業を失うことになる）、この点においても交渉相手であるXYZ社の心理的なハードルを下げやすい。

[4] 合弁契約の交渉に当たっては、持分割合を先に決め、そこから主導権の帰趨を導くというアプローチがとられることがあるが、本来は、主導権をどちらがとるかをまず明確にし、それを基本コンセプトとして持分割合その他条件を定めるというのが合弁交渉の正しい姿である（‣‣‣322頁）。

ABC社の収益源は顧客に対する販売益となる。あるいは、ABC社の顧客に対する販売益を、XYZ社とABC社で“レベニュー・シェア”や“プロフィット・シェア”するというモデルも考えられる。いずれにしても、提携事業から生ずる収益の取得メカニズムは、両者の間で締結される事業提携契約の中で定められることになる。

これに対し、**合弁会社スキーム**の場合、提携事業から得られる収益は合弁会社に帰属することになるため、合弁当事者が収益を得るためには、①合弁会社との**取引契約**に基づき収益を得る方法、②合弁会社から**剰余金の配当等**（インカム・ゲイン）を得る方法、③合弁会社の**株式の譲渡益**（キャピタル・ゲイン）を得る方法のいずれかが必要となる（▸▸▸324頁）。

【スキーム解消の難易】 最後に、合弁事業／提携事業の終了の局面で２つのスキームを比較すると、上記のとおり、**事業提携スキーム**は、合弁スキームに比べ、その組成が容易であるが、このことは、**その解消も容易である**ことを意味するため、**長期的なスパンで当該事業を展開するのには向いていない**ともいえる。

これに対し、**合弁スキーム**では、事業を行うヴィークルとして合弁会社という法人を設立するため、契約のみの単なる事業提携よりも、**提携関係を解消することが難しく、長期的なスパンで提携関係を維持するのに向いている。**

⑶ 合弁と直接投資の比較

【直接投資】 前述のとおり、合弁スキームは、ABC社とXYZ社という合弁当事者が、共同出資によりJV社を設立し、当該JV社を通じて共同事業を行う形態である。

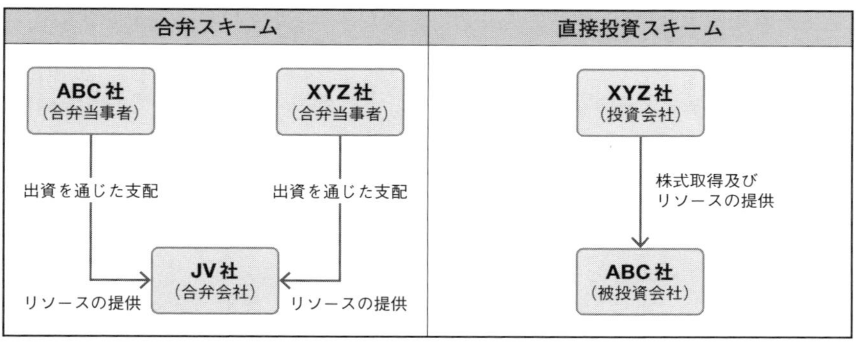

これに対し、共同事業を行うヴィークルを新たに設立せず、**XYZ社がABC社の株式を取得すると同時に一定のリソースも提供し、ABC社というヴィークルを用いて共同事業を行う形態**がとられることもある。本書では、これを「**直接投資スキーム**」と呼ぶことにする。これは、Chapter 2で解説した株式譲渡スキーム、又は、Chapter 3で解説した株式引受スキームを用いて、**既存会社を事後的に合弁化する手法**である。これは、事業提携スキームと株式取得スキームのハイブリッドスキームであり、このような取引形態は「**資本業務提携**」等とも呼ばれる。

【スキームの比較】 合弁スキームも直接投資スキームも、スキーム構築のために、**株式取得というプロセスが必要**となる点では共通する。また、XYZ社にとっては、**提携事業から得られる収益が、一旦自己とは別の法人に帰属**する（合弁スキームであればJV社、直接投資スキームであればABC社に帰属する）という点でも共通する。

一方、合弁スキームと直接投資スキームには、以下のような**相違点**がある。

		合弁スキーム	直接投資スキーム
開始	スキーム組成の難易	既存株主が存在しないため、バリュエーション等の手続は通常不要	既存株主が存在するため、バリュエーション等の手続が通常必要
経営	事業の主導権	原則として、持分割合により主導権が決定される	原則として、被投資会社（ABC社）が事業の主導を担う
収益	収益モデル	事業の収益は、一旦、合弁会社（JV社）に帰属する	事業の収益は、一旦、被投資会社（ABC社）に帰属する
終了	スキーム解消の難易	合弁当事者の持分の処分（株式譲渡）又は合弁会社の清算が必要	出資会社（XYZ社）の持分の処分（株式譲渡）又は被投資会社の自己株式取得が必要

【スキーム組成の難易】 まず、合弁／直接投資それぞれの開始の場面を比較すると、**直接投資スキーム**の場合、出資の時点で既存株主が存在することが通常であるため、出資時点での株価を決定する作業、すなわち、**バリュエーション**の手続が必要となる（▸▸▸65頁）。

これに対して、合弁スキームにおける出資は設立時点での出資であり、既存株主が存在しないのが通常であるため、株価を決定するためのバリュエーションの手続は不要である[5]。

【事業の主導権】 次に、事業の経営の点に着目すると、**直接投資スキーム**の場合、発行会社（ABC社）を事業主体とすることが前提とされているため、**発行会社が**

提携事業の主導を担うことが多い。もっとも、**出資会社**（XYZ社）**が取得する持分割合によっては、出資会社の主導**により、事業が進められることもある（例：ABC社がXYZ社の子会社となるような場合）。

これに対して、**合弁スキーム**の場合は、上記のとおり、基本的には、**合弁会社の持分割合**をもって、当該事業に対する主導権が決められることになる（▸▸▸322頁）。

【収益モデル】 また、事業から得られる収益を確保する方法について比較すると、上記のとおり、**XYZ社からみれば、合弁スキームの場合も直接投資スキームの場合も、事業の収益が自己とは別の法人**（合弁スキームであればJV社、直接投資スキームであればABC社）**に帰属**するという点で共通しているが、**ABC社からみれば、直接投資スキームの場合は、提携事業から得られる収益が自社に直接帰属する**ことになるため、合弁スキームとは異なることになる。

【スキーム解消の難易】 最後に、スキームの終了の局面で２つを比較すると、合弁スキームも直接投資スキームも、契約のみで組成される事業提携スキームとは異なり、スキーム解消が比較的困難であるという点で共通するが、その解消方法は異なる。

合弁スキームの場合は、合弁当事者がその持分である合弁会社の**株式を第三者又は他の合弁当事者に譲渡**するなどして処分するか、又は、**合弁会社そのものを解散・清算**して、スキームを解消することになる（▸▸▸368頁）。

これに対して、**直接投資スキーム**を解消する場合、**持分処分を行うのはXYZ社のみ**であり、XYZ社はこれを、第三者、ABC社の既存株主、又は、ABC社（自己株式の取得：会社法155条以下）に対して処分することになる。

		合弁スキーム	直接投資スキーム
解消方法	持分の譲渡	合弁当事者（XYZ社又はABC社）による持分譲渡	出資会社（XYZ社）による持分譲渡
解消方法	持分の払戻し	合弁会社（JV社）の解散・清算による持分の払戻し（残余財産の分配）	発行会社（ABC社）による株式の取得（自己株式の取得）

［5］ 後述するように、便宜的に合弁当事者の出資タイミングを異ならせるスキームもあるが（▸▸▸317頁）、その場合でも株価を変えることは稀である。もっとも、長く自社の完全子会社としてきた会社に第三者割当増資等を行わせることでパートナーに株式を取得させ、“事後的に”当該パートナーと合弁を組成するような場合には、バリュエーションの手続が必要となろう。

2 契約の内容

(1) 必要性――合弁契約は誰のための契約か

【少数派の保護】 合弁契約は、大きく２つの事項、すなわち、①**合弁会社の内容**に関する事項（例：合弁会社の株主構成、経営体制等）と、②**合弁事業の内容**に関する事項（例：合弁会社設立後の事業モデルや取引関係）を規定するためのものである。

このうち①については、例えば、合弁当事者（合弁会社の株主）の中に合弁会社の株式の過半数を取得する者がいるのであれば、当該当事者は会社法のルールに沿って合弁会社のほとんどの事項を単独で決定できることになる（▸▸▸7頁）。これに対し、合弁契約では、会社法のルールを変更・修正するような内容（例：少数株主にも取締役の一部を指名する権利を与えるような条項）が定められることが多い。この点で、**合弁契約は、合弁会社の株式の過半数を持たない少数株主の権利・利益を保護するためのもの**ということもできる。

【サンプルの構成】 契約書サンプルは、次のような構成となっている。このうち、第１章から第４章までが上記①「合弁会社の内容」に関する事項を規定するものであり、第５章が上記②「合弁事業の内容」に関する事項を規定するものである。

第1章　合弁会社の組成
第1.1条（合弁会社の概要）、第1.2条（合弁会社の設立・組成）、
第1.3条（設立等に係る費用）、第1.4条（出資の内容）、
第1.5条（出資の前提条件）
第2章　配当及び残余財産の分配
第2.1条（剰余金の配当）、第2.2条（残余財産の分配）
第3章　株式の処分
第3.1条（株式譲渡の制限）、第3.2条（先買権）、
第3.3条（プット・オプション及びコール・オプション）、
第3.4条（共同売却権）、第3.5条（強制売却権）、第3.6条（株式の上場）
第4章　組織運営
第4.1条（株主総会）、第4.2条（株式の優先引受権）、
第4.3条（取締役及び代表取締役の指名権）、第4.4条（取締役会）、

第4.5条（事前同意事項）、第4.6条（事前通知事項）、
第4.7条（デッドロックの解消方法）
第5章　合弁当事者の役割
第5.1条（関連契約）、第5.2条（業務委託及び出向）、
第5.3条（ライセンス）、第5.4条（追加出資義務）、
第5.5条（融資）、第5.6条（合弁事業の終了等に向けた協議）、
第5.7条（契約の終了）
第6章　一般条項

(2) 当事者——合弁会社自身を合弁契約の当事者に含めるか

【合弁会社の株主】　合弁契約の当事者には、当然のことながら、合弁事業の当事者である**合弁会社の株主**（XYZ社及びABC社）が含まれる。

【合弁会社自身】　これに対して、合弁会社自身（JV社）を合弁契約の当事者に含めるか否かは“ケース・バイ・ケース”であるものの、合弁契約の条項の中には、合弁会社自身を義務の主体とすることがふさわしいものも多々含まれるため、**合弁会社自身も合弁契約の当事者に含める**ことが多い。

もっとも、**合弁契約の締結時点で、合弁会社そのものが設立されていない場合**もある。そのような場合には、合弁会社（JV社）が設立された後、合弁会社（JV社）と合弁当事者（XYZ社及びABC社）との間で、「合弁会社が合弁契約の当事者に加わり、当該契約に規定された内容について権利義務を取得すること」を確認する旨の**覚書を事後的に締結**することにより、**合弁会社自身を合弁契約の当事者に加えるといったプロセス**がとられる。

3 プロセス及びスケジュール

【概略】　合弁スキームの組成プロセス（条件交渉から合弁事業の開始まで）の概要は次頁の図のとおりである。

【条件交渉】　条件交渉においては、「**ターム・シート**」と呼ばれる、契約の主要条件を項目別にまとめた表が用いられることが多い（▸▸▸45頁）。

合弁スキームに関する条件の大枠に関して合意が形成された段階で「**基本合**

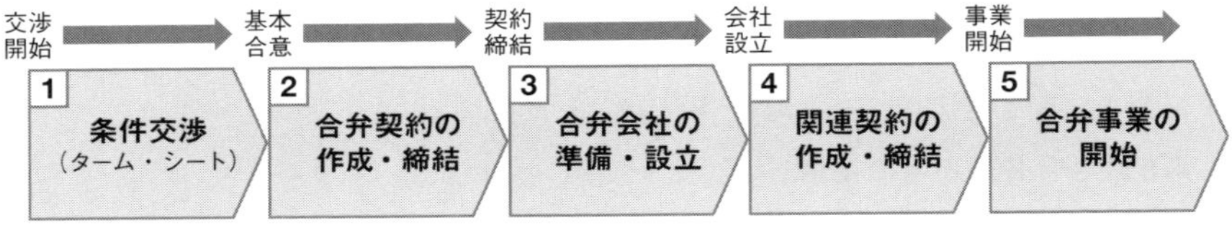

意」が締結される（▸▸▸44頁）。もっとも、基本合意書を別途作成せずに、上記のターム・シートの中に、独占交渉条項や守秘義務条項等の法的拘束力を生じさせたい条項を追加し、当事者双方がこれに署名することで、**ターム・シートを基本合意書の代わりとして用いる**こともある（▸▸▸46頁）。

【合弁契約の作成・締結】 基本合意締結後は、合弁契約の作成・締結に向けたプロセスに入ることになる。

【合弁会社の準備・設立】 合弁契約が締結されると、次に、**合弁会社の設立に向けた手続**に入ることになる（▸▸▸317頁）。

【関連契約の作成・締結】 合弁会社が設立されると、合弁事業を行うために必要となる、合弁会社を当事者とする各種「**関連契約**」の作成・締結のための手続を行う[6]（▸▸▸356頁）。

【合弁事業の開始】 関連契約が全て作成・締結され、合弁事業を行うための準備が整った段階で、**合弁契約のクロージング**（必要な資金の注入：Cash Injection）が行われ、合弁事業が開始されることになる。

4 関連論点

【概略】 「基本合意書」「ターム・シート」「取引保護条項」についての詳細は、Chapter 2・2-1・3「関連論点」を参照されたい（▸▸▸44頁）。

[6] 関連契約の作成作業は、その前の「合弁会社の準備・設立」手続（又はさらにその前の「合弁契約の作成・締結」手続）と同時並行的に進めることが通常であろうが、理論上、関連契約は合弁会社が設立された後でなければ締結できない点に注意が必要である。

4-2 合弁会社の組成

1 合弁会社の概要

〔逆引法務356頁〕

契約条項例

第1.1条（合弁会社の概要）

ABC社及びXYZ社は、本契約に定める条件に従い、次に掲げる内容の会社（以下「本合弁会社」という。）を共同で設立・組成し、これを共同で運営することに合意する。

⑴ 目的　　　：［*本合弁会社の事業目的を記載*］

⑵ 商号　　　：［*本合弁会社の商号を記載*］

⑶ 本店所在地：［*本合弁会社の本店所在地を記載*］

⑷ ……［*その他本合弁会社について合意しておくべき事項があれば当該事項を記載*］

条項例の概要

【意義】 本条項例は、合弁会社の目的その他概要を規定するものである。条項例では、合弁会社の目的（すなわち、合弁事業の概要）のほか、「商号」「本店所在地」その他の事項を規定することを想定している。

【趣旨】 合弁会社の「商号」や「本店所在地」等は、合弁契約締結時には確定していない場合もあり、必ずしも合弁契約の内容として記載しなければならないものではない。もっとも、**合弁会社を自社の子会社とすることを予定している場合に、その商号の一部に自社の商号を含めることを希望するような場合には、商号の内容やそのイメージについて合弁契約で合意しておく方がよい**であろう。

定款案の添付

【定款案の添付の要否】 合弁契約締結時に、合弁会社の組織設計も含めた詳細が確定している場合には、**合弁会社の定款案**を作成の上、これを**合弁契約の別紙と**

して添付しておくこともある。

しかし、合弁契約を締結するまでに合弁会社の定款案を作成する時間的余裕がない等の事情で、定款の作成が合弁契約締結後となることも少なくない。

株主の数

【株主の数】 日本では、株式会社を１人の株主によって設立・運営することも可能であるから（いわゆる「一人会社」）、**合弁会社を組成する場合の株主数に特に制限はない**。但し、受取配当の益金不算入制度に基づき、「関連法人株式等」、すなわち、株式等保有割合３分の１超の株式から受け取る剰余金の配当については、配当金額から負債利子を控除した後の"全額"につき益金不算入が認められる（法人税法23条）。したがって、合弁当事者の数が増えたことにより、ある当事者の合弁会社に対する保有割合が３分の１以下となった場合、当該当事者はこの税務メリットを享受できなくなるという点に注意が必要である。

2 会社の設立手続

〔逆引法務357頁〕

契約条項例

> **第1.2条（合弁会社の設立・組成）**
>
> 本合弁会社は、次に掲げる方法に従い、設立・組成されるものとする。
>
> (1) ABC社が、［　　］年［　　］月［　　］日までに、資本金［*準備会社の資本金を記載*］円の会社（以下「本準備会社」という。）を設立する
>
> (2) ABC社及びXYZ社が、第1.4条（出資の内容）に定める条件に従い、本準備会社が発行する株式を引き受け、その払込みを行うことにより、本合弁会社を組成する

条項例の概要

【意義・趣旨】 本条項例は、**合弁会社の設立・組成に関する手続**を規定するものである。条項例では、ABC社とXYZ社とが同時に合弁会社を設立（下記「一括設立方式」参照）するのではなく、まず、**ABC社が準備会社を設立し、その後、当該**

準備会社に対してABC社及びXYZ社が共同出資することにより、合弁形態を組成するプロセス（下記「準備会社方式」参照）が想定されている。

合弁会社を設立・組成するための手続

【準備会社方式と一括設立方式】 合弁会社の設立・組成の方法は、大きく、「**準備会社方式**」（下記①の方法）と「**一括設立方式**」（下記②の方法）に分かれる。

> ① 合弁契約のクロージング前に**準備会社**（受皿会社）を設立し、**クロージング日に増資を実行**することにより必要資金を注入する方法
> ② 合弁契約の**クロージング日に会社設立**（及び必要資金の注入）を行う方法

設立・組成の方法としては、②の方がよりシンプルではあるが、合弁契約には関連契約の締結を含む種々の前提条件（CP：Condition Precedent）が設定されるため（▸▸▸323頁）、①の方法、すなわち、**前提条件とされた事項を準備・履行するための"受皿会社"を設立**し、当該受皿会社を通じて前提条件が揃った段階で、増資を実行し、合弁事業を行うために必要となる資金を注入する（合弁事業を行うために必要な資金を備えた規模の会社にする）という方法がとられることもある[7]。

【単独設立方式と共同設立方式】 また、合弁会社の設立手続を合弁当事者のどちらが担うかにより、「**単独設立方式**」（下記①の方法）と「**共同設立方式**」（下記②の方法）の２つの方法があり得る。

> ① 合弁当事者の一方が会社を設立し、合弁当事者の他方は会社設立後の増資手続から参加する方法
> ② 合弁当事者双方が発起人となって共同で会社を設立する方法

合弁当事者のうちイニシアティブをとる側（リードする当事者）が明確である場合には、①の方法により、当該当事者がその役割を担うことが多い。また、海外企

[7] 例えば、合弁当事者と合弁会社との間で関連契約が締結されることが合弁契約のクロージングの前提条件とされている場合には、当該契約を締結するための当事者が必要となる。そのために、準備会社を当事者として関連契約を締結させ、これが全て揃った時点で増資を実行し、準備会社を合弁会社に発展させるという方法がとられる。

業が合弁パートナーとなる場合、合弁会社を設立する現地の合弁当事者が設立手続を担う方が効率的であることが多い（会社設立・増資のための必要書類は現地語で準備しなければならないことが多いからである）。

【手続の組合せ】 上記各手続の組合せは下表のとおりである。

手続当事者＼手続の回数	準備会社方式（2ステップ方式）	一括設立方式（1ステップ方式）
単独設立方式	一方当事者が単独で準備会社を設立し、他方当事者は増資から参加する	—
共同設立方式	両当事者が共同で準備会社を設立し、共同で増資を行う	両当事者が共同で、かつ、1回の手続で会社を組成する

なお、上記のバリエーションとして、「単独設立・単独増資」（例：X社が5億円で準備会社を設立し、クロージング時に、Y社が5億円で増資を行う方法）や「単独設立・株式譲渡」（例：X社が10億円で準備会社を設立し、クロージング時にX社がY社に5億円相当の株式を譲渡する方法）といった合弁組成方法も考えられる[8]。

3 設立費用

契約条項例（参考：会社法28条4号、同法施行規則5条、📖AIK・契約書作成310頁、📖伊藤・会社法51頁、📖江頭・会社法76頁、📖淵邊・提携契約381頁）

第1.3条（設立等に係る費用）

1　本合弁会社の設立及び組成に係る費用（これには、会社法施行規則（平成18年法務省令第12号）第5条各号に定める費用が含まれるが、これらに限られない。）は、その性質上各自が負担すべきものを除き、ABC社及びXYZ社が各自の出資比率に従い負担するものとする。

2　前項に基づく費用の精算は、次の各号に掲げる場合に応じ、それぞれ当該各号に定める時点までにこれを行うものとする。

[8]　もっとも、これらの方法は、設立段階で多額の資金を投じることになるため、万が一、合弁契約がクロージングしなかった場合、単独設立した会社をどのように処理するかという“後始末”の問題が生じる点に注意が必要である。

> (1) 本出資（第1.4条（出資の内容）第１項で定義する。以下本条において同じ。）が行われた場合
> クロージング日から［　　］営業日以内
> (2) 本出資が行われなかった場合（これが行われないことが確定した場合のほか、行われないことが確実となった場合も含む。）
> これが確定し又は確実となった時点から［　　］営業日以内

条項例の概要

【意義】 本条項例は、**合弁会社の設立及び組成に係る費用の負担関係**を定めるものである。条項例では、①これら費用は各合弁当事者が出資比率に応じ負担する旨（第１項）、及び、②これら費用の精算時期（第２項）を規定している。

【趣旨】 このような規定が必要となるのは、特に、前記の**単独設立方式**をとる場合（‣‣‣317頁）、このような規定がないと、会社の設立準備に要した費用を、設立手続を担当した当事者が負担するのか、それとも設立後の合弁会社に負担させるのかが曖昧となり、その負担関係について合弁当事者間（及び合弁会社との間）で紛争が生ずるおそれがあるからである。

合弁会社の設立・組成に係る費用及びその負担関係

【株式会社の設立等に係る費用】 株式会社の設立には、定款認証代５万円（会社法30条１項、公証人手数料令35条）、定款貼付の収入印紙４万円[9]（印紙税法２条）、設立登記にかかる登録免許税（資本金の0.7%：最低15万円）（登録免許税法９条）が必要とされ、さらに、株式会社を募集設立により設立する場合は銀行等の払込保管証明手数料、設立に際して現物出資をする場合は原則として検査役の調査又は弁護士等の証明が必要となる（📖江頭・会社法76頁）。

【費用の負担関係】 これら費用の最終的負担者の定め方としては、以下が考えられる。条項例では②を採用しているが、①や③のような方法をとる場合もあるし、費用の種類によって負担方法を分けるという方法がとられることもある（例：自社

---

［9］ 電子定款とする場合は印紙代が不要であるが、電子定款を作成するための機器（例：ICカードリーダー）を別途準備することが必要となる。

が起用した外部専門家に係る費用については1、合弁契約書の作成費用については2、純粋な設立費用は3とする等）。

> 1 **合弁当事者のいずれかのみ**が設立等に係る費用を負担する方法
> 2 **合弁当事者の全員**が、その出資割合（又はその他の基準）に応じて、設立等に係る費用を負担する方法
> 3 **設立後の合弁会社**が設立等に係る費用を負担する方法

なお、合弁契約の中で3のような規定を設けなかった場合でも、設立後の会社が負担する設立に関する費用を**定款に記載**すれば、定款に記載した金額（総額）の限度で、発起人が成立後の会社に対し請求できる[10]（会社法28条4号）（📖伊藤・会社法43頁、📖江頭・会社法76頁）。

【合弁当事者の固有費用】 条項例では「本合弁会社の設立及び組成に係る費用」を費用分担の対象としているが、費用の中には**各合弁当事者の負担に属するべき費用**も存在する（▸▸▸400頁）。例えば、合弁当事者の一方が、合弁契約のドキュメンテーションのために起用した法律事務所に支払う費用や、デュー・デリジェンス（例：既存法人を合弁のヴィークルとして用いる場合）のために起用したファイナンシャル・アドバイザーに支払う費用等である。これらが各合弁当事者の負担に属するべき費用であることを確認するため、本条の対象から除外することを確認的に規定しておくこともある。

4 出資

契約条項例 （参考：📖AIK・契約書作成310頁、📖伊藤・会社法37頁、📖江頭・会社法81頁、📖淵邊・提携契約212頁）

> **第1.4条（出資の内容）**
> 1 ABC社及びXYZ社は、［　　］年［　　］月［　　］日又は両当事者

[10] これに対し、判例は、定款の記載等法定の要件を充足した設立費用の限度内において、発起人のした当該取引の効果は当然に成立後の会社に帰属し、取引相手方は会社に対し支払を請求でき、発起人は全くその義務を負担しないとする（大判昭和2年7月4日）。

が別途合意する日（以下「クロージング日」という。）において、次に掲げる内容（以下「本出資内容」という。）に基づき、本準備会社が発行する株式（1株［　　］円）の引受け及び払込み（以下「本出資」という。）を行うものとする。

(1)　株式の数

ア　本準備会社が発行する株式の数　：［　　］株

イ　アのうち、ABC社が引き受ける株式の数：［　　］株

ウ　アのうち、XYZ社が引き受ける株式の数：［　　］株

(2)　払込金額

ア　払込金額総額　：［　　］円

イ　アのうち、ABC社に係る払込金額　：［　　］円

ウ　アのうち、XYZ社に係る払込金額　：［　　］円

(3)　出資方法

現金出資のみとし、現物出資は行わない

(4)　株式の種類

全て議決権のある普通株式とする

2　ABC社及びXYZ社は、本出資が完了した時点で、次の各号に掲げる当事者が保有する本合弁会社の株式数及びその持分割合が、それぞれ当該各号に定める数及び割合となることを確認する。

(1)　ABC社：［　　］株、［　　］%

(2)　XYZ社：［　　］株、［　　］%

条項例の概要

【意義】　本条項例は、合弁会社を組成するための、**各当事者の出資内容**を定めるものである。条項例では、「準備会社方式」を前提に（▸▸▸317頁）、**クロージング時点で、合弁当事者が改めて共同出資を行うことを想定**している。

【趣旨】　第1項は、クロージング時点での共同出資の内容を規定している。**重ねて第2項を規定しているのは、「準備会社方式」が前提とされているため、第1項に規定する出資内容と、出資が完了した後の保有内容とが一致しないから**である。

例えば、ABC社とXYZ社がともに5億円ずつ出資をし、JV社を設立すること

としたとする。クロージング後の持分割合は50：50となるが、ABC社が準備会社を1,000万円で設立しているのであれば、クロージング時点の出資内容はABC社が4億9,000万円、XYZ社が5億円となる。出資内容と出資後の保有内容を明確にするため、第2項を確認的に規定している。

株式数及び払込金額

【株式数・払込金額】 合弁会社の初期資本金を決定するに当たっては、**合弁事業が独立採算可能となるまでに必要な現金**を試算する必要がある。当事者の初期投資の負担を抑えるため、組成直後の合弁会社の資本金を少なくすることもあるが、その場合、合弁当事者間で**増資に関する取決め**を行っておく必要がある。

合弁当事者が取得する株式数や払込みを行う金銭の額は、合弁会社に対する「出資比率」を決定するものであり、これは、**合弁事業の主導権をどちらがとるかを決定する極めて重要な要素**となる（▸▸▸308頁）。

【議決権比率】 発行される株式が普通株式のみであれば、「出資比率」と「議決権比率」は一致するのが通常であるが、種類株式や定款を用いて、「無議決権株式」（▸▸▸236頁）や「1株複数議決権」（デュアル・ストック）（▸▸▸237頁）を設計する場合には、両者が一致しないことがある。そこで、そのような場合には、出資比率とは別に、「議決権比率」についても規定しておく方がよい。

その他株式会社の出資に関する論点

【参照】 その他、株式会社への出資に関する論点については、Chapter 3・3-3・[1]「募集株式の発行及び引受け」の解説を参照されたい（▸▸▸207頁）。

5 出資の前提条件

契約条項例

第1.5条（出資の前提条件）

1　本出資に係るABC社の義務の履行は、次に掲げる条件（以下「ABC社の前提条件」という。）の全てが満たされていることを前提条件とする。但し、ABC社は、その任意の裁量により、ABC社の前提条件の未成就を主張する権利の全部又は一部を放棄し、自己の義務を履行することができる。

⑴ XYZ社が、本契約に基づきクロージング日までに履行又は遵守すべき義務のうち重要なものを全て履行又は遵守していること

⑵ 本合弁会社が関連契約（第5.1条（関連契約）第1項に規定する関連契約をいう。以下同じ。）の全てを締結しており、かつ、その効力が生じていること

⑶ ……［*その他出資の前提条件とすべき事項を記載*］

2 本出資に係るXYZ社の義務の履行は、次に掲げる条件（以下「XYZ社の前提条件」という。）の全てが満たされていることを前提条件とする。但し、XYZ社は、その任意の裁量により、XYZ社の前提条件の未成就を主張する権利の全部又は一部を放棄し、自己の義務を履行することができる。

⑴ ABC社が、本契約に基づきクロージング日までに履行又は遵守すべき義務のうち重要なものを全て履行又は遵守していること

⑵ 本合弁会社が関連契約（第5.1条（関連契約）第1項に規定する関連契約をいう。以下同じ。）の全てを締結しており、かつ、その効力が生じていること

⑶ ……［*その他出資の前提条件とすべき事項を記載*］

条項例の概要

【意義】 本条項例は、各当事者の出資義務を履行するための**前提条件**を規定するものである。特に、合弁会社の組成を“設立”と“増資”に分けて行う場合（準備会社方式の場合）（‣‣‣317頁）、出資の「前提条件」についても規定しておく必要がある。

ここに、**前提条件**（CP：Condition Precedent）とは、「当該事項が満たされて初めてクロージングが行われる」というクロージング（契約の履行）の条件である。

【趣旨】 出資の前提条件に関する詳細については、Chapter 2・2-5・1「前提条件」及びChapter 3・3-4・1「前提条件」の解説を参照されたい（‣‣‣80頁・214頁）。

4-3 経済条件

1 合弁スキームの収益モデル

〔逆引法務349頁〕

【3つの収益源】 合弁スキームを組成する場合、合弁当事者がどのような形で合弁事業から収益を得るかを知っておかなければならない。

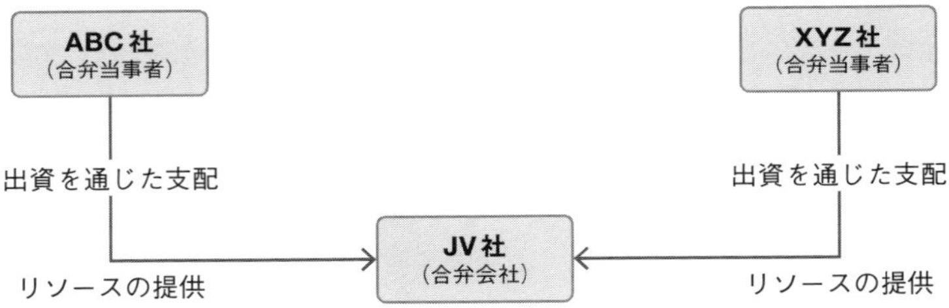

例えば、ABC社とXYZ社が、合弁事業を行うJV社を設立する合弁モデルを念頭におくと、当該合弁事業から得られる収益は、まず、合弁会社であるJV社に帰属することになる。そして、ABC社及びXYZ社は、JV社からその収益の分配を受けるわけであるが、その方法としては、主に以下の３つがある。

1. 合弁会社との**取引**に基づき収益を得る方法
2. 合弁会社から**剰余金の配当等**を得る方法（インカムゲイン：Income Gainを得る方法）
3. 合弁会社の**株式の譲渡益**（値上益）を得る方法（キャピタルゲイン：Capital Gainを得る方法）

2 取引に基づく収益

【概要】 まず、「合弁会社との取引に基づき収益を得る方法」としては、例えば、製造事業者であるABC社と販売事業者であるXYZ社が販売会社JV社を合弁で設立し、ABC社がJV社に対して製品の供給を、XYZ社がJV社に対して営業サポート（顧客開拓等）を行う合弁スキームが組成された場合に、「ABC社がJV社との製品供給契約に基づき対価を得る」、「XYZ社がJV社との営業サポート・顧客紹介業務に関する契約に基づき手数料を得る」といった方法がこれに該当する。

【関連契約】 合弁会社との取引として、具体的にどのようなものが想定されるかについては、Chapter 4・4-5・①(1)「関連取引・関連契約」の項目で改めて詳細を述べることとする（▸▸▸356頁）。

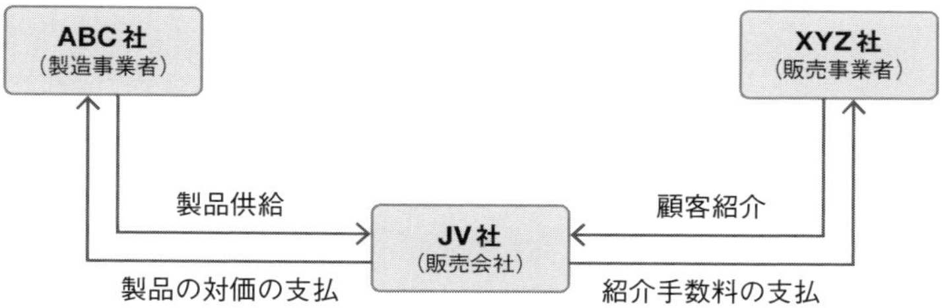

3 剰余金の配当等

(1) 剰余金の配当

契約条項例（例：📖AIK・契約書作成313頁、📖伊藤・会社法279頁、📖江頭・会社法677頁、📖金丸・JV契約101頁、📖淵邊・提携契約242頁）

> **第2.1条（剰余金の配当）**
>
> 1 ABC社及びXYZ社は、本合弁会社の剰余金につき、少なくとも年1回、本合弁会社の各事業年度の終了後3か月以内に金銭で配当を受け、その配当額は、ABC社及びXYZ社の本合弁会社に対する保有割合にかかわらず同額とする。
>
> 2 前項の規定にかかわらず、ABC社及びXYZ社は、本合弁会社をして、クロージング日が属する事業年度を含む［*無配当とする期間を記載*］年の間、剰余金の配当を行わせないことを合意する。

条項例の概要

【意義】 本条項例は、合弁会社による**剰余金の配当**に関するルールを定めるものであり、条項例では以下が規定されている。

1 ABC社及びXYZ社が年1回以上の剰余金を“同額”受け取ること（第1項）
2 設立から一定期間は剰余金の配当を行わないこと（第2項）

【趣旨】 条項例第1項については、ABC社とXYZ社の持分比率が同じである場合はもちろんのこと、持分比率が同じでない場合（例：ABC社が多数派株主、XYZ社が少数派株主）にも、この種の規定が用いられることがある（例：多数派であるABC社には合弁会社の経営権を与え、少数派であるXYZ社には十分な経済的権利を与える等）。

また、条項例第2項については、合弁会社の生み出した利益を剰余金として配当してしまうのではなく、内部留保することにより合弁会社の財務状態を強化するということも重要であるため、この種の規定が設けられることがある（📖AIK・契約書作成331頁、📖淵邊・提携契約242頁）。

関連論点

【参照】 剰余金の配当に関する論点については、Chapter 3・3-6・2「剰余金の配当」の解説を参照されたい（▸▸▸227頁）。

(2) 残余財産の分配

契約条項例

第2.2条（残余財産の分配）

1 本合弁会社が残余財産を分配するときは、XYZ社に対し、ABC社に先立ち、XYZ社が保有する本合弁会社の株式（以下本条において「XYZ社保有株式」という。）1株につき金［　　］円（但し、当該株式につき、株式分割、株式併合、無償割当又はこれに類する事由があったときはその比率に応じ適切に調整される。以下本条において「XYZ社優先分配額」という。）を支払う。

2　前項の規定にかかわらず、残余財産の額が、本合弁会社が残余財産を分配する時点のXYZ社優先分配額にXYZ社保有株式の総数（但し、自己株式を除く。以下同じ。）を乗じた金額（以下本条において「XYZ社優先分配総額」という。）に満たない場合、XYZ社優先分配額は、以下の算式により算出される額（但し、1円未満の端数は切り上げる。）とする。

$$\text{XYZ社優先分配額} = \frac{\text{残余財産の総額}}{\text{XYZ社保有株式の総数}}$$

3　本合弁会社がXYZ社に対してXYZ社優先分配総額を支払った後、なお残余財産（以下本条において「本残余金額」という。）がある場合、XYZ社に対し、ABC社と同順位にて、本残余金額を分配する。

条項例の概要

【意義】　本条項例は、合弁会社の**残余財産の分配**に関するルールを定めるものであり、条項例では以下が規定されている。

1　XYZ社が、一定金額（例：XYZ社の出資金額）について、ABC社に優先して、残余財産の分配を受けることができること（第1項）
2　残余財産の総額が、XYZ社が受け取るべき優先受領額よりも少ない場合の処理（第2項）
3　残余財産の総額が、XYZ社が受け取るべき優先受領額よりも多い場合の処理（第3項）

関連論点

【参照】　残余財産の分配に関する論点については、Chapter 3・3-6・3「残余財産の分配」の解説を参照されたい（▸▸▸231頁）。

4 株式の譲渡益

(1) 総論

【キャピタルゲインの確定】 合弁当事者は合弁会社の企業価値を高めることにより、自己が保有する株式の**譲渡益・値上益**（キャピタルゲイン）を得ることができる。もっとも、キャピタルゲインは、株式が譲渡等されることにより初めて確定するものであるから、キャピタルゲインとの関係では、**株式の譲渡に関する契約事項**が極めて重要となる。

【定款による株式の譲渡制限】 合弁会社では、**定款による株式の譲渡制限**が定められているのが通常である。すなわち、通常、譲渡による当該株式の取得について当該株式会社の承認を要する旨が定款で定められている（会社法108条1項4号）（▸▸▸238頁）。

【株式譲渡の自由】 前述のとおり、キャピタルゲインを確定させるためには、株式の譲渡が必要となる。自己が保有する株式を自由に譲渡できるようにするためには、例えば、契約において、「合弁当事者のうちXYZ社は、第三者に対して、その保有する株式を自由に譲渡することができる。合弁会社JV社は、XYZ社から会社法第136条（株主からの承認の請求）に基づく承認請求があった場合、直ちにこれを承認しなければならない。」といった条項を設けておくことになろう。しかしながら、特定の株主が保有する株式のみが自由に譲渡できるとの規定は、株式譲渡が制限されている他の株主には受け入れ難いのが通常である。

(2) 株式譲渡の制限〔逆引法務339頁〕

契約条項例（参考：🕮AIK・契約書作成313頁・335頁、🕮金丸・JV契約115頁、🕮淵邊・提携契約253頁）

第3.1条（株式譲渡の制限）

1 ABC社又はXYZ社が、それぞれ自己が所有する本合弁会社の株式につき、譲渡・貸与・担保設定その他処分行為をしようとする場合、次に掲げる場合を除き、相株主（ABC社にとってのXYZ社、XYZ社にとってのABC社をいう。以下同じ。）の書面による事前の承諾を得なければならないものとする。

> ⑴ 相株主に対してこれらの処分行為を行う場合
> ⑵ 自己の子会社に対してこれらの処分行為を行う場合。但し、自己の子会社が相株主の競合事業者である場合、又は、当該子会社の株主に相株主の競合事業者が含まれる場合はこの限りではない
>
> 2 前項第2号に基づく自己の子会社に対する株式の譲渡等の効力は、譲渡人の本契約上の地位を譲受人である子会社が承継する旨の契約が締結され、その写しが相株主に交付された時点で発生するものとする。

条項例の概要

【意義】 本条項例は、本合弁会社の**株式の譲渡制限**に関して定めるものであり、条項例では、以下が規定されている。

> 1 合弁当事者は、一定の例外を除き、本合弁会社の株式を譲渡してはならないこと（第1項）
> 2 例外的に株式譲渡が認められる場合、株式の譲受人は合弁契約の内容を承継しなければならないこと（第2項）

なお、合弁当事者にキャピタルゲインを確保する途を与えるべく、第1項のような**譲渡制限を“期限付き”で規定**する場合もある。

【趣旨】 合弁当事者にとって、他の合弁当事者が誰になるかは極めて重大な関心事であり、例えば、自社の競合事業者とは合弁の組成を躊躇するのが通常であろう（合弁会社を通じて、自社のノウハウが当該競合事業者に流出してしまう可能性があるからである）。しかし、合弁組成時点で、このような“好ましからざる者”が合弁当事者に含まれていなくても、将来、合弁当事者の誰かが、このような者に対して合弁会社の株式を譲渡する可能性もある。このような事態を避けるためには、合弁会社の株式の譲渡を制限しておく必要がある。

合弁会社では、通常、株式譲渡について取締役会等の承認が必要とされており、株式は自由に譲渡できないことになっている。しかし、ある株主が取締役会の過半数の取締役を派遣していれば、当該株主は、取締役会を自由にコントロールできるため、実質的に、株式を自由に譲渡できる状態になる。そこで、「株式譲渡に関する取締役会等の承認」について“拒否権”を取得することにより (‣‣‣261

頁)、自己にとって好ましくない者が株主となることを防止することができる。

相続人等に対する売渡しの請求

【概略】 例えば、ABC社が保有するJV社の株式が譲渡制限株式であった場合でも(▸▸▸238頁)、相続や合併等の一般承継(包括承継)による株式の取得の場合には、会社の承認は必要ない。しかし、一般承継人(例：ABC社の株式を合併により取得したDEF社)が会社にとって好ましからざる者(例：JV社の競合事業者)である可能性も否定できない。このような場合に、JV社が、ABC社の一般承継人であるDEF社に対して株式の売渡しを請求することができる制度がある。これを「**相続人等に対する売渡しの請求**」という(会社法174条)(📖伊藤・会社法100頁、📖江頭・会社法262頁)。

【手続】 この制度を用いるためには、**定款**の定めが必要となる。

また、実際に売渡しの請求をするためには、**株主総会の特別決議**が必要である(会社法175条1項、309条2項3号)。もっとも、売渡しの請求の対象となった株主は、当該請求についての株主総会において議決権を行使することができない(同175条2項)。

さらに、この売渡請求は自己株式の取得の一種であるから、**分配可能額**を超えて株式を買い取ることはできない(同461条1項5号)。

株式譲渡に伴う合弁契約の終了・見直し・承継

【合弁契約の終了・見直し】 合弁当事者が株式を譲渡するということは、当該当事者の持分比率が消滅(又は減少)することを意味する。合弁契約は、合弁当事者による(一定数割合以上の)株式保有を前提に締結されるものであるから、**合弁当事者が株式を譲渡した場合には、合弁契約の終了又は見直しが必要**となる。

株式譲渡について他の合弁当事者の同意を要する等とされていれば、株式譲渡のタイミングで合弁契約の終了・見直しに関する協議を開始することも可能ではあるが、合弁契約の中に予め「合弁当事者が株式を譲渡する場合には、合弁契約の終了又は見直しが必要である」といった定めを設けておくこともある。

【合弁契約の承継】 合弁契約そのものについて見直しは行わず、その代わり、株式の譲渡人が合弁契約の当事者から離脱するための条件として、合弁契約の内容が株式の譲受人に承継される(譲受人がその旨を承諾する)ことを定めておくこともある(Deed of Adherence and Succession)。

⑶ 先買権〔逆引法務339頁〕

契約条項例（参考：📖AIK・契約書作成338頁、📖金丸・JV契約122頁、📖淵邊・提携契約258頁）

第3.2条（先買権）

1　本合弁会社の株主（以下本条及び第3.4条において「譲渡希望当事者」という。）が、自己が保有する本合弁会社の株式の全部又は一部（以下本条において「譲渡対象株式」という。）を第三者（以下本条及び第3.4条において「当初譲渡先」という。）に譲渡することを望む場合、事前に、他の当事者（以下本条及び第3.4条において「非譲渡希望当事者」という。）に対して、当該譲渡に係る条件（以下本条及び第3.4条において「譲渡条件」という。）を通知（以下本条において「譲渡予定通知」という。）する。

2　譲渡予定通知が行われた場合、非譲渡希望当事者は、譲渡対象株式の全部を譲渡条件と同等の条件で買い受ける権利（以下本条において「先買権」という。）を有するものとし、先買権を行使しようとする非譲渡希望当事者（以下本条において「先買権行使者」という。）は、譲渡予定通知受領後［*30日*］（以下本条において「考慮期間」という。）以内に、譲渡希望当事者に対して書面により先買権を行使する旨を通知（以下本条において「先買権通知」という。）するものとする。譲渡希望当事者は、先買権通知受領後速やかに、先買権行使者に対し、譲渡予定株式の全部を譲渡条件と同等の条件で譲渡するものとする。

3　譲渡予定通知が行われたにもかかわらず、考慮期間内に通知受領者が先買権通知及び第3.4条（共同売却権）第２項に規定する共同売却権通知を行わなかった場合、譲渡希望当事者は当初譲渡先に対し譲渡条件で譲渡対象株式の全部を譲り渡すことができる。

〔合弁当事者が三者以上の場合は以下の規定を追加する〕

4　先買権行使者が複数の場合、当該先買権行使者相互間で、自己が行使する先買権の対象となる株式の数について協議を行うものとし、考慮期間内に当該協議が成立しない場合は、前項の規定を適用する。

条項例の概要

【意義】 本条項例は、合弁当事者の「**先買権**」(FRR：First Refusal Right) について規定するものであり、条項例では、以下が規定されている。

1. 当事者のいずれかが株式譲渡を希望する場合、他の当事者にその旨を通知すること（第1項）
2. 当該通知を受けた当事者は、先買権を行使できること（第2項）
3. 2に基づき先買権を行使する当事者がいない場合、1の譲渡希望当事者が当初の譲受人候補者に対し、株式を譲渡することができること（第3項）

【趣旨】 株式譲渡に関する拒否権は、他の株主による譲渡行為そのものを禁止するものであり、他の株主の投下資本回収手段を途絶してしまうことになるため、他の株主からの大きな反発が予想される（▸▸▸328頁）。そこで、株式譲渡に関する拒否権に代えて、「先買権」を規定することがある。

先買権とは、ある株主が第三者に株式を譲渡しようとする場合に、他の株主が、当該第三者に優先して、これを取得することができる権利のことである[11]。この先買権は、「自己にとって好ましからざる者の株主参加」を防止しつつ、かつ、「他の株主の投下資本回収の途」を確保できるため、他の株主にとって株式譲渡制限よりは受け入れやすい条項といえる。

(4) プット・オプション／コール・オプション〔逆引法務346頁〕

契約条項例（参考：📖AIK・契約書作成314頁・339頁、📖金丸・JV契約123頁、📖淵邊・提携契約265頁）

第3.3条（プット・オプション及びコール・オプション）

1 別紙3.3（オプション行使に係る諸条件）第1項に規定する事由が生じた場合、XYZ社は、ABC社に対し、XYZ社が保有する本合弁会社の株

[11] 先買権を行使した場合の取得価額の定め方としては、①譲渡希望株主が第三者に対して譲渡を希望する価格とする方法、②客観的な手続により定められる純資産額等を基準価格とする方法等があり得る（📖金丸・JV契約123頁）。

式の全部又は一部を買い取るよう請求することができ、当該請求があった場合、ABC社はこれを買い取らなければならない。
2　別紙3.3（オプション行使に係る諸条件）第2項に規定する事由が生じた場合、ABC社は、XYZ社に対し、XYZ社が保有する本合弁会社の株式の全部又は一部を自己に譲り渡すよう請求することができ、当該請求があった場合、XYZ社はこれを譲り渡さなければならない。
3　前二項に規定する株式譲渡の価格は、別紙3.3（オプション行使に係る諸条件）第3項の規定に従い決定する。

条項例の概要

【意義】 本条項例は、当事者の**プット・オプション**（Put Option）及び**コール・オプション**（Call Option）について規定するものであり、条項例では以下が規定されている。

1. 一定の事由が生じた場合の、XYZ社のプット・オプション（第1項）
2. 一定の事由が生じた場合の、ABC社のコール・オプション（第2項）
3. プット・オプション又はコール・オプションが行使された場合の譲渡価格（行使価額）の算定方法（第3項）

【趣旨】 第1項及び第2項で規定することが予定されている「別紙3.3（オプション行使に係る諸条件）に規定する事由」とは、すなわち、プット・オプション又はコール・オプションの“トリガー”となる事由である。これらについては、後述するように、相手方による契約違反やデッドロック等がその事由として定められることが多い。

プット・オプション及びコール・オプション

【意義】 **プット・オプション**とは、自己が保有する株式を、相手方に対して強制的に取得させる権利である。これに対し、**コール・オプション**とは、相手方が保有する株式を、自己に対して強制的に譲渡させる権利である。

これらのオプションを契約上に規定する場合には、次のとおり、「**トリガーとなる事由**」及び「**譲渡価格の算定方法**」を併せて規定する必要がある。

【トリガー】 合弁契約において、プット・オプションは、「自己が合弁関係から離脱するための手段」として、コール・オプションは、「相手方を合弁関係から離脱させるための手段」として用いられる。したがって、これらオプションのトリガー（原因）となる事由として、次のような事項が定められる。

【合弁関係が予定どおり終了する場合】

1. 当初合意した一定期間が経過した場合（合弁当事者のいずれかがEXITする場合）
2. 合弁目的が達成された場合

【合弁関係が破綻した場合】

3. 合弁当事者が合弁契約に違反した場合
4. 合弁当事者によるデッドロックが生じた場合

なお、上記3の場合には、契約違反のペナルティとして、一定の「プレミアム」や「ディスカウント」を設定することがある。例えば、合弁当事者の相手方の契約違反を理由とするプット・オプション（自己保有株式）又はコール・オプション（相手方保有株式）を設定する場合、プット・オプションについては、公正価額に一定のプレミアムを付したもの（例：公正価額の150%を譲渡価額とする）を、コール・オプションについては公正価額に一定のディスカウントを付したもの（例：公正価額の50%を譲渡価額とする）を譲渡価額（行使価額）とすることもある。

【価格算定】 オプションが行使された場合の譲渡価格の算定方法としては、「DCF法」や「時価純資産法」といった株価評価アプローチを合意しておくこともあるが（▸▸▸67頁）、「誰がそれを評価するか」という点も重要となる。評価者の定め方としては、次のような方法が考えられる。

1. 国際的に一流（First Tier）の評価を得ている会計事務所等を指名し、算定させる
2. 当事者それぞれが鑑定人を指名し、各鑑定結果の平均値をとる
3. 当事者それぞれが鑑定人を指名し、両鑑定人がさらに第三の鑑定人を指名したうえで、３つの鑑定結果の中央値（又は平均値）をとる

条項例では、別紙の中で上記1～3を全て組み合わせた評価方法を採用している。

譲渡価額の算定に会計事務所等による鑑定を用いる場合には、その費用をどちらの当事者が負担するのかについても定めておく必要がある。なお、一般論ではあるが、外部の専門家は、自己を選任しかつその費用を支払う当事者に有利な結果を算出する傾向があることに注意が必要である。

プット・オプション／コール・オプションのバリエーション

【プット・オプションのバリエーション】 プット・オプションのバリエーションとして、**ロシアンルーレット**と呼ばれる方式がある。これは、ある株主（X社）が、他の株主（Y社）に対し、自己が保有する合弁会社（Z社）の株式を買い取るよう請求し、Y社がこれに応じなかった場合、Y社はX社に対し同じ条件でY社保有株式を買い取るよう請求できるとする方式である[12]（📖金丸・JV契約126頁、📖淵邊・提携契約273頁）。

【コール・オプションのバリエーション】 コール・オプションのバリエーションとして、**バイ・セル**と呼ばれる方式がある。これは、ある株主（X社）が、他の株主（Y社）に対し、Y社が保有する合弁会社（Z社）の株式を自己に譲り渡すよう請求し、Y社がこれに応じなかった場合、Y社はX社に対し同じ条件でX社保有株式を自己に譲り渡すよう請求できるとする方式である[13]（📖金丸・JV契約127頁、📖淵邊・提携契約274頁）。

(5) 共同売却権（Tag-Along Right）〔逆引法務345頁〕

契約条項例（参考：📖金丸・JV契約125頁、📖淵邊・提携契約259頁）

第3.4条（共同売却権）

1 第3.2条（先買権）第1項に規定する譲渡予定通知が行われた場合、非譲渡希望当事者は、譲渡条件と同一の条件で、自己の保有する本合弁会社の株式のうち、当初譲渡先が譲受けを希望する株式数に、譲渡予定通

[12] さらにそのバリエーションとして、「セール・シュートアウト」（徐々に価格を下げていく方式）等がある。

[13] さらにそのバリエーションとして「テキサス・シュートアウト」（Y社がX社のコール・オプションを拒絶し、逆に自己のコール・オプションを行使した場合の譲渡価格を高価入札方式により決定する方法）等がある。

知受領時における本合弁会社の発行済株式総数に占める自らの株式の持株比率に応じて算出される数の本合弁会社株式を当初譲渡先に譲渡する権利（以下「共同売却権」という。）を有するものとする。

2 共同売却権を行使しようとする非譲渡希望当事者（以下「共同売却権行使者」という。）は、譲渡予定通知受領後［*30日*］（以下本条において「考慮期間」という。）以内に、譲渡希望当事者に対して共同売却権を行使する旨を書面で通知（以下本条において「共同売却権通知」という。）するものとする。譲渡希望当事者は、共同売却権通知受領後速やかに、共同売却権を行使した当事者（以下「請求権行使者」という。）と当初譲渡先との間で、株式譲渡契約の締結のために必要な一切の措置をとる。譲渡希望当事者は、当初譲渡先が購入する株式の数を増加することに同意しない限り、自らが当初譲渡先に譲渡することができる本合弁会社株式が、共同売却権行使者が当初譲渡先に対して譲渡する株式数だけ減少することにつき、何らの異議も述べないものとする。

条項例の概要

【意義】 本条項例は、**共同売却権**、いわゆる「**Tag-Along Right**」を規定するものである。Tag-Along Rightとは、ある合弁当事者が、第三者に株式を売却して、合弁から離脱しようとする場合に、他の当事者も一定条件で自己の株式を当該第三者に売却することができる権利である。条項例では以下が規定されている。

1. 譲渡予定通知（第3.2条参照）を受領した株主は、自己が保有する株式も共同で売却するよう請求することができること（第1項）
2. 一定期間以内に当該権利が行使された場合、譲渡希望株主は必要な措置をとらなければならないこと（第2項）

【趣旨】 本条の趣旨は、①合弁契約による合弁会社について少数株主にもEXIT（株式の処分による利益の確定）の機会を与える点、②第三者が他の株主の株式をも併せて購入しなければ最初の当事者の株式を売り払って合弁事業から離脱することができないという制約を与えることで、合弁からの離脱のためのハードルを上げ、事実上これを抑制する点にある。

譲渡に係る条件

【譲渡価額】 共同売却権が行使される場合の譲渡価額は、条項例のように、「当初希望していた譲渡に係る譲渡価額と同じ価額」（ある株主が第三者に譲渡しようとした場合の譲渡価額と同じ価額）とするのが通常である。

【譲渡株式数】 例えば、合弁会社JV社の発行済株式数1,000株のうち、ABC社が600株・XYZ社が400株保有しているとする。ABC社が保有する株式のうち400株を第三者であるW社に譲渡しようとした場合にXYZ社が共同売却権を行使したとする。このときに、ABC社・XYZ社がそれぞれW社に譲渡することができる株式数についての定め方としては、W社が取得を希望する株式数（400株）を、ABC社・XYZ社の持分比率に応じて按分する（この場合であれば、ABC社240株・XYZ社160株）とする方法が一般である[14]。

(6) 強制売却権（Drag-Along Right）〔逆引法務345頁〕

契約条項例（参考：📖金丸・JV契約126頁、📖淵邊・提携契約263頁）

第3.5条（強制売却権）

本合弁会社の株主（以下本条において「譲渡希望株主」という。）が、自己の保有する本合弁会社の株式を第三者に譲渡しようとする場合で（譲渡希望株主が譲渡しようとする株式を、以下本条において「譲渡対象株式」という。）、次の各号のいずれかに該当するときは、譲渡希望株主は、本合弁会社の他の株主に対して、その選択により、当該他の株主が所有する本合弁会社の株式も合わせて当該第三者に売り渡すよう請求できるものとする。

(1) 譲渡希望株主が、［*特定の株主に本条の権利を付与する場合には当該株主の名称を記載*］であるとき

(2) 譲渡希望株主が保有する本合弁会社の株式の合計数を、その時点における本合弁会社の発行済株式総数で除した割合が［　　］%以上であるとき

---

[14] その他の定め方としては、「XYZ社の譲渡希望株式数をW社に取得してもらうようABC社に交渉させる義務を負わせる」といったアレンジも考えられる。

条項例の概要

【意義】 本条項例は、**強制売却権**、いわゆる「**Drag-Along Right**」を規定するものである。Drag-Along Rightとは、合弁当事者が、第三者に株式を売却して合弁から離脱しようとする場合等に、他の合弁当事者の株式も強制的に当該第三者に売却してしまうことのできる権利である。

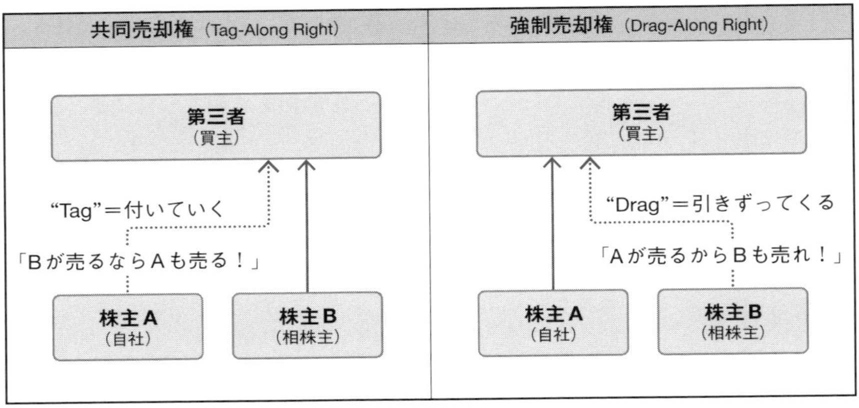

【趣旨】 ある株主Aが、第三者に株式を売却し、投資事業から撤退しようとする場合、当該第三者（買主）としては、株式の過半数、絶対多数（株主総会における特別決議の要件を満たす数）、又は、全株式を取得できることを条件として、株式の譲受けに応じるという場合がある。株主Aが第三者に株式を譲渡する際、相株主であるBの株式も同時に当該第三者に譲渡できるとなれば、かかる第三者のニーズを満たすことができるため、Aの投下資本回収の途が広がることになる。

行使条件及び譲渡価額

【行使条件】 Drag-Along Rightは、株式を譲渡する意思のないBの株式を強制的に売却するという強力な権利であるため、当該権利の行使条件としては、Aの保有割合が極めて高い等の特別の事情が必要とされる[15]。

また、条項例では、株式の譲渡・譲受けによるM&Aに関するDrag-Along Rightが規定されているが、合併等組織再編によるM&Aの場合のDrag-Along Right（特定の株主が賛成する合併等組織再編に、他の株主も賛成の議決権を行使しなければならないとすること）が定められることもある（📖MHM・M&A法828頁）。

【譲渡価額】 権利者（前頁の図の株主A）がDrag-Along Rightを行使した場合、この権利を行使される株主（同株主B）の第三者に対する譲渡価額は、権利者のそれと同一とするというのが一般であろう。

もっとも、権利を行使される株主にとっては、譲渡価額が低廉であると自己のリターンが不十分なものとなる可能性があるため、第三者から支払われる対価の総額が一定額以上であることをDrag-Along Rightの条件とすることもある（📖MHM・M&A法827頁）。

⑺ 株式の上場

契約条項例（参考：📖MHM・M&A法大系816頁、📖ベンチャー報告書78頁）

第3.6条（株式の上場）

1 本合弁会社は、［*目標時期を記載*］年までに、その株式を上場するよう最善の努力を行うものとする。株式の上場に係る条件の詳細（これには証券取引所、上場の具体的時期、公募価格等を含むが、これらに限られない。）については、ABC社及びXYZ社が別途協議の上、これらを定めるものとする。

2 本合弁会社が、［　　］年［　　］月［　　］日までに、合理的な条件によりその株式を上場することができなかった場合、XYZ社は、ABC社又は本合弁会社に対し、自己が保有する本合弁会社の株式を買い取るよう求めることができ、この場合、当該請求を受けたABC社又は本合弁会社はこれに応じなければならない。この場合の譲渡価格の決定方法については、別紙3.3（オプション行使に係る諸条件）第3項の規定を適用する。

---

［15］ Drag-Along Rightがスクイーズ・アウトの手法として用いることができることを考えると（例：株主Aが自己の関係会社に対してその株式を譲渡し、同時にDrag-Along Rightを行使すれば、当該合弁会社を自己の関係会社の100%子会社とすることができる）、契約交渉においてDrag-Along Rightを求めるためには、自社が会社法上スクイーズ・アウトが可能となる程度の株式保有割合（90%：特別支配株主の株式等売渡請求、67%：全部取得条項付種類株式）を有していることが1つの目安となろう。

条項例の概要

【意義】 本条項例は、**合弁会社の株式上場**（IPO：Initial Public Offering）について規定するものである。条項例では、①本合弁会社に株式上場に関する努力義務を負わせる一方（第1項）、②本合弁会社が一定の時期までに株式を上場できなかった場合には、（少数株主である）XYZ社がプット・オプションを行使できる旨が規定されている（第2項）（▸▸▸333頁）。

【趣旨】 合弁会社が株式上場を果たせば、合弁当事者は自己の株式を売却してキャピタルゲインを確定させることができる。そこで、合弁契約の中に、株式の上場に関する契約条項が規定されることがある。

もっとも、株式を上場できるかどうかは、会社の状況、市場状況等様々な事由に左右されるので、我が国では、通常、会社に対する努力義務を課すに留まる例が多い（📖宍戸・ベンチャー企業256頁）。

株式の上場に関する契約上の規定

【努力不足型と外形標準型】 条項例第2項のように、株式上場が行われなかった場合に一定の“ペナルティ”（例：プット・オプション）を課す場合、その規定方法としては、①損益状況、財務状況その他対象会社の経営状況からみて、上場の要件を満たしているにもかかわらず、当該対象会社が上場をしないことを発動条件とする「努力不足型」と、②ある年月までに上場をしないことを自動的に発動条件とする「外形標準型」とがある（📖ベンチャー報告書78頁）。

【努力不足型】

- 損益状況、財務状況その他ベンチャー企業の経営状況からみて、株式公開をする要件を充足しているにもかかわらず、ベンチャー企業が株式公開をしない場合
- ○年○月において財政及び経営成績の点で上場要件を満たしているにもかかわらず同ベンチャー企業が経営戦略上株式公開を断念した場合
- ベンチャー企業の財政状態及び経営成績等が株式公開のための形式的基準に適合し、幹事証券会社の判断、既公開会社の事例等に照らし、すでに公開の準備を開始又は続行できると、ベンチャーキャピタルファンドが判断したにもかかわらず、同ベンチャー企業が株式公開のために必要な準備又は手続きを開始せず、その実現に向けて合理的な努力をしなかった場合

【外形標準型】

- ベンチャー企業が、○年○月までに株式公開しない場合
- ベンチャー企業の業績、株式市場の状況、その他の事由により○年○月までに公開することが著しく困難になったとベンチャーキャピタルファンドが判断したとき

株式上場義務の法的拘束力

【裁判例】 裁判例の中には、投資会社が被投資会社による株式上場義務違反に基づく責任を追及した事例において、当該義務について、①内容の具体性の欠如（例：当該被投資会社が、いつまでに、どの金融商品市場に上場するのかという点が特定されていなかったこと）、②契約の主たる目的との関連性（例：当該投資家の主たる目的が被投資会社の上場にあったと認めることができないこと）、③契約の文言との矛盾の存在を理由に、当該責任追及を否定したものがある（東京地判平成25年2月15日）。

4-4 組織運営

1 株主総会

(1) 株主総会の運営〔逆引法務40頁〕

契約条項例（参考：📖伊藤・会社法140頁、📖江頭・会社法316頁、📖金丸・JV契約54頁）

第4.1条（株主総会）

当事者は、本合弁会社の株主総会に係る次の各号に掲げる事項については、それぞれ当該各号に定める内容とすることに合意する。

(1) 定時株主総会の開催地
本合弁会社の本店所在地、又はABC社及びXYZ社が別途合意する場所で開催する

(2) 招集通知
会日の［　　］日前までに、ABC社及びXYZ社に対し、日本語による書面の招集通知及び英語による訳文を発する

(3) 招集通知の記載事項・添付資料
前号に規定する招集通知には、会社法第298条第1項各号に掲げる事項を記載し、定時株主総会の招集の通知に際して、会社法第435条第2項に規定する計算書類及び事業報告を提供する

(4) 定足数・決議要件
本合弁会社の株主総会の決議は、議決権を行使することができる株主の全員が出席し、その全員が賛成することをもって行わなければならない

(5) 議事録
株主総会の議長は、当該株主総会の後速やかに、日本語による議事録の正本及び英語による訳文を作成し、これらの写しをABC社及びXYZ社に対して送付する。

(6) ……［*その他株主総会に関する合意事項がある場合はそれを記載*］

条項例の概要

【意義】 本条項例は、**株主総会の運営に関する基本ルール**を規定するものであり、①開催地（第１号）、②招集通知（第２号）、③その記載事項・添付資料（第３号）、④定足数・決議要件（第４号）、⑤議事録（第５号）について規定している。

【趣旨】 株主総会の運営方法は、原則として、定款及び法令の規定に従い設計されることになる。合弁当事者のうち少数派株主となる者が、自己に不利とならない株主総会の運営を求めたいのであれば、合弁契約の中でその内容を合意しておくことが必要である。特に重要な項目は上記のとおりであるが、ほかにも、「開催頻度に関する確認規定」や「書面決議方式を利用できることの確認規定」等を設けることもある。また、「決議事項」の内容を合意しておくこともある。

なお、条項例第４号のように**定足数を「全員出席」**としたり、**決議要件を「全会一致」**としておくことにより、少数派株主は、株主総会決議事項について**拒否権**を持つことができることになる（▸▸▸349頁）。

定款案の作成・添付

【定款案】 株主総会の運営方法や、次に述べる取締役会の運営方法等の会社の組織設計に関する合意事項については、契約書本文ではなく、**定款案**を作成の上、これを契約書別紙として添付しておくことも多い（▸▸▸315頁）。

⑵ 株式の優先引受権〔逆引法務339頁〕

契約条項例（参考：🕮金丸・JV契約８頁・43頁）

第4.2条（株式の優先引受権）

1 ABC社及びXYZ社は、本合弁会社が株式等を発行、処分又は付与（以下本条において「発行等」と総称する。）する場合には、第1.4条（出資の内容）第２項に規定する割合に応じて当該株式等を引き受ける権利を有し、ABC社及び／又はXYZ社が当該権利を行使した場合、本合弁会社はそれぞれに対して当該割合に応じ当該株式等を発行等し、またこれを割り当てなければならない。

2 前項の規定は、次に掲げる場合には適用しない。

⑴ 本合弁会社がその役員又は従業員に対してストック・オプションを

> 発行する場合
> (2) ……［*優先引受権を適用しない場合があればそれを記載*］

条項例の概要

【意義】 本条項例は、合弁会社が新たに株式を発行する場合に、合弁当事者である株主が当該株式を優先的に引き受けることができる旨を規定するものである。このような権利を**株式優先引受権**（Preemptive Right）という。

【趣旨】 合弁会社の新たな増資によって合弁当事者の一部又は第三者に対して株式が発行されてしまうと、合弁当事者の持分比率が変化し、合弁当事者間のパワーバランスが変化する可能性がある。このような事態を防止するため、会社が新たに株式を発行する場合には、当該株式を持分比率に応じて優先的に発行するよう要求する権利を規定しておくことがある。

なお、ストック・オプションを発行する場合や極めて少数の株式を発行する場合等一定の場合には、本条に基づく権利が発生しない旨を予め規定しておくこともある（条項例第２項参照）。

議決権

【議決権】 株式会社では「議決権」が経営のための基本的権利となる。経営に関するイニシアティブは、まず、議決権比率に反映されることになる（イニシアティブをとる側がマジョリティを獲得するのが通常である）（▸▸▸322頁）。

【定足数・決議要件】 株主総会の定足数・決議要件は、決議事項ごとに異なっている（📖伊藤・会社法160頁、📖江頭・会社法359頁）。

> ［1］ 普通決議事項（議決権を行使することができる株主の議決権の過半数を有する株主が出席し、出席した当該株主の議決権の過半数の賛成により成立するもの：会社法309条１項）
>
> ［2］ 特別決議事項（議決権を行使することができる株主の議決権の過半数を有する株主が出席し、出席した当該株主の議決権の３分の２以上に当たる賛成により成立するもの：会社法309条２項）
>
> ［3］ 特殊決議事項（議決権を行使することができる株主の半数（頭数）以上で、かつ議決権を行使することができる株主の議決権の３分の２以上の賛成により成立するもの：会社

法309条3項）

4 特別特殊決議事項（総株主の半数（頭数）以上で、総株主の議決権の4分の3以上に当たる多数の賛成により成立するもの：会社法309条4項）

5 全株主の同意が必要とされる事項

これらは、定款によって要件を加重することができる（会社法の上記各規定を参照）。これを合弁当事者の議決権比率を考慮して高く設定しておけば、合弁当事者は、株主総会決議事項について拒否権を取得することもできる（‣‣‣349頁）。例えば、X社が60％、Y社が40％をそれぞれ取得する合弁会社を設立した場合に、定足数を「議決権の61％以上」（又は「全員出席」）としておけば、Y社が株主総会に欠席することで株主総会を開催することはできなくなる。これはY社が株主総会決議事項について拒否権を取得することを意味する。

なお、決議事項の詳細については、Chapter 1・1-2・1「議決権と決議事項」を参照されたい（‣‣‣8頁）。

2 取締役／取締役会

(1) 取締役／代表取締役の指名権〔逆引法務45頁・340頁〕

契約条項例（参考：📖AIK・契約書作成310頁・320頁、📖伊藤・会社法173頁、📖江頭・会社法378頁、📖金丸・JV契約93頁、📖淵邊・提携契約221頁・381頁）

第4.3条（取締役及び代表取締役の指名権）

1 本合弁会社には取締役会を設置することとし、その定員は3名又は当事者が別途合意する人数とする。

2 次の各号に掲げる当事者は、それぞれ当該各号に定める人数の取締役を指名する権利を有し、各当事者は相手方が指名した者が取締役に選任されるよう、本合弁会社の株主総会において、その議決権を行使するものとする。

(1) ABC社　2名

(2) XYZ社　1名

3 ABC社が指名した取締役についてはABC社のみが、XYZ社が指名した取締役についてはXYZ社のみが、当該取締役の解任に関する決定を行うことができる。
4　本合弁会社の代表取締役はABC社が指名する者1名とし、XYZ社はABC社が指名した者が代表取締役に選定されるよう、その指名した取締役をして本合弁会社の取締役会において議決権を行使させるものとする。

条項例の概要

【意義】 本条項例は、合弁会社の**取締役及び代表取締役の指名権**について規定するものである。条項例では、①合弁会社に取締役会を設置する旨及びその定員（第1項）、②各合弁当事者が指名できる取締役の人数（第2項）、③指名権を有する当事者のみが解任権を有する旨（第3項）、④代表取締役の指名権を有する合弁当事者（第4項）、のそれぞれについて規定している。

【趣旨】 取締役の選任は株主総会の普通決議事項（特殊普通決議事項）であるため（会社法329条1項、341条）（▸▸▸8頁）、議決権の2分の1超を保有する株主は、全ての取締役を選任することができ、当該会社の経営を支配できるということになる。しかし、例えば、株主Xが議決権の60％を、株主Yが議決権の40％をそれぞれ保有していたとして、株主Yが当該会社の取締役を1人も選任できないとするのでは、株主Yの参加意欲をそぐことになる。そこで、このような株主Yのために、契約によって少数株主による取締役の指名権を認めることがある。

また、取締役会設置会社の場合、代表取締役（会社法47条1項）は、取締役会決議により選定されることになる（同362条3項）。したがって、契約で何も定めない場合、合弁当事者のうち取締役会の過半数を支配するマジョリティ株主が代表取締役を選定できることになるため、マイノリティ側の当事者からも代表取締役を選定したい場合には、合弁契約書の中でその旨を規定しておく必要がある。

取締役の責任を限定する方法

【概略】 取締役に任務懈怠があった場合、会社に対する賠償責任（会社法423条）や第三者に対する損害賠償責任（同429条）を負うことがある。そこで、合弁当事者が自社から取締役を派遣する場合、当該取締役の責任を限定するための方法を検討することが必要となる場合がある。

【D&O保険】 まず、取締役を自社から派遣する場合には、**会社役員賠償責任保険**[16]、いわゆる**D&O保険**（Directors & Officers Liability Insurance）に加入することを合弁会社に義務付けるということも行われる。

当該保険は、「役員等が会社以外の第三者に対して負う賠償責任をカバーする部分」と「役員等が会社に対して負う賠償責任をカバーする部分」とに分かれるが、このうち後者に関する保険料を会社が支払うことの適法性については争いがあった（📖江頭・会社法491頁）。この点につき、経済産業省が公表した、コーポレート・ガバナンス・システムの在り方に関する研究会「コーポレート・ガバナンスの実践」（2015年7月24日）の別紙3「法的論点に関する解釈指針」において、①利益相反の観点からの取締役会の承認を得たうえで、②社外取締役が過半数の構成員である任意の委員会の同意又は社外取締役全員の同意を得ることにより、会社が当該保険料を負担し得ることが明確化された（同指針11頁）。

【責任限定契約】 業務執行に携わらない役員等（非業務執行取締役等）は、会社と**責任限定契約**を締結することができる（📖伊藤・会社法240頁、📖江頭・会社法487頁）。これは、非業務執行取締役等が負う責任の範囲を、定款で定めた額の範囲内で予め会社が定めた額に限定する旨の契約である。

【オブザーバの派遣】 取締役に代えて、議決権を有しない“**オブザーバ**”を役員会に派遣するという方法がある（📖宍戸・ベンチャー企業245頁）。議決権を持たないため、経営に対して直接的に影響を与えることはできないが、討議に参加することで間接的に影響を与えることは可能である。

もっとも、オブザーバ自体が法令上の概念ではないことから、これを契約で定める場合には、①オブザーバの権限（例：発言権はあるか、それとも傍聴できるのみか）、②対象会社のどのような会議体に参加することができるのか（例：経営会議のみか、取締役会もか）、③当該会議体の本来的参加者（例：取締役会における各取締役）と同様に招集通知等を受けることができるのか等について定めておく必要がある。

---

[16] これは、役員の業務の遂行に起因して、保険期間中に損害賠償請求がなされたことによって被る損害を、保険期間中の総支払限度額の範囲内で保険会社が支払う保険である。会社が契約者となり、役員が被保険者（保険事故発生の場合に保険金の給付を受ける者）となる。

(2) 取締役会の運営〔逆引法務50頁〕

契約条項例（参考：📖伊藤・会社法173頁、📖江頭・会社法412頁、📖金丸・JV契約60頁）

第4.4条（取締役会）

当事者は、本合弁会社の株主総会に係る次の各号に掲げる事項については、それぞれ当該各号に定める内容とすることに合意する。

(1) 開催地

〔省略〕

(7) テレビ会議方式・電話会議方式の利用
法令の範囲内で、テレビ会議方式又は電話会議方式を用いた取締役会の開催を認める

(8) 書面決議方式
会社法第370条に規定する取締役会の決議の省略を認める

条項例の概要

【意義・趣旨】 本条項例の意義及び趣旨については、Chapter 4・4-4・1(1)「株主総会の運営」の解説を参照されたい（▸▸▸342頁）。

遠隔地からの出席方法

【代理出席】 合弁会社の取締役会の運営に関しては、合弁当事者から派遣される取締役の中に遠隔地に居住する者（例：海外の合弁当事者が派遣する取締役）に注意を要する。まず、取締役会への**代理出席は認められない**と解されている（📖江頭・会社法420頁）。

【テレビ会議・電話会議】 もっとも、**テレビ会議方式**、すなわち、遠隔地にいる取締役の映像と音声の送受信により相手の状態を相互に認識しながら通話することができる方法による参加は、出席と認められる（📖江頭・会社法420頁）。

これに対して、**電話会議方式**、すなわち、音声の送受信により同時に通話をすることができる方法による参加は、取締役の全員がそれに同意すれば、出席と認められる（📖江頭・会社法420頁）。

【書面決議】 定款で定めることにより、**書面決議**を行うことができる。すなわち、取締役が取締役会の決議の目的である事項につき提案をした場合において、取締役の全員が書面又は電磁的記録（例：電子メール）により同意の意思表示をしたと

き（監査役設置会社において、監査役が当該提案につき異議を述べた場合を除く）、当該提案を可決する旨の取締役会の決議があったものとみなす旨を**定款**で定めることができる（会社法370条）（📖伊藤・会社法183頁、📖江頭・会社法424頁）。

3 事前同意事項／事前通知事項 〔逆引法務341頁〕

(1) 事前同意事項（拒否権）

契約条項例（参考：📖AIK・契約書作成311頁・326頁、📖金丸・JV契約82頁・268頁、📖淵邊・提携契約233頁・382頁）

> **第4.5条（事前同意事項）**
>
> 本合弁会社が、別紙4.5（事前同意事項）に記載する事項を行おうとする場合、本合弁会社は、事前に、ABC社及びXYZ社の書面による承認を得なければならないものとする（疑義を避けるために付言すると、「事前」とは、当該事項の実施に本合弁会社の取締役会又は株主総会による決議又は承認を要する場合は、当該取締役会又は株主総会による決議又は承認より前を指す。）。

条項例の概要

【意義】 本条項例は、株主（特に少数派株主）に対して、対象会社の事業についての事前承諾に関する権利、すなわち、**拒否権**（Veto Right）を与えるためのものである。

【趣旨】 合弁当事者のうちマイノリティ側が議決権を十分に確保できない場合は、当該合弁当事者単独で会社の経営に影響力を持つことができない。例えば、ある合弁当事者が株主総会における議決権の30％しか保有しておらず、残り70％の株式を他の当事者が全て保有していた場合は、株主総会特別決議をはじめとするほとんど全ての事項について、当該マジョリティ当事者が単独で決定することができてしまう。そのため、このようなマイノリティ当事者が合弁会社の意思決定に関与するためには、重要事項について次のような方法に基づき拒否権を取得することが必要となる。本条項例は1の方法を採用するものである。

1 **合弁契約**において一定の重要事項の決定については、合弁当事者（買主）の承認を必要とする旨の規定を設けること
2 合弁会社の**定款**において、一定の重要事項について**種類株主総会の決議**があることを必要とする旨の規定を設けること
3 合弁会社の**定款**によって、一定の重要事項について**取締役会・株主総会の決議要件**（**又は定足数**）を加重すること

関連論点

【参照】 拒否権についての関連論点については、Chapter 3・3-6・9「拒否権」を参照されたい（▸▸▸260頁）。

(2) 事前通知事項

契約条項例（参考：📖AIK・契約書作成311頁・326頁、📖金丸・JV契約82頁・268頁、📖淵邊・提携契約233頁・382頁）

第4.6条（事前通知事項）

本合弁会社が別紙4.6（事前通知事項）に記載する事項を行おうとする場合、本合弁会社は、ABC社及びXYZ社に対し、事前に通知を行い、誠実に協議を行うものとする（疑義を避けるために付言すると、「事前」とは、当該事項の実施に本合弁会社の取締役会又は株主総会による決議又は承認を要する場合は、当該取締役会又は株主総会による決議又は承認より前を指す。）。

条項例の概要

【意義】 前述の「事前同意事項」は合弁当事者間の「デッドロック」を生じさせる可能性があり（▸▸▸351頁）、また、そもそも、マジョリティ当事者からすると、マイノリティ当事者が事業運営に口出しすることは好ましいことではない。そこで、条項例第4.5条「事前同意事項」のような契約上の拒否権を少数株主に与えるかどうか、また、その内容をどうするかという点は、合弁契約の交渉において極めて大きな争点となる。このような交渉の結果、これらの事項を「事前同意事項」（拒否権）という形ではなく、「**事前通知事項**」という形で（妥協的に）規定すること

もある。

(3) デッドロックの解消方法

契約条項例（参考：📖AIK・契約書作成315頁・342頁、📖金丸・JV契約233頁、📖淵邊・提携契約271頁・385頁）

第4.7条（デッドロックの解消方法）

1 ABC社及びXYZ社の対立に起因し、本合弁会社に関し次に掲げるいずれかの事態（以下「デッドロック」という。）が生じた場合、ABC社及びXYZ社は、次項以下に定める方法に従い、当該デッドロックを解消するものとする。

(1) 取締役会決議のうち特に重要なものが成立しないこと

(2) 株主総会決議のうち特に重要なものが成立しないこと

(3) 第4.5条（事前同意事項）に規定する事項のうち特に重要なものにつき、ABC社又はXYZ社が承認をしないこと

2 デッドロックが生じた場合、各当事者は、相手方に対し、次項に規定する協議を開始する旨の通知を行うことができる。

3 前項に規定する通知が相手方に到達してから［　　］日以内に、ABC社は第1号に規定する者を代表者とし、XYZ社は第2号に規定する者を代表者とし、当該デッドロックの解消に向けた協議を開始し、当該協議を［　　］日間誠実に行うものとする。

(1) ABC社の代表者　［*ABC社側の第1回協議の担当者名を記載*］

(2) XYZ社の代表者　［*XYZ社側の第1回協議の担当者名を記載*］

4 前項に規定する協議が不調の場合、当該協議が終了してから［　　］日以内に、ABC社は第1号に規定する者を代表者とし、XYZ社は第2号に規定する者を代表者とし、当該デッドロックの解消に向けた協議を再開し、当該協議を［　　］日間誠実に行うものとする。

(1) ABC社の代表者　［*ABC社側の第2回協議の担当者名を記載*］

(2) XYZ社の代表者　［*XYZ社側の第2回協議の担当者名を記載*］

5 前二項の協議にもかかわらず、当該デッドロックが解消されない場合、［*一般社団法人日本商事仲裁協会が定める商事調停規則*］に従い、［*日本国東京*］における調停により、これを解決するものとする。

6　前項に規定する調停にもかかわらず、当該デッドロックが解消されない場合、次に掲げる条件及び［*仲裁機関名を記載*］が定める［*仲裁規則名を記載*］に従い、［*仲裁国を記載*］における仲裁により、これを解決するものとする。
(1)　仲裁人の人数は３名とし、本仲裁規則に従い選任すること
(2)　仲裁のための手続で用いられる言語は、英語とすること
(3)　仲裁人は、その仲裁判断において、仲裁人報酬、翻訳費用その他仲裁手続に関して生ずる費用の負担関係を定めること
(4)　仲裁判断は終局のものとして当事者を拘束し、また、管轄権のある執行裁判所における債務名義とすることができること

条項例の概要

【意義】　本条項例は、合弁当事者の対立により合弁会社の事業が停止してしまう状態、いわゆる「**デッドロック**」(Deadlock) の定義とその解消メカニズムについて定めるものである。条項例では、以下を規定している。

1　デッドロックの定義（第１項）
2　デッドロックを解消するための協議を開始することの相手方への通知（第２項）
3　デッドロックを解消するための協議――ジュニアクラスの代表者間の協議（第３項）
4　デッドロックを解消するための協議――シニアクラスの代表者間の協議（第４項）
5　調停――日本（第５項）
6　仲裁――〇〇国（第６項）

【趣旨】　ある合弁当事者に拒否権が与えられた場合（›››349頁）、「デッドロック」が生じ得る点に注意が必要である。例えば、ある株主に、会社の「年度予算の策定」について拒否権が与えられていた場合に、当該株主がこれを行使し続けると、対象会社では、いつまでたっても年度予算が策定されず、その結果、事業が全く前に進まなくなる。このような状態を「デッドロック」という。そこで、**拒否権**

を規定する場合は、デッドロックに陥ったときにこれを解消するためのメカニズムについても併せて規定しておくことが必要となる。

デッドロックの定義

【拒否権に起因するデッドロック】 上述のとおり、合弁当事者に拒否権が与えられた場合、デッドロックが生じ得る。条項例の第1項第3号でも拒否権の行使に起因するデッドロックが定義されている。

【各種決議の不成立に起因するデッドロック】 例えば、合弁会社の議決権比率が60：40であった場合、多数派株主は株主総会普通決議事項を単独で成立させることができるが、株主総会特別決議事項を単独で成立させることはできない。このような株主総会決議の不成立をデッドロックの定義に含めることもある。また、取締役の数を同数としているような場合や、取締役会の決議要件を全会一致としているような場合には、取締役会決議の不成立という事態が生じるため、このような事態もデッドロックの定義に含めることがある。

デッドロックの解消方法

【概要】 合弁当事者間で生じたデッドロックを解消するためのメカニズムとしては、以下のようなものが考えられる。これらは選択的なものではなく、複数を組み合わせることによって当該合弁スキームにとって最適な解消メカニズムを設計することも可能である（条項例では、1と2とが組み合わされている）。

1 合弁当事者間の協議
2 第三者による仲介・仲裁（調停手続、仲裁手続等）
3 いずれかの合弁当事者の合弁関係からの離脱（プット・オプション、コール・オプション）
4 合弁会社の解散・清算

【当事者間の協議】 当事者間の**協議**はほぼ必ず規定されるデッドロック解消プロセスである。この方法をとる場合に重要となるのは、“誰と誰の協議”をアレンジするかという点である。株主が法人である場合、交渉窓口としては、「担当者」「管理職」「役員」「代表取締役」等様々なレイヤーが考えられるため、デッドロックを解消するための協議として最もふさわしい人物を選定することが肝要である。

また、条項例のように、交渉窓口をより上位の者に“エスカレーション”させるという方法もある。

【調停・仲裁】 当事者間のみの協議で解決が図られない場合、第三者に協議を仲介してもらうことにより、協議の成立を目指しやすくなることがある。これが「**調停**」(mediation) という手続である。調停では、調停人 (mediator) という第三者が介在するが、あくまで当事者が自律的に紛争を解決する手続である。調停の過程で調停人から解決案が提示される場合もあるが、解決案を受け入れるかどうかはあくまでも当事者の自由に委ねられている。

これに対し、中立な第三者が強制的に解決案を示す手続が「**仲裁**」(arbitration) である。仲裁手続では、当事者が選任した仲裁人が、当事者から主張を聞き、証拠を調べ、最終的に仲裁判断を行う[17]。仲裁の詳細については、Chapter 5・5-3・2「紛争解決」を参照されたい (›››384頁)。

【合弁関係からの離脱】 合弁当事者間の対立が深刻であり、関係性の修復が困難な場合には、合弁当事者のいずれかが合弁関係から離脱するという選択肢も考える必要がある。そのための代表的なメカニズムとして、株式の強制的な譲渡を実現する、「プット・オプション」「コール・オプション」が考えられる。これらの詳細については、Chapter 4・4-3・4(4)「プット・オプション／コール・オプション」の解説を参照されたい (›››332頁)。

【会社の解散・清算】 当事者間の協議による解決のインセンティブを高めるため、協議不調の場合の強制解消措置として“当事者に対して与える影響が大きいもの”を規定しておく例もある。その一例として、合弁会社の解散・清算を規定するという方法も考えられる (›››367頁)。

【モラルハザードの問題】 デッドロックの解消措置が、特定の合弁当事者にのみ

---

[17] 外国において相手方やその財産に対し強制的な執行を行う場合には、当該外国の裁判所等の公的機関において、仲裁判断がその国においても効力を有することを承認し、これを執行するという手続を経る必要がある。国際商事仲裁に関しては、「外国仲裁判断の承認及び執行に関する条約」(Convention on the Recognition and Enforcement of Foreign Arbitral Awards) が存在し、同条約では相互主義（A国でなされた仲裁判断をB国が承認・執行する義務を負う場合に限り、B国でなされた仲裁判断をA国が承認・執行する義務を負うという主義）をとることができるとされている。したがって、A国でなされた仲裁判断であっても、B国が相互主義をとっており、B国でA国の仲裁判断を承認・執行することが認められている場合には、当該仲裁判断に基づきB国での強制執行が可能となる。

有利なものとなっている場合には、モラルハザード的なデッドロック（当該解消措置を目指し、故意にデッドロックを生じさせるような行為）が行われるおそれがあるため[18]、デッドロックの解消措置の定め方には注意が必要である。

[18] デッドロックの解消措置として、プット・オプションやコール・オプションを規定している場合には、一方当事者によるモラルハザードを生じさせやすくなる。

4-5 合弁事業

1 合弁当事者の役割

(1) 関連取引・関連契約〔逆引法務355頁〕

契約条項例（参考：📖金丸・JV契約313頁）

> **第5.1条（関連契約）**
>
> 1　ABC社及びXYZ社は、本合弁会社の事業を支援するため、次の各号に掲げる当事者が、それぞれ当該各号に定める契約（以下「関連契約」という。）を本合弁会社との間で締結することに合意する。
>
> (1)　ABC社
>
> ア　本合弁会社の財務・経理・人事・広報その他管理機能に係る業務を受託するための契約（以下「本業務委託契約」という。）
>
> イ　……［*ABC社の本合弁会社に対する支援を内容とする契約を記載*］
>
> (2)　XYZ社
>
> ア　本合弁会社の営業活動を支援するための契約（以下「本営業支援契約」という。）
>
> イ　……［*XYZ社の本合弁会社に対する支援を内容とする契約を記載*］
>
> 2　当事者のいずれかが、本合弁会社との間で関連契約を締結しようとする場合、当該契約の内容について、相株主の事前の同意を取得しなければならないものとする。

条項例の概要

【意義】　本条項例は、合弁当事者（ABC社及びXYZ社）の合弁会社に対する支援内容を定めるための“関連契約”について規定するものである（第1項）。また、関連契約の締結には、他の合弁当事者の同意が必要である旨も規定されている（第２項）。

【趣旨】 合弁事業を合弁会社が保有するリソースのみで行うことは稀であり、通常は、合弁当事者によるサポートが必要となる。サポートの内容やその経済条件について、合弁契約とは別個の契約を締結する場合がある。各当事者の役割がシンプルなものであれば、その詳細を合弁契約の中に規定してしまうことも可能であるが、場合によっては、まずは、合弁契約を基本契約として締結し、その後に、各役割の詳細を定めるための契約を別途締結することもある。その場合には、当該関連契約が別途締結される予定である旨や、締結のスケジュールについて、合弁契約の中で謳っておく必要がある。

また、案件によっては、当該合弁事業を完成させるためには、合弁当事者以外の第三者の協力を得ることが必要となる場合もある。そのような場合には、やはり関連契約として、当該第三者との契約を認識しておき、その概要や締結までのスケジュールについて合弁契約の中に規定しておくことで、当事者間の認識をそろえておく方がよい。

なお、この関連契約の締結（及び効力の発生）は、合弁契約のクロージングの前提条件の１つとして規定されることが多い（▸▸▸323頁）。

関連契約／関連取引

【ヒト・モノ・カネに関する役割】 合弁当事者（ABC社及びXYZ社）は、合弁事業を成功させるため、合弁会社に対し“ヒト・モノ・カネ”の各面から様々な支援を提供していくのが通常である。合弁契約の中では、合弁当事者の役割を明確に

	合弁当事者の役割	関連取引／関連契約の例	合弁当事者が受ける利益
ヒト	労働力の提供	出向契約	—
		請負契約（業務委託契約）	業務委託料
モノ	製品・サービスの提供	製品販売契約	販売の対価
		サービス提供契約	提供の対価
	知的財産権の提供	特許権ライセンス契約	ライセンスフィー
		商標権ライセンス契約	〃
		著作権ライセンス契約	〃
カネ	資金の提供	金銭消費貸借契約（ローン契約）	利息
		追加出資に関する契約	キャピタルゲイン インカムゲイン

し、場合によっては合弁契約とは別個の契約を締結し、その役割を法的な“義務”として規定しておく場合もある。本書では、このような取引を「**関連取引**」、当該取引のために締結される契約を「**関連契約**」と呼ぶ。

関連取引の対価

【他の当事者の承認】 このような関連取引に基づき、合弁会社は合弁当事者に対して一定の対価を支払うことになる。例えば、合弁当事者であるABC社が、合弁会社JV社から、“本部機能”を業務受託する場合、JV社からABC社に対する業務委託費用の支払が行われることになる。この経済条件について、他の合弁当事者であるXYZ社は強い関心を有するのが通常である。JV社のABC社に対する業務委託費用の水準が著しく高いということになれば、JV社の収益が不当にABC社に流出することになるからである。

したがって、ある合弁当事者が合弁会社との間で関連取引に関する契約を締結する場合には、その契約条件について、他の合弁当事者の確認（事前承認）が必要とされることが多い（▸▸▸349頁）。

【海外取引の場合の源泉徴収】 合弁当事者と合弁会社の所在国が異なり、関連取引がいわゆるクロス・ボーダー型の取引となる場合には、対価の支払について**源泉徴収**が必要となることがある点に注意を要する。

例えば、日本法人である合弁会社JV社の株主の一社であるABC社が海外法人であり、ABC社からJV社に対してある技術に関するライセンスの提供が行われていたとする。JV社からABC社に対してライセンスフィー（ロイヤルティ）が支払われることになるが、当該ライセンスフィーはABC社にとっての「**国内源泉所得**」に該当するため（所得税法161条7号）、課税の対象となる（同178条）。したがって、JV社は、ABC社に対する支払について、一定の税率（所得税法上は20%、租税条約が締結されている場合は当該条約で定める税率）に従い源泉徴収を行い、国に納付しなければならない。このとき、JV社とABC社との間で合意されたライセンスフィーの金額が、源泉徴収前の金額なのか、それとも源泉徴収後の金額なのかを巡って、両者の間で紛争が生じることがある。

そこで、関連契約を締結する際には、対価についての源泉徴収の要否を確認のうえ、もしこれが必要な場合には、対価として合意された金額が源泉徴収前の金額なのかそれとも後の金額なのかを明確にしておくことが必要となる。

⑵ ヒト：労働力の提供〔逆引法務104・157・280頁〕

契約条項例（参考：📖AIK・契約書作成311頁・325頁、📖金丸・JV契約168頁、📖淵邊・提携契約230頁・382頁）

> **第5.2条（業務委託及び出向）**
>
> 1　ABC社は、第5.1条（関連契約）第1項第1号アの規定に基づき、本合弁会社との間で本業務委託契約を締結し、当該業務を受託する。
>
> 2　XYZ社は、本契約の有効期間中であると有効期間終了後であるとを問わず、本業務委託契約に基づき本合弁会社の業務に従事するABC社の従業員について、ABC社の事前の書面による承諾を得ることなく、自己又は自己の関係会社への引抜き、他の企業への推薦・紹介・斡旋その他これらに類する行為を一切行ってはならない。
>
> 3　XYZ社は、第5.1条（関連契約）第1項第2号アの規定に基づき、本合弁会社との間で出向契約を締結し、自己の従業員を本合弁会社に対し出向させ、本合弁会社はこれを受け入れる。
>
> 4　ABC社は、本契約の有効期間中であると有効期間終了後であるとを問わず、XYZ社から出向している本合弁会社の従業員について、XYZ社の事前の書面による承諾を得ることなく、自己又は自己の関係会社への引抜き、他の企業への推薦・紹介・斡旋その他これらに類する行為を一切行ってはならない。

条項例の概要

【意義】　本条項例は、第5.1条「関連契約」に関する詳細を規定するものであり（▸▸▸356頁）、合弁会社の特定の業務を支援するため、**業務受託**（第1項）及び**出向**（第3項）を行う旨を定めるものである。また、業務受託・出向を通じて合弁会社の業務に従事することになる従業員に対する**“引抜き”の禁止**についても規定している（第2項及び第4項）。

【趣旨】　合弁事業の人的リソースは、合弁会社が独自に確保することもあるが、特に、合弁会社設立初期の段階では、合弁当事者が、業務委託又は出向の形式で、合弁会社に対して人的リソースを提供することも多い。

他社従業員の引抜行為の適法性については、単なる転職の勧誘を超えて**社会的相当性を逸脱した方法**で従業員を引き抜いた場合に違法と判断する裁判例がある

（東京地判平成3年2月25日）。すなわち、引抜行為は必ずしも違法となるわけではない。そこで、これを禁止しておくためには、上記のような契約上の合意が必要となる。

業務委託

【意義】 **業務委託契約**は、ある者（委託者）がある仕事（業務）を、自己に代わって第三者（受託者）に行ってもらうための契約である。例えば、X社の経営企画部門がその業務の一部を外部コンサルタントであるY社にアウトソースする場合にこの契約が用いられる。

【業務委託契約の重要条項】 委託者Xにとって業務委託契約を締結する目的は、「受託者であるYに対して、ある特定の業務を行わせること」である。裏を返すと、「委託した業務が行われない」ことが契約上のリスクとなる。一方、受託者Yにとって業務委託契約を締結する目的は、「委託者Xから対価を受領すること」である。裏を返すと、「対価が支払われない」ことが契約上のリスクとなる。そこで、業務委託契約においては、これら「業務の履行」に関する条項、「対価の支払」に関する条項が重要条項となり、契約を作成・確認する場合の重点的なチェックポイントとなる。

出向

【出向】 **出向**とは、元の企業との間で従業員としての地位を維持しながら、他の企業においてその指揮命令の下で長期間にわたり就労することをいう[19]（🕮倉重・企業労働法140頁、🕮菅野・労働法690頁）。

【出向命令】 出向を行うためには、①労働契約上、出向を命令することができること、②出向命令権の行使が権利濫用に当たらないこと（労契法14条）、③労働者の承諾があること（民法625条1項）が必要となる。なお、③の労働者の承諾は、個別的な承諾だけでなく、包括的な承諾でもよいと解されている[20]（🕮倉重・企業労働法142頁、🕮菅野・労働法691頁）。

【労働関係】 在籍型出向の出向労働者については、出向元及び出向先の双方とそ

---

［19］ 元の企業に籍が残っている点を強調し、「在籍出向」等と表現されることもある。これに対し、元の企業で籍がなくなる（労働契約関係が終了する）場合を「転籍」という。

れぞれ労働契約関係があるので、出向元及び出向先に対してはそれぞれの労働契約関係が存する限度で労働基準法等の適用がある。すなわち、出向元、出向先及び出向労働者三者間の取決めによって定められた権限と責任に応じて、出向元の使用者又は出向先の使用者が出向労働者について労働基準法等における使用者としての責任を負う（昭和61年基発333号）。

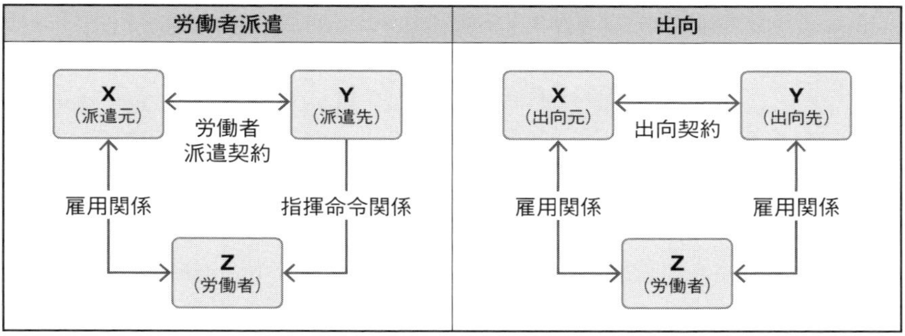

例えば、賃金をどちらの水準に合わせて、どちらが負担し、どちらが支払うかといった問題についても様々な考え方があり得る（📖菅野・労働法694頁）。

1つの考え方として、出向契約の中で何も定められなかった場合は、①賃金に関する事項、②退職に関する事項は、出向元の就業規則が適用され、③労務提供に関する事項、④服務規律に関する事項については出向先の就業規則が適用され、⑤懲戒に関する事項、⑥休職関係についてはいずれも適用される余地があるとする見解もある（📖倉重・企業労働法147頁）。

【出向条件】 以上のとおり、出向に当たっては、次表に記載するような項目について、出向元と出向先のいずれが負担をするのか、またいずれのルール（例：就業規則等）が適用されるのか、出向契約で合意しておく必要がある。

[20] 最高裁は、就業規則（と労働協約）に出向命令権を根拠づける規定があり、出向労働者の利益に配慮した出向規定（出向期間や出向中の地位、出向先での労働条件に関し、出向者の利益に配慮したルール）が設けられている事案で、企業は従業員の個別的同意なしに出向を命じることができると判断している（最判平成15年4月18日）。

出向に当たり検討すべき項目		出向元	出向先
給 与 等	給与の支払者・負担者	?	?
	賞与の支払者・負担者	?	?
	費用の取扱い（通勤費・出張費）	?	?
	退職金の算定ルール	?	?
その他労働条件	就業時間・休憩時間・休日	?	?
	休暇（年次有給休暇、慶弔休暇等）	?	?
衛生、保険、福利厚生	健康診断、産業医面談等の実施	?	?
	健康保険、厚生年金保険、社会保険の負担者	?	?
	労働者災害補償保険の負担者	?	?
	福利厚生の適用（例：社宅制度等）	?	?
懲 戒	懲戒・解雇の判断・実施者	?	?
休職・退職	休職・退職の条件・手続	?	?

(3) モノ：製品・サービス・権利等の提供

契約条項例（参考：📖AIK・契約書作成313頁・332頁、📖金丸・JV契約137頁、📖淵邊・提携契約245頁・383頁）

第5.3条（ライセンス）

1　ABC社は、本合弁会社の事業のうち、[　　]に係る業務を支援するため、第5.1条（関連契約）第1項第1号イの規定に基づき、ABC社が保有する[*特許等の技術・ノウハウを記載*]の本合弁会社による使用を許諾することを内容とするライセンス契約を締結する。

2　XYZ社及び本合弁会社は、本契約終了後[　　]年間、前項に規定するライセンス契約の目的である技術・ノウハウと同一又は類似の技術・ノウハウを用いて事業を行ってはならない。

条項例の概要

【意義】　本条項例は、第5.1条「関連契約」に関する詳細を規定するものであり（▸▸▸356頁）、合弁会社の特定の業務を支援するため、合弁当事者（ABC社）が保有する特定のリソース（例：特許権）を本合弁会社に対して提供することを定めるものである（第1項）。また、XYZ社及び本合弁会社の**競業避止義務**についても規定している（第2項）。

【趣旨】 合弁当事者から合弁会社に対する「モノ」の提供には様々な態様のものがある。合弁当事者ABC社が製造事業者であり、合弁会社JV社がその販売代理店となるケースでは、ABC社からJV社に対して「製品」が提供されることになる。また、別の合弁当事者XYZ社がJV社と同じ販売機能を有している場合には、“営業ノウハウの提供”や“顧客紹介”といったサービスの提供が行われることになろう。さらに、既に合弁当事者が形成した“ブランド”を“商標権ライセンス”として提供するという形態もあり得る。

第2項のような競業避止義務が必要となるのは、合弁当事者の合弁会社に対する支援は、合弁関係が存在することが前提となっていることが通常だからである。ライセンサーであるABC社が合弁関係から離脱した場合、ABC社のノウハウを知る合弁会社JV社、及びその株主であるXYZ社は、ともにABC社の競合事業者となり得るから、合弁関係からの離脱後を見越して、上記のような競業避止義務が規定されることがある。

競業避止義務

【競業避止】 合弁スキームは、合弁当事者がそれぞれ保有するリソースを合弁会社に集中させるスキームであるから、合弁当事者と合弁会社は構造的に競業関係になることが多い。そこで、リソースを提供する合弁当事者を保護するため、合弁会社や他の合弁当事者に対して合弁契約終了後の競業避止義務を課したり、又は、合弁会社を保護するため、合弁当事者に対して合弁契約期間内の競業避止義務を課したりすることがある。

競業避止義務を合意する場合には(‣‣‣157頁)、以下の各点について詳細な条件が規定される。

対象事業	禁止の対象となる事業の内容及び範囲 範囲については、禁止される事業が、特定の事業と「同一」のものか、「類似」のものか、「競合」するものかにより、禁止の範囲が異なってくることに注意が必要
時間的制限	禁止の期間を一定期間に限定するか、それとも永遠とするか
場所的制限	禁止の地域を特定の地域に限定するか、それとも全世界とするか
代償措置	義務者に対して特定の事業を禁止することについての代償措置を与える必要があるか否か

【引抜禁止】 合弁当事者が合弁会社の経営を通じて、合弁会社の人材について精通している可能性もある。かかる情報を用いて合弁会社の人材を引き抜くこと等を防止するために、従業員の引抜きの禁止に関する義務が課せられることも多い(▸▸▸359頁)。

(4) カネ：資金提供義務①——エクイティ・ファイナンス

契約条項例 (参考：📖AIK・契約書作成312頁・328頁、📖金丸・JV契約104頁、📖淵邊・提携契約239頁・383頁)

> **第5.4条（追加出資義務）**
> 1 本合弁会社について新たに資金を調達する必要が生じた場合、本合弁会社は、原則として、株主割当てによる増資（以下本条において「本増資」という。）によって、当該資金を調達するものとする。
> 2 前項の場合、ABC社及びXYZ社は、本合弁会社に対する持分割合に応じて、本増資を引き受けるべく最善の努力を行うものとする。
> 3 前項の規定にかかわらず、ABC社又はXYZ社のいずれかが本増資の引受けを行わず、その結果、ABC社及びXYZ社の本合弁会社に対する持分割合が、第1.4条（出資の内容）第2項に定める割合から変化した場合、両当事者は本契約の変更に向けた協議を開始するものとする。

条項例の概要

【意義】 本条は、①本合弁会社の資金調達は、原則として、**エクイティ・ファイナンス**によって行うこと（第1項）、②X社及びY社はその持分割合に応じて増資を引き受ける努力義務を有すること（第2項）、③当該義務を履行せずその結果持分割合に変化が生じた場合には、本契約の変更に向けた協議を開始すること（第3項）、について定めるものである。

【趣旨】 合弁会社の資金調達方法は、条項例のようなエクイティ・ファイナンスによる場合のほか、次に述べるデット・ファイナンスによる場合も考えられる。マイノリティ側の当事者は合弁会社の事業運営に積極的に関与することが難しく、資金調達方法についてもその意思を反映させることが困難であることが多い。そこで、合弁会社に資金需要が生じた場合の資金調達方法やその負担責任を負う当事者等について、予め合意しておくことが多い。

条項例では、エクイティ・ファイナンスによることを原則としているが、次に述べるように、デット・ファイナンスを原則としてもよい。また、資金調達責任を負う当事者に関し、条項例では、両当事者がその持分割合に応じて負担する旨を定めているが、事業運営を主体的に担うマジョリティ当事者のみが資金調達責任を負うとの規定も珍しくない。

関連論点

【増資に関する関連論点】 増資、すなわち、株式の発行及び引受けに関する関連論点については、Chapter 3「株式引受契約」(▸▸▸173頁)を参照されたい。

(5) カネ：資金提供義務②——デット・ファイナンス

契約条項例

第5.5条（融資）

本合弁会社が借入その他債務を生ずる取引（以下本条において「借入等」という。）により資金を調達しようとする場合、ABC社及びXYZ社は、本合弁会社に対する持分割合に応じて、貸付を行い又は信用を提供（これには当該借入等に係る保証人となることが含まれるがこれに限られない。）すべく最善の努力を行うものとする。

条項例の概要

【意義】 本条項例は、合弁会社が**デット・ファイナンス**によって資金調達を行う場合の合弁当事者の協力義務を定めるものである。その具体例としては、自らが貸付人となり資金を融資することのほか、第三者から借入れを行うことができるよう保証人となること等も含まれる。

貸金業法上の規制

【概要】 貸付け（ローン）により資金提供を行う場合には、**貸金業法の規制**があり、同法に基づく登録を受けなければならない点に注意が必要である。もっとも、2014年4月1日に施行された改正貸金業法施行令では、以下の①〜③**の全てを満たす場合、合弁会社における共同出資者からの同社への貸付けが貸金業規制の適用除外**とされている（貸金業法施行令1条の2第6号ロ）。

1 合弁事業を行う場合であること
2 合弁会社の議決権の20％以上を保有する会社等による貸付けであること
3 共同出資者全員の同意に基づく貸付けであること

上記1については、2以上の会社等が共同で営利を目的とする事業を営むための契約に基づき借主である会社等の経営を共同して支配している場合がこれに当たるとされる。

上記3については、貸付けを行う都度、個別に同意を取得する方法によって充足されるほか、貸付けが総株主等の共同の意思に基づき実行されるものである旨が株主間契約等に予め盛り込まれることでも充足され得ることが示された。また、同意の内容については、基本的に、貸付けを行うこと自体の同意で足り、貸付条件の詳細を全て取り決めることまでは要しないが、当該貸付けが、総株主等の共同の意思に基づき実行される必要があるとされた（2014年3月18日付「『貸金業法施行令等の一部を改正する政令（案）』等に対するパブリックコメントの結果等について」の別紙1における回答22～25番）。

2 合弁事業からの撤退

〔逆引法務346頁〕

契約条項例（参考：📖AIK・契約書作成344頁、📖金丸・JV契約225頁、📖淵邊・提携契約271頁・277頁）

第5.6条（合弁事業の終了等に向けた協議）

1 本合弁会社につき、別紙5.6（特定事由）に記載する事項が生じた場合、ABC社及びXYZ社は、次の各号のいずれかを行うべく、協議を開始する。

(1) ABC社及び／又はXYZ社による本合弁会社の増資の引受け
(2) 本合弁会社による第三者割当増資の実行
(3) ABC社又はXYZ社がそれぞれ保有する本合弁会社の株式の相手方当事者による買受け
(4) 本合弁会社の解散及び清算

> 2　ABC社及びXYZ社が前項に規定する協議を開始して［　　］日以内に当該協議が調わない場合、これをデッドロックとみなし、ABC社及びXYZ社は、第4.7条（デッドロックの解消方法）第2項以下の規定に従い、当該デッドロックを解消するための措置を講ずるものとする。

条項例の概要

【意義】　本条項例は、合弁会社の事業運営が立ち行かなくなった場合を想定した規定である。条項例の「別紙に記載する事項」としては、「売上目標その他所定のKPIの不達成」、「経常損失の継続」等の事由が記載されることを想定している。

このような事由が生じた場合の解消方法として、条項例第5.4条「追加出資義務」や条項例第5.5条「融資」に基づく、合弁当事者による資金の提供（第1項第1号）や新たな出資者の招聘（同項第2号）という前向きな解消方法も考えられるが、合弁当事者のいずれかが合弁関係から離脱すること（同項第3号）や、合弁会社を解散・清算し、合弁事業そのものを終了するということ（同項第4号）も選択肢の1つとして検討する必要があろう。

【趣旨】　事業撤退の究極的な方法として、会社を解散・清算し、残余財産の分配を受けるという方法がある（▸▸▸326頁）。合弁事業が想定どおりに成長せず、合弁事業の中止を検討しなければならない事態に至っても、合弁会社の解散・清算というネガティブイベントのための協議は後回しにされやすく、また、時間が経てば経つほど残余財産が散逸し、投下資本の回収が困難になる。したがって、協議を開始するきっかけとなる本条のような規定を合弁契約の中に予め定めておくことは有益である。

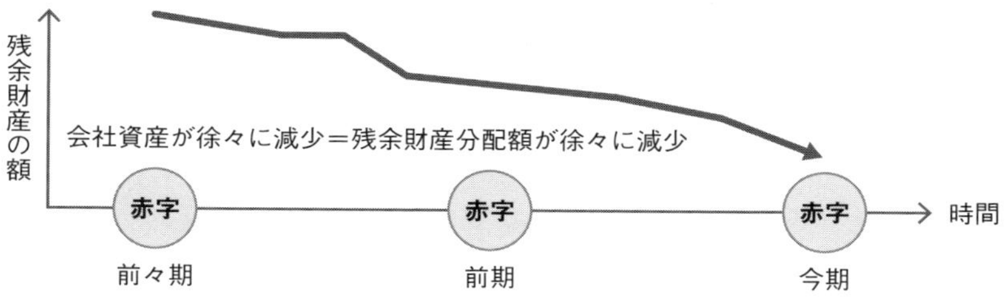

3 合弁契約の終了

〔逆引法務90頁〕

契約条項例（参考：📖AIK・契約書作成344頁、📖金丸・JV契約225頁、📖淵邊・提携契約277頁）

第5.7条（契約の終了）

1 本契約は、次の各号のいずれかに該当する場合に終了する。

(1) 当事者双方が、本契約を終了することにつき、書面により合意した場合

(2) 当事者の一方（以下「違反等当事者」という。）につき、次の各号のいずれかに該当する事由が生じ、相手方当事者（以下「解除権当事者」という。）が本契約を解除する旨を書面により通知した場合

ア 本契約に違反し、解除権当事者が当該違反を是正すべき旨の書面を違反等当事者に対して送付したにもかかわらず、送付後［*30日*］以内に当該違反が是正されない場合

イ 法的倒産手続等の開始申立てがなされた場合

ウ 支払不能、支払停止又は銀行取引停止処分がなされた場合

エ 重要な資産について差押え、仮差押え、仮処分その他の強制執行処分を受けた場合

オ 解散その他実質的な事業の終了があった場合

カ 支配関係に重大な変更が生じた場合

2 前項第1号に基づき本契約が終了した場合、当事者は、本合弁会社及びその株式の取扱いについて協議を行う。

3 第1項第2号に基づき本契約が終了した場合、解除権当事者は、次の各号のいずれかの措置を選択することができ、違反等当事者は当該選択に応じなければならないものとする。解除権当事者が第1号又は第2号に規定する措置を選択した場合の株式の譲渡価格は、別紙3.3（オプション行使に係る諸条件）第3項の規定に従い決定する。

(1) 違反等当事者による、解除権当事者が保有する本合弁会社の株式の全部の買取り

(2) 解除権当事者による、違反等当事者が保有する本合弁会社の株式の

全部の買取り
(3) 本合弁会社の解散及び清算
4 本契約の終了は将来に向かってのみその効力を生じ、本契約に別段の定めがある場合を除き、本契約終了前に本契約に基づき生じた権利及び義務は本契約終了による影響を受けない。
5 前項の規定にかかわらず、本項及び次に掲げる規定は、本契約終了後もその効力を有する。
(1) 第6.1条（秘密保持）
(2) ……

条項例の概要

【意義】 本条は、**合弁契約の終了**に関する事項を定めるものであり、具体的には、以下の内容を規定している。

1. 契約の終了事由（第１項）
2. 契約が終了した場合に講ずるべき措置（第２項及び第３項）
3. 契約終了の効力（第４項及び第５項）

【趣旨】 **契約条項例第5.6条**「合弁事業の終了等に向けた協議」が**合弁会社**について一定の事由（例：売上目標その他所定のKPIの不達成）が生じた場合の措置を規定するものであるのに対し、**本条項例**は**合弁当事者**について一定の事由が生じた場合の合弁契約の終了及びそれに伴う措置を規定するものである。

第１項は契約の終了事由について規定している。同項第１号は当事者の合意がある場合の合意解約の規定、第２号は当事者の一方に一定の事由（例：契約違反や破産等）が生じた場合の解除の規定である。

合弁契約が終了した場合、合弁会社を存続させるのか、それとも解散・清算するのかという点や、存続させるとしてどちらの当事者が株主として残るのかという、「契約終了後の措置」についても予め取り決めておく必要がある。第１項第１号に基づく終了の場合には、当事者の合意が存在することが前提となっているので、講ずるべき措置についても当該合意の中で協議をすれば足りる。そこで、第２項のような簡易な規定をおいている。これに対し、第１項第２号に基づく終了の場合には、当事者間の協議というプロセスを経ずに契約が終了することから、講ずるべき措置を予め定めるため、第３項のような規定を設けている。第３項第１号に規定するプット・オプション、同項第２号に規定するコール・オプションについての詳細は、Chapter ４・4-3・④(4)「プット・オプション／コール・オプション」の解説を参照されたい (▸▸▸332頁)。

そして、第５項は、契約の終了の効果が、将来に向かってのみ生じ、過去に遡らないことを確認している。これは、合弁契約に基づき、合弁事業に関する様々な利害関係が形成されるため、その法的安定性を維持する必要があるからである。

Chapter 5

一般条項

一般条項に関する
交渉・ドラフト・レビューのポイント

一般条項に関する交渉・ドラフト・レビューのポイント

1. 秘密保持及び公表		
1-1. 秘密保持		
必要性	M&Aの交渉を始めるに当たり、まず、秘密保持契約が締結されることが通常である。しかし、M&A契約の中に完全合意条項が規定される場合、当該秘密保持契約が効力を失う可能性がある。そのため、M&A契約の中に改めて秘密保持義務を規定することが必要となる。	377頁
秘密情報の範囲	M&A契約における秘密情報の対象としては、①交渉の存在・内容、②対象会社に関する情報が含まれる必要がある。	377頁
	M&A交渉においては、秘密情報の範囲を「書面性」や「開示時期」により限定することが現実的ではない場合がある。	377頁
秘密保持義務	秘密保持義務の内容としては、①第三者への開示等の禁止、②目的外利用の禁止の2つの義務が課せられることが通常である。	379頁
	もっとも、そのいずれについても、一定の例外を規定することが通常である。	379頁
1-2. 公表		
—	M&A契約では、「秘密保持義務」とは別に「公表」に関する規定を設けることが通常である。	380頁
	M&Aのクロージング後に共同プレス・リリースを行うか否か、これを行う場合にはどのような内容とするかについて、当事者間で事前に検討を行っておく必要がある。	380頁
2. 準拠法及び紛争解決		
2-1. 準拠法		
—	契約当事者の中に国外に所在する者が含まれる場合、当該M&A契約に適用される準拠法を合意しておく必要がある。	382頁
	準拠法の合意がない場合、管轄地の国際私法により、準拠法が決定される。	383頁
	各当事者は、自己にとって有利な自国法を準拠法として主張することが通常であるが、交渉の落とし所として、第三国法が準拠法として合意される場合もある。	383頁
	準拠法の合意にもかかわらず、合意した法令以外の法令が適用される場合（例：強行法規が適用される場合）もあり得る。	383頁
2-2. 紛争解決		
概略	紛争解決方法については、契約の当事者が国内の当事者のみである場合には「裁判手続」が、国外の当事者が含まれる場合には「仲裁手続」が好まれる傾向にある。	385頁

裁判手続	当事者の中に国外の当事者が含まれているにもかかわらず、紛争解決方法として「裁判手続」を選択する場合には、判決が外国で執行できるか否かについて、判決の国外執行の可否に関する自国及び相手国の二国間条約の有無及びその内容を事前に確認しておく必要がある。	390頁
仲裁手続	紛争解決方法として「仲裁手続」を選択する場合には、著名な仲裁機関による機関仲裁の方法をとることが多い。	387頁
	裁判手続よりも仲裁手続の方が、自国の判断を外国においても執行しやすいというメリットがあるが、当事者の中にニューヨーク条約に加盟していない国に所在する者が含まれている場合には、仲裁判断を当該国において執行できない可能性がある。	390頁
3. 証拠能力及び証拠価値		
3-1. 完全合意		
—	M&A契約の中には、完全合意条項、すなわち、当該契約の対象事項に関する当該契約以外の合意を全て排除する旨の規定が設けられることが多い。	392頁
	契約交渉の過程で、各条項の意義や射程等について、当事者間でその解釈が確認されたり、その旨がドラフトの中にコメントとして残されたりすることがあるが、完全合意条項が規定されると、これらが全て証拠としての価値を失うことになる。	392頁
3-2. 正本及び契約の締結方法		
—	契約書の証拠力を高めるためには、契約締結権限を有する者の署名又は押印が正しく行われていなければならない。	394頁
	当事者が遠隔地に所在する場合、契約の締結手続に時間を要することがあり得るため、まず、署名ページを電子的な方法で確認するといった簡易なプロセスがとられることもある。	396頁
3-3. 言語		
—	複数の言語で契約を作成する場合、各言語間で複数の解釈を許すことになりかねないため、いずれの言語で作成されたものを正文とするかを決めておく必要がある。	397頁
	国によっては、契約締結のために自国の言語を強制する例もあるため、注意が必要である。	397頁
3-4. 分離可能性		
—	契約の一部が無効等と判断された場合でも、契約の全部無効に伴う清算処理や契約の再交渉といった不経済を回避するため、分離可能性（他の条項をできる限り有効なものと解釈すること）に関する規定が合意されることがある。	398頁

	もっとも、分離可能性を合意していた場合でも、契約の本質的部分が無効となった場合には、契約全体が無効と解釈されることもあり得る。	399頁
3-5. 見出し		
—	見出しの内容と本文の内容が矛盾していないかに注意を要する。特に、契約交渉を経て、当初のドラフトの意味内容が大きく変更された条文について注意を要する。	399頁
4. その他		
4-1. 費用負担		
—	自己が支出した費用は自己が負担するとの原則を確認するため、又は逆に、自己が支出した費用を最終的に他の当事者に負担させることを合意するため、契約の締結・履行のために要する費用の負担関係を規定しておくことがある。	400頁
4-2. 契約上の地位の移転の禁止		
—	M&A契約は、契約当事者間の特別な関係に基づき成立するものであり、基本的に当事者の変更は想定されていないから、契約上の地位の移転を禁止する旨が合意されるのが通常である。	401頁
4-3. 通知		
—	相手方に対して補償請求を行う場合や、契約を解除する場合等、相手方に対する通知が必要となる場合がある。このような場合に、誰にどのような方法で通知しなければならないかを事前に決めておくことがある。	403頁
4-4. 修正及び放棄		
修正	契約は、原則として、口頭でも修正可能であるから、例えば、代表者間の会食の席での会話で契約内容が容易に、場合によっては一方当事者のだまし討ち的に修正されるという事態も生じ得る。このような事態を防止するため、契約の修正に書面性を要求して慎重を期すのが通常である。	404頁
放棄	ある権利を行使しなかったことをもって、別の権利が当然に放棄されたとみなされたり、その後の同種の権利についても当然に放棄されたとみなされたりしないよう、権利の放棄を限定的に解釈する旨の規定が合意されることもある。	404頁

5-1 一般条項(雑則)の概要

【一般条項】 本書で紹介した契約も含め、多くの契約では、**当該契約固有の条件は前半部分**で規定され、**どの契約にも共通する一般的な条件は後半部分**で規定されることが多い。この「契約書の後半部分で規定される共通的・一般的な規定」を本書では「一般条項」と呼ぶこととする[1]。

一般条項は、以下のとおり、「秘密保持に関する条項」「紛争解決のための条項」「証拠能力及び証拠価値に関する条項」及び、その他に分類することができる。

条項の目的	条項の具体例
秘密保持に関する条項	• 秘密保持（▸▸▸376頁） • 公表（▸▸▸380頁）
紛争解決のための条項	• 準拠法（▸▸▸382頁） • 紛争解決方法（▸▸▸384頁）
証拠能力及び証拠価値に関する条項	• 完全合意（▸▸▸392頁） • 正本の取扱い（▸▸▸393頁） • 言語（▸▸▸397頁） • 分離可能性（▸▸▸398頁） • 見出し（▸▸▸399頁）
その他	• 費用負担（▸▸▸400頁） • 契約上の地位の移転の禁止（▸▸▸401頁） • 通知（▸▸▸402頁） • 契約の修正及び権利の放棄（▸▸▸403頁）

なお、本Chapterで掲げた契約条項例は、株式譲渡契約を念頭においた条項となっている（▸▸▸34頁）。

---

［1］ 英語では、ボイラー・プレート条項（Boiler Plate Provision）とも呼ばれる。なお、日本法の下で「一般条項」というと、民法90条や709条のように、法的効果を発生させるための要件が抽象的である規定を指す場合があることから、これと区別するために、「雑則」(miscellaneous) と呼ばれることも多い。

5-2 秘密保持及び公表

1 秘密保持

〔逆引法務94頁〕

契約条項例（参考：📖AIK・契約書作成425頁、📖木俣・企業買収309頁、📖藤原・M&A契約270頁、📖淵邊・提携契約136頁）

第8.1条（秘密保持）

1 売主及び買主は、本契約に関する交渉の存在、経緯及び内容、本契約の存在及び内容、その他本契約の交渉、締結又は履行に関連して相手方当事者から開示を受けた本契約の当事者又は対象会社に関する情報（以下「秘密情報」という。）を本契約の目的にのみ用いるものとし、相手方当事者の事前の書面による同意なく第三者に開示又は漏洩しない。

2 前項の規定にかかわらず、次の各号のいずれかに該当する情報については秘密情報には含まれない。

(1) 情報受領時において既に公知となっている情報

(2) 情報を受領した後、自らの責めによらずに公知となった情報

(3) 自らが秘密保持義務を負うことなく第三者より適法に取得した情報

(4) 自らが相手方当事者から開示される以前から適法に所有していた情報

(5) 秘密情報とは無関係に自らが独自にかつ適法に取得した情報

3 次の各号のいずれかに該当する場合、第1項の規定は適用しない。

(1) 各当事者が適用法令又は規則に従い必要最小限度においてかかる情報の開示を行う場合（監督官庁、裁判所、金融商品取引所等の公的機関に対して行う回答、報告、届出、申請等を含むがこれらに限られない。）。なお、かかる開示を行う場合には、当該当事者は当該開示前に（但し、事前開示が不可能な場合に限り、開示後速やかに）、相手方当事者に通知しなければならない

(2) 売主及び買主が、各々、自己の責任において自己の取締役等若しく

> は従業員、ファイナンシャル・アドバイザー、弁護士、公認会計士その他の直接又は間接のアドバイザー若しくは代理人に対してかかる情報を開示する場合。但し、本条と同様の秘密保持義務を法律上又は契約上負うことを条件とする

条項例の概要

【意義】 本条項例は、M&A契約の当事者に**秘密保持義務**を負わせるものであり、具体的には以下について規定するものである。

> 1 契約交渉の存在等の一定の情報を「秘密情報」と定義し、これを第三者に開示等してはならないこと（第1項）
> 2 秘密情報の例外の定義（第2項）
> 3 秘密保持義務の例外（第3項）

【趣旨】 M&A交渉の初期段階で個別の秘密保持契約が締結される。しかし、M&A契約の中に完全合意条項が規定されることが通常であり（▸▸▸392頁）、これにより当初締結した秘密保持契約が効力を失うこととなるため、M&A契約の中に改めて秘密保持条項が規定される。

対象――秘密情報

【秘密情報】 M&A契約における秘密情報の対象としては、①交渉の存在・内容、②対象会社に関する情報[2]が含まれる必要がある。

【開示方法による限定】 開示方法により秘密情報の定義を限定することがあるが（例：書面で開示された場合のみ守秘義務の対象となる）、M&A取引のための交渉では、会議や電話等で多くの重要な情報がやりとりされるため、このような定義を設ける例は少ない（📖藤原・M&A契約13頁）。

---

［2］ ②について「売主が買主に対して開示する対象会社に関する情報」等と規定する例もあるが、クロージング後は、対象会社の情報は買主に帰属することとなるため、売主が買主に対して秘密保持義務を負うことを明示するため「売主が買主に対して開示する」等の修飾語を設けない方がよいとの指摘もある（📖藤原・M&A契約272頁）。

【開示時期による限定】 一般的な秘密保持条項においては、開示時期により秘密情報の定義を限定する場合もある。技術情報の場合には類似の製品が後日発売されたような場合に独自に開発した技術か否かという問題が生じる可能性が高いためである。しかし、M&Aに関する情報についてはそのような問題は生じないと考えられるため、このような限定を設けない方がよい（📖藤原・M&A契約11頁）。

【例外】 形式的には「秘密情報」の定義に該当する場合であっても、次の5つの情報については、秘密情報の対象から除外することが多い。

1. 開示者から開示された時点で既に公知であった情報
たとえ相手方から開示された情報であっても、既に公知なものであれば、これを秘密として取り扱うべき要保護性はない。このような情報の使用についてまで制限を受けることになれば、情報受領者の事業活動が過度に制約を受けることになってしまうからである。
2. 受領者の責めに帰すべき事由によらず公知となった情報
上記1と同趣旨の規定である。情報受領時点で非公知であったとしても、公知となった時点で要保護性は失われるからである。
3. 情報受領時に受領者が既に知っていた情報
情報の“コンタミネーション”を防止するために必要となる例外規定である[3]。
4. 開示者に対して秘密保持義務を負わない第三者から、受領者が秘密保持義務を負うことなく取得した情報
5. 開示者から開示された秘密情報を使用することなく受領者によって独自に開発された情報
上記3と同趣旨の規定である。

[3] 例えば、XがYに対して技術αに関する情報を開示するに当たり、XとYとの間で、Yがαの目的外利用や第三者開示を行わないことを内容とする秘密保持契約を締結したとする。ところが、Yは自社独自でαに類似する技術βを開発していた。この場合、Yがβを利用しようとすると、βはαと類似しているため、αを目的外利用したとの評価を受けるおそれが生ずる。このように、第三者から開示を受けた秘密情報と自社保有情報とが混在してしまうことにより、自社保有情報の利用が妨げられることになってしまうことを「情報のコンタミネーション」という。上記の3及び5は、コンタミネーションを防止するための規定と位置付けることができる。

行為——秘密保持

【秘密保持】 Xが開示した秘密情報αについて、情報受領者Yにどのような義務を課すかであるが、通常は、①**第三者への開示等の禁止**、②**目的外利用の禁止**の2つの義務が課せられる（📖AIK・契約書作成495頁）。

秘密保持契約はその名のとおり秘密を保持させることに主目的があるため、**第三者に対する開示を禁止**しておくことが当然必要となる。もっとも、この義務については後述のとおり、一定の例外を定めておく必要がある。

また、**秘密情報の利用方法についても制限**を設けておくのが通常である。例えば、「秘密情報を本契約の目的以外の目的で使用してはならない」などと規定される。この場合には、「本契約の目的」が契約書の中で明確に定義されていなければならない。さらに、秘密情報の利用方法の制限の1つとして、秘密情報の「複製」が禁止される場合がある。この場合、相手方との取引・プロジェクトを進めていくうえで、開示された秘密情報を複製する必要が本当にないのかを事前に確認しておかなければならない。複製の可能性があるならば、「本契約の目的以外の目的で複製を行わない」などとして、一定範囲での複製が認められるようにしておくことが必要である。

【例外】 秘密保持義務には一定の**例外**を設けておくのが通常である。例えば、次のような場合には、例外的に第三者に対する開示が認められるとしておく必要があろう。

1. 開示者の同意がある場合
2. 受領者の役員・従業員等に対する開示の場合
3. 受領者のグループ会社に対する開示の場合
4. 外部専門家に対する開示の場合
5. 公的機関に対する開示の場合

2 公表

契約条項例（参考：📖AIK・契約書作成224頁、📖木俣・企業買収309頁、📖藤原・M&A契約273頁、📖淵邊・提携契約392頁）

第8.2条（公表）

1 本契約の当事者は、事前にその内容、方法及び時期について双方合意した場合に限り、本契約締結の事実及び本契約の内容を公表することができる。

2 前項にかかわらず、本契約の当事者は、法令又は金融商品取引所の規則等に従い開示が要請される場合には、本契約締結の事実及び本契約の内容について、当該要請に基づいて必要とされる限度で公表することができる。但し、本項に基づいて公表を行う当事者は、その内容及び方法について実務上可能な限り相手方と事前に協議しなければならない。

条項例の概要

【意義】 本条項例は、**公表**に関して定めるものであり、具体的には以下を規定するものである。

1 本契約の事実・内容について公表する場合は、当事者双方の合意が必要であること（第1項）

2 その例外として、法令等により開示が要請される場合には、双方の合意なく情報を開示することが可能であること（第2項）

【趣旨】 本条は、当事者双方の合意がない限り、契約の内容等について開示をすることができないという点において秘密保持義務に包含される内容ではあるが（▸▸▸377頁）、公表の方法や時期についても合意が必要である旨を明確化することに意味がある（📖藤原・M&A契約273頁）。

実際も、M&Aの公表については、契約当事者の連名で同一内容の共同プレス・リリースを行うことが多い。したがって、M&Aのクロージング後に共同プレス・リリースを行うか否か、行う場合にはどのような内容にするかについて、当事者間で事前に検討を行っておく必要がある。

5-3 準拠法及び紛争解決

1 準拠法

契約条項例（参考：📖藤原・M&A契約277頁、📖淵邊・提携契約154頁）

> **第8.3条（準拠法）**
> 本契約の準拠法は日本法とし、日本法に従って解釈される。

条項例の概要

【意義】 本条項例は、本契約に適用される**準拠法**を定めるための規定であり、契約条項例では、これを日本法とする旨を規定している。

【趣旨】 契約当事者の全てが国内の法人・個人であれば、当該国内法を準拠法とすることが前提となるため、そもそもこのような条項を設けない例も多い。これに対し、契約当事者の中に国外の当事者が含まれる場合（形式的な当事者は国内の法人であるが、実質的な意思決定者は国外の親会社であるような場合も含まれる）、本条のような規定が必要となる。

準拠法の決定方法

【原則】 準拠法は、管轄地の国際私法（Private International Law）[4]を適用することにより、決定される。したがって、日本が管轄地となる場合には[5]、日本の国際私法である「**法の適用に関する通則法**」（以下「通則法」という）に従って、準拠法が

---

[4] X国の国民がY国に出張中にZ国製品を使用したことにより損害を被ったといったような事案において、いずれの国の法律を適用して解決を図るべきかが問題となる。この例におけるX国法、Y国法、Z国法のように、事案に適用される法を「準拠法」と呼び、準拠法を決定するためのルールを「国際私法」と呼ぶ。国際私法それ自体は世界共通のものであることが望ましいが、現実には、国際私法は各国で内容が異なる国内法として存在している。

[5] ある事件について日本の裁判所が管轄権を有するか否かについては、民事訴訟法がそのルールを定めている（同法3条の2～3条の12）。

決定されることになる。

【準拠法合意がある場合】 通則法は、「法律行為の成立及び効力は、当事者が当該法律行為の当時に選択した地の法による」と定め（同法7条）、契約条項例のような**当事者による準拠法合意が有効**であることを認めている[6]。

各当事者は、自己にとって有利な自国法を準拠法として主張することが通常であるが、交渉の落とし所として、第三国法（例：ニューヨーク州法、英国法）が準拠法として合意される場合もある。

【準拠法合意がない場合】 契約条項例のような準拠法の合意がない場合は、「法律行為の成立及び効力は、当該法律行為の当時において**当該法律行為に最も密接な関係がある地の法**による」(通則法8条1項)。そこで、「最も密接な関連がある地」とは何かが問題となるが、この点に関し、同条2項は、「法律行為において**特徴的な給付を当事者の一方のみが行うものであるときは、その給付を行う当事者の常居所地法**（その当事者が当該法律行為に関係する事業所を有する場合にあっては当該事業所の所在地の法、その当事者が当該法律行為に関係する2つ以上の事業所で法を異にする地に所在するものを有する場合にあってはその主たる事業所の所在地の法）を当該法律行為に最も密接な関係がある地の法と推定する」と定めている。つまり、通則法を前提とする限り、株式譲渡契約であれば、**株式の売主の常居所地法**が、株式引受契約であれば**株式を発行する会社の常居所地法**が、それぞれ準拠法として推定されることになる。

その他関連論点

【強行法規との関係】 例えば、A国に所在するX社の株式をB国に所在するY社が引き受ける株式引受契約において、XY間で準拠法を「B国法」と合意したとしても、株式の発行及び引受けに関する手続は、X社の所在地国であるA国の会社法に従って規律されることになる（B国の会社法に従って発行及び引受けの手続が行われるわけではない）。このように、法令の規定の中で、当事者間の合意の如何によらず

---

[6] 消費者契約については一定の例外が認められており、「消費者がその常居所地法中の特定の強行規定を適用すべき旨の意思を事業者に対し表示したときは、当該消費者契約の成立及び効力に関しその強行規定の定める事項については、その強行規定をも適用する」とされている（通則法11条1項)。M&A契約の当事者に個人が含まれており、かつ、当該契約の締結・履行が当該個人にとって、「事業として又は事業のために契約の当事者となる場合」でない場合には、常居所地法と異なる法を準拠法とする合意を結んでいたとしても、常居所地法の消費者保護法規中の強行規定が適用される場合がある。

適用されるものを「**強行法規**」というが、準拠法を合意していたとしても、強行法規が規律する事項については、当該強行法規が適用される可能性があることに留意が必要である。

【CISGとの関係】 営業所が異なる国に所在する当事者間の物品売買契約（contracts of sale of goods between parties whose places of business are in different states）を規律する国際条約として、**CISG**（United Nations Convention on Contracts for the International Sale of Goods：国際物品売買契約に関する国際連合条約）がある。CISGは当事者がその適用を排除する旨を合意しない限り当事者間の「物品売買契約」(contracts of sale of goods）に適用される条約であるが、「有価証券の売買」（sales of stocks）はその適用が除外されているため（2条(d)号）、**株式の売買を目的とするM&A契約にCISGは適用されない**。

2 紛争解決

〔逆引法務27頁〕

契約条項例（参考：📖AIK・契約書作成509頁、📖金丸・JV契約195頁、📖藤原・M&A契約281頁、📖淵邊・提携契約85頁）

①第8.4条（裁判管轄）

1 当事者は、本契約に定めのない事項又は本契約の解釈に関し何らかの疑義が生じた場合には、誠意をもって協議を行うものとする。

2 売主及び買主は、本契約に起因又は関連して生じた一切の紛争については、誠実に協議することによりその解決に当たるが、かかる協議が調わない場合には、東京地方裁判所を第一審の専属的合意管轄裁判所として裁判により最終的に解決する。

契約条項例（参考：📖AIK・契約書作成510頁、📖FBD・国際仲裁53頁、📖金丸・JV契約196頁、📖藤原・M&A契約281頁、📖淵邊・提携契約85頁）

②第8.4条（仲裁合意）

1 当事者は、本契約に定めのない事項又は本契約の解釈に関し何らかの疑義が生じた場合には、誠意をもって協議を行うものとする。

2 本契約から又は本契約に関連して、当事者の間に生ずることがあるすべての紛争、論争又は意見の相違は、一般社団法人日本商事仲裁協会の商事仲裁規則に従って、東京都において仲裁により最終的に解決される。仲裁人の数は３名とし、１名は仲裁を申し立てた当事者が仲裁申立書において指名し、もう１名は他方当事者が指名し、仲裁廷の長となる第三仲裁人は、他の２名の仲裁人が共同して指名する。仲裁の言語は英語とする。

条項例の概要

【意義】 本条項例は、紛争解決方法を定めるためのものである。条項例①第8.4条「裁判管轄」か条項例②第8.4条「仲裁合意」の**いずれかを規定**することになる。条項例①第8.4条「裁判管轄」は、紛争を「裁判」により解決する場合の規定であり、これに対し、条項例②第8.4条「仲裁合意」は、紛争を「仲裁」により解決する場合の規定である。条項例②第8.4条「仲裁合意」では、以下の内容が規定されている。

1. 紛争解決方法は、日本商事仲裁協会を仲裁機関とする機関仲裁であること
2. 仲裁地は東京であること
3. 仲裁人は３名とすること及びその選定方法
4. 仲裁の言語を英語とすること

裁判手続が、**国家機関である裁判所**が関与し、当事者の権利・義務に関する裁定を行う手続であるのに対し、**仲裁手続**は、**当事者が選定した第三者である仲裁人**が関与し、当事者の権利・義務に関する裁定を行う手続である。**仲裁判断には確定判決と同一の効力**がある（仲裁法45条１項参照）。

当事者は、条項例①第8.4条「裁判管轄」又は条項例②第8.4条「仲裁合意」のいずれかを選択して、契約に規定することが通常である[7]。M&A契約の当事者が**国内の当事者**のみである場合には**裁判手続**が選択され、**国外の当事者**が含まれる場合には、執行の観点から（▸▸▸389頁）、**仲裁手続**が好まれる傾向にある[8]。

【趣旨】 紛争解決方法として「裁判」を選択する場合、第一審に限り裁判管轄の合意が可能とされているため（民事訴訟法11条）、条項例①第8.4条「裁判管轄」の

ような定めをおくのが通常である。また、紛争解決方法として「仲裁」を選択する場合、**仲裁合意が必要**となるため、条項例②第8.4条「仲裁合意」が必要となる。

裁判手続及び仲裁手続の比較は概ね下表のとおりである。

		裁判手続	仲裁手続
機関	手続機関	裁判所	仲裁機関
	判断権者	裁判官（当事者は選択不可能）	仲裁人（当事者が選択可能）
事前	合意の必要性	当事者の合意は不要（管轄に関する合意は可能）	仲裁を利用するためには当事者の合意が必要
	保全手続の可否	比較的広く利用可能	比較的限定的
手続一般	手続の自由度	法定されている	自由に設計できる
	使用言語	日本の裁判所であれば日本語	自由に選択できる
	手続コスト	比較的低額	比較的高額
	公開性	原則として公開	原則として非公開
判断	判断の内容	比較的限定的	比較的広い
	上訴の可否	可能	不可能
	執行の可否	判決の国際的強制執行に関する多数間条約は存在せず、個別の条約の存在が不可欠	ニューヨーク条約、ジュネーブ条約等による仲裁判断の国際的強制執行が可能

手続機関及び判断権者に関する比較

【手続機関】 裁判手続において、手続を主催するのは**裁判所**である。日本の裁判手続は他国と比較して信頼性が高く、また、進行も迅速である。しかし、国によっては、制度が未成熟であることに加え、裁判官の汚職が横行しているような例もあり、そもそも裁判手続に対する信頼が高くない場合もある。手続の進行が、日本に比べて遅く、紛争解決に多年を要し、そのため、多くのコストが必要とな

[7] 原則として、仲裁合意が存在する場合、その対象となる紛争について裁判手続を提起したとしても、当該訴えは却下される（仲裁法14条1項参照）。もっとも、仲裁合意の対象を限定し、特定の紛争については仲裁手続で解決するが、それと異なる紛争については裁判手続で解決すると定めることも理論的には可能である。しかし、対象を明確に定義することができるかという実務上の問題が存在する。

[8] 国外の当事者が含まれる場合に、相手方が日本の裁判手続でよい旨を主張した場合であっても、日本の判決が当該相手国で執行できない場合もあることに注意を要する（▸▸▸389頁）。

ることもある。

仲裁手続では、手続を主催するのは**仲裁機関**である[9]。仲裁手続は、仲裁国で制定される仲裁に関する法律の内容と[10]、仲裁機関が制定する**仲裁規則**の内容に従うことになる[11]。

本条項例では、「日本商事仲裁協会」(Japan Commercial Arbitration Association：JCAA) を仲裁機関として選択し、また、日本商事仲裁協会の商事仲裁規則を仲裁規則として選択している。その他、国際的に有名な仲裁機関としては、以下のようなものもある。

1. 国際仲裁裁判所 (ICC International Court of Arbitration)
2. ロンドン国際仲裁裁判所 (London Court of International Arbitration：LCIA)
3. 米国仲裁協会 (American Arbitration Association：AAA)
4. シンガポール国際仲裁センター (Singapore International Arbitration Centre：SIAC)
5. 香港国際仲裁センター (Hong Kong International Arbitration Centre：HKIAC)

A国に所在するX社とB国に所在するY社との間で仲裁機関をいずれとするかについて交渉を行う際、落とし所として、A国・B国以外の第三国に所在する仲裁機関である、上記のいずれかが選択されることも少なくない。

【判断権者】 裁判手続における終局判断 (判決・決定・命令) は**裁判官**がこれを行う。上述のとおり、日本では、第一審に限り裁判管轄の合意が可能とされているため (民事訴訟法11条)、第一審の裁判所を当事者が選択することは可能であるが、裁判官を誰にするかを選択することはできない。

---

[9] 仲裁には、仲裁機関が主催する「機関仲裁」のほか、仲裁機関が主催しない「アドホック仲裁」がある。アドホック仲裁では、仲裁手続を当事者が設計することになるが、紛争状態に至った当事者が協力して手続を設計し、これを運営することは難しい場合も少なくない。

[10] 日本では、仲裁に関する法律として「仲裁法 (平成15年8月1日法律第138号)」が制定されている。以下、本書で「仲裁法」という場合、この法律を指す。なお、仲裁に関する法律は、各国がそれぞれ制定しているが、その内容は国際連合国際商取引法委員会 (United Nations Commission on International Trade Law：UNCITRAL) が定めた「UNCITRAL国際商事仲裁モデル法」に概ね準拠しているため、仲裁に関する法律の主要な部分は共通していることが多い。

[11] 特定の仲裁規則を選択しつつ、当該規則を修正して適用することが可能か否かについて、これを否定した先例もある (📖FBD・国際仲裁56頁)。

これに対し、仲裁手続の場合、終局判断を行うのは**仲裁人**であり、かつ、**仲裁人は当事者が選択することができる**。したがって、当該事案に関する十分な知見を有する専門家（M&A契約に関する紛争であれば、M&Aの知見を有する弁護士や大学教授等）を仲裁人に選択することも可能である。

事前手続に関する比較

【合意の必要性】 裁判手続に関しては、これを利用するために当事者の合意は必要ではない。もっとも、上述のとおり、管轄裁判所に関する合意を行うことは可能である（‣‣‣385頁）。これに対し、**仲裁手続に関しては、これを利用するためには、当事者の合意が必要**となる。

【保全手続の有無】 日本の裁判手続に関しては、判決等の終局処分が下る前に、当事者の一方が財産を隠匿・処分してしまうことを防ぐため、**仮差押え**（民事保全法20条）や**仮処分**（同23条）といった事前の保全手続をとることが可能である。

紛争解決方法として仲裁手続を選択していた場合でも、これら**裁判所の保全手続を利用することは可能**である（仲裁法15条参照）。また、仲裁機関によっては、**緊急仲裁人制度**（Emergency Aribitrator）という制度を設けている場合もある。これは、仲裁人が選ばれるまでの間に、仲裁機関が迅速に緊急仲裁人を選んで、その緊急仲裁人が仮差押えなどの保全命令を出すことができる制度である（📖FBD・国際仲裁36頁・116頁）。

手続一般に関する比較

【手続の自由度】 裁判手続は各国の法律により法定されており、管轄合意等の一部の例外的事項を除き、当事者が手続を自由に設計することは原則としてできない。国によっては、ディスカバリといった当事者に対する大きな負担を要する手続が存在する場合もある。

これに対し、仲裁手続では、手続を自由に設計することができる[12]。条項例のように、手続を特定の仲裁機関の仲裁規則に従う旨を合意した場合には、当該

[12] 証拠開示の手続については、当事者間で決定し、当事者間で決定できない場合には、仲裁廷が決定する。この場合、国際法曹協会（International Bar Association：IBA）の「IBA国際仲裁証拠調べ規則（Rules on the Taking of Evidence in International Arbitration）」に従うことが多い（📖FBD・国際仲裁126頁）。

規則に従い手続が進行される。

【使用言語】 裁判手続を進めるための言語や判決で用いられる言語については、当該国の言語が用いられるのが原則である。日本の裁判手続であれば、日本語に基づき手続が進められ、日本語により判決書が作成される。

これに対し、仲裁手続では、使用言語も自由に選択し、当事者間で合意することが可能である。

【手続コスト】 裁判手続の場合も、仲裁手続の場合も、代理人に対する報酬が必要である点は共通している。

しかし、手続そのものに関するコストについては両者で違いがあり、**裁判手続の方が、仲裁手続に比較して低額であるのが通常**である。例えば、訴訟費用は必要であるが[13]、裁判官の報酬を当事者が負担するという仕組みにはなっていない。

これに対し、仲裁手続の場合は、当事者は、仲裁機関の管理費用のほか、仲裁人報酬も負担しなければならない。金額は、仲裁機関により異なるが、例えば、国際商業会議所（International Chamber of Commerce：ICC）のホームページ「Cost Calculator」で費用の概算を知ることができる。

【公開性】 **裁判は公開が原則**であるが、**仲裁手続は非公開が原則**である。

判断に関する比較

【上訴の可否】 裁判の場合と異なり、**仲裁判断に対しては上訴ができない**。もっとも、手続に瑕疵がある場合等の特別な事由がある場合には、厳格な要件の下で、仲裁判断取消しの訴え（annulment）が認められる（仲裁法44条）。但し、この仲裁判断取消しの訴えに関しては、「裁判所は仲裁判断をできる限り尊重すべき立場にあるというべきであるから、仲裁法44条1項は、単に仲裁廷による事実認定又は法的判断が不合理であると認められるに過ぎない場合に、裁判所による仲裁判断の取消しを認める趣旨ではなく、**仲裁判断によって実現される法的効果が我が国における公序に反すると認められる場合にのみ**、裁判所による仲裁判断の取消しを認める趣旨であると解するのが相当である」と判示している（東京地判平成23年6月13日）。

【執行力】 M&A契約の当事者がそれぞれ別の国に所在する場合、ある国で下さ

[13] 日本の場合、民事訴訟費用等に関する法律により訴訟費用の金額が定められており、また、裁判所のウェブサイトで早見表が公表されている（http://www.courts.go.jp/saiban/tesuuryou/）。

れた裁判所の判決や仲裁判断を別の国で**執行**できるかどうかという点が問題となり、裁判手続、仲裁手続でそれぞれ答えが異なる。

まず、**裁判手続**については、他国の判決を自国において「**承認**」するという手続が必要となる。日本の民事訴訟法は、外国裁判所の確定判決が、①外国裁判所の裁判権が認められること、②敗訴被告が必要な呼出し、命令の送達を受けたこと、又は応訴したこと、③公序良俗に反しないこと、④**相互保証**があること、という4つの要件を満たした場合、当該判決は自動的に承認されるという制度をとっている（同法118条）。このうち、④の相互保証とは、同種の事案において仮に日本の裁判がなされた場合、当該外国においてこの裁判が承認執行される保証があるかどうかを判断する要件であり、**判決国において日本の裁判所の判決と同種類の判決が、民事訴訟法118条各号の条件と重要な点で異ならない条件の下に効力を認められる場合**、この要件が満たされる（最判昭和58年6月7日）。中国では、日本における判決の承認をしないという中国最高人民法院の考え方が公表されているために、我が国の裁判所も中国との間においては、民事訴訟法118条4号の相互保証が確立されていないとして、中国の判決を承認しなかった例がある（大阪高判平成15年4月9日）。

これに対し、**仲裁手続**では、外国において相手方やその財産に対し強制的な執行を行う場合には、当該外国の裁判所等の公的機関において、仲裁判断がその国においても効力を有することを承認し、これを執行するという手続を経る必要がある。国際商事仲裁に関しては、いわゆる「ニューヨーク条約」、すなわち、「外国仲裁判断の承認及び執行に関する条約」（Convention on the Recognition and Enforcement of Foreign Arbitral Awards）が存在し、同条約では相互主義（A国でなされた仲裁判断をB国が承認・執行する義務を負う場合に限り、B国でなされた仲裁判断をA国が承認・執行する義務を負うという主義）をとることができ、日本・アメリカ・イギリス等、多くの国でこの考え方が採用されている。これらの国では、A国でなされた仲裁判断であっても、B国が相互主義をとっており、B国でA国の仲裁判断を承認・執行することが認められている場合には、当該仲裁判断に基づきB国での強制執行が可能となる。

現地の裁判所が仲裁判断の執行を拒否できる場合が、ニューヨーク条約の5条に定められており、その1つの場合として、仲裁判断の執行が現地国の「**公の秩序**」（public policy）に反する場合には執行を拒否できることとなっている。

仲裁を選択した場合に留意すべき事項

【仲裁地】 仲裁手続を選択することにした場合に考えるべき要素の1つは「**仲裁地**」である。「仲裁地」とは、単に仲裁廷が行われる物理的な場所とは限らず、仲裁手続を全般的に法的に規律する概念である。すなわち、「仲裁地」がどこになるかは、当該仲裁にどの国の仲裁法が適用されるか、仲裁合意の有効性の判断がどの国の法律に基づくのかという決定に影響がある。さらに、「仲裁地」の裁判所には仲裁判断を取り消す権限もあり得るため、「仲裁地」の選択は重要な意味を持つ。

仲裁地については、上述のような著名な機関を設置する国が挙げられるが(▸▸▸387頁)、「相手方の国の仲裁地」といった定め方をする場合もある。

【仲裁人】 多くのケースでは仲裁人の数は1名か3名である。係争金額が少額となりうる場合、仲裁人を1名とすることが経済的合理性の観点からは妥当であるが、紛争が複雑で係争金額が多額になりうる場合、仲裁人を3名とすることが妥当と思われる[14]。

仲裁人選任の方法・手順については、仲裁合意において仲裁機関を指定し、仲裁人選定方法もその仲裁規則に従うというものであり、多くの場合それで足りる。3名であれば、各当事者が1名ずつ選び、その選ばれた2名が3人目を選ぶとするのが通常である。

---

[14] 一般的な目安として、紛争金額が10億円以下の案件の場合であれば、仲裁人を1名にすることを検討した方がよいとの指摘もある（📖FBD・国際仲裁40頁）。

5-4 証拠能力及び証拠価値

1 完全合意

契約条項例 (参考：📖AIK・契約書作成505頁、📖藤原・M&A契約293頁)

> **第8.5条（完全合意）**
> 本契約は、本契約の対象事項に関する当事者間の完全な合意及び了解を構成するものであり、書面によるか口頭によるかを問わず、かかる対象事項に関する当事者間の本契約締結前の全ての合意及び了解に取って代わる。

条項例の概要

【意義】 本条項例は、いわゆる「**完全合意条項**」(Entire Agreement) を規定するものであり、**本契約の対象事項に関する本契約以外の合意を排除**することを規定するものである。

【趣旨】 本条は、当該契約が締結される前に当事者間で締結された基本合意書その他の契約書や、交渉中に各当事者が作成した提案書その他の書面、交渉中の当事者間の口頭のやり取り等について、紛争において証拠能力を認めないという当事者間の合意を意味している。

したがって、契約交渉の過程で、各条項の意義や射程等について、当事者間でその解釈が確認されたり、その旨がドラフトの中にコメントとして残されたりすることがあるが、完全合意条項が規定されると、これらが全て証拠としての価値を失うことになる。よって、完全合意条項を規定するに当たっては、自己に有利な契約解釈が当事者間で確認されていないか等について事前に十分注意する必要がある。

有効性

【英米法】 本条項例は、英米法上のParol Evidence Rule（口頭証拠排除法則）に由来するものである。口頭証拠排除法則とは、当事者が当事者間の合意の最終形として書面を作成した場合は、当該書面より以前又は同時の、当該書面の内容を追加、修正又は否定する合意を証拠として提出しても、当該書面の内容は修正されないというルールである。

【日本法】 日本法においても、完全合意条項は、**有効**であると解される[15](東京地判平成7年12月13日、東京地判平成18年12月25日)。

2 正本及び契約の締結方法

〔逆引法務79頁〕

契約条項例 (参考：藤原・M&A契約289頁、山本・英文契約226頁)

第8.6条（正本）

1 本契約は、1個又は複数の正本で締結することができる。各々の正本は、原本とみなされるが、当該正本全ては、1個の、かつ同一の文書を構成する。

2 本契約は、各自が署名した文書を、PDFにして電子メールに添付することによって、又はファクシミリの送受信によっても締結することができる。

条項例の概要

【意義】 本条項例は、**契約書の正本**（counterpart）の取扱い及び**契約の締結方法**について規定するものであり、具体的には以下を規定している。

1 本契約の正本が複数作成された場合でも、全て同一の効力を有すること（第1項）

[15] 完全合意条項は、訴訟における立証活動を拘束する証拠制限契約の一種と考えられるが、証拠制限契約の有効性に関する一般的な考え方は、「当該合意が処分権主義・弁論主義の範囲内の事項である場合について、個別的に内容を検討した上で弊害のないものについてはこれを許容する方向にあり、その合意の効果が訴訟上どのようなものか、それにより受ける不利益の限度はどこまでかが明確に予測できる場合は有効とされている」(裁判所職員総合研究所『民事訴訟法講義案』〈司法協会、改訂版、2005年〉136頁)。

> ② 本契約は、PDFを添付した電子メール又はファクシミリの送信によっても締結可能であること（第2項）

【趣旨】 契約書は、契約当事者の数と同数作成し、それぞれに保管されるのが通常である。本条項例第1項は、このような場合であっても、複数作成されたいずれかのみが原本であり他が写しという関係にはならず、そのいずれもが原本であることを確認するためのものである。

署名・押印の法的意味

【署名・押印の必要性】 契約書に署名・押印が必要か、必要であるとして誰の署名・押印が必要なのか、署名と押印とはどちらが必要なのかを迷うこともあろう。

まず、なぜ、署名又は押印が必要となるかといえば、その答えは、**"二段の推定"**（民事訴訟法228条4項）を用いて契約書に**証拠力**（証拠価値）を与えるため[16]、ということになる。署名・押印のない契約書にも証拠力は認められるが、法律のルールでは**署名・押印を行うことによって、証拠力は格段に高まる**こととなっている[17]。

【誰の署名・押印が必要か】 では、誰の署名又は押印が必要となるのか。もちろん、**契約締結権限を有する者の署名又は押印が必要**ということになるが、それは取引の相手方にとって必ずしも明らかではない場合がある。まず、「**代表取締役**」は、会社の業務に関する一切の裁判上又は裁判外の行為をする権限を有することが法定されているので（会社法349条4項）、契約締結権限を有していることは明らかである。**それ以外の取締役**は代表権を有しておらず、会社の業務を代理するためには、**代表取締役から権限を与えられなければならない**。したがって、代表権

[16] 「証拠力」とは、証拠としての価値、すなわち、当該証拠が裁判官の心証形成に与える影響力のことである。

[17] 契約書に権限ある者の印章による押印がある場合、まず、当該印影は当該権限ある者の意思に基づいて顕出されたものであることが事実上推定される（一段目の推定）（最判昭和39年5月12日）。次に、契約書に権限ある者の意思に基づく押印がある場合は、当該契約書は「真正に成立したもの」であることが法律上推定される（二段目の推定）（民事訴訟法228条4項）。さらに、契約書について「真正に成立したもの」であること（形式的証拠力があること）が認められた場合、特段の事情がない限り、一応その記載どおりの事実（例：契約の成立）を認めるべきであるとされている（司法研修所編『民事訴訟における事実認定』〈法曹会、2007年〉21頁）。

のない取締役が署名する場合、その権限を証明する書面を取得することが望ましい。

契約の締結者となろうとする者が取締役ではなく**従業員**である場合はどうであろうか。例えば、「事業本部長」の肩書きが付されている場合は、当該事業に関して一切の裁判外の権限があるものとみなされるため（会社法13条）、契約締結権限を有していると考えることは可能である。これに対して、「部長」、「課長」等については、ある種類又は特定の事項の委任を受ける形で、契約締結権限者となることができる（同14条）。したがって、この場合は、授権を証明する書面を取得することが望ましいといえよう。

契約の締結方法

【原則】 当事者がXとYの２名である場合を例にとると、まず、当事者の一方であるXが契約書を２通製本し（ステップ1）、２通ともにXの署名・捺印を行い、２通とも相手方Yに送付する（ステップ2）。Yは、送付を受けた２通ともに自己の署名・捺印を行い、そのうち一方のみをXに返送する（ステップ3）。

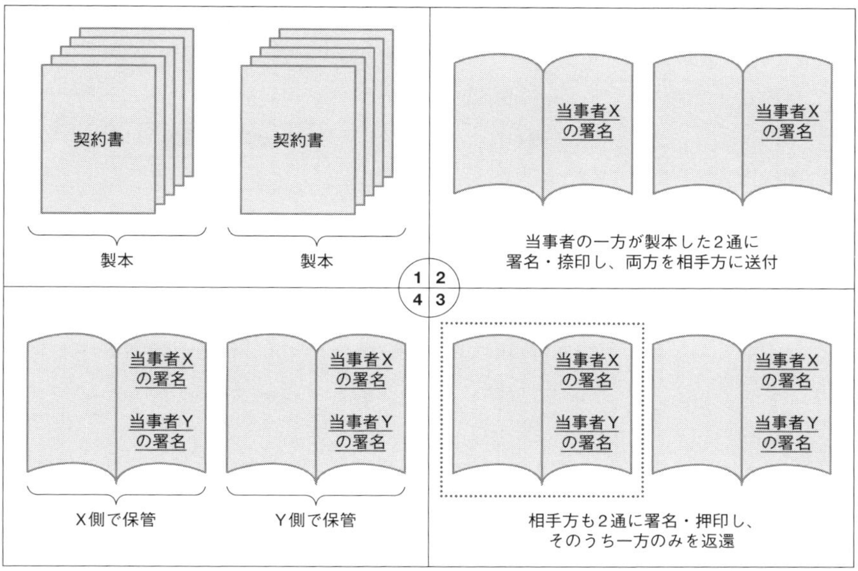

この段階で、XとYの手元には、自己及び相手方の署名捺印のある契約書が存

在することとなるため、これをそれぞれが保管することになる（ステップ4）。

【当事者が遠隔地にいる場合】 当事者の中に海外に所在する者が含まれる場合、**前頁の図のステップ2やステップ3に時間を要し、契約締結をタイムリーに行うことができない**ことがある。そこで、代替的なプロセスとして、次のような方法がとられることがある。

まず、各当事者が署名ページ２通に自己の署名・押印を行う（ステップ1）。自己が署名・押印を行った旨を相手方に確認させるため、署名ページをPDF等の形式に変換し、電子メールに添付して、相手方に送付する（ステップ2）。これが確認できた後、各当事者は、自己が署名・押印を行ったページのうち１通を相手方に送付する（ステップ3）。

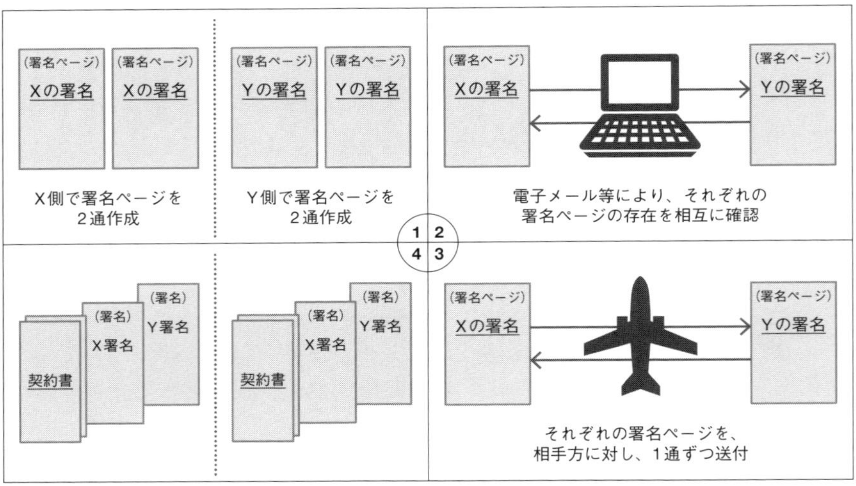

この段階で、ＸとＹの手元には、自己の署名ページ及び相手方の署名ページが存在することとなるため、それぞれで製本を行い、それぞれが保管する[18]（ステップ4）。

もちろん、このような簡易な方法ではなく、クーリエ等の国際輸送手段を用い

[18] クロージングにおいて、契約の当事者が1か所に集まることが想定されている場合には、クロージングの場に自己の署名ページを持ち寄り、その場で製本を行うという方法がとられることもある。

て、前記【原則】で紹介したステップを踏み、両当事者によって作成された製本済み原本を準備する場合もある。もっとも、クロスボーダー型のM&Aにおいては、ステップ2のような手続により相手方に契約締結意思があることを確認し、その後直ちにクロージングのための手続を開始することが多い。

3 言語

契約条項例（参考：📖藤原・M&A契約288頁）

> **第8.7条（言語）**
> 本契約は、日本語を正文とする。本契約につき、参考のために日本語以外の言語による翻訳文が作成された場合でも、日本語の正文のみが契約としての効力を有するものとし、当該翻訳文はいかなる効力も有しないものとする。

条項例の概要

【意義】 本条項例は、**契約の言語**を指定するものである。条項例では、日本語によるものを正文とし、その他の言語による翻訳文には一切の効力が生じないことを規定している。

【趣旨】 契約当事者の国籍が異なる場合、それぞれの使用言語が異なる場合が多く、交渉の過程で複数の言語でドラフトがやりとりされることがある。その場合、契約の効力を有する言語を指定しておかないと、同一の条項について複数の解釈を許すことになりかねず、契約の紛争予防機能を果たさない。そこで、いずれの言語によるものを正文とするかを指定するとともに、その他の言語によるものは翻訳文に過ぎず、契約の効力を有しない旨を明らかにしておくことが必要となる。

現地語の使用が強制される場合

【インドネシアの例】 契約書で用いる言語が問題となる例として、インドネシアには「国旗、国語、国の紋章及び国家に関する法律」という法律が存在し、これによれば、契約の中にインドネシアの個人・法人が含まれる場合には、インドネシア語を用いなければならない旨が規定されている。当該法律をめぐる紛争事例として、2013年6月に西ジャカルタの地方裁判所において、借主がインドネシア法人のローン契約書が、英語のみで作成されていたことを理由に、無効と判断されたものがある。この判断は、2015年8月、インドネシア最高裁判所でも維持された。そこで、契約の当事者の中にインドネシアの個人・法人が含まれる場合には、以下のような規定が設けられることがある。

> **第○条（言語）**
> 本契約は、日本語及びインドネシア語（Bahasa Indonesia）の両方で作成される。日本語による規定とインドネシア語による規定との間に矛盾・抵触が存在する場合、前者が後者に優越し、日本語による規定が適用されるものとする。この場合、インドネシア語による規定のうち、当該矛盾・抵触に該当する部分については、自動的に、該当する日本語による規定の内容と同一の意味となるよう、修正されたものとみなされる。

4 分離可能性

契約条項例
（参考：AIK・契約書作成505頁、木俣・企業買収310頁、藤原・M&A契約291頁、山本・英文契約189頁）

> **第8.8条（分離可能性）**
> 本契約のいずれかの規定が、理由の如何にかかわらず、無効、違法又は強制不能と判断された場合においても、本契約の残りの規定の有効性、適法性及び強制可能性は、そのことにより一切影響を受けない。

条項例の概要

【意義】 本条項例は、契約条項の**分離可能性**、すなわち、**条項の一部が無効等と判断された場合でも他の条項の有効性等は影響を受けない**旨を規定するものである。

【趣旨】 分離可能性条項は、契約の一部が無効等と判断された場合でも、他の条項をできる限り有効なものと解釈することにより、契約の全部無効に伴う清算処理や契約の再交渉といった不経済を回避しようとするものである。

もっとも、契約条項の分離可能性を明示していた場合であっても、公序良俗違反（民法90条）である一部の条項が当該契約の本質的な部分である場合や、本質的部分と相互に関連しているような場合には、契約全体が無効となることはあり得る（📖藤原・M&A契約292頁）。例えば、株式譲渡契約において、株式の譲渡に関する条項と対価の支払に関する条項とが別々に規定されており、前者が何らかの理由で無効になったからといって、後者に関する条項のみがなお有効であり、売主が買主に対して対価の支払を求めることができるということにはならないであろう。

5 見出し

契約条項例（参考：📖藤原・M&A契約302頁、📖山本・英文契約223頁）

> **第8.9条（見出し）**
> 本契約の見出しはもっぱら便宜上のものであり、本契約の解釈に影響を与えないものとする。

条項例の概要

【意義】 本条項例は、**契約条項の見出しが契約の解釈に影響を与えない**旨を定めるものである。

【趣旨】 見出しの内容が本文の内容と矛盾するような場合、例えば、表明保証を規定する条項の見出しが「不保証」と規定されている場合[19]、契約条項の解釈に疑義が生ずることになる。そのような疑義が生じないよう、見出しはあくまで参照の便宜のためのものにすぎず、契約の解釈に影響がない旨を確認する規定がおかれる。

[19] このような矛盾的表記は、契約交渉を経て当初ドラフトされた本文の内容が大きく変更されたにもかかわらず、見出しのみが当初のドラフトのままとなっているような場合に生じやすい。

5-5 その他

1 費用負担

契約条項例（参考：📖AIK・契約書作成350頁、📖藤原・M&A契約276頁、📖淵邊・提携契約387頁）

> **第8.10条（費用負担）**
> 本契約において別段の定めがある場合を除き、本契約の締結及び履行に係る費用（ファイナンシャル・アドバイザー、弁護士、公認会計士、税理士その他のアドバイザーに係る費用を含むがこれらに限られない。）は、各自がこれを負担する。

条項例の概要

【意義】 本条項例は、**M&A契約の締結・履行に係る費用を各自の負担**とすることを確認するためのものである。

【趣旨】 自己が支出した費用（例：自己が起用する外部アドバイザーの費用）を自己が負担するのは当然であるようにも思われる。しかし、後述するように、取引によっては、自己が支出した費用を第三者に負担させる場合も少なくない。条項例の規定は、費用の負担関係が、このような第三者転嫁型になっていないことを確認する意味がある。

費用を相手方や第三者に負担させる場合

【概略】 上述のとおり、自己が支出した費用は自己が負担するのが原則であるが、これを相手方や第三者に負担させるケースとして、以下のような場合がある。

1. 株式譲渡に関する取引において、売主が支出した費用（例：売主が起用した外部アドバイザー費用）を、対象会社に負担させる場合
2. 株式引受に関する取引において、投資家が支出した費用（例：投資家が起

用した外部アドバイザー費用）を、対象会社（株式発行会社）に負担させる場合
③ 合弁組成に関する取引において、合弁当事者のいずれか一方が支出した合弁会社の設立費用を、合弁会社に負担させる場合、又は、当該費用を当事者の出資割合等に応じた按分負担とする場合

【株式譲渡のケース】 株式譲渡に関する取引において、売主が自己のアドバイザーの費用等の全部又は一部を対象会社に負担させる例がある。

【株式引受のケース】 株式引受に関する取引において、投資家が自己のアドバイザーの費用等の全部又は一部を対象会社に負担させる例がある。これは、投資家のアドバイザーの費用は、対象会社の資金調達のために必要となった費用であるから、対象会社が負担すべき、との考え方に基づくものである。

【合弁組成のケース】 合弁会社の設立費用の負担方法については、①合弁当事者のいずれかのみが設立等に係る費用を負担する方法のほか、②合弁当事者の全員がその出資割合（又はその他の基準）に応じて当該費用を負担する方法や、③設立後の合弁会社が当該費用を負担する方法がある（▸▸▸320頁）。

2 契約上の地位の移転の禁止

契約条項例（参考：📖AIK・契約書作成499頁、📖藤原・M&A契約300頁、📖淵邊・提携契約392頁）

第8.11条（契約上の地位の移転の禁止）

当事者は、他の当事者の書面による事前の承諾を得ない限り、本契約上の地位又は本契約に基づく権利義務につき、直接又は間接を問わず、第三者に譲渡、移転若しくは承継させ、又は担保権の設定その他一切の処分をしてはならない。

条項例の概要

【意義】 本条項例は、**契約上の地位及び権利義務等を、他の当事者の事前承諾なく、処分してはならない**旨を定めるものである。

【趣旨】 契約に関する権利義務関係、すなわち、債権・債務・契約上の地位の処

分可能性に関する民法上の原則は以下のとおりである。

債　権	•債権者は、原則として、（債務者の承諾がなくても）債権を第三者に譲渡することができる（民法466条１項） •もっとも、債権譲渡を債務者に主張するためには、債権者が債務者に通知を行うか、又は、債務者が承諾を行うことが必要である（同467条１項）
債　務	債務者は、債権者の同意なく、債務を第三者に移転することはできない
契約上の地位	契約の当事者は、他の当事者の同意なく、契約上の地位を第三者に移転することはできない

上記のとおり、契約に関する権利義務関係のうち「債権」については、原則としてその自由譲渡性が認められている。もっとも、当事者は、契約交渉の際、相手方を見て個々の契約条項のリスクを判断するのが通常であるが、債権者が変更されてしまうと、熾烈な取立てが行われる等といった想定外のリスクを被る可能性がある。そこで、債務及び契約上の地位と同様に、債権についても、相手方の承諾がない限り、これを自由に譲渡することはできない旨を合意しておくのが通常である。

3 通知

契約条項例（参考：📖AIK・契約書作成504頁、📖藤原・M&A契約295頁、📖山本・英文契約89頁）

第8.12条（通知）

本契約に関連してなされる全ての通知は、以下の連絡先に書面による手交、配達証明郵便、ファクシミリ（送信記録付き）又は電子メールによる送付により行うものとする。

売主	住所	○○県○○市○○……
	宛名	○○○○
	ファクシミリ	○○○○
	電子メール	○○○○

買主	住所	○○県○○市○○……
	宛名	○○○○
	ファクシミリ	○○○○
	電子メール	○○○○

条項例の概要

【意義】 本条項例は、当事者間の通知に関して、**通知の方法**と**通知の宛先**を規定するものである[20]。条項例では、通知方法として、①「手交」、②「配達証明郵便」、③「ファクシミリ(送信記録付き)」のほか、④「電子メール」による方法も認めている。

【趣旨】 例えば、補償請求や解除といった権利を行使するために通知が必要とされる場合(▸▸▸164頁・169頁)、その宛先が不明確であったり、通知方法が明確に定められていなかったようなときは、そもそも通知があったかなかったかという点で紛争が生ずる可能性がある。そこで、通知の方法と通知の宛先を明示しておくことがある。

通知の方法としては、上記の①②③は一般的に規定されるものであるが、④「電子メール」による方法については、これを認めるかどうかについて当事者間で争われることがある。

4 修正及び放棄

契約条項例 (参考:📖藤原・M&A契約298頁、📖山本・英文契約99頁)

第8.13条(修正及び放棄)

1 本契約の規定の修正又は変更は、本契約の全ての当事者の書面による合意がなければ、その効力を生じない。

2 当事者のいずれか一方が相手方による本契約のいずれかの規定の履行を

[20] 国際取引の場合には、通知のための言語についても予め合意しておくことがある(📖藤原・M&A契約298頁)。

> 要求せず、又はその要求が遅れた場合であっても、そのことは、当該規定に悪影響を及ぼすものではない。当事者のいずれか一方が相手方による本契約の規定の違反に対する権利を放棄しても、その後の同じ規定の違反に対する権利を当該当事者が放棄したとはみなされない。

条項例の概要

【意義】 本条項例は、契約の修正及び権利の放棄に関して、次のルールを規定するものである。

> [1] 契約の修正には、当事者の書面による合意が必要であること（第1項）
> [2] ある条項に関する権利の放棄があっても、他の条項についても権利を放棄したとはみなされず、また、その後の同じ規定の違反に対する権利を放棄したとはみなされないこと（第2項）

【趣旨】 第1項がなければ、契約は、原則として、口頭でも修正可能ということになる。しかし、そうなると、例えば、代表者間の会食の席での会話で契約内容が容易に、場合によっては一方当事者のだまし討ち的に修正されるという事態も生じ得る。このようなことがないよう、契約の修正を慎重ならしめるため、第1項は、契約の修正に書面性を要求している[21]。

第2項前段は、例えば、売主について表明保証違反が明らかとなったため、買主が売主に対して補償請求権（‣‣‣164頁）と前提条件の不成就を主張する権利（‣‣‣80頁）を取得したという事案において、買主が後者を放棄してクロージングを行ったからといって、当然に前者の補償請求権まで放棄したわけではないことを確認的に規定するものである。

同項後段は、例えば、売主について秘密保持義務違反が明らかとなったため、買主が売主に対して補償請求権（‣‣‣164頁）を取得したがその権利を行使せず、その後売主がもう一度秘密保持義務違反を行ったという事案において、買主が一度

---

[21] 日本の民法上、当事者間の合意は口頭でも成立すると解されているため、当事者の書面による合意がなければその効力を生じないとする本条第1項が有効かは必ずしも明確ではないとの点に注意が必要である（📖藤原・M&A契約299頁）。

補償請求権を行使しなかったからといって、当然に二度目の請求権まで放棄したわけではないことを確認的に規定するものである。

おわりに

本書は、前著『事業担当者のための逆引きビジネス法務ハンドブック』の書式集である。前著は、必ずしも法律を専門としないビジネスパーソンの方に手に取ってもらいやすいものにするため、既存のビジネス法務の体系を“事業ニーズからの逆引き”をコンセプトに再構成したものである。有り難いことに、多くのビジネスパーソンのご好評を得ることができたが、一方で「契約条項のサンプルも掲載してほしい」とのお声も少なからずいただいた。そこで、前著をさらにビジネス実務の中でご活用いただけるよう、契約書式という新たなエッセンスを加えたものが本書である。本書と前著とを一体のものとして、シームレスにご利用いただくため、本書の各箇所において、前著の該当頁数をきめ細かに記載しているので、前著を座右において本書を利用されることを願うものである。

本書のテーマであるM&Aは、単純な資産の売買とは異なり、会社という社会活動の主体を承継するものであり、このことは当該会社の従業員・取引先・顧客といった多くの利害関係を包括的に承継することを意味する。そのため、M&Aは一般に重要な取引と位置付けられることが多く、その契約書も１頁、２頁といったシンプルなものではなく、数十頁、あるいは100頁を超えるようなボリュームのものが準備されることも珍しくない。ところが、これまで一般的に紹介されてきたM&Aの契約書サンプルは簡素な内容に留まるものが多く、M&Aのエッセンスを知ることはできても、実務においてそのまま利用することは難しいものが多かった。そこで、本書では、実務に耐えうるボリュームの契約書を念頭におき、契約条項のサンプルを紹介するとともに、各条項の趣旨・論点をワンセットで解説することとした。加えて、“木を見て森を見ず”とならないよう、Chapter冒頭にポイント集を配置し、当該Chapterを構成する契約条項のエッセンスを俯瞰できるようにした。ビジネスパーソンの皆様がM&A契約交渉に臨む際の一助としてご活用いただければ幸いである。

また、本書においても、前著の形式を踏襲し、参考文献は、必ずしも法務を専門としないビジネスパーソンでも手に取りやすい“法律入門書”や“法律実用書”と、特定の論点を深く研究する際に手助けとなる定評のある“法律専門書”

をバランスよく紹介するよう努めた。同時に、これら参考文献の該当頁は細かく記載し、本書を、定評のある法律実用書・法律専門書へのショートカット集（レファレンス・ブック）としても活用できるよう工夫をしている。さらに、契約解釈においては契約条項相互間の関連性を理解することが重要となるため、本文中のクロス・レファレンスを充実させ、本書の横断的理解が可能となるようにした。

本書は、筆者のソフトバンク在職時代の、クロスボーダーM&Aの貴重な経験が下地となっている。筆者の法律実務の師であり、法務の最高司令官として長くソフトバンクグループを牽引してこられた須﨑將人さん（現ソフトバンクグループ株式会社常勤監査役）、そして、M&A法務を一から丁寧に教えて下さった中山剛志さん（現LINE株式会社執行役員CPO・CISO）に心からの感謝を捧げたい。

また、筆者の実務経験は、留学先であるシンガポール経営大学（SMU：Singapore Management University）で体系化された。法学修士課程のプログラム・ディレクターとして公私にわたり筆者を支えて下さったSaw Cheng Lim先生、M&AのコースでASEANにおけるM&A実務を丁寧に解説して下さったWan Wai Yee先生、そして多くの先生・スタッフの皆様にこの場を借りて厚くお礼を申し上げたい。

最後に、本書の出版を快く引き受けて下さった東洋経済新報社・出版局編集第二部部長の齋藤宏軌さん、そして“三人目の執筆者”といっても過言ではない編集実務担当の島村裕子さんに多大なるご尽力をいただいたことに深く感謝申し上げる。

2018年1月

弁護士／経営共創基盤　カウンセル

宮下和昌

凡例 参考文献（「逆引法務」を除き、アルファベット・50音順）

📖逆引法務	塩野誠・宮下和昌『事業担当者のための逆引きビジネス法務ハンドブック』（東洋経済新報社、2015年）
📖ABA・M&A報告書	American Bar Association “Private Target Mergers & Acquisitions” 30 December 2013
📖AIK・契約書作成	阿部・井窪・片山法律事務所編『契約書作成の実務と書式――企業実務家視点の雛形とその解説』（有斐閣、2014年）
📖FBD・国際仲裁	フレッシュフィールズブルックハウスデリンガー法律事務所編『よくわかる国際仲裁』（商事法務、2014年）
📖KPMG・企業価値評価	株式会社KPMG FAS『図解でわかる 企業価値評価のすべて』（日本実業出版社、2011年）
📖MHM・M&A法大系	森・濱田松本法律事務所編『M&A法大系』（有斐閣、2015年）
📖NA・M&A法大全	西村総合法律事務所編『M&A法大全』（商事法務研究会、2001年）
📖NOT・公開買付	長島・大野・常松法律事務所編『公開買付けの理論と実務』（第3版、商事法務、2016年）
📖NOT・新会社法	長島・大野・常松法律事務所編『アドバンス 会社法』（商事法務、2016年）
📖NOT・法務DD実務	長島・大野・常松法律事務所編『M&Aを成功に導く 法務デューデリジェンスの実務』（第3版、中央経済社、2014年）
📖相澤・論点解説	相澤哲ほか編著『論点解説 新・会社法』（商事法務、2006年）
📖阿南・ハンドブック	阿南剛ほか『実務分析 M&A判例ハンドブック』（商事法務、2015年）
📖磯崎・ファイナンス	磯崎哲也『起業のファイナンス――ベンチャーにとって一番大切なこと』（増補改訂版、日本実業出版社、2015年）
📖伊藤・会社法	伊藤靖史ほか『会社法』（第3版、有斐閣、2015年）
📖伊藤・米国M&A実務	伊藤廸子・Michael O. Braun監修『アメリカのM&A取引の実務』（有斐閣、2009年）
📖井本・ガンジャンピング	井本吉俊編著『M&A担当者のための 独禁法ガン・ジャンピングの実務』（商事法務、2017年）
📖江頭・会社法	江頭憲治郎『株式会社法』（第7版、有斐閣、2017年）
📖金丸・JV契約	金丸和弘ほか編著『ジョイント・ベンチャー契約の実務と理論』（新訂版、金融財政事情研究会、2017年）
📖木俣・企業買収	木俣貴光『企業買収の実務プロセス』（第2版、中央経済社、2017年）
📖倉重・企業労働法	倉重公太朗ほか編『企業労働法実務入門――はじめての人事労務担当者からエキスパートへ』（日本リーダーズ協会、2014年）

📖酒巻・逐条解説（3）	酒巻俊雄ほか編『逐条解説会社法 第3巻　株式2　新株予約権』（中央経済社、2009年）
📖宍戸・ベンチャー戦略	宍戸善一・ベンチャー・ロー・フォーラム編『ベンチャー企業の法務・財務戦略』（商事法務、2010年）
📖柴田・M&A実務	柴田義人ほか編『M&A実務の基礎』（商事法務、2015年）
📖種類株報告書	未上場企業が発行する種類株式に関する研究会「未上場企業が発行する種類株式に関する研究会・報告書」（2011年11月）
📖菅久・独禁法	菅久修一編著『独占禁止法』（第2版、商事法務、2015年）
📖菅野・労働法	菅野和夫『労働法』（第11版補正版、弘文堂、2017年）
📖鈴木・M&A実務	鈴木義行編著『M&A実務ハンドブック――会計・税務・企業評価と買収契約の進め方』（第7版、中央経済社、2014年）
📖田中・行政法（上）	田中二郎『新版 行政法（上）』（全訂第2版、弘文堂、1974年）
📖田村・定款事例集	田村洋三監修『会社法定款事例集――定款の作成及び認証、定款変更の実務詳解』（第3版、日本加除出版、2015年）
📖東証・ガイドブック	東京証券取引所『新規上場ガイドブック　マザーズ編』（東京証券取引所上場推進部、2017年）
📖東証・適時開示	東京証券取引所上場部編『2017年3月版 会社情報適時開示ガイドブック』（東京証券取引所、2017年）
📖東弁・税法（会社法）	東京弁護士会編著『法律家のための税法（会社法編）』（新訂第6版、第一法規、2011年）
📖内藤・種類株式	内藤卓編『商業登記全書 第3巻　株式・種類株式』（第2版、中央経済社、2015年）
📖八丁堀・スケジュール	東京八丁堀法律事務所共編『会社法 実務スケジュール』（新版、新日本法規出版、2016年）
📖原田・行政法	原田尚彦『行政法要論』（全訂第7版補訂2版、学陽書房、2012年）
📖藤原・M&A契約	藤原総一郎編著『M&Aの契約実務』（中央経済社、2010年）
📖淵邊・提携契約	淵邊善彦編著『シチュエーション別 提携契約の実務』（第2版、商事法務、2014年）
📖ベンチャー報告書	ベンチャー企業の創出・成長に関する研究会「最終報告書――ベンチャー企業の創出・成長で日本経済のイノベーションを」（2008年4月）
📖宮下・金商法	宮下央『企業法務のための金融商品取引法』（中央経済社、2015年）
📖山下・金商法	山下友信・神田秀樹編『金融商品取引法概説』（第2版、有斐閣、2017年）
📖山本・英文契約	山本孝夫『英文ビジネス契約書大辞典』（増補改訂版、日本経済新聞出版社、2014年）

凡例 法令・ガイドライン等

［民法・商法関連］	
民法	民法（明治29年法律第89号、最終改正：平成29年法律第44号）
改正民法	民法の一部を改正する法律（平成29年法律第44号）施行後の民法
商法	商法（明治32年法律第48号、最終改正：平成29年法律第45号）
［会社法関連］	
会社法	会社法（平成17年法律第86号、最終改正：平成29年法律第45号）
会社規則	会社法施行規則（平成18年法務省令第12号、最終改正：平成28年法務省令第1号）
計算規則	会社計算規則（平成18年法務省令第13号、最終改正：平成28年法務省令第1号）
［金融商品取引法関連］	
金商法	金融商品取引法（昭和23年法律第25号、最終改正：平成29年法律第37号・第45号・第46号・第49号）
金商法施行令	金融商品取引法施行令（昭和40年政令第321号、最終改正：平成29年政令第221号）
定義府令	金融商品取引法第二条に規定する定義に関する内閣府令（平成5年大蔵省令第14号、最終改正：平成28年内閣府令第5号）
開示府令	企業内容等の開示に関する内閣府令（昭和48年大蔵省令第5号、最終改正：平成29年内閣府令第2号・第8号・第40号）
他社株府令	発行者以外の者による株券等の公開買付けの開示に関する内閣府令（平成2年大蔵省令第38号、最終改正：平成27年内閣府令第37号・第38号）
大量保有府令	株券等の大量保有の状況の開示に関する内閣府令（平成2年大蔵省令第36号、最終改正：平成27年内閣府令第37号・第38号）
取引規制府令	有価証券の取引等の規制に関する内閣府令（平成19年内閣府令第59号、最終改正：平成29年内閣府令第40号）
開示ガイドライン	企業内容等の開示に関する留意事項について（金融庁総務企画局、平成28年）
［知的財産権法関連］	
特許法	特許法（昭和34年法律第121号、最終改正：平成29年法律第45号・第60号）

商標法	商標法（昭和34年法律第127号、最終改正：平成29年法律第45号・第60号）
著作権法	著作権法（昭和45年法律第48号、最終改正：平成29年法律第45号・第60号）
不正競争防止法／不競法	不正競争防止法（平成5年法律第47号、最終改正：平成29年法律第45号）
［独占禁止法関連］	
独占禁止法／独禁法	私的独占の禁止及び公正取引の確保に関する法律（昭和22年法律第54号、最終改正：平成29年法律第60号）
不公正な取引方法	不公正な取引方法（昭和57年公正取引委員会告示第15号、最終改正：平成21年公正取引委員会告示第18号）
［労働法関連］	
労働基準法	労働基準法（昭和22年法律第49号、最終改正：平成29年法律第45号）
労働組合法	労働組合法（昭和24年法律第174号、最終改正：平成26年法律第67号・第69号）
労働安全衛生法	労働安全衛生法（昭和47年法律第57号、最終改正：平成29年法律第41号）
労働者派遣法	労働者派遣事業の適正な運営の確保及び派遣労働者の保護等に関する法律（昭和60年法律第88号、最終改正：平成28年法律第17号）
労働契約承継法	会社分割に伴う労働契約の承継等に関する法律（平成12年法律第103号、最終改正：平成26年法律第91号）
労働契約法	労働契約法（平成19年法律第128号、最終改正：平成24年法律第56号）
［民事訴訟法関連］	
民事訴訟法／民訴法	民事訴訟法（平成8年法律第109号、最終改正：平成29年法律第45号）
仲裁法	仲裁法（平成15年法律第138号、最終改正：平成29年法律第45号）
［その他］	
外為法	外国為替及び外国貿易法（昭和24年法律第228号、最終改正：平成29年法律第38号）
通則法	法の適用に関する通則法（平成18年法律第78号）

企業価値評価GL	企業価値評価ガイドライン（日本公認会計士協会 経営研究調査会研究報告第32号、平成19年、最終改正：平成25年）
上場規程	有価証券上場規程（東京証券取引所）
上場規程施行規則	有価証券上場規程施行規則（東京証券取引所）
業務規程	業務規程（東京証券取引所）

索引 （太数字は当該項目の詳しい解説がされている頁）

【さ】

【た】

【著者紹介】

塩野　誠（しおの　まこと）

経営共創基盤（IGPI）取締役マネージングディレクター／パートナー。JBIC IG Partners（国際協力銀行とIGPIの合弁会社）代表取締役CIO。

慶應義塾大学法学部卒、ワシントン大学ロースクール法学修士（LLM）。シティバンク銀行、ゴールドマン・サックス証券、ベイン&カンパニー、ライブドア証券（取締役副社長）等を経て現職。国内外における企業や政府機関の戦略立案・実行やM&Aのアドバイザリーに従事。近年ではAI/IoT領域において全社戦略や事業開発のプロジェクトを多く手掛け、企業投資についても10年以上の経験を有する。人工知能学会倫理委員会委員。著書に『ポスト平成のキャリア戦略』（共著、幻冬舎、2017年）、『世界で活躍する人は、どんな戦略思考をしているのか?』（KADOKAWA、2015年）等がある。

宮下和昌（みやした　かずまさ）

弁護士、経営共創基盤（IGPI）カウンセル。

慶應義塾大学総合政策学部卒、シンガポール経営大学Master of Laws（LLM）in Cross-Border Business and Finance Law in Asia修了。ソフトバンクグループの社内弁護士として、持株会社及び戦略事業子会社の法務部門を兼務し、国内外のM&A及び事業提携、戦略シナリオの策定、訴訟対応、新規事業開発、レギュラトリ、契約審査等、幅広い企業法務領域に従事。IGPIに参画後は、戦略コンサルタントとして、クロスボーダーM&Aのプロジェクト・マネジメントをはじめ、ベンチャー企業の業務改善から大手企業の海外進出まで幅広い分野において、事業・法務横断的なアドバイザリー・サービスを提供。著作に『電気通信事業における接続と競争政策』（共著、三省堂、2012年）、『コンメンタールNTT法』（共著、三省堂、2011年）、「垂直統合事業者による価格設定行為につき排除型私的独占が認定された事例［東京高裁平成21.5.29判決］」（『法律実務研究』26号、2011年）等がある。

事業担当者のための逆引きビジネス法務ハンドブック M&A契約書式編

2018年4月12日　第1刷発行
2025年2月4日　第5刷発行

著　者——塩野　誠／宮下和昌
発行者——山田徹也
発行所——東洋経済新報社
〒103-8345　東京都中央区日本橋本石町 1-2-1
電話＝東洋経済コールセンター　03(6386)1040
https://toyokeizai.net/

装　丁…………吉住郷司
本文デザイン……坂重輝（グランドグルーヴ）
本文DTP………佐藤浩明（デジタルアーカイヴ）
印　刷…………ベクトル印刷
製　本…………ナショナル製本
編集協力………島村裕子
編集担当………齋藤宏軌

Printed in Japan　ISBN 978-4-492-53398-7